Rupprecht Weerth
NLP & Imagination

Reihe
Pragmatismus & Tradition
Band 19
Herausgegeben
von Thies Stahl

Rupprecht Weerth

NLP & Imagination

Grundannahmen, Methoden, Möglichkeiten und Grenzen

Vorwort Prof. Dr. Jürgen Kriz

Junfermann Verlag · Paderborn
1994

2. Auflage 1994

Druck: PDC – Paderborner Druck Centrum

Das vorliegende Buch enthält die Teile I, II, IV und V der Dissertation des Autors, die 1992 von der Fakultät für Pädagogik an der Universität Bielefeld angenommen wurde. Originaltitel: *Das Verändern von Vorstellungsqualitäten in Beratungs- und Lernsituationen: Eine Untersuchung zum Submodalitätenkonzept des Neurolinguistischen Programmierens (NLP).*

CIP-Titelaufnahme der Deutschen Bibliothek
Weerth, Rupprecht:
NLP & Imagination: Grundannahmen, Methoden, Möglichkeiten und Grenzen / Rupprecht Weerth. – Paderborn: Junfermann, 1993
(Reihe Pragmatismus & [und] Tradition, Bd. 19)
ISBN 3-87387-078-9

ISBN-3-87387-078-9

Inhalt

Vorwort von Prof. Dr. Jürgen Kriz XI

Einleitung und Überblick 1

1. Neurolinguistisches Programmieren (NLP) 7
1.1 Entstehung, Veröffentlichungen, Anwendungsfelder 7
1.2 Selbstverständnis, Namensklärung, Verhaltensbegriff 13
1.3 Menschen- und Weltbild 17
1.3.1 Der Modellbildungsprozeß 18
1.3.1.1 Zur relativen Brauchbarkeit von Modellen 18
1.3.1.2 Prozeßmechanismen 20
1.3.1.3 Prozeßfilter 22
1.3.1.4 Gesamtprozeß 23
1.3.2 Grundannahmen 25
1.4 Definition und allgemeine Ziele 27

2. Kognitive Repräsentation 31
2.1 Die Medien des Denkens in der kognitiven Psychologie 32
2.1.1 Die Repräsentationskontroverse 32
2.1.2 Vorstellungen 35
2.2 Repräsentationssysteme im NLP 44
2.2.1 Die analogen Repräsentationssysteme (Modalitäten) 45
2.2.2 Submodalitäten 47
2.2.3 Das digitale Repräsentationssystem 53

3. Kognitive Strategien und Möglichkeiten ihrer Aufdeckung 57
3.1 Strategien 57
3.2 Aufdeckungsmöglichkeiten 64
3.2.1 Evokation von Strategien 65
3.2.2 Hinweise auf die einzelnen Schritte 70
3.2.2.1 Verbale Hinweise 70
3.2.2.2 Nonverbale Hinweise 76
3.2.2.3 Zusammenspiel der Hinweise 84
3.2.3 Identifizierung der relevanten Schritte 86

4. Persönlichkeitsvariable und Möglichkeiten ihrer Veränderung 91
4.1 Logische Ebenen 91
4.1.1 Logische Ebenen des Lernens in der Systemtheorie Gregory Batesons 92
4.1.2 Logische Ebenen der Veränderung im NLP 96
4.1.2.1 Einzelcharakterisierung 97
4.1.2.2 Bedeutungszusammenhänge und Schlußfolgerungen 106
4.2 Zeitebenen und Zeitlinien 110
4.3 Mentale Wahrnehmungspositionen 114
4.4 Meta-Programme 115
4.4.1 Interne Prozesse 116
4.4.2 Interne Zustände 118
4.4.3 Externe Orientierung 119
4.5 Zusammenfassung im Rahmen der NLP-System-Matrix 121

5. Grundlagen der Veränderungsarbeit mit Klienten 125
5.1 Beziehung zwischen Berater und Klient 125
5.1.1 Grundsätze 126
5.1.2 Herstellung und Aufrechterhaltung von Rapport 130
5.2 Wiederkehrende Elemente innerhalb des Beratungsprozesses 132
5.2.1 Arbeitsvereinbarungen 132
5.2.2 Problembestimmung und "Versöhnungsmaßnahmen" ... 134
5.2.3 Wohlgeformte Zielbestimmung 136
5.2.4 Ressourcensuche und Einsatz von Veränderungsmodellen 139
5.2.5 Umgang mit Inkongruenzen, Ökologietests, Überbrückung in die Zukunft 141
5.3 Wesentliche Merkmale und Techniken 143
5.3.1 Nonverbale Kommunikation und interne Zustände 143
5.3.2 Verwendung von Ankern 146
5.3.3 Fragetechniken 148
5.3.4 Prozeßsprache 149

6. Interventionsmodelle unter Verwendung von Submodalitätsveränderungen 153
6.1 Basis-Modelle 156
6.1.1 Abschwächende Submodalitätsveränderungen 157
6.1.2 Verstärkende Submodalitätsveränderungen 159

6.1.3 Umwandelnde Submodalitätsveränderungen 161
6.1.3.1 Einfaches Vorgehen 161
6.1.3.2 Verkettungsmodelle 163
6.2 Spezifische Modelle 165
6.2.1 Verbesserung des gegenwärtigen Zustands 166
6.2.2 Auflösung und Umlenkung ungewollter Verhaltensweisen (Swish) 167
6.2.3 Auflösung von Zwängen 172
6.2.4 Behandlung von Phobien und Traumata 175
6.2.4.1 Ursprüngliches Modell 177
6.2.4.2 Schnelles Verfahren 179
6.2.5 Veränderung von Glaubenssätzen 180
6.2.6 Veränderungen in der Wertehierarchie 184
6.2.7 Veränderungen innerhalb der Zeitlinie 187
6.2.7.1 Grundlegende Möglichkeiten 187
6.2.7.2 Gezielte Zukunftsbeeinflussung 191

7. Vergleich mit imaginativen Techniken anderer Schulen 193
7.1 Mnemotechnische Lernverfahren 194
7.1.1 Enkodierungstechniken 195
7.1.2 Organisationstechniken 196
7.2 Imaginative Verfahren in der Psychotherapie 198
7.2.1 Gelenkter Wachtraum (R. Desoille u.a.) 199
7.2.2 Katathymes Bilderleben (H. Leuner) 201
7.2.3 Psycho-Imaginationstherapie (J.E. Shorr) 205
7.2.4 Verhaltenstherapie (J. Wolpe, J.R. Cautela u.a.) 207
7.2.4.1 Verdecktes Konditionieren 209
7.2.4.2 Systematische Desensibilisierung 211
7.2.4.3 Reizüberflutung (Implosionstherapie und Flooding) 213
7.2.4.4 Weitere Techniken 215
7.2.4.5 Verhaltenstherapie versus NLP 217
7.3 Übergeordnete Gemeinsamkeiten und zukünftige Möglichkeiten 219

8. Kritik an Grundannahmen und Methoden des NLP 221
8.1 Allgemeine Kritik 221
8.1.1 Lückenhafte und fehlerhafte Theorie 221
8.1.2 "Gestohlene", unzulässig verfremdete, anfechtbare Techniken ohne nachgewiesene Wirkung 225

8.1.3 Innere Widersprüche und Gefahren 230
8.2 Empirische Studien und Fallberichte 234
8.2.1 Zu Grundannahmen, allgemeinen Techniken und Interventionsmodellen 235
8.2.2 Zu Interventionsmodellen unter Verwendung von Submodalitäten 236
8.2.2.1 Fallberichte von R. Beaver 237
8.2.2.2 Fallberichte von P.W. Koziey und G.L. McLeod 238
8.2.2.3 Fallberichte von H.E. Stanton 240
8.2.2.4 Studie von M. Krugman et al. 241
8.2.2.5 Studie von P.R. MacMorran 242
8.3 Meta-Kritik 246

Resümee und Ausblick 253

Abkürzungsverzeichnis 257
Abbildungsverzeichnis 258
Literaturverzeichnis 259
Glossar 279
Namensverzeichnis 283
Sachwortverzeichnis 289

Mein herzlicher Dank gilt

Frau Prof. Dr. Ingeborg Wagner
für ihre kreative Betreuung während der gesamten Promotionszeit und
ihre hilfreiche Ermunterung in schwierigen Zeiten,

Frau Yvonne Gnaier, meiner Lebensgefährtin,
für ihre Unterstützung sowohl bei der Datenauswertung als auch
ganz besonders im täglichen Miteinander,

Herrn Prof. Dr. Hans Dietrich Loewer
für sein großes Verständnis als "Chef" und
die immer wieder neu anregenden Diskussionen mit ihm,

Herrn Otto Weerth, meinem Vater,
für die zahlreichen Anregungen und Verbesserungsvorschläge
zur formalen Gestaltung dieser Arbeit.

Rupprecht Weerth

Vorwort

Das vorliegende Buch von Rupprecht Weerth ist einer jener allzu seltenen Glücksfälle, in denen es einem Autor gelingt, eine wissenschaftlich präzise Diktion mit einer auch für Praktiker spannenden und relevanten Darstellungs- und Argumentationsweise zu vereinen. Erstmals findet man die recht umfangreiche und in ihrem Charakter ziemlich heterogene Literatur über "Neurolinguistisches Programmieren (NLP)" bis in allerjüngste Zeit hinein didaktisch so geschickt aufbereitet und verdichtet, daß das Ergebnis sowohl für den in NLP bereits "Eingeweihten" und Fachmann als auch für den "Laien" (in diesem Bereich) von hohem Wert sein dürfte. Auch wenn in einzelnen Kapiteln das Submodalitätenkonzept des NLP eine besonders zentrale Rolle spielt, kann dieses Buch auch für den Gesamtbereich des NLP in Anspruch nehmen, erstmals einen systematischen einführenden Überblick unter Berücksichtigung auch der aktuellen Literatur und Trends (die teilweise sogar erst im Begriff stehen, veröffentlicht zu werden) zu leisten.

Diese gelungene Aufarbeitung des Diskussionsstandes zum Bereich NLP - einschließlich der veröffentlichten Kritik - ist auch deshalb besonders verdienstvoll, weil eigentlich seit langem ein solches Buch überfällig war: Klafft doch eine empfindliche Lücke zwischen dem innovativen, weitreichenden und für psychische Prozesse höchst relevanten NLP-Konglomerat aus Behauptungen, Hypothesen und Grundannahmen als Basis der Interventionstechniken einerseits und den eher praktisch und pragmatisch ausgerichteten Darstellungen andererseits - und zwar sowohl bei den Urhebern, Bandler und Grinder, als auch in der NLP-"Szene". Dies hat mit dem Selbstanspruch der Gründer und wichtigsten Vertreter zu tun, nämlich ein radikal auf praktische Bedürfnisse hin konzipiertes Bündel aus erfolgversprechenden Vorgehensweisen, primär gewonnen aus den Beobachtungen einiger "Meister" (und nur schwach verbunden durch eher unsystematische Begründungen) auf- und auszuarbeiten (wobei das Submodalitätenkonzept die bisher einzige originäre NLP-Entwicklung darstellt). Allerdings wird diese Selbstbeschränkung der NLP-Literatur gegenüber Forderungen einer theoretischen Gesamtkonzeption, die auch eine systematische Überprüfung der zentralen Hypothesen ermöglichen würde, besonders deshalb als unbefriedigend empfunden, weil oft auf fundamentale Ansätze als "Begründungen" verwiesen wird - so z.B. auf

Chomskys Transformationsgrammatik oder auf Batesons kognitive Ökologie etc.

Aus diesem Grunde teilen auch die Urteile über NLP, dessen grundlegende Ideen und Techniken, wohl mehr noch als ohnehin bei neuen Ansätzen üblich, die damit befaßten Menschen in zwei Lager: Auf der einen Seite, besonders in den Reihen der Praktiker, enthusiastisch Begeisterte (wenn auch aus unterschiedlichen Motiven und auf unterschiedlichem Kenntnisstand); auf der anderen Seite, besonders unter den vergleichbar wenigen Wissenschaftlern, die sich überhaupt mit NLP beschäftigten, deutliche Skepsis bis Ablehnung (wobei die obige Klammer auch hier gilt). Die nicht selten reißerische Aufmachung in der Werbung für NLP-Trainings als super-effizienten Ansatz kognitiver Beeinflußbarkeit stand allzusehr im unguten Kontrast zum unstrukturierten theoretischen Wildwuchs der publizierten Grundlagen - ein Urwald, der manchen durchaus ernsthaft interessierten Forscher vor dem Versuch zurückschrecken ließ, in die abenteuerliche Sichtung, Prüfung und Bergung möglicher Schätze allzuviel Zeit zu investieren. Die darin begründete Abstinenz gegenüber NLP gilt übrigens auch für mich selbst - freilich mit ungutem Gefühl, mußte doch jedem, der überhaupt an kognitiven Prozessen interessiert ist, klar sein, daß in den Konzepten eine Herausforderung für Forschung und Praxis der kognitiven und klinischen Psychologie steckt, der eigentlich nicht mit "Ignorieren" zu begegnen wäre.

Damit wird nun auch nochmals die Leistung von Weerth deutlich, mit diesem Buch erstmals eine präzise und gut lesbare Landkarte des o.a. Urwaldes gezeichnet zu haben, die nun auch Wege zwischen den einzelnen Konzeptteilen aufzeigt und damit eine Sichtung des gesamten "Geländes" für Praktiker und Wissenschaftler besser gangbar macht - womit nun endlich auch Möglichkeiten theoretisch begründeter Forschung mit vertretbarem Aufwand eröffnet werden (erste exemplarische Schritte dazu sind von Weerth bereits selbst demonstriert worden und finden sich im 2. Band dokumentiert).

Es können somit Praktiker und Wissenschaftler gleichermaßen von diesem Buch profitieren, dem ich eine hohe Verbreitung und einen entsprechenden Stellenwert in der Diskussion um kognitive Konzepte und Interventionsmethoden wünsche!

Osnabrück, im April 1992 — Prof. Dr. Jürgen Kriz

Einleitung und Überblick

Das ***Neurolinguistische Programmieren (NLP)***, das zu Anfang der 70er Jahre von Richard Bandler und John Grinder in den USA begründet und seitdem von ihnen und ihren Schülern - insbesondere von Robert Dilts - stetig weiterentwickelt wurde, erfreut sich einerseits - sowohl in den USA als auch in Europa - wachsender Beliebtheit, stößt andererseits aber auch vielfach auf deutliche Kritik oder sogar grundsätzliche Ablehnung.

Ursprünglich ausschließlich verstanden als ein psychotherapeutisches *Meta-Modell*, das die Gemeinsamkeiten effektiven therapeutischen Handelns von Vertretern unterschiedlichster Schulen ausfindig zu machen und zusammenzufassen suchte, wird es heute eher als **kognitivistisches, lernpädagogisches Modell** bezeichnet, innerhalb dessen Methoden entwickelt werden, "um Menschen beizubringen, wie sie ihr eigenes Gehirn nutzen können" (Bandler, 1985/1987, S. 19)[1]. Dabei tritt NLP mit dem Anspruch auf, für zahlreiche praktische Anwendungsfelder verhältnismäßig leicht erlernbare, effektive Interventionsformen entwickelt zu haben - so z.B. für Beratung, Therapie, Management, Verkauf und Schule (Dilts, Grinder, Bandler, Cameron-Bandler, DeLozier, 1980/1985).

Während die frühen NLP-Interventionen weitgehend kompetenten Vertretern des jeweiligen Fachs *abgeschaut* waren, also nur wenig wirklich Neues darstellten, gilt das ***Submodalitätenkonzept*** als erste Eigenentwicklung des NLP (Reuben, 1987).

Unter *Submodalitäten* werden die *formal-qualitativen Feinunterscheidungen innerhalb jeder Sinnesmodalität* verstanden (z.B. heller oder dunkler, größer oder kleiner in der visuellen, lauter oder leiser in der auditiven Modalität). Dabei wird u.a. postuliert, daß durch die bewußte Veränderung visueller und/oder auditiver Submodalitäten von Vorstellungen, die ihrerseits über Synästhesien mit emotionalen Zuständen verknüpft sind, solche Zustände abgeschwächt, verstärkt und/oder gänzlich verändert werden können, selbst wenn der Inhalt der Vorstellung - beispielsweise eine unangenehme Erinnerung - konstant beibehalten wird. - Mindestens ebenso emotionsrelevant wie die Inhalte einer Vorstellung wären demnach ihre

---

[1] Bei Literatur, der wörtliche Zitate entnommen werden, sowie bei der gesamten NLP-Literatur wird in dieser Arbeit jeweils das Erscheinungsjahr des Originals und das von diesem durch einen Schrägstrich getrennte Erscheinungsjahr der verwendeten deutschen Übersetzung angegeben; im Literaturverzeichnis finden sich die entsprechenden Angaben nach den Jahreszahlen der deutschen Übersetzungen geordnet (vgl. Deutsche Gesellschaft für Psychologie, 1987).

Submodalitäten. Mit Hilfe gezielter submodaler Veränderungen sollen - oftmals innerhalb kürzester Zeit - u.a. Rechtschreibschwierigkeiten behoben, Unsicherheiten, Ängste und Phobien effektiv behandelt, Zwänge aufgelöst, neue gewünschte Verhaltensweisen dauerhaft eingeübt und sogar Überzeugungen verändert werden können (Bandler, 1985/1987).

Ein vergleichbarer Ansatz findet sich (soviel dem Autor bekannt ist) außerhalb des NLP bis heute weder in der allgemeinen Kognitionspsychologie noch in anderen praktisch orientierten therapeutischen oder pädagogischen Schulen. Umfassende wissenschaftliche Arbeiten über das Submodalitätenkonzept liegen noch nicht vor. - Die Neuartigkeit des Ansatzes einerseits und das weitgehende Fehlen diesbezüglicher Forschung andererseits bilden den Hauptgrund dafür, daß das Submodalitätenkonzept zum thematischen Schwerpunkt dieser Arbeit gewählt wurde.

Der Autor ließ sich, nach vorausgegangenen theoretischen Studien, von 1987 bis 1990 in den Methoden des NLP ausbilden. In seiner Beratungspraxis in Heidenheim setzte er, in Verbindung mit verschiedenen anderen Verfahren der humanistischen Psychologie, seit 1988 auch Elemente des NLP ein. Interventionen aus dem Submodalitätenkonzept erwiesen sich dabei in zahlreichen Fällen der Einzel- und Paarberatung als besonders effektiv. Darüber hinaus lehrte er innerhalb verschiedener Seminare zu den Themen *Streßbewältigung, Kommunikation* und *Selbstmanagement* einzelne Submodalitätstechniken zur Eigenanwendung. Rückmeldungen von Seminarteilnehmern bestätigten die Wirksamkeit der gelernten Verfahren. - Die interessanten und vielversprechenden Erfahrungen, die der Autor bei der praktischen Anwendung und Weitervermittlung von Submodalitätstechniken machen konnte, stellen den zweiten (vor allem persönlichen) Grund dar, sich hier schwerpunktmäßig mit Submodalitäten zu beschäftigen.

Der Aufbau der vorliegenden Arbeit orientiert sich weitgehend an den Empfehlungen für eine angemessene Forschung zum NLP, die Einspruch und Forman (1985) im Anschluß an ihre Kritik der bisherigen Forschung veröffentlichten. - Die bisherige Forschung - die sich allerdings *nicht* auf das Submodalitätenkonzept bezieht - leidet laut Einspruch und Forman vielfach unter methodischen Fehlern und/oder Fehlern im Ansatz; das gelte auch für einige Arbeiten, die zugunsten des NLP ausfielen. Aus diesem Grunde könne bis heute weder eine positive noch eine negative Aussage über die Triftigkeit der NLP-Auffassungen und/oder die Wirksamkeit einzelner seiner Interventionsmodelle gemacht werden. Vor allem bemängeln Einspruch und Forman, daß in den meisten Untersuchungen einzelne NLP-Postulate und/oder NLP-Techniken herausgegriffen würden, ohne den Kontext, innerhalb dessen sie im NLP als sinnvoll bzw. wirksam bezeichnet werden, zu berücksichtigen. Sie empfehlen daher:

> Procedures generated from the NLP model must be used within the presuppositions of the model, and research on reified concepts is trivial in nature and is a distraction from the serious issues relating to testing the NLP model. (S. 594)

Hier trifft nun aber jeder, der ein Forschungsprojekt zum Submodalitätenkonzept des NLP plant und obige Empfehlung - die der Autor auch für diesen Themenkomplex für relevant hält - berücksichtigen möchte, auf eine große Schwierigkeit: Es gibt bis heute keine Veröffentlichung, in der das vollständige NLP-Modell einschließlich einer Einordnung des Submodalitätenkonzepts dargestellt wird. Die NLP-interne Literatur beschäftigt sich fast ausschließlich mit den jeweils neuesten Entwicklungen und "Entdeckungen", ohne deren Einordnung in das Bisherige vorzunehmen. Die vom Autor durchgesehene Forschungsliteratur leistet dies ebenfalls nicht. Die *Zusammenhänge*, in denen einzelne der in der neueren NLP-Literatur beschriebenen Verfahren mit Aussicht auf Erfolg angewendet werden können, werden bis heute ausschließlich in Seminaren seriöser NLP-Ausbilder vermittelt (s. z.B. Dilts & Epstein, 1991).

Um dieses von den Entwicklern des NLP selbst verschuldete Informationsdefizit, das jede Forschung und jede ernsthafte Diskussion über das Neurolinguistische Programmieren erschwert, wenn nicht unmöglich macht, weitmöglichst auszugleichen, wird im vorliegenden **ersten Band** der Arbeit erstmalig versucht, die einzelnen Bausteine des NLP, die teilweise ohne ersichtlichen Zusammenhang auf ca. 20 NLP-Veröffentlichungen verstreut, teilweise noch gar nicht veröffentlicht sind, zu einem *Gesamtmodell* zusammenzufügen; dabei liegt der deutliche Schwerpunkt auf einer Einordnung des submodalen Themenkomplexes. Teilweise wird die Darstellung der Zusammenhänge nur durch persönliche Mitteilungen der NLP-Entwickler und -Ausbilder Robert Dilts und Thies Stahl möglich, auf die der Autor mit Dank stets dann zurückgreift, wenn sich in der Literatur keine entsprechenden Angaben finden lassen. - Kritische Anmerkungen des Autors begleiten - wo immer es angebracht erscheint - die Darstellung.

Darüber hinaus wird hier erstmalig eine Beziehung des Submodalitätenkonzepts zu vergleichbaren theoretischen Ansätzen in der Kognitionspsychologie hergestellt, um es so in einen über das NLP hinausgehenden, größeren theoretischen Zusammenhang zu stellen und diskutierbar zu machen. Auch werden imaginative Techniken anderer pädagogischer und therapeutischer Schulen dargestellt, um sowohl die Unterschiede als auch die Gemeinsamkeiten zum Ansatz des NLP herauszuarbeiten und nach sinnvollen Integrationsmöglichkeiten zu suchen. Schließlich wird die bisherige Kritik an Grundannahmen und Methoden des NLP referiert und bewertet; dabei wird u.a. auf die oben erwähnte Arbeit von Einspruch und Forman (1985) eingegangen.

Insgesamt soll dieser erste Band - der sicherlich den Schwerpunkt der Arbeit bildet - der zukünftigen NLP-Forschung eine tragfähigere Basis als bisher zur Verfügung stellen sowie einen Beitrag zu der in Deutschland z.Z. sehr regen NLP-Diskussion in Praktikerkreisen leisten.

Darüber hinaus stellt er die theoretischen Grundlagen für den empirischen Teil der Arbeit[2] bereit, der allerdings - wegen der fehlenden Vor-Forschung einerseits und wegen der innerhalb einer Dissertation finanziell und zeitlich begrenzten Möglichkeiten andererseits - nicht mehr als eine empirische Pilotstudie darstellt.

Die zugrundeliegende Untersuchung fand innerhalb von vier mehrtägigen, vom Autor geleiteten Seminaren statt und wurde durch eine, jeweils ein halbes Jahr später stattfindende, schriftliche Befragung ergänzt. Es wurden, zur Überprüfung dreier grundlegender Interventionsmodelle des Submodalitätenkonzepts, Erkundungsfragen hinsichtlich

a) der Wirkung einzelner Submodalitäten,
b) des kurzfristigen Erfolgs des jeweiligen Modells und
c) etwaiger anschließender, erfolgreicher Modellanwendungen im Alltag der Probanden gestellt.

Durch die Beantwortung der Fragen sollte es am Ende der Studie möglich werden, begründete Hypothesen für die weitere Forschung aufzustellen.

Die Kapitel des ersten Bandes behandeln im einzelnen folgende Schwerpunkte:

1. Kapitel:

Einführung in das Neurolinguistische Programmieren, mit einem historischen Überblick, seinen wichtigsten Veröffentlichungen und einer

[2] Der empirische Teil wird als **Band 2** der Arbeit voraussichtlich im Frühjahr 1993 im Junfermann Verlag erscheinen.

Namensklärung; sein Selbstverständnis, sein Menschen- und Weltbild; Definition und allgemeine Ziele

2. Kapitel:
Art und Bedeutung kognitiver Repräsentation in der kognitiven Psychologie und im NLP, mit einer Definition und Einführung in den Bereich der Submodalitäten

3. Kapitel:
Funktion und Charakter kognitiver Strategien sowie Möglichkeiten ihrer Aufdeckung im NLP, mit vielen praktischen Erläuterungen und der Bedeutung von Submodalitäten innerhalb kognitiver Strategien

4. Kapitel:
Persönlichkeitsvariable des NLP auf Basis der *Logischen Ebenen des Lernens* von Gregory Bateson; Stellenwert von Strategien und Submodalitäten innerhalb dieser Variablen; Möglichkeiten ihrer Analyse und Veränderung mit Hilfe von Submodalitäten

5. Kapitel:
Grundlagen der Veränderungsarbeit mit Klienten im NLP-Verständnis

6. Kapitel:
Darstellung ausgewählter Interventionsmodelle unter Verwendung von Submodalitätsveränderungen

7. Kapitel:
Vergleich mit imaginativen Techniken anderer Schulen

8. Kapitel:
Kritik an Grundannahmen und Methoden des NLP

Der Band schließt mit einem kurzen **Resümee und Ausblick**.

Dem Leser, der gezielt und ausschließlich einen informativen Überblick über das Neurolinguistische Programmieren und das Submodalitätenkonzept gewinnen möchte, sei empfohlen, die Lektüre (zunächst) auf die ersten sechs Kapitel zu beschränken, wobei auch die Abschnitte 2.1 und 4.1.1 noch übergangen werden können. Die Kapitel 7 und 8 wenden sich an Leser mit weitergehendem wissenschaftlichen Interesse.

1. Neurolinguistisches Programmieren (NLP)

Dieses Kapitel soll einen allgemeinen Überblick über das Neurolinguistische Programmieren (NLP) und seine Ziele geben. Zunächst wird auf seine Entstehung, seine Veröffentlichungen und seine Anwendungsfelder eingegangen (1.1), dann sein Selbstverständnis, der Name sowie der zugrundeliegende Verhaltensbegriff geklärt (1.2) und das zugrundeliegende Menschenbild charakterisiert (1.3); zum Schluß wird eine Definition des NLP gegeben und auf seine allgemeinen Ziele eingegangen (1.4).

1.1 Entstehung, Veröffentlichungen, Anwendungsfelder

Die Entwicklung des Neurolinguistischen Programmierens wurde Anfang der 70er Jahre in den USA von dem ehemaligen Linguistikprofessor John Grinder und dem Mathematiker und Psychologen Richard Bandler, beide mit psychotherapeutischen Zusatzausbildungen, begonnen und gemeinsam mit Leslie Cameron-Bandler, Judith DeLozier, Robert Dilts und David Gordon fortgeführt. Außer diesen haben Connirae und Steve Andreas sowie Tad James und Wyatt Woodsmall eigene Beiträge zur Weiterentwicklung geleistet. Alle hier Genannten leiten, neben ihrer Forschungs- und Veröffentlichungsarbeit, auch international Ausbildungslehrgänge für die Anwendung der NLP-Methoden in verschiedenen Praxisfeldern. In Deutschland hat - seit 1981 - vor allem der Diplom-Psychologe Thies Stahl, Schüler von Bandler, Grinder[1] und Dilts, NLP bekannt gemacht, gelehrt und für den deutschen Kulturkreis adaptiert.[2]

Der ursprünglichen Konzeption von Bandler und Grinder lag folgende Überlegung zugrunde: Es gibt heute in den USA eine Vielzahl von unterschiedlichen psychotherapeutischen Schulen und Einzelverfahren - Eichmann und Mayer (1985) beschreiben weit über zweihundert. Alle behaupten, daß mit Hilfe bestimmter, von ihnen aufgrund bestimmter Theorien entwickelter Methoden bestimmte Therapieziele erreichbar seien. Jede

---

[1] Wenn im folgenden - sowohl im Text wie bei den Literaturangaben - der Name *Grinder* ohne Nennung eines Vornamens erwähnt wird, ist immer *John Grinder* gemeint. Bei seinem ebenfalls im Bereich des NLP arbeitenden Bruder *Michael Grinder* ist zusätzlich der Vorname angegeben.

[2] vgl. sämtliche Literatur unter den hier genannten Namen

Schule hält sich dabei mehr oder weniger für die beste.[3] Die meisten therapeutischen Verfahren weisen in etwa ähnliche Erfolgsquoten auf, allerdings im Einzelfall nicht sicher vorhersagbar und längst nicht in dem Ausmaß, wie es die jeweils zugrunde liegende Theorie und Methode verspricht.[4] Therapeuten, die nach gleichen Verfahren arbeiten, erreichen ihre Therapieziele, auch wenn Sie nach "Lehrbuch" alles richtig machen, nur in sehr unterschiedlichem Maß. Offensichtlich, so folgerten Bandler und Grinder, liegt der Therapieerfolg nicht so sehr an dem gewählten Verfahren als vielmehr an dem jeweiligen Therapeuten, der das Verfahren anwendet. Wenn das stimmt, dann haben erfolgreiche Therapeuten kommunikative Fähigkeiten und Verhaltensweisen, die in dem jeweils bewußt zugrundegelegten Therapiemodell nicht explizit enthalten sind und daher in der Ausbildung zu diesem Verfahren auch nicht explizit gelehrt werden.

Ursprüngliches Ziel von Bandler und Grinder war, diese nicht oder nur teilweise bewußten kommunikativen Fähigkeiten und Verhaltensweisen erfolgreicher Psychotherapeuten unterschiedlicher Schulen systematisch auf ihre gemeinsamen grundlegenden Regeln und Muster hin zu untersuchen und zu vergleichen, um so die eigentlichen Wirkfaktoren erfolgreicher Therapie bestimmen und an andere weitervermitteln zu können. Diesen Prozeß der

- Auswahl geeigneter Vorbilder,
- ihrer genauen systematischen Beobachtung und Befragung,
- der Ableitung grundlegender Regeln und Muster daraus,
- des eigenen Ausprobierens ihrer Wirksamkeit durch Nachahmung

nennen Bandler und Grinder *modeling*, im folgenden je nachdem übersetzt mit *Modellieren*, *Modellbildung* oder *Modellierprozeß* (s. 1.4).

Damit griffen sie als erste für den therapeutischen Bereich "eine Idee auf, die man in den USA normalerweise im Bereich des Verkaufs-Trainings anwendet; nämlich: MASTER-MODELLING" (Birkenbihl, Blickhan & Ulsamer, 1987, S. 6). Für ein solches Training werden die besten Verkäufer einer Firma systematisch beobachtet und analysiert, um ihre gemeinsamen erfolgreichen Verhaltensweisen zu einem Modell zu verdichten, das dann anderen Verkäufern beigebracht werden kann.

Bandler und Grinder wählten einige der zu der Zeit bekanntesten und erfolgreichsten Therapeuten aus, beobachteten sie bei der Arbeit und ana-

---

[3] vgl. auch Becker (1989)

[4] vgl. hierzu auch die Therapieforschung der Berner Forschungsgruppe um Grawe (1987) sowie Lang (1990)

lysierten ihr Verhalten, unter Zuhilfenahme von Ton- und Videoaufzeichnungen, bis in die kleinsten Details von z.B. Sprache - inhaltlich, semantisch und phonetisch - Mimik und Gestik, jeweils in der zeitlich genau abgestimmten Interaktion zwischen Therapeut und Klient (Satir, 1975/1985, S. 11).

Im wesentlichen analysierten sie diesbezüglich zunächst
- Fritz Perls, Gestalttherapie;
- Virginia Satir, Familientherapie;
- Milton H. Erickson, Hypnotherapie;
- Gregory Bateson, Systemtherapie.

Die Ergebnisse und praxisorientierten Schlußfolgerungen dieser ersten Untersuchungen haben sie in fünf Büchern dokumentiert, wobei sie ihren eigentlichen Forschungsprozeß leider nicht genau beschreiben. Der Name *Neurolinguistisches Programmieren* fällt hier nur am Rande. Auch erklären sie, mit den von ihnen vorgestellten Modellen und Techniken keine eigenständige neue Psychotherapie schaffen zu wollen (Grinder & Bandler, 1976/1984a, S. 207).

- In "Metasprache und Psychotherapie. Die Struktur der Magie I" stellen Bandler und Grinder (1975/1985) die Ergebnisse ihrer inhaltlich-semantischen, auf Chomskys (1965, 1975) Transformationsgrammatik sich beziehenden, Analyse erfolgreicher Therapiegespräche sowie das daraus resultierende sogenannte *Meta-Modell* der Sprache (s. 5.3.3) vor. Das Meta-Modell soll sowohl eine Problemanalyse aufgrund verschiedener Kriterien, z.B. nicht *wohlgeformter* Sprache eines Klienten, als auch eine eventuelle Problemlösung durch gezielte Fragetechniken ermöglichen.
- In "Kommunikation und Veränderung. Die Struktur der Magie II" (Grinder & Bandler, 1976/1984a) ergänzen sie den ersten Band vor allem um nonverbale und familientherapeutische Aspekte sowie ihr Konzept der sinnesspezifisch differenzierten *Repräsentations-Systeme* (s. 2.2), die die Struktur kognitiver Wirklichkeits-Repräsentation erklären und beeinflußbar machen sollen.
- In "Patterns of the Hypnotic Techniques of Milton H. Erickson, MD.", Band 1 und 2 (Bandler & Grinder, 1975; Grinder, DeLozier & Bandler, 1977) analysieren sie die Hypnosetechniken Ericksons.
- In "Mit Familien reden", das Bandler und Grinder zusammen mit Virginia Satir (1976/1983) geschrieben haben, geht es um "Muster effektiver Familientherapie" (S. 5).

Die beobachteten und analysierten Therapeuten selbst haben die Arbeit Bandlers und Grinders positiv beurteilt. So sieht Bateson (1975/1985, S. 13 ff.) in seiner Einführung zur "Struktur der Magie I" ihre Arbeit als erfolgreiche Fortsetzung seiner eigenen Forschung in der *Palo-Alto-Gruppe* an, und Satir (1975/1985) bescheinigt ihnen im Vorwort des gleichen Buches:

> Mensch! Was kann einer schon dazu sagen, wenn seine Tätigkeit von vier scharfen Augen in den Köpfen von zwei fähigen Humanwissenschaftlern betrachtet wird? Dieses Buch ist das Ergebnis der Anstrengungen zweier fesselnder, begabter junger Männer, die daran interessiert sind herauszufinden, wie sich Veränderung vollzieht, und diesen Prozeß zu dokumentieren. Es scheint, daß sie eine Beschreibung der vorhersagbaren Elemente gefunden haben, die in der Transaktion zwischen zwei Menschen eine Veränderung geschehen lassen. Wenn man diese Elemente kennt, kann man sie bewußt anwenden und hat damit brauchbare Methoden, Veränderungen hervorzurufen....
> Zurückschauend sehe ich, daß ich mir zwar bewußt war, daß Änderungen stattfanden, aber ich war mir der spezifischen Elemente nicht bewußt, die die Transaktion bestimmten und die Veränderung ermöglichten. (S. 11)

1975, also parallel zur Veröffentlichung ihres ersten Buches, leiteten Bandler und Grinder ihr erstes öffentliches Seminar, in dem sie ihre Ergebnisse vorstellten und die praktischen Anwendungsmöglichkeiten trainierten. Diese liegen, da es sich um *formale* Kommunikationsmodelle handelt (Dilts et al., 1980/1985), nicht nur im Bereich der Psychotherapie, sondern lassen sich "ohne Mühe auf andere Bereiche menschlicher Kommunikation" (Grinder, 1980/1985, S. 12) ausweiten, besonders auf den "Bereich des Geschäftslebens (Verkauf, Verhandlungen), des Rechts und der Erziehung" (S. 12). So folgten bald zahlreiche spezielle Anwendungsseminare sowohl für Therapeuten als auch für Lehrer, Ärzte, Rechtsanwälte und Geschäftsleute. Seitdem erfreut sich NLP einer auch heute noch rasch wachsenden Popularität, da die trainierten kommunikativen Fertigkeiten sich offenbar in der Praxis der jeweiligen Anwender als äußerst effektiv bestätigen konnten. Bereits innerhalb der ersten drei Jahre hatten, so Bandler und Grinder, mehr als 25.000 Teilnehmer an zumindest einem der von ihnen und ihren Mitarbeitern veranstalteten Seminare teilgenommen (Goleman, 1979).

In diesem Zeitraum entwickelten sie, wie sie sehr allgemein sagen, unter Rückgriff auf "viele neuere Fortschritte in der Neurologie, der Psychophysiologie, der Linguistik, der Kybernetik, der Kommunikationstheorie und der Informationswissenschaft" (Dilts et al., 1980/1985, S. 32) eine Reihe von überwiegend therapeutisch anwendbaren Techniken und Interventionsformen, wobei sie in den diesbezüglichen Veröffentlichungen noch weniger als in den früheren den Entwicklungsprozeß selbst und nicht einmal mehr in jedem Fall die zugrundegelegten Vorbilder offenlegten. Sowohl den Entwicklungsprozeß als auch die dabei entstandenen Techniken faßten sie in dieser Zeit unter dem Namen *Neuro-Linguistic-Programming* zusammen, wobei sie ihre Interventionsformen als *kurzzeittherapeutische* Verfahren bezeichneten (Bandler & Grinder, 1979/1986a).

Diese Techniken stellten sie zwischen 1978 und 1982, teilweise als Transkripte der von ihnen geleiteten Seminare und Workshops, ausschließlich anwendungsorientiert in sechs Büchern vor: Cameron-Bandler (1978/1985); D. Gordon (1978/1986); Bandler und Grinder (1979/1986a); Dilts et al. (1980/1985); Grinder und Bandler (1981/1984b); Bandler und Grinder (1982/1986b). Im Buch von D. Gordon, das sich im wesentlichen als Lehrbuch für die Konstruktion therapeutisch wirksamer Geschichten (Metaphern) versteht, wird zum ersten Mal das System der *Submodalitäten* (s. 2.2.2) als Verfeinerung der sinnesspezifischen Repräsentationssysteme in seinen Grundlagen vorgestellt - es ist daher für diese Arbeit relevant. Das Buch von Dilts et al. nimmt insofern eine Sonderstellung ein, als es fast das gesamte bis 1980 entwickelte NLP-Material theoretisch, mit entsprechenden Anwendungsbeispielen auch für die nicht-therapeutischen Bereiche, darstellt und im Rahmen des *NLP-Strategiemodells* ordnet. Dieses Modell beschreibt die einzelnen Elemente individueller, kognitiver Strategien zur Erreichung von Verhaltenszielen als geordnete Abfolge sinnesspezifischer Einzelrepräsentationen mit der Perspektive, wenig effiziente Strategien durch individuell angepaßte, effizientere zu ersetzen (s. 3.1).

Außer den genannten, in erster Linie therapeutisch ausgerichteten Büchern, veröffentlichte Grinder in Zusammenarbeit mit McMaster 1980 auch eine Handreichung für den Management-Bereich in der Wirtschaft. 1983 (a, b) folgten noch zwei Bücher von Dilts, die gesammelte Aufsätze über weitere Anwendungsbereiche und -beispiele, einschließlich ihrer theoretischen Einordnung in das NLP-Modell, enthalten, - u.a. für Kommunikation in der Wirtschaft, im Verkauf, für Alltagskommunikation, Erziehung, kreatives Schreiben, Psychosomatik, Familientherapie und interpersonale Konfliktlösung. Das zweite dieser Bücher "Roots of Neuro-Linguistic Programming" (1983b) enthält darüber hinaus weiterreichende theoretische Erörterungen, vor allem über den Zusammenhang von NLP und Kybernetik.

Inzwischen haben sich bei den einzelnen Vertretern des NLP unterschiedliche Schwerpunkte und teilweise sehr unterschiedliche Auffassungen herausgebildet, die u.a. dazu geführt haben, daß Bandler und Grinder seit Anfang der 80er Jahre nicht mehr zusammenarbeiten und daß sich die Eheleute Bandler und Cameron-Bandler getrennt haben.

Das vollständige *Submodalitäten-Konzept* hat Bandler im wesentlichen allein entwickelt. Es gilt als erste wirkliche "Eigenerfindung" (Reuben, 1987, S. 8) des NLP, da Bandler hier auf keine professionellen Vorbilder zurückgreifen konnte. Sein Konzept hat er in bisher drei anwendungsorientierten Büchern vorgestellt: Bandler (1985/1987); Bandler (1985); Bandler und MacDonald (1988/1990). C. und S. Andreas, die bereits einige der frühen NLP-Bücher herausgegeben hatten, haben einzelne Bereiche weiterentwickelt, so z.B. die kognitiven Repräsentationsformen und Unterscheidungen der drei Zeitkomponenten: Vergangenheit, Gegenwart, Zukunft. Ihre Arbeit haben sie bisher in zwei Büchern dokumentiert (1987/1988, 1989).

Grinder und DeLozier beschäftigten sich nach der Trennung von Bandler vor allem mit philosophischen, psychologischen und pädagogischen Aspekten ursprünglicher, sogenannter primitiver Kulturen und einem möglichen Lerntransfer zur Persönlichkeitsentwicklung in den westlichen Kulturkreis sowie weiterhin mit den Arbeiten von Bateson. Diesen Ansatz, von Grinder und DeLozier *Personal Editing* genannt, stellten sie in Form eines Seminar-Transkripts vor (DeLozier & Grinder, 1987).

Einige Elemente des Personal Editing, die sogenannten *Wahrnehmungspositionen*, hat Dilts gemeinsam mit Grinder entwickelt und dann in Kombination mit den drei Zeitkomponenten und den *Logischen Ebenen der Veränderung*, die auf einer Analyse der *Logischen Typen des Lernens* von Bateson (1972/1981, S. 362-398) basieren, zu einem Modell zusammengefaßt, das eine einheitliche Grundlegung, Beschreibung und Einordnung der verschiedenen, teilweise sehr unterschiedlichen, NLP-Interventionen ermöglichen soll. Dieses grundlegende Konzept hat er *Unified Field Theory* des NLP genannt (s. 4.5). Außerdem hat Dilts in den letzten Jahren besonders zu den Bereichen Kreativität, subjektive Überzeugungen, Psychosomatik und Anwendung in Gruppen geforscht. Er gilt heute als der seriöseste Forscher und Ausbilder im NLP-Bereich. Leider ist seine neuere Arbeit bisher nur zu einem Teil veröffentlicht, so daß eine aktuelle und einheitliche Zusammenstellung und Einordnung des gesamten NLP-Modells auf der Basis seiner Unified Field Theory bis heute fehlt. In der vorliegenden Arbeit versucht der Autor, NLP insgesamt in diesem Rahmen vorzustellen und seine einzelnen Komponenten hierin einzuordnen; dazu berücksichtigt er vor allem Dilts' jüngste Veröffentlichungen (1990a, 1990b, 1990c; zusammen mit Hallbom & Smith, 1990/1991) und bezieht sich zudem auf seine mündlichen Aussagen während eines von ihm geleiteten Fortbildungs-Seminars 1989 in Berlin.

Cameron-Bandler hat nach der Trennung von ihrem Mann in Zusammenarbeit mit D. Gordon und Lebeau unter dem Namen *Emprint Method* und *Imperative Self Analysis* vor allem die formalen Strukturen von Werten und Gefühlen (Emotionen) analysiert, um mit deren Veränderung die individuelle Persönlichkeitsentwicklung positiv zu beeinflussen. Sie haben dies bisher in drei Büchern dokumentiert: Cameron-Bandler, D. Gordon und Lebeau (1985a, 1985b); Cameron-Bandler und Lebeau (1988/1990).

James und Woodsmall endlich haben in ihrem Buch "Time line: NLP-Konzepte zur Grundstruktur der Persönlichkeit" (1988/1991) Material von Bandler, Cameron-Bandler und Dilts über individuelle Zeitverarbeitung, Persönlichkeitsmerkmale (*Metaprogramme*) und Werte sowie diesbezügliche Submodalitäten, zusammengetragen, variiert und ergänzt (s. Kap. 4).

In Deutschland hat Stahl 1988 sein erstes Buch veröffentlicht, das ausführlich kommentierte Transkripte seiner Seminare enthält und die Unterschiede zu den amerikanischen Ansätzen deutlich macht.

Außer der hier genannten gibt es eine Fülle von Sekundär- und auf bestimmte Anwendungsbereiche bezogener Literatur. Für den (vor allem schul-)pädagogischen Bereich sind zu nennen: Cleveland (1984); M. Grinder (1989); Jacobsen (1983, 1987, 1988); Lloyd (1989); O'Connor (1987); Nagel, Siudzinski, E.J. Reese und M. Reese (1985/1989). Sonstige Sekundärliteratur wird, soweit auf sie Bezug genommen wird, an gegebener Stelle nachgewiesen.

1.2 Selbstverständnis, Namensklärung, Verhaltensbegriff

Da es (bisher) keine umfassende Darstellung des Neurolinguistischen Programmierens in einem einheitlichen und grundlegenden theoretischen Rahmen gibt, fehlt auch eine eindeutige Definition, die die Grenzen des definierten Gegenstandes festlegen würde. NLP will allerdings solche Begrenzungen gerade vermeiden, wie folgendes Zitat von Bandler (1985/1987) zeigt:

> Neurolinguistisches Programmieren ist ein Begriff, den ich erfunden hatte, um zu vermeiden, daß ich mich auf diesem oder jenem Gebiet spezialisieren müßte. (S. 19)

Dieses Nicht-Festlegen hat gegenüber einer festen Definition den Vorteil einer größeren Offenheit gegenüber sinnvollen Neuerungen und ermöglicht ein rascheres Erkennen von und Lernen aus eigenen Fehlern.

Um trotzdem den bis heute in etwa geltenden Rahmen des NLP-Modells zu umreißen, folgen hier - jeweils mit Erläuterungen - zwei Beschreibungen des *Selbstverständnisses* sowie eine *Namensklärung* des Begriffs NLP, wobei letztere auch eine Definition seines *Verhaltensbegriffs* erforderlich macht.

> Neurolinguistisches Programmieren ist eine Disziplin, die sich mit der Struktur subjektiver Erfahrung beschäftigt. NLP will keine Theorie sein, es hat den Status eines Modells - eine Reihe von Prozeduren, deren Wertmaßstab die Nützlichkeit und nicht die Wahrheit ist. (Grinder, 1980/1985, S. 12)

Damit beschreibt Grinder im Vorwort eines der ersten NLP-Bücher ein wesentliches, vielleicht das wesentlichste Charakteristikum des NLP: Abkehr von einer *objektiven* Wissenschaft mit absolutem Wahrheitsanspruch zugunsten einer *subjektiven* Wissenschaft mit Nützlichkeitsanspruch in Bezug auf die menschliche Psyche. Nützlich ist im Sinne von NLP, was Menschen dabei hilft, ihre eigenen (Lebens-)Ziele unter Berücksichtigung ihrer Umgebung zu erreichen bzw. erst einmal zu entdecken und dann zu erreichen. *Subjektive Wissenschaft* umschreibt hier das primäre Interesse, kognitive Muster innerhalb eines Individuums sowie Interaktionsmuster zwischen Individuen zu entdecken und erst sekundär nach vorsichtigen Verallgemeinerungen zu suchen, die vielleicht für mehrere oder viele Menschen bzw. Menschengruppen in ähnlicher Weise gelten (bzw. nützlich sind). Stets muß dabei auch die Subjektivität des Forschers und/oder NLP-Anwenders berücksichtigt werden, die ja in ihrer Interaktion mit der Subjektivität der erforschten, beobachteten und/oder beratenen Personen in den NLP-Prozeß mit eingeht. Aus diesem Grunde bezeichnet Grinder NLP nicht als eine Theorie, die ja per definitionem bestrebt sein müßte, eine objektive Wahrheit zu beschreiben, sondern als ein **Modell**, das immer nur subjektiv gültig sein kann.

Mit wesentlich einfacheren Worten und stärker praxisorientiert als Grinder umschreibt Bandler (1985/1987) sein Hauptanliegen:

> Ein wesentliches Charakteristikum des NLP ist eine bestimmte Art und Weise, menschliches Lernen zu betrachten.

> Obwohl viele Psychologen und Sozialarbeiter NLP verwenden, um das zu tun, was sie "Therapie" nennen, denke ich, daß es angemessener ist, NLP als lernpädagogischen Prozeß zu bezeichnen. Im Grunde genommen entwickeln wir Methoden, um Menschen beizubringen, wie sie ihr eigenes Gehirn nutzen können. (S. 19)

Indem er NLP primär als **lernpädagogischen Prozeß** bezeichnet, hebt er es deutlich von anderen psychologisch-therapeutischen Richtungen ab, die sich i.a. primär therapeutisch und nur mit vielen Einschränkungen auch als pädagogisch anwendbar verstehen.

Was den **Namen** *Neurolinguistisches Programmieren* anlangt, tut man sich selbst in NLP-Kreisen schwer, ihn zu erklären. Dilts et al. (1980/1985) geben ihm einen Sinn, der mit dem zentralen Untersuchungsgebiet des NLP - der Struktur kognitiver Prozesse im menschlichen Gehirn sowie deren Auswirkungen auf das Verhalten - in Zusammenhang steht:

> "Neuro" ... steht für die These, daß jede Verhaltensweise das Ergebnis neurologischer Prozesse ist. "Linguistisch" ... deutet an, daß nervliche Vorgänge durch Sprache und Kommunikationssysteme in Form von Modellen dargestellt, geordnet und in eine Reihenfolge gebracht werden. "Programmieren" bezieht sich auf den Prozeß der Organisation von Systemkomponenten (in diesem Fall handelt es sich um sinnesbezogene Repräsentationen), um spezifische Ergebnisse zu erzielen. (S. 22)

Auf *linguistisch* bezogen, soll zunächst kurz erklärt werden, was mit *Sprache* und *Kommunikationssystemen* gemeint ist; dann soll der Begriff *Programmieren* charakterisiert und zum Schluß - bezogen auf den Zusammenhang zwischen *neurologischen Prozessen* und *Verhaltensweisen* - der Verhaltensbegriff des NLP definiert und erläutert werden.

Zunächst war es dem NLP wichtig, einen sinnlich faßbaren Zugang zu den Vorgängen im Nervensystem zu bekommen, also gewissermaßen *eine Sprache* zu entdecken, die diese Vorgänge abbildet, um sie so verstehen und ggf. beeinflussen zu können. Eine solche, relativ vollständige, *Sprache* meint NLP gefunden zu haben: Sie besteht aus einem komplexen Zusammenwirken der *(Wörter-)Sprache* und anderer *Kommunikationssysteme*; mit diesen sind interne Vorstellungen gemeint, die sich entsprechend den fünf Sinnesmodalitäten zunächst fünffach unterteilen lassen und durch Submodalitäten weiter differenziert werden können. Eine Einführung in diese *Sprache des Nervensystems* erfolgt im 2. Kapitel.

Programmieren meint nicht, wie das Wort im Deutschen leicht suggeriert, daß Menschen nach den Interessen anderer programmiert oder manipuliert werden sollen. Mit *Programmen* sind vielmehr wiederkehrende neurologische Abläufe gemeint, die bei einem Menschen zu bestimmten Ergebnissen führen - z.B. daß er traurig, fröhlich, müde oder wach wird. Diese Programme werden im NLP *Strategien* genannt und im 3. Kapitel näher beschrieben. *Programmieren* bezeichnet somit den Prozeß, wie solche wiederkehrenden Abläufe sich etablieren und damit auch (von der Person selbst) verändert werden können. Um das mißverständliche Wort nicht benutzen zu müssen, sprechen einige NLP-Anwender statt von NLP von *Neurolinguistischer Selbstorganisation* (NLS), was dem Gemeinten zumindest etwas näher kommt (J. Wippich, 1985).

Der **Verhaltensbegriff** im NLP schließlich läßt sich am deutlichsten in Abgrenzung zum Behaviorismus erläutern. Im Gegensatz zu diesem, der Verhalten lediglich als "die Gesamtheit aller beobachtbaren, feststellbaren oder meßbaren Aktivitäten des lebenden Organismus" (Fröhlich, 1989, S. 355). auffaßt, definiert NLP "*Verhalten als alle sinnlichen Repräsentationen, die innerlich und/oder äußerlich erfahren und ausgedrückt werden, die einem Subjekt und/oder einem Beobachter dieses Subjekts auffallen*" (Dilts et al., 1980/1985, S. 24).

Während für den Behaviorismus das individuelle Verhalten einer Person durch seine Umwelt und seine Triebe gänzlich bestimmt wird und damit vorhersagbar ist, ist für NLP, wie für die gesamte kognitive Psychologie, das individuelle externe Verhalten über die Beeinflussung der eigenen Kognitionen selbst veränderbar und damit *nicht* vorhersagbar (W. Schönpflug & U. Schönpflug, 1989, S. 52). Während für den Behaviorismus das Individuum eine *black box* darstellt, deren innere Struktur man nicht kennt (Grinder, 1980/1985, S. 17), richtet NLP sein Augenmerk auch und gerade auf die Innenvorgänge, die *Sprache des Nervensystems* (s.o.), mit denen der Organismus auf die Informationen reagiert, die ihm durch die Inputkanäle seiner fünf Sinne übermittelt werden.

Schon die Aufnahme (*Input*) einer Information, eines Reizes ist *Verhalten*, ebenso alle *internen Vorgänge* (z.B. das Denken als solches, das Hervorrufen und die Beeinflussung von Vorstellungen, das Treffen von Entscheidungen, die Erzeugung von Gefühlen) und erst am Ende eines solchen Prozesses steht der - vom Behaviorismus allein als *Verhalten* anerkannte - *Output* (Dilts et al., 1980/1985, S. 39). - Für NLP gilt als Verhalten also nicht nur jede reale Handlung in der externen Welt (z.B. eine Skiabfahrt), sondern ebenso auch die gleiche Handlung in der bloßen Vorstellung (S. 24).

Eine Definition des NLP, die dem Autor für den Rahmen dieser Arbeit zweckmäßig erscheint, setzt die Kenntnis des Menschen- und Weltbildes, das im nächsten Abschnitt (1.3) dargestellt wird, voraus und folgt daher erst im Abschnitt 1.4.

1.3 Menschen- und Weltbild

Dem Neurolinguistischen Programmieren liegt ein überwiegend *kognitivistisches* Menschen- und Weltbild zugrunde, das sich auf Vaihingers (1911) "Philosophie des Als Ob" und auf Korzybskis (1933) Arbeit zur *Allgemeinen Semantik* ebenso beruft wie auf Batesons (1972/1981) *Systemtheorie* und den *kybernetischen Ansatz* von G.A. Miller, Galanter und Pribram (1960); darüber hinaus bestehen Parallelen zu *Selbstorganisationstheorien*, insbesondere zur Erkenntnistheorie des *Radikalen Konstruktivismus* (Glaserfeld, 1987; Kruse, 1988; Küppers, 1987; Maturana & Varela, 1987; Schmidt, 1987; Watzlawick, 1985), ohne daß diese jedoch in der NLP-Literatur eigens erwähnt werden.

Mit Hilfe seiner Kognitionen kann der Mensch die Welt und sich selbst als Teil von ihr begreifen, in ihr handeln und sich verändern.

Von dieser Grundannahme ausgehend, entwirft NLP sein Menschen- und Weltbild, das im wesentlichen einen kognitiven *Modellbildungsprozeß* postuliert, der die menschliche Subjektivität in Beziehung zur Wirklichkeit setzt. Die Postulierung dieses Prozesses bildet zugleich die Ausgangsbasis jeder Forschung und Intervention im Sinne des NLP. In diesem Abschnitt werden zunächst seine Hauptelemente eingeführt (1.3.1) und anschließend die wichtigsten übrigen NLP-*Grundannahmen*, die sich vor allem auf menschliche Veränderungsmöglichkeiten beziehen, zusammengestellt (1.3.2). Weitere Details und Implikationen folgen im weiteren Verlauf der Arbeit. Eine vollständige Herleitung und gründliche Diskussion des gesamten Ansatzes würde hier zu weit führen und muß einer anderen Arbeit vorbehalten bleiben (s. hierzu neben den obengenannten Arbeiten auch: Dilts et al., 1980/1985; Dilts, 1983b; Herzog, 1984).

Es fällt auf, daß im Menschenbild des NLP den Fragen nach der Triebhaftigkeit und/oder dem Ausmaß genetischer Determiniertheit nicht nachgegangen wird. Dies hat etwas mit der generellen Orientiertheit des NLP zu tun: NLP fragt stets im wesentlichen nach Möglichkeiten gezielter menschlicher Veränderung und Entscheidungsfreiheit, wohingegen die Fragen nach der Triebhaftigkeit und Determiniertheit ihr Augenmerk auf die Gründe richten, die menschliche Veränderung und Entscheidungsfreiheit eben gerade verhindern. NLP fragt z.B. angesichts eines unliebsamen Triebes oder einer unliebsamen Veranlagung: Wie kann ich diese, wenn ich sie als Ursache für mangelnde Veränderungsmöglichkeiten ansehe, mit kognitiven Mitteln trotzdem günstig beeinflussen? Wie noch gezeigt wird, läuft eine diesbezügliche Intervention keineswegs auf eine Art unendlichen Kampf zwischen Ratio und Emotion (Trieb) hinaus.

Zusammenfassend läßt sich demnach sagen, daß dem NLP ein, an menschlichen Veränderungs- und Entscheidungsmöglichkeiten orientiertes, kognitivistisches Menschen- und Weltbild zugrundeliegt.

1.3.1 Der Modellbildungsprozeß

Die Wirklichkeit, die Welt als solche und die Ereignisse in ihr sind für die Menschen, als "am Universum teilhabende Organismen" (Dilts et al., 1980/1985, S. 23) nicht objektiv erkennbar; vielmehr schaffen Menschen sich mit Hilfe ihrer fünf Sinne - neurologisch, sozial und individuell beeinflußt - unterschiedliche *kognitive Repräsentationen* der Wirklichkeit, die im NLP *Modelle* oder im Anschluß an Korzybski (1933) metaphorisch *Landkarten* genannt werden. Sie für die Wirklichkeit selbst zu halten, ist ebenso wenig zulässig, wie wenn man eine Landkarte mit der Landschaft, die sie darstellen soll, gleichsetzen wollte (Bandler & Grinder, 1975/1985, S. 25 - 34).

1.3.1.1 Zur relativen Brauchbarkeit von Modellen

Einerseits ist die Fähigkeit, Modelle zu bilden, die Basisfähigkeit, die dem Menschen das Überleben in der Welt bisher gesichert hat, da sie die einzige Möglichkeit darstellen, die Welt zu verstehen und gezielten Einfluß auf sie zu nehmen. Andererseits impliziert diese Fähigkeit parallel zur Möglichkeit der immer größeren Einflußnahme die Möglichkeit des immer folgenschwereren, selbstzerstörerischen Irrtums, eben weil die Modelle nicht die Wirklichkeit selbst sind.

Da jeder Mensch im Laufe seines Lebens einzigartige, unverwechselbare Erfahrungen macht, unterscheiden sich auch seine darauf beruhenden kognitiven Repräsentationen von denen jedes anderen Menschen; es gibt keine zwei Individuen mit genau den gleichen Modellen der Wirklichkeit. Die kleinen und großen Unterschiede reichen vom Dissens in ganz alltäglichen Situationen, in denen Menschen ein und dasselbe *reale* Ereignis (z.B. einen Verkehrsunfall) unterschiedlich beschreiben, bis zu fundamentalen politischen oder wissenschaftlichen Auseinandersetzungen (z.B. über Bedeutung und Wirkweise von Placebos in der Medizin). In jedem Fall beschreiben die beteiligten Menschen kein Stück der Wirklichkeit an sich, sondern lediglich ihre diesbezüglichen Modelle, die *Landkarten* in ihren Köpfen. Je mehr sich die Modelle mehrerer Personen bezüglich eines bestimmten Gegenstandes ähneln, desto besser ist i.a. die Kommunikation zwischen ihnen, und umgekehrt.

Die Qualität eines Modells kann nicht danach beurteilt werden, wie nahe es der objektiven Wirklichkeit kommt, da diese per definitionem unbekannt bleibt. Seine Qualität bestimmt sich vielmehr nach dem Grad seiner *Brauchbarkeit*: wie gut oder schlecht Menschen im jeweiligen Kontext mit ihm zurechtkommen; in der Landkarten-Metapher gesprochen: wie gut oder schlecht man den Weg zum gesuchten Ziel mit Hilfe der Karte findet. Mit wechselnden Zielen, in unterschiedlichen Zeiten und Lebenszusammenhängen kann die Brauchbarkeit ein und desselben Modells von *sehr nützlich* bis *absolut unbrauchbar* schwanken. Als Beispiel für einen derartigen Qualitätswechsel führen Bandler und Grinder (1975/1985, S. 36) das Modell einer subjektiven Überzeugung (*belief*, im deutschen NLP *Glaubenssatz* genannt) in zwei verschiedenen Kontexten an: "Es ist wichtig, niemals seine Gefühle zu zeigen." Dieser Glaubenssatz kann in einem Kriegsgefangenenlager überlebensnotwendig sein, sich in einer Ehe aber als verhängnisvoll erweisen.

So gesehen kann es längerfristig für Menschen verheerende Auswirkungen haben, wenn sie an irgendeiner Stelle ihres Modellbildungsprozesses meinen, die Wahrheit bezüglich eines Gegenstandes gefunden zu haben. Solange sich ein solches starres Modell als nützlich erweist, mag es eine große Sicherheit vermitteln; wird es aber durch das Hinzukommen neuer Faktoren unbrauchbar oder schädlich, verhindert es durch seinen Wahrheitsanspruch notwendige Veränderungen solange, bis dieser aufgegeben wird. Dies gilt für starre Modelle einzelner Menschen ebenso wie für starre kollektive Modelle kleiner und großer Menschengruppen. Ein Beispiel für starre kollektive Modelle, ihre negativen Auswirkungen und die schließliche Aufgabe des Wahrheitsanspruches stellen die jüngsten Ereignisse der deutsch-deutschen Geschichte von 1989/90 dar.

Die Chance von Menschen, zu überleben oder sogar *gut* zu leben, hängt somit unmittelbar von ihrer *Flexibilität*, d.h. von ihrer Fähigkeit ab, alte, nicht bzw. nicht mehr brauchbare Modelle durch neue, adäquatere zu ersetzen. Dies fällt umso schwerer, je sicherer sie zu sein glauben, daß ihr Modell der Wirklichkeit *die* Wirklichkeit selbst sei, und umso leichter, je mehr sie sich der Subjektivität und Relativität ihrer Modelle bewußt sind (Bandler & Grinder, 1975/1985; Cameron-Bandler, 1978/1985; Dilts et al., 1980/1985; Grinder & Bandler, 1976/1984a).

1.3.1.2 Prozeßmechanismen

Den Prozeß jeder Modellbildung, also das Zustandekommen kognitiver Repräsentationen, nennt NLP *Modellieren (modeling)*. Dabei wirken laut NLP hauptsächlich drei **Prozeßmechanismen** zusammen:
- *Generalisierung,*
- *Tilgung,*
- *Verzerrung.*[5]

Alle drei sind per se wertfrei; sie führen je nach ihrem Ausprägungsgrad und ihrem Zusammenwirken zu mehr oder weniger brauchbaren Modellen des jeweiligen Sachverhalts. Im folgenden werden sie kurz charakterisiert:

> *Generalisierung (generalization)* ist der Prozeß, durch den Elemente oder Teile eines persönlichen Modells von der ursprünglichen Erfahrung abgelöst werden, um dann die gesamte Kategorie, von der diese Erfahrung ein Beispiel darstellt, zu verkörpern. (Bandler & Grinder, 1975/1985, S. 35)

Durch Generalisierungen leiten Menschen aus einer oder einigen Erfahrungen jeweils bestimmte allgemeine Regeln und weiterreichende Einschätzungen ab, die es ihnen im positiven Falle ermöglichen, die Wiederholung von Fehlern zu vermeiden und Zeit zu sparen, da sie so als ähnlich erkannte Dinge auf der Welt nicht immer wieder *von neuem erforschen* müssen. Eine u.U. negativ wirkende Generalisierung wurde bereits im obigen Beispiel ("Es ist wichtig, niemals seine Gefühle zu zeigen.") genannt.

---

[5] Bandler und Grinder (1975/1985): "Wiederum möchten wir feststellen, daß unsere Kategorien in Bezug auf die Realitätsstruktur nicht verbindlich sind - wir fanden diese Kategorien nützlich, um unser Denken und Handeln zu gliedern.... Wir nehmen an, daß die meisten Leser, wenn sie über die übliche Bedeutung der Begriffe nachdenken, Generalisierung und Tilgung als Sonderfälle der Verzerrung ansehen werden." (S. 41)

> *Tilgung (deletion)...* ist ein Prozeß, durch den wir unsere Aufmerksamkeit selektiv bestimmten Dimensionen unserer Erfahrungen zuwenden und andere ausschließen.... Tilgung reduziert die Welt auf Ausmaße, mit denen wir meinen umgehen zu können. (Bandler & Grinder, 1975/1985, S. 36 f.)

Ohne Tilgung würde das menschliche Bewußtsein mit soviel Informationen überhäuft werden, daß es sie nicht mehr verarbeiten könnte. Ein positives Beispiel ist das berühmte *Cocktailpartyphänomen*: Wer sich in einer lebhaften Gesellschaft auf ein Einzelgespräch einstellen will, muß alle anderen Stimmen ausblenden (Zimbardo, 1983, S. 251 f.). Eine weniger nützliche Tilgung liegt z.B. vor, wenn ein Mensch nichts von dem wahrnimmt, was er gut gemacht hat, also nur auf seine Fehler fixiert ist.

> *Verzerrung (distortion)...* ist der Prozeß, der uns ermöglicht, in unserer Erfahrung sensorischer Einzelheiten eine Umgestaltung vorzunehmen. (Bandler & Grinder, 1975/1985, S. 37)

Auf einer Verzerrung der Realität beruhen alle Phantasien, Vergangenheits- und Zukunftsvorstellungen, das Phänomen des Verliebtseins, jede Motivation, Neurose und Phobie ebenso wie jede dichterische und künstlerische Gestaltung, letztlich jede Modellbildung. In unterschiedlichen Kontexten kann auch der Nützlichkeitsgrad ein und derselben Verzerrung erheblich schwanken. So kann selbst eine Spinnenphobie in einem tropischen Land u.U. lebensrettend sein, während eine künstlerische Verzerrung angesichts einer kritischen Verkehrssituation zum Tode führen kann.

Es ist das komplexe Zusammenspiel von Generalisierung, Tilgung und Verzerrung, das zur Modellbildung führt. Bandler und Grinder (1975/1985) geben ein Beispiel, wie sie ungünstig ineinandergreifen können:

> Ein Mensch, der irgendwann in seinem Leben abgelehnt worden ist, macht die Generalisierung, daß er nicht liebenswert sei. Da sein Modell diese Generalisierung enthält, tilgt er entweder Aussagen der Zuneigung oder deutet diese Aussagen als unaufrichtig um. Da er keine Zuneigungsbotschaften anderer wahrnimmt, kann er die Generalisierung aufrechterhalten, daß er nicht liebenswert sei. Diese Beschreibung ist ein Beispiel für die klassische positive Feedback-Schleife: die *self-fulfilling prophecy...* Die Generalisierungen oder Erwartungen eines Menschen filtern und verzerren seine Erfahrung, um sie mit diesen Erwartungen konsistent zu machen. Da er keine Erfahrungen macht, die seine Generalisierungen hinterfragen, werden seine Erwartungen bestätigt, und der Kreislauf geht weiter. Auf diese Art halten Menschen ihre eingeschränkten Modelle der Welt aufrecht. (S. 37)

Um solche ungünstigen Konstellationen positiv verändern zu können, ist es wichtig, die verschiedenen Arten von Generalisierungen, Tilgungen und

Verzerrungen in menschlichen Modellen aufzudecken. Bandler und Grinder (1975/1985) haben dazu gezielte Fragetechniken in ihrem *Meta-Modell der Sprache* zusammengefaßt und systematisiert. Dieses wird weiter unten (s. 5.3.3) kurz dargestellt.

1.3.1.3 Prozeßfilter

Zum Verständnis des Modellbildungsprozesses ist es darüber hinaus wichtig, die Kriterien zu kennen, nach denen Menschen generalisieren, tilgen und/oder verzerren. NLP unterscheidet im wesentlichen vier sogenannte ***Prozeßfilter***:

- *Glaubenssätze (Überzeugungen),*
- *Werte,*
- *Erinnerungen (und Zukunftsvorstellungen),*
- *Meta-Programme.*

Die drei erstgenannten Begriffe werden im NLP etwa dem allgemeinen Sprachgebrauch entsprechend verwendet. Lediglich der Terminus *Meta-Programme* bedarf einer kurzen Erklärung: Die etwa 20 Meta-Programme entsprechen im wesentlichen dem, was allgemein unter Persönlichkeitsmerkmalen oder -eigenschaften verstanden wird: introvertiert vs. extravertiert, aktiv vs. passiv, vergangenheits- vs. zukunftsorientiert, von einem Negativen wegstrebend vs. zu einem Positiven hinstrebend etc. Im NLP werden Meta-Programme allerdings nicht zur Persönlichkeitsfestschreibung verwendet; vielmehr werden sie als von Kontext zu Kontext sich mehr oder weniger wandelnde und generell veränderbare Verhaltensmerkmale eines Menschen verstanden. Entsprechendes gilt auch für die drei anderen Prozeßfilter (James & Woodsmall, 1988/1991, S. 6 ff.).

Alle Prozeßfilter stehen untereinander in Beziehung und beeinflussen sich wechselseitig. Sie sind einerseits selbst Modelle, die sich in verschiedenen Erfahrungen eben durch Generalisierungen, Tilgungen und/oder Verzerrungen gebildet haben bzw. ständig neu bilden, und bestimmen andererseits, nach welchen Kriterien die mit den fünf Sinnen aufgenommenen Informationen gefiltert, also generalisiert, getilgt und/oder verzerrt werden: *was* jeder Mensch von seiner Umwelt wahrnimmt und zu einem speicherbaren Modell weiterverarbeitet.

In Kap. 4 wird auf *Glaubenssätze, Werte* und *Metaprogramme* in einem breiteren Zusammenhang ausführlich eingegangen. An dieser Stelle sollen drei kurze Beispiele genügen, um die Beeinflussung des Modellbildungsprozesses durch die Prozeßfilter zu verdeutlichen:

a) Das Meta-Programm *vom Negativen wegstrebend* könnte bei einem Arbeitsplatzwechsel dazu führen, daß eine Person die positiven Bedingungen des neuen Arbeitsplatzes zunächst überbewertet (verzerrt).

b) Falls bei einem Menschen der Wert *Pflichtbewußtsein* höher in der Rangordnung steht als der Wert *Gesundheit*, könnte das zu einem gefährlichen Übersehen von Krankheitssymptomen führen (Tilgung).

c) Die Überzeugung "*Ich kann alles, was ich will*" könnte bei einer Person dazu führen, daß sie ihre Erfolge generalisiert, ihre Mißerfolge dagegen tilgt.

1.3.1.4 Gesamtprozeß

Der **Modellbildungsprozeß** soll hier noch einmal zu einem Gesamtbild (vgl. Abb. 1) zusammengefaßt und ergänzt werden:

Es unterscheidet grob zwischen *Außen-* und *Innenwelt*. Die Außenwelt umfaßt die gesamte objektive, reale Umgebung eines Menschen, soweit sie mit seinem physiologischen Sinnesapparat potentiell wahrnehmbar ist; sie wird in der Innenwelt durch den *Modellbildungsprozeß* zu subjektiven, *kognitiven Repräsentationen (Modellen)* verarbeitet.

1. Ein Mensch empfängt zu jedem Zeitpunkt über seine fünf Sinne eine unendliche Anzahl von Informationen aus der Außenwelt, den *externen Input*. Diese Informationen werden im Gehirn nach Kriterien, die von den *Prozeßfiltern (Glaubenssätze, Werte, Meta-Programme, Erinnerungen)* bestimmt werden, *generalisiert, getilgt* und/oder *verzerrt*.

2. Dieser Filterungsprozeß führt, gewissermaßen durch einen *internen Output*, zu den internen *kognitiven Repräsentationen (Modellen)* der ursprünglichen externen Informationen.

3. Die kognitiven Repräsentationen liefern ihrerseits zu jedem Zeitpunkt einen *internen Input* mit unendlich vielen Informationen, der parallel zum externen Input aufgenommen und analog zum 2. Schritt weiterverarbeitet wird usw.

4. Schließlich bestimmen die kognitiven Repräsentationen den in die Außenwelt gerichteten *externen Output*, das externe Verhalten. Dieses

geht sofort, bei Schritt 1 beginnend, wieder in den Modellbildungskreislauf ein (James & Woodsmall, 1988/1991).

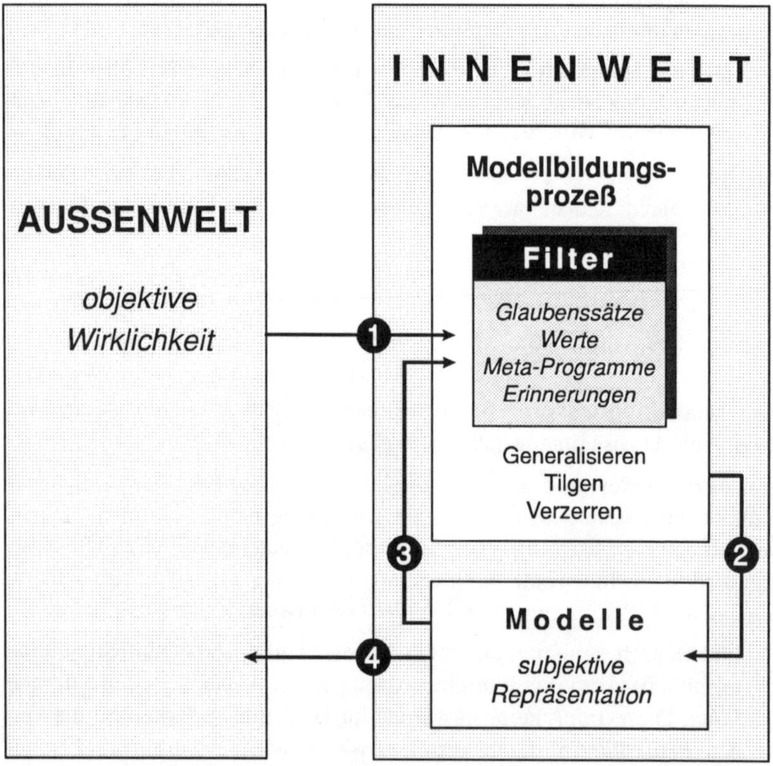

Abb. 1: Der aus der Außenwelt kommende externe Input [1] durchläuft in der Innenwelt einen Modellbildungsprozeß, dessen interner Output [2] interne Repräsentationen (Modelle der Wirklichkeit) erzeugt. Von diesen geht ein interner Input [3] in einer Feedbackschleife erneut in den Modellbildungsprozeß ein, während ein externer Output [4] in die Außenwelt zurückführt.

Für NLP ist dabei am relevantesten, daß die vollständigen internen Repräsentationen zu jedem Zeitpunkt aus einer Mischung von generalisierten, getilgten und/oder verzerrten externen *und* internen Informationen bestehen, wobei einmal die einen, einmal die anderen überwiegen. Das externe

Verhalten resultiert zu jedem Zeitpunkt aus diesen gemischten internen Repräsentationen.

Die hier gegebene linear-zirkuläre Darstellung darf indessen nicht darüber hinwegtäuschen, daß sämtliche Prozesse nahezu gleichzeitig stattfinden und sich gegenseitig überlagern. Ebenso ist auch die Trennung zwischen internen Repräsentationen und Prozeßfiltern künstlich, da diese selbst wieder interne Repräsentationen darstellen (vgl. 1.3.1.3). Die hier gegebene Modelldarstellung ist somit lediglich eine von vielen möglichen, die ihre relative Brauchbarkeit erst im praktischen Umgang mit ihr, wie er in den folgenden Kapiteln gezeigt wird, erweisen muß.

Bis jetzt wurde der Modellbildungsprozeß in abstrakter, weitgehend inhaltsleerer Form dargestellt. Um ein konkretes Modell genau beschreiben und bei Bedarf praxisrelevant verändern zu können, müssen seine formalen Strukturen, gewissermaßen das Material, aus dem es besteht, bekannt sein. Diese formale Struktur artikuliert sich in der bereits erwähnten *Sprache des Nervensystems* (vgl. 1.2). Sie wird im nächsten Kapitel eingeführt.

1.3.2 Grundannahmen

Das NLP-Modell selbst unterliegt, bezogen auf die Wirklichkeit, selbstverständlich ebenfalls Generalisierungs-, Tilgungs- und Verzerrungsprozessen und hat seine eigenen Prozeßfilter, die - soweit bewußt - auf der Ebene der Werte und Glaubenssätze als nicht überprüfbare Grund- und Vorannahmen in das NLP-Modell eingehen und sein Menschenbild, das insgesamt sicherlich erst zum Schluß dieser Arbeit einigermaßen umfassend dargestellt sein wird, weiter beschreiben helfen. Die sieben relevantesten **Grundannahmen** folgen hier (Bretto, 1988; Cameron-Bandler, 1978/1985; Dilts et al., 1980/1985), wobei sich die erste auf bereits Dargestelltes bezieht:

1. Die Wirklichkeit und die Welt als solche ist vom Menschen nicht objektiv, sondern nur subjektiv mit Hilfe kognitiver Repräsentationen (Modelle) erkennbar und denkbar.
   Jeder Mensch hat sein *eigenes Modell der Wirklichkeit*, mit dessen Hilfe er sein Verhalten in ihr organisiert.
2. Der Mensch kann als ein psycho-physisches System mit einer unendlichen Anzahl von Systemkomponenten - im NLP *Teile* genannt -, die

sich alle gegenseitig beeinflussen, verstanden werden. Außerdem ist er als *Teil* in ein größeres System, seine Umwelt im weitesten Sinne, eingebunden, mit der er und alle seine Systemkomponenten ebenfalls in Wechselwirkung stehen.
Um gewünschte Veränderungen zu erreichen, muß dieses Gesamtsystem (alle relevanten Systemkomponenten und die relevante Umwelt) berücksichtigt werden.

3. Nur durch eine *Veränderung seiner kognitiven Modelle* kann ein Mensch sein nach außen gerichtetes Verhalten in einer gewünschten Richtung verändern und so Einfluß auf die Welt nehmen. (Die Frage ist dabei lediglich, ob er die notwendige kognitive Veränderung bewußt oder unbewußt durchführt.)

4. *Menschen treffen zu jedem Zeitpunkt und in jedem Fall die beste Entscheidung, die ihnen aufgrund ihrer Modelle möglich ist* - auch wenn das oftmals weder ihnen noch anderen deutlich wird.

5. Jeder Mensch besitzt, da er über die grundlegenden Fähigkeiten des Modellbildungsprozesses verfügt, bereits alles, was er braucht (alle *Ressourcen*), um seine Probleme zu lösen. Die Problemlösung besteht allein in der Umorganisierung einzelner Systemkomponenten, um diese Ressourcen verfügbar zu machen.

6. *Die Absicht hinter jedem Verhalten eines Menschen ist positiv,* ganz unabhängig davon, ob aus dem Verhalten (nach eigener oder fremder subjektiver Bewertung) Positives oder Negatives resultiert. Nicht diese positive Absicht aber ist das Entscheidende, sondern das Resultat des Verhaltens.

   Deshalb ist es sinnvoll, wenn positive Absicht und Resultat nicht oder nicht mehr übereinstimmen, *solange ein neues Verhalten auszuprobieren,* bis sie wieder ausreichend übereinstimmen.

Diese Grundannahmen bezeichnet NLP als *nützliche* Glaubenssätze für das Ziel, Menschen und Menschengruppen dabei zu helfen, ihre (Lebens-)Ziele zu erreichen. Da für NLP Glaubenssätze aber nichts ein für alle mal Feststehendes darstellen, können sie, wenn es nützlich erscheint, verändert werden; somit dürfen sie in dieser Form nicht als fester Bestandteil des NLP angesehen werden, sondern lediglich als bis heute i.a. geltendes Charakteristikum. Eine weitere Annahme, die die 6. ergänzt, könnte somit lauten:

7. *Wenn eine bestimmte Grundannahme sich nicht (mehr) als nützlich erweist, ist es an der Zeit, eine neue auszuprobieren.*

Die einzelnen Annahmen sollen hier nicht näher erläutert oder diskutiert werden, vielmehr wird im weiteren Verlauf der Arbeit immer wieder auf sie Bezug genommen.

1.4 Definition und allgemeine Ziele

Neurolinguistisches Programmieren kann im Rahmen dieser Arbeit jetzt ***definiert*** werden als

- *ein nach dem Nützlichkeitsprinzip organisiertes,*
- *sich ständig selbst korrigierendes und erweiterndes*[6]
- *Modell über die Bildung, die Struktur und die Veränderbarkeit von menschlichen Modellen,*
- also als ein *Modell des Modellbildungsprozesses*, ein *Meta-Modell* (Grinder, 1980/1985, S. 12; Dilts et al., 1980/1985, S. 35).

Gütekriterium ist somit die praktische Relevanz des Modells, woraus sich für NLP bis heute *zwei Hauptziele* ergeben. Sie sind im wesentlichen bereits genannt worden; an dieser Stelle sollen sie noch einmal zusammengefaßt und ergänzt werden.

Dilts et al. (1980/1985, S. 27 f.) greifen bei der Darstellung ihrer Ziele auf die Entscheidungstheorie von Cronbach und Gleser (1965) zurück:
Bei allen menschlichen Aktivitäten wirken *Umweltvariable* (Einschränkungen, die der Kontrolle entzogen sind) und *Entscheidungsvariable* (Wahlmöglichkeiten, die Kontrolle ermöglichen) zusammen. Bestimmte Meta-Programme, Werte, Glaubenssätze, Erinnerungen können durch ungünstige Generalisierungen, Tilgungen und/oder Verzerrungen zu einem Modell von der Welt und vom eigenen Ich führen, in dem die Umweltvariablen (andere Menschen, Krankheiten, Sachzwänge, eigene Veranlagung etc.) als übermächtig empfunden, Entscheidungsvariable (eigene Wahlmöglichkeiten) aber übersehen werden. Wer ein solches

[6] Die ständige Selbstkorrektur und -erweiterung, bzw. der diesbezügliche Anspruch des NLP, ergibt sich aus der 6. bzw. 7. Grundannahme (s. 1.3.2): Immer wenn die NLP-Ziele (positive Absichten) durch das bisherige, auf ein bestimmtes Modell gegründete, Verhalten, nicht (mehr) erreicht werden, ist das Verhalten und damit das Modell zu korrigieren und/oder zu erweitern.

Modell mit der Wirklichkeit verwechselt, ist in einem unproduktiven Zustand befangen, in dem angemessenes Verhalten kaum mehr möglich ist (vgl. 1.3.1).

Erstes Hauptziel von NLP ist es, seinen Klienten (Einzelnen, Paaren oder Gruppen) zu helfen, sich aus derartigen, scheinbar ausweglosen Zuständen zu befreien, also möglichst viele Umweltvariable in Entscheidungsvariable zu überführen, indem es ihnen zu einer realitätsbezogenen bzw. nützlichen Korrektur ihrer kognitiven Repräsentationen und damit zu mehr Wahlmöglichkeiten verhilft. Dies gilt zunächst für einzelne *kognitive Korrekturen* in relevanten Situationen oder Problembereichen, dann aber vor allem auch generierend, indem den Klienten auf einer Meta-Ebene Mechanismen kognitiver Verhaltenssteuerung beigebracht werden, die sie anschließend für unterschiedliche Belange in beliebigen (zukünftigen) Kontexten selbst anwenden können.

Dieses Bemühen gilt also im wesentlichen der *Reparatur* bei (bereits) vorhandenen Schwierigkeiten, der Anleitung zur Selbsthilfe und der Prophylaxe zukünftiger Schwierigkeiten (Dilts et al., 1980/1985, S. 29 ff.). - Wesentliche Teile dieses Prozesses werden in Kapitel 5 und 6 vorgestellt.

Zweites Hauptziel ist es, erfolgreiche Verhaltensstrategien und Fähigkeiten, über die bestimmte Menschen oder eine Gruppe von Menschen verfügen - in ihrer vollständigen Natur, d.h. mit allen bedeutsamen externen und internen Komponenten -, in effiziente, überschaubare Sequenzen aufzuteilen, so daß sie bei Bedarf und nach der erforderlichen individuellen Anpassung[7], auf andere Menschen oder Gruppen übertragen werden können. Oder aber es wird einem Klienten, der eine in einem bestimmten Kontext erfolgreiche Strategie entwickelt hat, gezeigt, wie er diese durch Generalisierung auf andere Kontexte übertragen kann.

Dieses Bemühen gilt also im wesentlichen der *Kompetenzerweiterung* und jeder Art von Verbesserung der Lebensqualität (Dilts et al., 1980/1985, S. 22 f., 35). NLP verwendet für einen solchen Prozeß der intra- und interpersonellen Kompetenzübertragung den gleichen Namen wie für die spontane Modellbildung (vgl. 1.3.1): *Modellieren (modeling)*. Es ist der

[7] NLP überprüft dabei sehr genau, ob die internen und externen Voraussetzungen der betreffenden Person oder Gruppe für die Übernahme der gewünschten Kompetenz (Verhaltensweise) auch gegeben sind; andernfalls müssen vor der Übernahme zunächst die Voraussetzungen dafür geschaffen, oder es muß auf die Übernahme ganz oder teilweise verzichtet werden.

gleiche Prozeß, durch den auch NLP selbst und seine einzelnen Interventionsformen entstanden sind und nach wie vor weiter entstehen (vgl. 1.1). Um diesen besonderen, *aktiven* NLP-Modellbildungsprozeß von dem der *spontanen* Modellbildung zu unterscheiden, soll er im folgenden ***Modellierprozeß*** genannt werden (s. auch 4.5).

Für beide Ziele arbeitet NLP prinzipiell mit den gleichen Mitteln und nach dem gleichen Grundgedanken, nämlich die individuellen Wahlmöglichkeiten zu erweitern - im ersten Fall auf die Lösung von Schwierigkeiten zielend, was nur mit Hilfe neuer Kompetenzen gelingt, im zweiten Fall auf das Gewinnen zusätzlicher Kompetenzen ausgerichtet, was nur unter Berücksichtigung möglicher Schwierigkeiten Erfolg verspricht. Hinzu kommt im ersten Fall der generierende Prozeß, der dem Klienten den allgemeinen Umgang mit seinen Kognitionen zum Erreichen individueller Ziele, also den Modellierprozeß an sich oder relevante Teile daraus beibringen möchte.

Mit derartig weit und global gesteckten Zielen, vor allem auch in Bereiche hinein, in denen es primär gar nicht um *Reparatur*, Krankheiten oder andere Probleme geht, wird jetzt deutlich, warum sich NLP - trotz seiner ursprünglichen Herkunft - keineswegs nur auf die Anwendung im klinisch-psychologischen oder psychotherapeutischen Bereich beschränkt, sondern Anwendungsmöglichkeiten prinzipiell überall dort sieht, wo es um menschliches Lernen geht: also in der Erziehung, in der Schule, im Einzelunterricht, in der Beratung, in der Fortbildung, im Management etc. (Grinder, 1980/1985, S. 18).

2. Kognitive Repräsentation

Wie wird das menschliche Wissen gebildet, kodiert und gespeichert? Wie denken wir? Was sind die wesentlichen strukturellen Bausteine, die Medien, die Repräsentationssysteme (RS) des Denkens und des Gedächtnisses bei der Modellbildung?
Solche und ähnliche Fragen, stellen sich Menschen, seit sie über sich selbst, insbesondere über ihr Denken als solches, nachdenken.

Im wesentlichen lassen sich die verschiedenen Theorien über die Medien **kognitiver Repräsentation** auf drei Grundkonzepte - zwei *modale* (anschauliche) und ein *amodales* (unanschauliches) - zurückführen und auf ihrer Basis oder einer Kombination aus ihnen erklären. Es wird entweder

- ein *nonverbales*, auf der Basis von (vor allem bildhaften) *Vorstellungen,*
- ein *verbales*, auf der Basis von *Sprache,* oder
- ein *abstraktes* Repräsentationssystem, ggf. auch
- eine Kombination aus diesen als wesentlich angenommen (Aebli, 1981, S. 294).

Die beiden ersten Repräsentationskonzepte sind modal; sie betrachten kognitive Repräsentation als prinzipiell anschaulich, also als sinnlich wahrnehmbar, wobei der Sprache je nachdem mehr anschauliche, mehr abstrakte oder gleich viel anschauliche und abstrakte Eigenschaften zugesprochen werden. Das dritte Konzept ist amodal; es versteht Repräsentationen als vollständig unanschaulich, also als sinnlich nicht wahrnehmbar, als abstrakt.

Die in dieser Arbeit schwerpunktmäßig behandelten **Submodalitäten** (s. u.a. 2.2.2) werden im NLP als wesentlich für die Struktur modaler kognitiver Repräsentation betrachtet. Zur besseren Einordnung der diesbezüglichen NLP-Postulate wird zunächst ein allgemeiner Überblick über die *Medien des Denkens* in der kognitiven Psychologie gegeben (2.1). Erst dann folgt die Darstellung der *modalen Repräsentationssysteme* und insbesondere der *Submodalitäten* in der Auffassung des NLP (2.2). Neben der formalen Darstellung werden dabei jeweils auch schon erste Bezüge zum Bedeutungszusammenhang und zu praktischen Implikationen aufgezeigt.

2.1 Die Medien des Denkens in der kognitiven Psychologie

Hier wird zunächst in die bis heute andauernde *Kontroverse* bezüglich der Relevanz der einzelnen Repräsentationssysteme eingeführt (2.1.1), sodann (wiederum im Hinblick auf seine besondere Bedeutung für das NLP-Modell) einer der wichtigsten modalen Aspekte, der Bereich der *Vorstellungen* herausgegriffen und ausführlicher dargestellt (2.1.2).

2.1.1 Die Repräsentationskontroverse

Bis in dieses Jahrhundert hinein betrachteten Denker und Forscher meist jeweils eines der drei Repräsentationskonzepte als wesentlich für die Erklärung des Denkens und des Gedächtnisses. Oftmals wurde entweder die Existenz von Vorstellungsbildern oder aber die Existenz einer abstrakten Repräsentation jenseits von Vorstellung und Sprache ganz geleugnet. Vertreten wurde

- ein einseitig auf Vorstellungen beruhendes Konzept in unterschiedlichen Ausprägungen u.a. von Fechner (1860), Galton (1880), Binet (1886), der *Leipziger Schule* Wundts (1896) sowie von den *Gestaltpsychologen* (z.B. Wertheimer, 1923; Koffka, 1935);
- ein einseitig sprachliches Konzept u.a. von Cassirer (1923) und Whorf (1963);
- ein einseitig abstraktes Konzept vor allem von der *Würzburger Schule* (u.a. Bühler, 1907/08; Kuelpe, 1922).

Piaget (1937) und Bruner, Olver und Greenfield (1966), die sich besonders mit der kognitiven Entwicklung des Kindes beschäftigten, sahen die Repräsentationsform nicht mehr so einseitig. Sie nahmen drei nebeneinander existierende RS an. Der zeitlichen Ausbildung beim Kinde nach geordnet, sind dies:

- eine direkt handlungsorientierte, motorische,
- eine visuelle und
- eine symbolische, eher abstrakt gedachte, in erster Linie sprachliche Repräsentation.

Im großen und ganzen erlahmten Diskussion und Forschung über die *wahre Gestalt* kognitiver Repräsentation ab Ende der 20er Jahre; vor allem wohl begründet durch die zunehmende Verbreitung des behavioristischen

Ansatzes, nach dem jede subjektive Introspektion, die ja für die Kognitionsforschung unerläßlich ist, suspekt und unwissenschaftlich ist (Bischof, 1987) Erst mit der *kognitiven Wende* in der Psychologie, vor allem ausgelöst durch Holts Artikel von 1964 "Imagery: The Return of the Ostracized" sowie die ersten Arbeiten von Paivio (1966), Neisser (1967) und Richardson (1969) kamen Diskussion und Forschung erneut in Bewegung.

Die aktuelle Kontroverse besteht nach wie vor in der Frage, ob die modalen Systeme oder ein amodales System die wesentliche kognitive Repräsentation ausmachen; allerdings leugnet heute niemand mehr ernsthaft die Existenz von Vorstellungsbildern, ebensowenig wie eine, zumindest zusätzlich existierende, grundlegende amodale Repräsentationsform; lediglich über ihre Gewichtung ist man sich nicht einig. Insgesamt beginnt sich zunehmend eine Integration in Form einer *multiplen Kodierungstheorie* abzuzeichnen (W. Wippich, 1984, S. 136 ff.).

Die beiden unterschiedlichen theoretischen Positionen finden sich

- einerseits in *dualen Kodierungstheorien,* vor allem von Paivio (1971), aber auch vom frühen Kosslyn (1975) vertreten, die bimodal - visuell-imaginär und sprachlich - orientiert sind;
- andererseits in Konzepten der *Proposition*[1], vor allem von Pylyshyn (1973) und Anderson und Bower (1973) vertreten, die amodal - abstrakt - orientiert sind.

Beide Positionen nähern sich einander heute in Form von gegenseitigen Zugeständnissen an, da beide nicht umhin können, die Forschungsergebnisse der anderen Seite zumindest teilweise anzuerkennen und in ihre eigenen Überlegungen einzubeziehen.

Ursprünglich vertraten Paivio (1971) und Kosslyn (1975) eine rein duale Kodierungstheorie, bei der sie der bildhaft-imaginären Repräsentation einen mindestens eben so hohen Stellenwert für die Informationsverarbeitung im Prozeß des Erinnerns und Denkens einräumten wie der verbalen Repräsentation. Beide Kodierungsformen zusammen sahen Sie als Konstrukt zur vollständigen Erklärung kognitiver Prozesse und Modellbildung an.

Die herausragende Bedeutung der imaginären Repräsentation betont Paivio (1977) nach wie vor, räumt aber die zusätzliche Existenz eines *abstrakten Kodes*, einer gemeinsamen abstrakten Grundlage, die die Koor-

[1] Der Begriff *Proposition* wurde entlehnt; er wird u.a. in der Linguistik, genauer in dem formalen System der *Prädikatenlogik* verwendet (W. Wippich, 1984, S. 130).

dinierung imaginärer und sprachlicher Informationsverarbeitung leisten soll, ein.

Kosslyn (1980, 1981) geht der Frage nach, was Vorstellungen und Sprache zugrundeliegt, und ergänzt die *duale* Repräsentation um eine *Tiefenrepräsentation*, eine Art Wissensbasis im Langzeitgedächtnis, die konzeptuelle (abstrakte) und perzeptuelle (modale) Informationen speichert; die verschiedenen modalen Repräsentationsformen werden dann als mögliche *Oberflächenrepräsentationen* der gemeinsamen Tiefenstruktur gesehen.

Dagegen postulierten Pylyshyn (1973, 1981) und Anderson und Bower (1973) in unterschiedlicher Ausprägung zunächst ein einheitliches abstraktes Kodierungssystem der *Proposition.* Die eigentliche Informationsverarbeitung findet danach wie jeder Denkprozeß in diesem einen abstrakten RS statt; Vorstellungsbilder und Sprache würden im Langzeitgedächtnis nicht gespeichert und spielten beim Denken nur eine nebensächliche Rolle - Vorstellungsbilder noch wesentlich weniger als Sprache - als Zwischenstufe im Verlauf der Verarbeitung von Erfahrungen.

Letzteres hat zumindest Anderson (1980) teilweise relativiert, indem er anerkennt, daß ein abstraktes Kodierungssystem nur in Wechselwirkung mit sensorischen und motorischen Informationen bestehen und verstanden werden kann.

Repräsentationskonzepte, die die modalen und amodalen Positionen in jeweils erweiterter Form zu einem umfassenderen Konzept zusammenführen, legten u.a. Kieras (1978) und Denis (1982, 1987) vor; letzterer erweitert den modalen Kodierungsanteil, der bislang dual, überwiegend in visuell-imaginär und sprachlich, aufgeteilt war, um weitere Repräsentationsformen, u.a. emotionale und motorische. Die neueren Arbeiten von Kosslyn (1980, 1981, 1987; sowie zusammen mit Brunn, Cave & Wallach, 1984) stellen ebenfalls ein derartiges integratives Modell vor. Hänggi (1989a) unterteilt zudem, weitgehend auf Kosslyn aufbauend, das visuelle RS, analog zu den Submodalitäten im NLP, in sogenannte *Subkomponenten* (s. 2.1.2).

W. Wippich (1984) faßt den gegenwärtigen Stand der Kognitionspsychologie folgendermaßen zusammen:

> Die Bearbeitung von sprachlichen und bildlichen Informationen kann nicht allein auf der "Oberflächenebene" von "Wortrepräsentanten" bzw. bildähnlichen Erscheinungsformen begriffen werden. Zugleich ... [reicht] die Konzeption einer einheitlichen, mit abstrakten Propositionen operierenden Wissensbasis keineswegs ... [aus], um sämtlichen Befunden gerecht zu werden. Derzeit bleibt nicht anderes übrig, als ein *"hybrides"* Modell zu konzipieren,

> das sowohl "duale" wie "abstrakt-propositionale" Elemente aufweist. Unserem Eindruck nach bewegen sich nahezu alle Forscher ... auf ein solches Modell zu. (S. 137)

Er bezeichnet, ebenso wie Hänggi (1989a), das heutige Repräsentationsmodell von Kosslyn (s.o) als das "derzeit elaborierteste Modell, in dem Vorstellungsprozesse mit abstrakten Wissensrepräsentationen verknüpft werden" (W. Wippich, 1984, S. 139).

In dem auf praktische Anwendungsmöglichkeiten bedachten NLP-Modell fehlen explizite Aussagen über eine mögliche propositionale Wissensgrundlage. Robert Dilts teilte, vom Autor zu diesem Thema befragt, mit, daß er ebenfalls eine propositionale Grundlage für wahrscheinlich halte, daß eine solche jedoch, da sie mit den sensorischen Fähigkeiten des Menschen nicht erkennbar und damit auch nicht mit den psychologischen Mitteln des NLP veränderbar sei, nicht Untersuchungsgegenstand des NLP sei (persönl. Mitteilung, April 1989). Die modalen RS mit ihren sinnlich wahrnehmbaren Vorstellungen sind im NLP-Modell dagegen sehr weit elaboriert und erreichen oder übersteigen in ihrer Differenziertheit andere multiple Modelle wie die von Denis (1982), Hänggi (1989a), Kieras (1978) oder Kosslyn et al. (1984).

W. und U. Schönpflug (1989) meinen abschließend zum Thema:

> Die Kontroverse über die Art innerer Repräsentation wird letztlich nur unter Beteiligung der physiologischen Forschung zu entscheiden sein. Die wichtigste Frage, die in diesem Zusammenhang an die Physiologie zu richten ist, lautet: Kann das Wahrnehmungssystem, das zum Zeitpunkt der Sinnesreizung analoge Wiedergaben in Form räumlicher Wahrnehmungen vermittelt, bei Fehlen einer äußeren Sinnesreizung erneut in Aktion treten und dabei gleiche oder ähnliche Bilder neu entstehen lassen? Es gibt Gründe, diese Frage bereits jetzt vorsichtig zu bejahen. Beim Auftreten von Phantasievorstellungen im Bewußtsein lassen sich Erregungen an den sensorischen Feldern des Gehirns registrieren. Diese Erregungen sind denen recht ähnlich, die man während bewußter Wahrnehmungen beobachten kann. ... Vorstellungen besäßen demnach die gleiche physiologische Grundlage wie Wahrnehmungen; sie wären jedoch nicht über die Sinnesorgane sondern über zentral-nervöse Instanzen ausgelöst. (S. 109; vgl. dazu auch 1.3.1.4)

2.1.2 Vorstellungen

In der Geschichte der Psychologie und Philosophie haben Überlegungen über Wesen, Wirkung und Bedeutung von **Vorstellungen** immer wieder eine große Rolle gespielt. Teilweise wurde in ihnen sogar "das Fundament des gesamten geistigen Lebens" gesehen und ihre "Verknüpfungsregeln und Gesetzmäßigkeiten des Ablaufs" wurden "als die wesentlichen Ordnungsprinzipien des Seelischen" (Süllwold, 1987, S. 2506) anerkannt (vgl. 2.1.1). Seit der kognitiven Wende in der Psychologie stehen sie, wenn auch nicht mit derartig hohem Anspruch, heute wieder im multidisziplinären Interesse von Physiologie, Psychologie, Pädagogik und Therapie; ihre praktische Relevanz wird vor allem im Lehr- und Lernbereich sowie in Psychotherapie und Psychosomatik untersucht und genutzt.

Nach einer *Begriffsklärung* folgen hier einige kurze Anmerkungen über die *Beziehungen zwischen Vorstellungen und Wahrnehmung,* sodann folgt die Darstellung ihrer intra- und interpersonellen *formalen Unterschiede* und *Differenzierungsmöglichkeiten* und zum Schluß ein knapper Überblick über die *Wirkungen* von Vorstellungen.

Der Begriff **Vorstellung** wird hier durchgängig analog zum englischen *imagery* verwendet und meint alles, was ohne einen entsprechenden externen Reiz von einer Person intern sinnlich *wahrgenommen* werden kann; und zwar unabhängig davon, wie wirklichkeitsnah, wirklichkeitsfremd oder abstrakt dieses intern Wahrgenommene ist. Je nach Bedarf kann dabei *inhaltlich* unterschieden werden zwischen

- *Erinnerungs-* bzw. *Gedächtnis-*Vorstellungen, die ein relativ realistisches *Abbild* vergangener, bereits in der externen Welt erlebter Ereignisse wiedergeben, wobei der Person i.a. bewußt ist, daß es sich um eine Vorstellung und nicht um ein in diesem Augenblick real stattfindendes Ereignis handelt;
- *Phantasie-* bzw. *konstruierte* Vorstellungen, die eine Neukombination einzelner Bestandteile vergangener Wahrnehmungen sind, wobei ihr Realitätsgehalt schwankt, die betroffene Person sich aber wiederum i.a. bewußt ist, daß es sich um eine Vorstellung und nicht um ein real stattfindendes Ereignis handelt (z.B. die mentale Vorwegnahme eines zukünftigen Ereignisses, oder die Phantasie, über den Wolken zu schweben);
- *halluzinatorische* Vorstellungen, die dadurch gekennzeichnet sind, daß die Person sie nicht von der realen Außenwahrnehmung unterscheiden kann, also für ein externes Ereignis hält - z.B. die Halluzination, von einer schwarzen Gestalt verfolgt zu werden (Morris & Hampson, 1983; Sheehan, 1972; Süllwold, 1987).

Die subjektive Einschätzung, ob ein Wahrnehmungsinhalt auf einem *extern dargebotenen Reiz* oder einer *intern erzeugten Vorstellung* beruht, muß dabei keineswegs in jedem Fall richtig sein. Ein beeindruckendes Experiment von Perky (1910) kann derartige Verwechslungen und Vermischungen von Vorstellung und Wahrnehmung belegen:
Versuchspersonen (Vpn) wurden aufgefordert, sich beliebige Alltagsgegenstände vorzustellen; gleichzeitig wurden sehr blasse Bilder eines Alltagsgegenstandes auf eine Leinwand projiziert, ohne daß man den Vpn dies mitteilte. Nach dem gerade vorgestellten Gegenstand gefragt, gaben sie mit relevanter Häufigkeit genau den in diesem Augenblick extern projizierten Gegenstand als ihren eigenen Vorstellungsinhalt an.

In weiteren Experimenten konnten S.J. Segal und Fusella (1970) auch das umgekehrte Phänomen zeigen: unter bestimmten Umständen wurde einer Vorstellung größerer Realitätscharakter zugesprochen als der gleichzeitig möglichen externen Wahrnehmung.

Demnach beeinflussen sich, wie auch im NLP postuliert (vgl. 1.3.1.4), externe und interne Wahrnehmungsinhalte wechselseitig, ohne daß der betreffenden Person in jedem Fall eine eindeutige Zuordnung möglich wäre. Nach der im wesentlichen konstruktivistischen Vorstellungstheorie Neissers (1967, 1976) ist sogar die gesamte Wahrnehmung nur zum geringsten Teil tatsächlich extern sensorischer Natur, besteht vielmehr zum größten Teil aus konstruierten Vorstellungen, wobei kurze externe *Schnappschüsse*, die z.B. während der Betrachtung eines Gegenstandes gemacht werden, die notwendigen Informationen für ihre Konstruktion liefern.

Da Vorstellungen bis heute nicht von einem außenstehenden Beobachter, sondern nur von der Person selbst wahrgenommen werden können, ist man bei Untersuchungen über ihr Wesen hauptsächlich auf introspektive Selbstauskünfte durch Befragung angewiesen. Ihnen zufolge variiert das *Vorstellungsvermögen* von Person zu Person ganz erheblich.

Bereits früh in der Geschichte der Psychologie wurden Vorstellungen *formal dreifach unterteilt* in **visuelle**, **auditive** und **motorische (kinästhetische)**. Die Menschen wurden dementsprechend aufgrund einfacher Tests und Befragungen als visuelle, auditive oder motorische (kinästhetische) Vorsteller typisiert, wobei man im wesentlichen davon ausging, daß ein Mensch jeweils nur über eine der drei Formen verfügen könne (vgl. vor allem Binet, 1886; Fechner, 1860; Galton, 1880). Diese reine Typologie wurde Anfang des Jahrhunderts durch eine gemischte

Typologie, nach der Menschen lediglich gewisse Präferenzen hinsichtlich einer der drei Vorstellungsarten besitzen, abgelöst (Fernald, 1912; Griffiths, 1927; Thorndike, 1914).

Als weitere formale Unterscheidungsmerkmale dieser drei Vorstellungsgrundformen wurden zunächst vor allem ihre allgemeine *Lebendigkeit* (z.B. Galton, 1880; Betts, 1909) und später dann zusätzlich ihre allgemeine *Kontrollierbarkeit* (z.B. R.A. Gordon, 1950) als bedeutend angesehen. Die Lebendigkeit mißt den Grad der Ähnlichkeit einer Vorstellung mit einer entsprechenden externen Wahrnehmung; die Kontrollierbarkeit, wie sehr die jeweilige Vorstellung einer bewußten Kontrolle und Steuerung unterliegt bzw. ohne Einflußnahme der Person spontan auftritt. Beide Variablen dienen sowohl zur Feststellung der Unterschiede bezüglich des allgemeinen Vorstellungsvermögens verschiedener Personen als auch zur Unterscheidung verschiedener Vorstellungsarten ein und derselben Person.[2] Je nachdem, wie gut das Vorstellungsvermögen insgesamt entwickelt ist, sprach und spricht man bis heute von *guten* oder von *schwachen Vorstellern*. Die Unterschiede sind sehr groß; hinsichtlich der Lebendigkeit beispielsweise gibt es alle möglichen Übergänge zwischen der introspektiven Angabe, sich visuell und/oder auditiv absolut gar nichts, und der Angabe, sich Ereignisse mit allen Sinnen so lebendig vorstellen zu können, als würden sie in dem Moment real stattfinden. Ähnliches gilt auch für die Kontrollierbarkeit (Fechner, 1860; Steiner, 1980; Bischof, 1987).

Nach der kognitiven Wende knüpfte man zunächst hier wieder an, was z.B. in Paivios dualer Kodierungstheorie (s. 2.1.1) zum Ausdruck kommt, begann aber dann Anfang der 80er Jahre, die einzelnen **Vorstellungsmodalitäten auf formaler Ebene feiner zu differenzieren**. Dies erschien notwendig, um die teilweise widersprüchlichen Ergebnisse zahlreicher Untersuchungen, etwa über den Zusammenhang zwischen Vorstellungsvermögen und Gedächtnisleistung (s.u.), erklären zu können: Offenbar reichte die bisherige zwei- oder dreifache Unterscheidung nach der vorherrschenden Modalität sowie die doch recht grobe Einstufung in gute und

---

[2] Bekannte, noch heute verwendete, Fragebögen, die die Vorstellungsfähigkeit nach diesen Kriterien messen, sind z.B.:

- "Gordon's Test of Visual Imagery Control (GTVIC)" (R.A. Gordon, 1949; mißt die Kontrollierbarkeit),
- "Test of Vividness of Visual Imagery (VVIQ)" (D.F. Marks, 1973; mißt die Lebendigkeit).

schwache Vorsteller nicht aus, um das Vorstellungsvermögen einer Person hinreichend zu beschreiben und zu messen (Hänggi, 1989a, 1989b).

Der Schwerpunkt der Kognitionsforschung liegt seitdem vor allem auf der Untersuchung und Differenzierung von visuellen Vorstellungen. Zumindest für diese wird heute i.d.R. eine weitestgehende Analogie zur visuellen Wahrnehmung angenommen.[3] Die visuellen Differenzierungen, die von den meisten Autoren vorgenommen und je nachdem als *Subsysteme, Subkomponenten* und/oder *Subprozesse* (Hänggi, 1989a) bezeichnet werden, lassen sich grob als *motorisch-räumliche* sowie als sonstige spezifisch *visuelle Mikroprozesse* kategorisieren. Beide werden durch weitere Subkomponenten feiner differenziert:

- die motorisch-räumliche vor allem durch *Lokalisierung, Entfernung* und *Bewegung* (z.B. *Rotation*),
- die rein visuelle vor allem durch *Deutlichkeit, Auflösungsgrad, Größe, Kontrast* und *Farben* (Steiner, 1980; Kosslyn et al., 1984; Bischof, 1987).

Es fällt jedoch auf, daß, obwohl immer wieder von einer Analogie zwischen Wahrnehmung und Vorstellung gesprochen wird, die Differenzierung der Vorstellungen nur sehr zögernd und unvollständig auch tatsächlich analog zur Wahrnehmung vollzogen wird. So führt beispielsweise Bischof (1987) neben den oben genannten Subkomponenten im visuellen Bereich die "akustische Komponente" (S. 31) völlig ohne weitere Differenzierung an; und auch die visuellen Differenzierungsmöglichkeiten sind bei ihm keineswegs voll ausgeschöpft.[4] Insgesamt läßt sich feststellen, daß heute zwar von niemandem mehr, wie noch zu Anfang des Jahrhunderts, die Existenz von Vorstellungen überhaupt (vgl. 2.1.1), wohl aber das Vorhandensein bzw. die Relevanz einzelner möglicher Subkomponenten geleugnet wird; so leugnen beispielsweise Gerler und Nelson (1982) sowie Broerse und Crassini (1984) das Vorhandensein einer Sub-

[3] Ein in der Literatur viel besprochenes Experiment, das dies belegen soll, führten Shepard und Feng (1972) durch; Bischof (1987) faßt es folgendermaßen zusammen: "[Sie] benutzten mentale Rotations- und Faltaufgaben und konnten zeigen, dass zwischen internalen mentalen und externalen physischen Transformationen ein Isomorphismus besteht. Wenn Versuchspersonen Buchstaben wiedererkennen mussten, die entweder rotiert oder rotiert und gespiegelt waren, nahm die Reaktionszeit fast immer linear mit dem Grad der Rotation bis zum Winkel von 180 Grad zu. Bei weiterer Rotation nahm sie dann wieder ab." (S. 16)

[4] Bereits Metzger (1975) nennt in seinem Standardwerk "Gesetze des Sehens" wesentlich mehr mögliche Unterscheidungen.

komponente *Farbe*, während Experimente von Watkins und Schiano (1982) deutlich für deren Vorhandensein in Vorstellungen sprechen.[5]

Dies erscheint um so verwunderlicher, als D. Gordon (1978/1986) schon sehr früh in einer NLP-Veröffentlichung zahlreiche Submodalitäten - die dem Verständnis der Subkomponenten in der kognitiven Psychologie entsprechen - für das visuelle, auditive *und* kinästhetisch-motorische System aufgeführt, auf ihre besondere Bedeutung für das Verständnis und die Analyse menschlicher Kognition hingewiesen und das allgemeine Forschungsdefizit der kognitiven Psychologie in dieser Hinsicht beklagt hat und als Bandler (1985/1987) im Anschluß daran sein Submodalitätenmodell entwickelt hat, das eine vollständige Analogie zur Wahrnehmung und darüberhinaus noch vorstellungsspezifische Unterscheidungen enthält (eine genauere Darstellung erfolgt in Abschnitt 2.2.2.). Bis heute wurde jedoch keine der Arbeiten aus dem NLP-Bereich von Vertretern der kognitiven Psychologie zur Kenntnis genommen.

Als erster Vertreter der Kognitionspsychologie weist, soweit dem Autor bekannt, Hänggi (1989a) auf die Unvollständigkeit der Differenzierung hin und postuliert, vorerst allerdings nur für den visuellen Bereich, Subkomponenten in weitgehender Analogie zur externen Wahrnehmung. Die von ihm getroffenen Unterscheidungen entsprechen im Prinzip den visuellen NLP-Differenzierungen von D. Gordon (1978/1986) und Bandler (1985/1987), wurden aber offenbar ohne deren Kenntnis entwickelt. Im wesentlichen sind es:
Deutlichkeitsgrad, Farbe, Kontrast, Entfernung, Helligkeitsgrad, Bewegung, Form, Textur, Größe, Dimension (2D/3D), Orientierung im Raum, Objektrelationen, Rotationen, Größenveränderungen, Fokussieren, Distanzveränderungen, Schwierigkeitsgrad des Vorstellens, Ein-/Ausblenden, Statik und Dauer (Hänggi, 1989a, S. 188 ff.).

In jeder beliebigen Vorstellung kann jede Subkomponente einzeln erfaßt werden, was eine äußerst differenzierte Beschreibung auf formaler Ebene ermöglicht und die Vorstellungen verschiedener Vpn erst wirklich ver-

[5] Ohne die vorgelegten Arbeiten bewerten zu wollen, sei dem Autor am Rande eine kleine Anfrage erlaubt: Könnte es vielleicht sein, daß bei aller wissenschaftlichen Genauigkeit die Ergebnisse der Forschung oftmals immer noch durch die eigenen Erfahrungen des Forschers beeinflußt werden? Weist eventuell auch heute noch ein Forscher das Fehlen von Farben in visuellen Vorstellungen nach, nur weil in seinen eigenen Vorstellungen Farben fehlen? Die Fragen müssen unbeantwortet bleiben; es sei aber noch angemerkt, daß auch der Autor selbst sich keine Farben bildhaft vorstellen kann, wohl aber können dies zahlreiche andere von ihm befragte Personen, wie im weiteren Verlauf der Arbeit noch ausführlich dargelegt wird.

gleichbar macht; außerdem können die individuellen Fähigkeiten einer Person hinsichtlich jeder einzelnen Subkomponente bestimmt werden, was eine wesentlich genauere Erfassung individueller Unterschiede ermöglicht als unter bloßer Berücksichtigung der visuellen, auditiven und kinästhetisch-motorischen Hauptmodalitäten. Das noch sehr junge Gebiet der Subkomponenten ist selbstverständlich bis heute nur zum kleinsten Teil erforscht. Bisher scheint erst, immer noch relativ unspezifisch, erwiesen zu sein, daß das räumlich-visuelle und das sonstige visuelle Vorstellungsvermögen (s.o.) auf verschiedenen Fähigkeiten beruhen (gute Leistungen in dem einen Bereich implizieren keineswegs automatisch auch gute Leistungen in dem anderen) und daher getrennt untersucht und bewertet werden sollten (Steiner, 1980; Bischof, 1987; Hänggi, 1989a, 1989b).

Was nun die **Wirkungen von Vorstellungen** betrifft, so sind diese vor allem in Bezug auf Lern- und Gedächtnisleistungen, physiologische Parameter sowie emotionale Reaktionen untersucht worden. Dabei wurde bisher neben der groben Spezifizierung in motorisch-räumliche, sonstige visuelle und auditive Vorstellungen die Differenzierung eher auf inhaltlich-semantischer als auf formaler Ebene vollzogen, bisher also weitgehend noch ohne Berücksichtigung von Subkomponenten.[6] Auf dieses Defizit führt Hänggi (1989b) auch zurück, daß in jedem der oben genann-

---

6 Für die entsprechenden formalen Unterscheidungsmerkmale externer Wahrnehmung *(externe Subkomponenten)* liegen demgegenüber unzählige Untersuchungen über ihre interne Wirkung auf Menschen hinsichtlich fast aller nur denkbaren Bereiche vor; so gibt es z.B. zahlreiche Untersuchungen über die unterschiedliche Wirkung verschiedener Farben, Tonfrequenzen und Lautstärken (D. Gordon, 1978/1986). Es würde zu weit führen, sie hier im einzelnen zu nennen; lediglich zwei unmittelbar einleuchtende Beispiele mögen verdeutlichen, wie sehr der Umgang und die Verwendung externer Subkomponenten Allgemeingut ist, ebenso wie das Wissen darum, daß die Form oftmals wesentlicher ist als der Inhalt:

a) Zwei inhaltlich identische Bilder (etwa Fotos derselben Landschaft) werden je nach den vorherrschenden Subkomponenten entweder als freundlich, warm und gemütlich oder als bedrohlich, kalt und ungemütlich empfunden. Im ersten Fall könnten die visuellen Subkomponenten *hell, leicht verschwommen* und *gelb* wesentlich zu der positiven Bewertung, im zweiten Fall *dunkel, sehr scharf* und *blau* zur negativen Bewertung beitragen.

b) Zwei inhaltlich identische Sätze (etwa "Bist du aber dumm!") können, je nachdem, einmal verletzend, ein andermal humorvoll oder sogar liebenswürdig wirken. Die auditiven Subkomponenten könnten im negativen Fall *laut, hoch* und *schnell,* im positiven Fall *leise, eher tief* und *langsam* sein.

In Kunst, Musik, Film, Theater, Mode und Werbung sowie in der Psychologie und in der Medizin werden die externen Subkomponenten, wenn auch nicht unter diesem ten Bereiche bisher nur sehr wenige eindeutige und unwidersprochene Befunde vorliegen. Trotzdem sollen, zur besseren Einordnung des NLP-Ansatzes, die allgemeinen Tendenzen für den Lern- sowie den physiologisch-affektiven Bereich einschließlich der abgeleiteten Anwendungsfelder kurz genannt werden:

a) Zahlreiche Untersuchungen haben ergeben, daß zwischen guten und schwachen Vorstellern Unterschiede hinsichtlich ihrer Verständnis-, Gedächtnis- und Lernleistungen bestehen: gute Vorsteller verstehen, erinnern und lernen in zahlreichen Gebieten besser als schwache (Berger & Gaunitz, 1977; Denis, 1987; Gur & Hilgard, 1975; Hänggi, 1989b; D.F. Marks, 1983; McKelvie & Demers, 1979; Morris & Hampson, 1983).[7] Hieraus kann geschlossen werden, daß Vorstellungen tatsächlich für Lernprozesse relevant sind.
Gezielt eingesetzt werden Vorstellungen in den *mnemotechnischen Lernverfahren* zur Verbesserung der Gedächtnisleistung (vgl. u.a. Atkinson, 1975; Bellezza, 1981; Metzig & Schuster, 1982; Yates, 1966), im *Mentalen Training* (mit Anwendung vor allem im Spitzensport) und im *Superlearning* (bzw. in der Suggestopädie, angewendet vor allem im Sprachunterricht), die zur Lernverbesserung jeweils Entspannungs- und Visualisierungsübungen miteinander kombinieren (vgl. u.a. Lozanov, 1975; S. Ostrander, N. Ostrander & Schroeder, 1979). Einzelne dieser Lernverfahren werden weiter unten näher vorgestellt (s. 7.1).

b) Des weiteren können Vorstellungen, als quasi-interne Stimuli (Osgood, Suci & Tannenbaum, 1957), physiologische Parameter, z.B. Blutdruck, Gehirnaktivität, Muskelspannung, Hautwiderstand, Schweißbildung und Atmung sowie die Emotionen eines Menschen in gleicher oder ähnlicher Weise beeinflussen wie entsprechende externe Stimuli. So löst die vorstellungsmäßige Erinnerung an einen Mittagsschlaf auf einer sommerlichen Wiese mit aller Wahrscheinlichkeit wesentlich andere Emotionen und physiologische Veränderungen aus als die Vorstellung an eine bevorstehende Operation. Das allgemein bekannt gewordene

Oberbegriff, seit langem bewußt erforscht und genutzt, um bestimmte interne Effekte bei Menschen zu erreichen und um gezielt Emotionen zu wecken.

[7] Allerdings liegen auch Arbeiten vor, die keinen Zusammenhang zwischen Vorstellungsvermögen und Gedächtnisleistung feststellen konnten; beispielhaft seien genannt: Chara und Verplanck (1986) sowie Reisberg, Culver, Heuer und Fischmann (1986). Wie bereits angedeutet, führt Hänggi (1989b) die widersprüchlichen Befunde auf die bislang noch unzureichenden Tests zur Erfassung des Vorstellungsvermögens zurück (s.o.).

Experiment, bei dem die Versuchspersonen aufgefordert werden, sich den Biß in eine Zitrone vorzustellen, worauf in vielen Fällen u.a. ein vermehrter Speichelfluß zu beobachten ist, kann als weiteres Beispiel und zusammen mit ähnlichen Experimenten als Beweis für die physiologische Wirkung von Vorstellungen gewertet werden (Morris & Hampson, 1983; White, 1978; Zikmund, 1972).
Genutzt wird diese Möglichkeit in unterschiedlichem Ausmaß in fast allen psychotherapeutischen Verfahren (vgl. u.a. Bandura, 1969; Cautela, 1977; Wolpe, 1972). Einige davon werden weiter unten (s. 7.2) dargestellt und mit den entsprechenden NLP-Verfahren (s. Kap. 6) verglichen.

Wie bei externen Stimuli ist allerdings auch bei Vorstellungen niemals eine eindeutige Vorhersage über ihre Auswirkungen, also etwa über die tatsächliche Qualität der Lernleistung oder die Art der emotionalen und physiologischen Reaktion, im Sinne eines kausalen Reiz-Reaktions-Schemas möglich. (Die Zitronen-Vorstellung führt nicht zwangsläufig zu vermehrtem Speichelfluß und die Erinnerung an den Mittagsschlaf auf sommerlicher Wiese nicht automatisch zu angenehmen Gefühlen.) Je nach Art der Vorstellung lassen sich Vorhersagen lediglich mit einer bestimmten Wahrscheinlichkeit treffen (Morris & Hampson, 1983; Sheehan, 1972).

Wenn in Zukunft einzelne Vorstellungen und das Vorstellungsvermögen einer Person durch die Nutzung von Subkomponenten differenzierter beschrieben und verglichen werden können, mag es sein, daß auch die Wirkungen von Vorstellungen mit entsprechend größerer Sicherheit vorausgesagt werden können, möglicherweise sogar mit größerer Sicherheit als die Wirkung vergleichbarer externer Reize. (So mag es sein, daß der externe Anblick einer Zitrone bei einigen Vpn zu vermehrtem Speichelfluß führt, bei anderen aber nicht; daß ebenso bei der allgemein gehaltenen Aufforderung, sich eine Zitrone bildhaft vorzustellen, analog zur externen Wahrnehmung teilweise vermehrter Speichelfluß auftritt, teilweise aber auch nicht; daß aber bei der bildhaften Vorstellung einer Zitrone mit ganz bestimmten Subkomponenten, vielleicht *farbig, groß, nah* und *glänzend*, der Speichelfluß bei wesentlich mehr oder sogar allen Vpn auftritt.)

Abschließend läßt sich sagen: Die aufgrund der Introspektionsproblematik ohnehin schon schwierige Vorstellungsforschung wird mit zunehmender Differenzierung wegen des oft nur sehr flüchtigen Charakters der Vorstellungen, der eindeutige Aussagen über ihre Subkomponenten nicht immer leicht macht, sicherlich nicht einfacher werden; zu hoffen ist aber, daß sie dadurch eindeutiger wird, den individuellen Unterschieden besser gerecht werden und so zu einer Verbesserung von Lern- und Therapiemethoden beitragen kann.

2.2 Repräsentationssysteme im NLP

Im Neurolinguistischen Programmieren werden zwei grundsätzlich verschiedene, aber miteinander in Beziehung stehende modale **Repräsentationsmöglichkeiten** zur Informationsverarbeitung und Modellbildung postuliert, die im Gegensatz zu den Prozeßfiltern (vgl. 1.3.1.3), die über das *Was* und *Wie* der Verarbeitung auf inhaltlicher Ebene entscheiden, Auskunft über die grundlegenden Bausteine des Prozesses auf formaler, inhaltsfreier Ebene geben. Es sind dies

- zum einen *analoge (sensorische, nonverbale)* Repräsentationsmöglichkeiten, die sich zunächst grob, den fünf Sinnesmodalitäten entsprechend, in *fünf Repräsentationssysteme* (RS) aufteilen lassen (s. 2.2.1) und darüber hinaus durch die formal-qualitativen Unterscheidungsmerkmale innerhalb jedes dieser fünf Systeme, die *Submodalitäten*, weiter differenziert werden können (s. 2.2.2);
- zum anderen ein *digitales (sprachliches, verbales) Repräsentationssystem* (s. 2.2.3).[8]

Mit Hilfe der RS wird auf formaler Ebene die Bildung, Kodierung, Speicherung und Weiterentwicklung kognitiver Modelle geleistet. In und mit ihnen werden alle durch die fünf Sinne aufgenommenen externen und internen Informationen generalisiert, getilgt und/oder verzerrt. Ebenso sind auch die vier Prozeßfilter, also Meta-Programme, Werte, Glaubenssätze und Erinnerungen, jeweils kognitiv in einer Synästhesie[9] mehrerer RS kodiert und gespeichert (vgl. 1.3.1). Innerhalb dieses Kapitels wird in erster Linie jedes RS einzeln dargestellt. Ihr komplexes Zusammenwirken in Form *kognitiver Strategien*, das den eigentlichen Modellbildungsprozeß ausmacht, wird im nächsten Kapitel behandelt.

---

[8] Für die Unterscheidung zwischen analoger und digitaler Repräsentation griffen Bandler und Grinder auf die Unterscheidung zwischen digitalen und analogen Kommunikationsformen zurück, die Watzlawick, Beavin und Jackson (1969) im Anschluß an Bateson (1981) zur Grundlage ihrer Kommunikationstheorie gemacht haben.

[9] *Synästhesie* meint laut Duden die "Miterregung eines Sinnesorgans bei Reizung eines anderen" (Drosdowski, Grebe, Köster & Müller, 1973, S. 666). Im Rahmen dieser Arbeit wird der Begriff im gleichen Sinne auch auf Vorstellungen ausgeweitet.

2.2.1 Die analogen Repräsentationssysteme (Modalitäten)

Die fünf **analogen (sensorischen) Repräsentationssysteme** entsprechen den fünf Modalitäten der Sinneswahrnehmung (Sehen, Hören, Fühlen, Riechen, Schmecken). Mit ihnen und in ihnen werden alle externen *und* internen Ereignisse als Informationen wahrgenommen, analog kodiert, gespeichert und, teilweise im Zusammenwirken mit dem *digitalen RS* (s. 2.2.3), zu Modellen weiterverarbeitet.

- *Externe* Informationen beziehen sich auf die *Wahrnehmung* sogenannter *realer*, externer Umweltereignisse in der Gegenwart (einschließlich taktiler Wahrnehmungen);
- *interne* Informationen beziehen sich auf *Vorstellungen* (einschließlich propriozeptiver Wahrnehmungen), die ebenfalls in der Gegenwart - parallel zum externen Geschehen - stattfinden, sich aber inhaltlich, zeitlich und räumlich frei, d.h. mehr oder weniger unabhängig vom gegenwärtigen externen Geschehen, verhalten (Grinder & Bandler, 1976/1984a; Woodsmall 1989).

Die analogen RS werden durch folgende Abkürzungen gekennzeichnet:
V = visuell - Sehen
A = auditiv - Hören[10]
K = kinästhetisch (propriozeptiv, taktil) - Gefühle[11]
O = olfaktorisch/gustatorisch - Geruch/Geschmack[12]

Beigefügte Indizes ^{e} bzw. ^{i} geben an, ob die jeweilige Repräsentation durch eine externe oder eine interne Information erzeugt wurde. Im letzteren Fall ist es oftmals zweckmäßig, zusätzlich zu unterscheiden, ob es sich um eine erinnerte oder um eine konstruierte Vorstellung handelt; statt des Index ^{i} wird dann ein ^{er} bzw. ein ^{k} verwendet. Auf diese Weise läßt sich jede aktuelle sinnliche Erfahrung durch ein *Quadrupel* formal darstellen (Grinder et al., 1977, 11 ff.; Dilts et al., 1980/1985, S. 37, 90 ff.):

$$< V^{e,i}, A^{e,i}, K^{e,i}, O^{e,i} >$$

---

10 A meint hier, bezogen auf die Sprache, ausschließlich ihre tonalen Eigenschaften.

11 Auch Emotionen, als sogenannte *Meta-Empfindungen*, werden dem Oberbegriff *kinästhetisch* (K) zugeordnet.

12 Unter O sind zwei RS zusammengefaßt, da sie zumindest in unserem Kulturkreis nur von untergeordneter Bedeutung sind; im Einzelfall können sie aber eine erhebliche Rolle spielen, - so kann z.B. ein bestimmter Geruch mit einem besonders beglückenden oder einem traumatischen Erlebnis assoziiert sein.

Je nach Person und Kontext erlangen zu jedem Zeitpunkt einzelne externe und/oder interne RS eine besondere Bedeutung. Wenn sich beispielsweise jemand beim *Anblick* eines *duftenden* Fliederstrauchs an die *Stimme* seiner Großmutter erinnert und ein *Gefühl* der Geborgenheit empfindet, so entspricht dem das Quadrupel

$$< V^e, O^e, A^{er}, K^i >$$

Natürlich handelt es sich hier lediglich um eine formale Darstellung, die über den Inhalt nichts aussagt. Durch die gleiche Notation hätte etwa auch festgehalten werden können, daß der *Anblick* und der *Geruch* einer Feuersbrunst die Erinnerung an das *Dröhnen* feindlicher Bombenflugzeuge geweckt und die damit verbundenen *Angstgefühle* wieder aktualisiert hat. Da jedoch im NLP der Inhalt oft nicht direkt, sondern über eine Änderung seiner formalen Gestalt (Repräsentation) beeinflußt wird, scheint die Quadrupeldarstellung in vielen Fällen ein brauchbares Hilfsmittel zu sein (Dilts et al., 1980/1985, S. 37 ff.; Lankton, 1980, S. 39, 42).

Wie das Beispiel zeigt, kann der Input aus einem bestimmten Sinneskanal über **Synästhesiemuster** außer in der zugeordneten auch in einer anderen Modalität repräsentiert und verarbeitet werden. In diesem Fall hatten ein Anblick und ein Geruch eine auditive Erinnerung und diese ein Gefühl ausgelöst. Dilts et al. (1980/1985) schreiben dazu:

> Synästhesiemuster konstituieren weitgehend den menschlichen Sinngebungsprozeß. An der Wurzel komplexer Prozesse wie Wissen, Wahl und Kommunikation liegen Korrelationen von Aktivitäten der Repräsentationssysteme. Die Fähigkeiten, die Menschen auf allen Gebieten entwickeln, sind das direkte Ergebnis von Kreuzverbindungen zwischen neuralen Repräsentationskomplexen. Die Hauptunterschiede zwischen Menschen mit verschiedenen Fähigkeiten können auf die Synästhesiekorrelationen innerhalb ihrer spezifischen Erfahrungsbereiche zurückgeführt werden. (S. 43 f.)

Teils genetisch bedingt, teils aufgrund von Erfahrungen haben sich die meisten Menschen schon früh und meist unbewußt entschieden, ein bestimmtes analoges RS zu bevorzugen, in dem sie dann komplexere Erfahrungen machen, feinere Unterscheidungen treffen und lebendigere Vorstellungen erzeugen können als in den übrigen RS. Sie benutzen dieses *Primäre Repräsentationssystem* (PRS) mit Vorliebe, um Zugang zu der Menge ihrer unbewußt repräsentierten und gespeicherten Erfahrungen und Modelle zu erhalten. Doch heißt dies natürlich nicht, daß sie ausschließlich dieses PRS benutzen. Je nach Kontext können auch alle anderen RS in Aktion treten. Ein Mensch, der nicht in der Lage ist, das der jeweiligen Situation angemessenste RS zu aktivieren, der womöglich ein RS kaum oder gar nicht schult und übt, ist in seiner Welterfahrung und damit in seinen Verhaltenswahlmöglichkeiten erheblich eingeschränkt. Eine Aufgabe des NLP-geschulten Beraters ist es daher, etwaige Defizite in der Verfügbarkeit der Repräsentationssysteme beim Klienten aufzudecken und ihm zu helfen, sie so weit zu beheben, daß sich ihm neue Wahlmöglichkeiten eröffnen (Bandler & Grinder, 1979/1986a; Grinder & Bandler, 1976/1984a, S. 16 ff.).

Ein Beispiel für die unangemessene Verwendung eines RS ist der Versuch, ausschließlich mit Hilfe auditiver Erinnerungen (A^{er}) Worte orthographisch richtig zu schreiben. Eine NLP-Intervention könnte bei einem rechtschreib-schwachen Klienten u.a. darin bestehen, seine visuelle Erinnerungsfähigkeit (V^{er}) zu schulen.

2.2.2 *Submodalitäten*

Bandler und MacDonald (1988/1990) definieren und charakterisieren den Begriff ***Submodalität*** wie folgt:

> Submodalitäten sind die feinen, subtilen Unterscheidungen, die wir in jedem [analogen] Repräsentationssystem treffen, die Unterscheidung, die den Unterschied ausmacht. (S. 7)

Damit sind sämtliche formal-qualitativen Merkmale gemeint, die prinzipiell innerhalb eines jeden Repräsentationssystems unterschieden und von einer Person als unterschiedlich wahrgenommen werden können. Mit Hilfe der Submodalitäten lassen sich kognitive Repräsentationen und Prozesse detaillierter beschreiben, analysieren und in vielen Fällen leichter zielgerichtet verändern als unter bloßer Berücksichtigung der RS. Submodalitäten bestimmen die Qualität jeder Erfahrung und jeder Leistung (Bandler, 1985/1987).

Eine vollständige Auflistung aller Submodalitäten ist nicht möglich, da sie je nach den personen- und kulturabhängigen Wahrnehmungsmöglichkeiten variieren. Eine Übersicht der in unserem Kulturkreis gebräuchlichsten Submodalitäten für das visuelle, auditive und kinästhetische RS folgt hier in Anlehnung an Bandler (1985/1987; zusammen mit MacDonald, 1988/1990).[13] Wenn im folgenden von einem *Bild* gesprochen wird, ist

[13] Konkrete Unterscheidungen für das olfaktorische und gustatorische RS werden im NLP bisher kaum verwendet. Bandler (1985/1987) gibt jedoch erste Hinweise auf mögliche Submodalitäten in diesem Bereich:

prinzipiell alles gemeint, was extern und/oder intern visuell wahrnehmbar ist; Entsprechendes gilt für *Klang* im auditiven Bereich. Die gewählte Reihenfolge stellt keine Bewertung hinsichtlich der Wichtigkeit bestimmter Submodalitäten oder der Häufigkeit, mit der sie zur Differenzierung verwendet werden, dar.

Visuelle Submodalitäten:
Helligkeit (hell - dunkel)
Größe (groß - klein)
Farbe (farbig - schwarz/weiß; welche Farben)
Farbsättigung (kräftige - blasse Farben)
Schärfe (scharf - verschwommen)
Kontrast (kontrastreich - kontrastarm)
Transparenz (Grad der Durchsichtigkeit)
Entfernung (des Bildes vom Beobachter)
Bewegung (schnell - langsam - still)
Bewegungsrichtung (z.B. von der Person weg oder auf sie zu)
Bewegungsart (z.B. kippend, drehend, fließend)
Lokalisierung (z.B. im Kopf - außerhalb des Kopfes, oben - unten, links - rechts, vorne - hinten)
Blickwinkel (Perspektive des Beobachters)
Form (z.B. rund, viereckig, kantig)
Dimension (dreidimensional - zweidimensional)
Dauer (mit der ein Bild wahrgenommen wird/wahrnehmbar ist)

Auditive Submodalitäten:
Lautstärke (laut - leise)
Tonhöhe (hoch - tief)
Klangfarbe (Zusammensetzung der Obertöne)
Deutlichkeit (deutlich - undeutlich)
Klangqualität (rein - unrein)
Entfernung (des Klanges vom Hörer)
Tempo (schnell - langsam)
Bewegungsrichtung (z.B. von der Person weg oder auf sie zu)
Rhythmus (z.B. stetig - unterbrochen, abwechslungsreich - monoton, Betonungen)

"Die Begriffe, die von den Versuchsleitern in der Psychophysik verwendet werden (süß, sauer, salzig, bitter, verbrannt, aromatisch usw.), werden wahrscheinlich nicht nützlich sein. Ein Ein- und Ausblenden eines Geschmacks oder eines Geruchs, sofern das im Erleben der Person vorkommt, könnte recht nützlich sein." (S. 184)

Lokalisierung (z.B. im Kopf - außerhalb des Kopfes, oben - unten, links - rechts, vorne - hinten)
Dimension (stereo - mono)
Dauer (mit der ein Klang wahrgenommen wird/wahrnehmbar ist)

Kinästhetische Submodalitäten:
Intensität (stark - schwach)
Temperatur (heiß - warm - kalt)
Lokalisierung (z.B. innen - außen, oben - unten, vorne - hinten)
Ausbreitungsgebiet (groß - klein)
Ausbreitungsbegrenzung (mit - ohne Begrenzung)
Bewegung (schnell - langsam - still)
Bewegungsrichtung (von... nach...)
Bewegungsart (z.B. kreisend, fließend, sich ausbreitend, sich zusammenziehend)
Charakteristik (z.B. stechend, pulsierend, dumpf, drückend, leicht)
Rhythmus (z.B. stetig - unterbrochen, abwechslungsreich - monoton)
Dauer (wie lange das Gefühl besteht)[14]

Sämtliche hier aufgeführten Submodalitäten entsprechen in unserem Kulturkreis allgemein bekannten Unterscheidungen und können dazu verwendet werden, sowohl die externen Wahrnehmungen als auch die internen RS auf formaler, wertfreier Ebene zu differenzieren, so z.B. jedes Element des Quadrupels einer aktuellen sinnlichen Erfahrung $< V^{e,i}, A^{e,i}, K^{e,i}, O^{e,i} >$ einzeln. Unter jeder submodalen Kategorie (Größe, Lautstärke, Helligkeit etc.) sind unterschiedliche Ausprägungen (z.B. von *nah* bis *weit* unter der Kategorie *Entfernung*) möglich, die die eigentliche Differenzierung ausmachen. Diese Ausprägungen werden im NLP, ebenso wie die ihnen übergeordneten Kategorien, *Submodalitäten* genannt.[15]

---

14 Bandler (1985/1987) führt zum kinästhetischen System weiterhin aus:

"Eine nützliche Möglichkeit, kinästhetische Empfindungen zu unterteilen, geht folgendermaßen:

1) *Taktil:* die sensorischen Empfindungen auf der Haut.

2) *Propriozeptiv:* die sensorische Rückmeldung der Muskulatur und andere körperinterne Empfindungen.

3) *Beurteilende Meta-Empfindungen* über andere Wahrnehmungen oder Repräsentationen, werden auch Emotionen, Gefühle oder viszerale Kinästhetik genannt. Gewöhnlich treten diese in der Brust, dem Bauch oder entlang des Mittellinie des Oberkörpers auf. Diese Gefühle sind keine direkten Empfindungen oder Wahrnehmungsinhalte, sondern Repräsentationen, die von anderen Empfindungen abgeleitet sind." (S. 184)

15 Solche Submodalitäten, die innerhalb eines bestimmten Spektrums eine stufenlose, *kontinuierliche* Veränderung (z.B. von hell bis dunkel) zulassen, werden auch *analoge*

Eine Bewertung der einzelnen Kategorien und ihrer Ausprägungen kann nur von Fall zu Fall und von Kontext zu Kontext erfolgen. So kann ein erinnertes *großes helles* internes Bild je nach Kontext sehr positive (vielleicht bei der Erinnerung an eine schöne Bergwanderung) oder aber auch sehr negative Gefühle (vielleicht bei der Erinnerung an den letzten Zahnarztbesuch) hervorrufen.

Eine weitere, im Rahmen der NLP-Arbeit besonders wesentliche Submodalität ist in obigem Verzeichnis noch nicht enthalten, da sie einerseits nur im internen Vorstellungsbereich möglich ist und außerdem nicht so selbstverständlich wie die anderen Submodalitäten zu sinnesspezifischen Beschreibungen herangezogen wird: die ***generelle Wahrnehmungsposition*** einer Person, die entweder *assoziiert* oder *dissoziiert* sein kann.

Beide Begriffe bedürfen einer Erklärung, da ihnen im Rahmen des NLP eine andere Bedeutung als allgemein üblich gegeben wird (Bandler, 1985/1987; Cameron-Bandler, 1978/1985):

Ein Ereignis **assoziiert** wahrzunehmen meint, es voll und ganz, mit allen dazugehörigen Emotionen subjektiv, gewissermaßen durch die eigenen Augen sehend, mit den eigenen Ohren hörend und in der eigenen Haut steckend, zu erleben. Im Falle externer Wahrnehmung erlebt eine Person alles direkt *ohne* einen kognitiven Abstand zum Geschehen. Im Falle interner Wahrnehmung gibt sie sich beispielsweise Erinnerungen oder Phantasien hin und erlebt diese so, als würden sie jetzt tatsächlich (noch einmal) stattfinden bzw. als wären sie real.

Ein Ereignis **dissoziiert** wahrzunehmen meint, es mit einem gewissen inneren Abstand, mit wenig oder gar keinen Emotionen relativ objektiv, gewissermaßen als außenstehender Beobachter, zu erleben. Im Falle externer Wahrnehmung erlebt eine Person alles *mit* einem kognitiven Abstand zum Geschehen: sie konstruiert parallel zur externen Wahrnehmung eine interne Vorstellung, in der sie sich selbst von außen sieht und/oder hört. Im Falle interner Wahrnehmung sieht und/oder hört sie sich bei Erinnerungen oder Phantasien ebenfalls von außen; bei einer Erinnerung quasi so, als wäre sie bei dem betreffenden Erlebnis gefilmt bzw. von einem

Submodalitäten genannt; solche, die nur alternierende, *diskontinuierliche* Veränderungen (z.B. unter der Kategorie Bewegungsrichtung: von der Person weg *oder* auf sie zu) zulassen, werden auch *digitale* Submodalitäten genannt (Bandler & MacDonald. 1988/1990, S. 71 f.). Da die Begriffe *analog* und *digital* aber bereits zur Unterscheidung der RS verwendet werden, soll im folgenden weitgehend auf ihre Verwendung verzichtet werden.

Tonband aufgenommen worden, und würde sich diese jetzt im nachhinein anschauen und/oder anhören.[16]

Assoziation und Dissoziation gelten demnach als submodale Unterscheidungen, die in jedem der drei relevantesten RS von Bedeutung sind.[17] Sie werden von Bandler und MacDonald (1988/1990) als digitale, also diskontinuierliche Submodalität eingeschätzt:

> Entweder sehen sie sich selbst in einer Erinnerung, oder sie erinnern sich an das Ereignis, indem Sie sehen, was Sie zu der Zeit gerade sahen. Sie können sehr schnell hin und her wechseln, aber nicht beides gleichzeitig erleben. (S. 71 f.)

Wie die anderen Submodalitäten erhalten Assoziation und Dissoziation im NLP keine bestimmte Wertung; wieder kommt es auf den jeweiligen Kontext an, welche der beiden Wahrnehmungsarten gerade die angemessenere ist. So kann es in vielen Fällen richtig sein, sich während eines traumatischen Ereignisses zu dissoziieren; geht es aber darum, seinen Urlaub zu genießen, ist wohl eher ein assoziiertes Erleben sinnvoll. Wer bei einer persönlichen Auseinandersetzung alle Standpunkte möglichst objektiv erkennen möchte, sollte sich wiederum um eine dissoziierte Wahrnehmung bemühen; wer dagegen seinen eigenen Standpunkt sicher und fest vertreten will, sollte i.d.R. assoziiert sein. NLP hält eine größtmögliche Flexibilität im situationsangemessenen Wechseln der Wahrnehmungspositionen für erstrebenswert (T. Stahl, persönl. Mitteilung, 1987).

Wie bereits im allgemeinen Abschnitt über Vorstellungen (2.1.2) erwähnt, ist die **Wirkung externer Submodalitäten** auf Erlebnisqualität und Verhalten des Menschen immer wieder ausführlich untersucht worden und ihre bewußte und unbewußte Anwendung wird in zahlreichen Gebieten, w.z.B. Kunst, Musik, Film, Theater, Mode und Werbung, seit jeher wie

---

16 Die Idee des Wechsels zwischen Assoziation und Dissoziation findet sich auch in der Kunst, im Film und in anderen Medien wieder; im Film beispielsweise, indem die Kamera einmal aus dem Blickwinkel des Protagonisten (assoziiert), ein anderes mal aus der Perspektive des neutralen Beobachters (dissoziiert), wobei der Protagonist von außen zu sehen ist, filmt.

17 Anzumerken ist, daß es sich bei Assoziation und Dissoziation streng genommen nicht um Submodalitäten im engeren Sinne handelt; vielmehr entstehen sie durch bestimmte Zusammensetzungen anderer zugrundeliegender Submodalitäten, w.z.B. Entfernung, Lokalisierung und Perspektive des Beobachters. Deshalb werden sie von einigen Autoren auch als übergeordnete Modalitäten, als *Meta-Modalitäten* bezeichnet (Broichhagen, 1988). Da Bandler und MacDonald (1988/1990) selbst sie aber als Submodalitäten bezeichnen, soll auch im Rahmen dieser Arbeit davon nicht abgewichen werden.

selbstverständlich eingesetzt, um gezielte Effekte bei Menschen hervorzurufen; die internen, also vorstellungsmäßigen, Submodalitäten (bzw. Subkomponenten) rücken dagegen erst seit wenigen Jahren ins Interesse der Vorstellungsforschung, und es ist keineswegs Allgemeingut, Vorstellungen etwa mit Hilfe von Submodalitäten zu analysieren oder gar zu verändern. Selbst in der Psychotherapie, wo seit langem mit, vor allem visuellen, Vorstellungen und deren *inhaltlichen* Veränderungen gearbeitet wird, finden sich außerhalb des NLP Analysen und Veränderungen auf formaler, submodaler Ebene allenfalls zufällig und nicht als solche identifiziert (s. Kap. 7) Wegen dieses Defizits liegt der Schwerpunkt der vorliegenden Arbeit auf der Darstellung der Wirkung und Nutzung der internen Submodalitäten sowie ihrer Wechselwirkung mit extern wahrgenommenen Ereignissen und deren Submodalitäten.

Für die **internen Submodalitäten** wird im NLP eine den externen analoge **Wirkung** postuliert: Sie beeinflussen über Synästhesiemuster, unabhängig vom bzw. zusätzlich zum Inhalt, Qualität und Bewertung einer Vorstellung sowie die physiologische und emotionale Antwort auf sie (D. Gordon, 1978/1986). Bandler (1985/1987) gibt Anleitungen zu mehreren kurzen, diesbezüglichen Selbst-*Experimenten,* über die er schreibt: "*Sie werden diese Erfahrung brauchen, um den Rest dieses Buches zu verstehen*" (S. 35). Das erste dieser Experimente, das sich auf die Submodalität *Helligkeit* bezieht, soll hier zur Veranschaulichung angeführt werden:

> Denken Sie an eine Erfahrung aus der Vergangenheit, die sehr angenehm war - vielleicht eine, an die Sie schon lange nicht mehr gedacht haben. Lassen Sie sich einen Moment Zeit, um zu dieser Erinnerung zurückzugehen, und vergewissern Sie sich, daß Sie sehen können, was Sie damals sahen, als dieses angenehme Ereignis geschah. Wenn es Ihnen dadurch leichter fällt, können Sie Ihre Augen schließen.
> Während Sie dieses angenehme Ereignis betrachten, möchte ich, daß Sie die Helligkeit des Bildes verändern und dabei bemerken, wie sich dadurch Ihre Gefühle ändern. Machen Sie es zunächst heller und heller... Jetzt machen Sie es dunkler und dunkler, bis Sie es kaum noch sehen können... Jetzt machen Sie es wieder heller.
> Wie verändert das Ihr Gefühl? Es gibt Ausnahmen, aber bei den meisten werden die Gefühle stärker, wenn man das Bild heller macht. Zunehmende Helligkeit verstärkt normalerweise die Intensität der Gefühle, und abnehmende Helligkeit vermindert gewöhnlich die Intensität der Gefühle.
> Wieviele von Ihnen haben jemals die Möglichkeit in Betracht gezogen, die Helligkeit eines inneren Bildes absichtlich zu verändern, um sich anders zu fühlen? Die meisten unter Ihnen lassen sich von Ihrem Gehirn einfach willkürlich irgendein Bild zeigen und fühlen sich als Reaktion darauf gut oder schlecht. (S. 35)

Dem Primären Repräsentationssystem entsprechend wird im NLP davon ausgegangen, daß jeder Mensch auch im System der Submodalitäten unterschiedliche Präferenzen und Fähigkeiten hat. Diejenigen Submodalitäten, bei deren Veränderung sich über Synästhesiemuster weitere Submodalitäten, innerhalb des gleichen und/oder auch in einem anderen RS, mitverändern, werden ***kritische Submodalitäten*** genannt. *Entfernung* beispielsweise ist für viele Menschen eine kritische Submodalität: je weiter sie ein internes Bild von sich wegrücken, desto kleiner wird es, die dazugehörigen Klänge werden leiser und die damit verbunden Emotionen schwächer; je näher sie es umgekehrt zu sich heran holen, desto größer wird es, die zugehörigen Klänge werden lauter und die damit verbundenen Gefühle stärker. Die individuell und kontextabhängig verschiedenen kritischen Submodalitäten werden für den gesamten Modellbildungsprozeß als besonders relevant erachtet (Bandler & MacDonald, 1988/1990, S. 72).

Wiederum mag ein kurzes Beispiel diesen Abschnitt abrunden: Ein rechtschreib-schwacher Klient könnte, statt rein auditiv vorzugehen - wie im Beispiel des vorigen Abschnittes -, zwar bereits über eine visuelle Erinnerungsfähigkeit verfügen; es könnte jedoch sein, daß diese aufgrund ungünstiger visueller Submodalitäten noch nicht für eine orthographisch richtige Schreibweise ausreicht; z.B. könnte es sein, daß er sich die einzelnen Buchstaben nur sehr *klein* und leicht *verschwommen* eingeprägt hat und sie daher nicht ausreichend erinnern kann. In diesem Fall könnte eine NLP-Intervention u.a. darin bestehen, ihn anzuleiten, sich Worte in *großen, scharfen* Buchstaben, also mit veränderten visuellen Submodalitäten, einzuprägen, um sie so besser erinnern zu können.

2.2.3 Das digitale Repräsentationssystem

Das **digitale (verbale) Repräsentationssystem** hat den Vorzug, daß es dem Menschen die Möglichkeit gibt, zum einen Erfahrungen aus jedem sensorischen RS in einem einheitlichen System darzustellen, mit einander zu verknüpfen, zu bewerten und zu einer umfassenden individuellen *Landkarte* (vgl. 1.3.1) zusammenzufassen, und zum anderen all dies bzw. ausgewählte Teile davon extern anderen Menschen mitzuteilen. Es ist insofern *universal* (Grinder & Bandler, 1976/1984a, S. 14 ff.).

Andererseits hat die sprachliche Kodierung, als digitale Repräsentation der ursprünglichen analogen sensorischen Repräsentation, den Nachteil, daß sie nur durch erneute Generalisierungen, Tilgungen und/oder Verzerrungen zustande kommen kann, insofern also einen weiteren *Realitätsverlust* mit sich bringt.

Zur Kennzeichnung des digitalen RS wird der Index $_d$ verwendet (Dilts et al., 1980/1985, S. 90 ff.):

A^e_d = externe mündliche Mitteilung
A^i_d = interner Dialog

V^e_d = externe schriftliche Mitteilung
V^i_d = internes *schriftliches* Denken[18]

K^e_d = externe taktil-sprachliche Mitteilung (Brailleschrift)
K^i_d = internes *taktil-sprachliches* Denken[18]

Während die analogen RS auch ohne Sprache auskommen, kann umgekehrt das digitale RS nur in Wechselwirkung mit sensorischer Erfahrung (auch abstrakter Natur) existieren und so einen Sinn erhalten (Dilts, 1990b). Es kann daher nur in seiner Beziehung zum analogen RS dargestellt werden:

Jedes Wort und jede Wortfolge kann einem bzw. einer Folge von vollständigen sensorischen Quadrupeln zugeordnet werden, was sich formal am Beispiel gesprochener Sprache folgendermaßen als *erweitertes Quadrupel* darstellen läßt (Grinder et al., 1977, 17 ff.; Dilts et al., 1980/1985, S. 91 ff.):

$$\mathbf{A^{e,i}_d < V^{e,i}, A^{e,i}, K^{e,i}, O^{e,i} >}$$

Die Inhalte des Quadrupels, die einem bestimmten Wort (Satz etc.) zugeordnet werden, variieren von Person zu Person und von Kontext zu Kontext. Je konkreter die Worte oder Sätze sind, desto ähnlicher - jedoch niemals gleich - und je abstrakter, desto unterschiedlicher fallen die zugeordneten Quadrupel bei verschiedenen Personen aus. So wird die Phrase "lieblich duftende, rote Rose an einem warmen Sommerabend" bei den meisten Menschen eine in etwa vergleichbare interne Vorstellung (Quadrupel) hervorrufen bzw. an eine solche geknüpft sein; während der

[18] Die Notationen des internen *schriftlichen* und *taktil-sprachlichen* Denkens finden sich in der NLP-Literatur bisher nicht, da diese digitalen Denkformen wohl nur in sehr seltenen Fällen vorkommen. Der Autor hatte jedoch in einer Paartherapie einen Klienten, der größtenteils in Form von visualisierten *verschiedenfarbigen, großen, dreidimensionalen* Buchstabenblöcken "dachte" (hier fallen auch die Submodalitäten besonders auf). Dementsprechend wäre ein internes Denken in Brailleschrift ebenfalls vorstellbar, ist dem Autor allerdings bisher noch nicht begegnet.

Satz "Wir brauchen Frieden" eher mit sehr unterschiedlichen Quadrupeln korrelieren wird.

Sowohl bei der Übersetzung einer primären Quadrupel-Erfahrung in das sekundäre, digitale RS als auch umgekehrt bei der Rückführung abstrakter Worte und Sätze in sensorische Quadrupel finden Generalisierungs-, Tilgungs- und/oder Verzerrungsprozesse statt. So kann weder die treffendste Sprache jemals auch nur eine einzige Quadrupel-Erfahrung vollständig beschreiben, noch ist es möglich, durch noch so viele unterschiedliche Quadrupel alle sensorischen Möglichkeiten abzubilden, die von einem einzigen Wort abgeleitet werden können (Dilts, 1990b, S. 103-111).

Eines ihrer ersten gemeinsamen Bücher widmeten Bandler und Grinder (1975/1985) ausschließlich der umfassenden Analyse des digitalen RS im Hinblick auf kommunikatorische und therapeutische Anwendungsfelder (vgl. 1.1). Die Beziehung zwischen digitalen und analogen RS behandelten sie ausführlich in einer der folgenden Veröffentlichungen (Grinder & Bandler, 1976/1984a). Im Rahmen der Arbeit mit Submodalitäten wird dem digitalen RS allerdings eine eher geringe Bedeutung zukommen, weshalb die sehr knappe Darstellung an dieser Stelle genügen soll.

3. Kognitive Strategien und Möglichkeiten ihrer Aufdeckung

Der eigentliche Prozeß der Modellbildung wird im NLP auf formaler Ebene durch inhaltsunabhängige ***kognitive Strategien*** erklärt. Sie werden in diesem Kapitel zunächst *definiert, erläutert* und *beispielhaft beschrieben* (3.1), sodann erfolgt die Darstellung der praktischen *Aufdeckungsmöglichkeiten* durch Beobachtung und Befragung (3.2).

3.1 Strategien

Das zielgerichtete, geordnete Zusammenwirken einzelner Repräsentationssysteme wird im NLP ***Strategie*** genannt. Dilts et al. (1980/1985) führen dazu aus:

> Unsere Repräsentationssysteme stellen die Strukturelemente unserer Verhaltensmodelle dar. Das Verhaltens-"Vokabular" der Menschen besteht aus den Erfahrungsinhalten, die im Laufe des Lebens entweder innerlich oder von äußeren Quellen durch die sensorischen Kanäle generiert werden. Die "Landkarten" oder Modelle, die wir zur Steuerung unseres Verhaltens benutzen, entstehen durch das Ordnen dieser Erfahrung in strukturierte Abläufe. Sie stellen sozusagen Verhaltens-"Sätze" dar. Im NLP werden die formalen Muster dieser Sequenzen von Repräsentationen *Strategien* genannt.
>
> Die Art, in der wir Repräsentationen durch unsere Strategien in eine Reihenfolge bringen, hat einen Einfluß darauf, welche Bedeutung eine bestimmte Repräsentation in unserem Verhalten hat. In der gleichen Weise wird der Sinn eines speziellen Wortes durch seine Stellung im Satz bestimmt. Eine spezielle Repräsentation ist an sich relativ bedeutungslos. Wichtig ist, wie diese Repräsentation im Rahmen einer individuellen Verhaltensstrategie funktioniert. (S. 39 f.)

Jeder Mensch verfügt über unzählige gelernte kognitive Strategien, die er jeweils in unterschiedlichen Kontexten wiederholt einsetzt, um bestimmte Ziele zu erreichen. Als besonders wichtig, da am häufigsten verwendet, erachten Dilts et al. (1980/1985) vor allem Motivations-, Lern-, Kreativitäts-, Erinnerungs-, Überzeugungs- und Entscheidungs-Strategien. Genauso bedeutend kann aber im Einzelfall auch jede andere Strategie werden: z.B. Strategien, die für Wohlbefinden, Einschlafen und Mut, oder solche, die für Unwohlsein, Schlaflosigkeit und Angst verantwortlich sind.

Der *Vorteil* einer formalen gegenüber einer inhaltlichen Beschreibung kognitiver Strategien wird im NLP durch dreierlei Annahmen gestützt[1]:

a) Die formalen Aspekte sind wichtiger als die inhaltlichen, denn "in den meisten Fällen bestimmt der *Inhalt* spezieller Repräsentationen innerhalb der Strategie lediglich die Eigenschaften des Resultats; die *Form* der Strategie bestimmt, welches Resultat erreicht wird und wie effizient es erreicht wird" (Dilts et al., 1980/1985, S. 74).

b) Durch ihren inhaltsfreien Charakter läßt sich ein und dieselbe Strategie in unterschiedlichen Kontexten verwenden. Dilts et. (1980/1985) geben ein Beispiel: "Da Strategien rein formal sind, kann ein Individuum mit derselben Entscheidungsstrategie eine Vorspeise auswählen, eine Entscheidung über einen Hauskauf treffen, Schritte zur Disziplinierung seines Kindes und seine nächste Bundestagswahlentscheidung festlegen." (S. 74) Die formale Beschreibung ist also der inhaltlichen übergeordnet, da sie zahlreiche inhaltlich verschiedene Strategien in einem allen gemeinsamen Muster, das entscheidend für ihr Funktionieren ist, zusammenfaßt.

c) Gewünschte Veränderungen im Leben eines Menschen lassen sich oftmals durch eine formale Veränderung seiner kognitiven Strategien einfacher und vor allem generalisierender erreichen als durch eine bloß inhaltliche Veränderung (Bandler & Grinder, 1979/1986a).

Vor allem dieser letzte Punkt wird im Verlauf der Arbeit Diskussionsgegenstand bleiben. In Kapitel 7, "Vergleich mit imaginativen Techniken anderer Schulen" wird die formale Vorgehensweise des NLP anderen mehr inhaltlich arbeitenden Methoden gegenübergestellt. Zur Klärung der Frage, ob und inwieweit die formale Vorgehensweise des NLP tatsächlich, wie behauptet, effektiver ist als andere Methoden, kann auch diese Arbeit noch keinen Beitrag leisten, da in ihrem empirischen Teil[2] lediglich untersucht wird, inwieweit derartige formale Änderungen (hier im Bereich der Submodalitäten) überhaupt (positive) Veränderungen bei Menschen bewirken können. In diesem Kapitel erfolgt die Darstellung des NLP-Strategie-Modells in erster Linie weiterhin so, wie sie in der NLP-Literatur selbst gegeben wird.

---

[1] Gerade weil in diesem Kapitel hauptsächlich von den formalen Aspekten kognitiver Strategien die Rede ist, muß angemerkt werden, daß der NLP-Anwender in der Praxis selbstverständlich zusätzlich zu den formalen Merkmalen einer Strategie auch die ihm relevant erscheinenden inhaltlichen berücksichtigt.

Jede Strategie *gliedert sich in mehrere Teilschritte*. Jeder Teilschritt besteht aus einem erweiterten Quadrupel: $A^{e,i}{}_{d} < V^{e,i}, A^{e,i}, K^{e,i}, O^{e,i} >$ (vgl. 2.2.3). Dabei geht NLP davon aus, daß zu jedem Zeitpunkt, abhängig von der jeweiligen Strategie, jeweils ein bestimmtes RS des erweiterten Quadrupels dominant ist und "eine größere verhaltensmäßige Signifikanz" (Dilts et al., 1980/1985, S. 67) aufweist als die anderen. Durch *Synästhesiemuster* (vgl. 2.2.1) kann das dominante RS bei jedem Schritt einer Strategie wechseln. Jeder Schritt ist außerdem Auslöser des nächsten Schrittes. Um eine bestimmte Strategie beschreiben zu können, wird nicht für jeden Einzelschritt das vollständige erweiterte Quadrupel angegeben, was extrem komplex und verwirrend wäre, sondern nur die dominantesten und relevantesten RS, was i.d.R. auf jeweils nur ein einziges RS hinausläuft.

Des weiteren enthält laut Dilts et al. (1980/1985) jede kognitive Strategie eine *Testphase*, in der ein Vergleich zwischen dem Ergebnis der bis dahin geleisteten Einzelschritte (kognitiven *Operationen*) und einer Referenzerfahrung einer früheren, bereits erfolgreich durchlaufenen, ähnlichen Strategie stattfindet. Hieran knüpft sich ein *Entscheidungspunkt*, der den durchgeführten Test positiv oder negativ bewertet: Im negativen Fall (also bei Inkongruenz zwischen dem bisher Erreichten und der Referenzerfahrung) löst er eine erneute Operationsphase aus, die entweder darin besteht, die bisherigen Schritte in gleicher Weise bzw. auf submodaler Ebene variiert zu durchlaufen oder zu einer anderen Strategie überzugehen; hierauf erfolgt ein erneuter Test mit anschließender neuer Entscheidung. Dies wiederholt sich solange, bis im positiven Fall (also bei ausreichender Kongruenz zwischen dem bisher Erreichten und der Referenzerfahrung) die Strategie beendet wird (*Exit* genannt).[3]

---

[2] Der empirische Teil erscheint als Band 2 der Arbeit voraussichtlich im Frühjahr 1993 im Junfermann Verlag.

[3] Insgesamt orientieren sich Dilts et al. (1980/1985) bei der Beschreibung kognitiver Strategien an einem "Grundschema mit der Bezeichnung TOTE (Test - Operate - Test - Exit)" (S. 45) aus der Kybernetik von G.A. Miller, Galanter und Pribram (1960). Eine TOTE-Einheit versteht sich als "ein Basis-Konzept bei der Betrachtung menschlichen Verhaltens" (Lefrancois, 1972/1976, S. 169) und als Erweiterung des Reiz-Reaktionskonzepts des Behaviorismus. Das TOTE-Modell hält nicht mehr an der Ausblendung der internen Vorgänge menschlichen Verhaltens fest und nimmt als Bindeglied zwischen Reiz und Reaktion eine Rückkopplungsoperation an. Darüber, welcher Art die einzelnen Schritte der Test- und Operationsphasen sind, werden im TOTE-Modell allerdings keine expliziten Angaben gemacht; es erscheint daher zu wenig konkret, um von praktischer Relevanz zu sein (Lefrancois, 1972/1976, S. 170 f.). Dilts et al.

Dilts et al. (1980/1985, S. 53 ff.) führen als Beispiel die relevanten Schritte (bzw. die relevanten RS) *einer* erfolgreichen Rechtschreib-Strategie an:

1. Operationsphase: Beim externen oder internen Hören ($A^{e,i}$) eines Wortes konstruiert die Person ein internes Bild der Buchstabenfolge dieses Wortes (V^k).
2. Testphase: Dieses konstruierte Bild (V^k) vergleicht sie mit dem erinnerten Bild des Wortes, das sie schon einmal irgendwo gelesen hat (V^{er}).
3. Entscheidungspunkt: Die Kongruenz oder Inkongruenz der beiden Bilder wird durch ein internes Gefühl (K^i) angezeigt.

Fällt der Test negativ (–) aus, beginnt die Strategie von vorne. Dieses wiederholt sich so lange, bis der kinästhetische Test ein positives Gefühl (+) vermittelt und das Wort (hoffentlich) richtig hingeschrieben oder buchstabiert werden kann (Exit).

Folgende Notationen werden im NLP verwendet, um die Schritte einer Strategie (rein) formal zu notieren - hier am Beispiel obiger Rechtschreib-Strategie dargestellt:

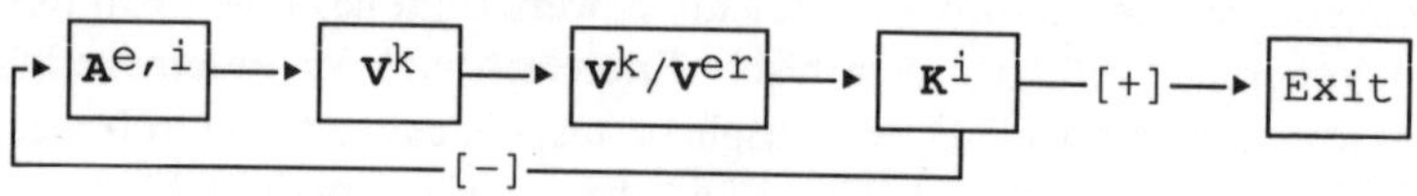

Dabei bedeuten (Bretto, 1988):

... ——▸ ... = ... führt zu, bzw. löst aus ...
... / ... = vergleicht ... mit ...
——[-]——▸... = führt bei negativem Test zu ...
——[+]——▸... = führt bei positivem Test zu ...[4]

(1980/1985; S. 45 ff.) verstehen ihr Strategie-Modell, das durch die RS ja sehr konkret und anschaulich ist, als eine sinnvolle Weiterentwicklung des TOTE-Modells.

[4] Je nach Bedarf können für andere Strategien selbstverständlich auch noch weitere Notationselemente, beispielsweise für Synästhesien (wenn zwei oder mehr RS gleichzeitig relevant sind, um das nächste Quadrupel auszulösen), hinzukommen.

Eine wahrscheinlich weniger erfolgreiche Rechtschreib-Strategie mit einem auditiven Vergleich (A^k/A^{er}) nach dem konstruierten Bild der Schreibweise eines Wortes (V^k) könnte formal dann folgendermaßen notiert werden:

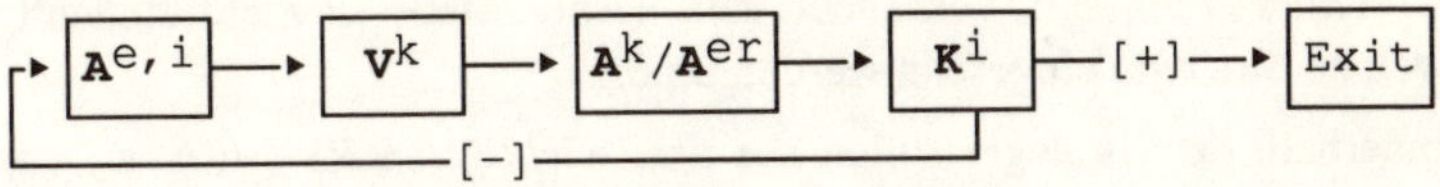

Je nach dem Ziel, mit dem Strategien einer Person ermittelt werden, kann eine Strategie entweder möglichst vollständig oder aber nur in Ausschnitten, die für das Ziel relevant erscheinen, dargestellt und untersucht werden.

Die einzelnen Schritte ihrer Strategien sind einer Person immer nur teilweise, oft sogar nur in sehr geringem Ausmaß, bewußt. I.d.R. gilt: je unbewußter eine Strategie abläuft, desto wirkungsvoller, zuverlässiger und sicherer erreicht sie ihr Ziel (Dilts, 1980/1985). Gerade die dominanten RS bleiben häufig unbewußt. (Solange ein Fahrschüler z.B. *bewußt* Auto fährt, d.h. versucht, jeder einzelnen Hand- und Fußbewegung seine volle Aufmerksamkeit zu schenken, wird er noch kein guter Fahrer sein.)[5]

Hier wird Bewußtsein

> einfach als das Ergebnis der relativen Intensitäten der Aktivität unserer Repräsentationssysteme angesehen. Es ist ein Indikator dafür, wie stark ein bestimmtes Repräsentationssystem benutzt wird. Es ist für uns also keine Einheit an sich, als die es oft angesehen wird. Im NLP wird das Bewußtsein behandelt als eine in Erscheinung tretende Aktivität des Nervensystems und nicht als Initiator dieser Aktivität. Würde man sagen, daß unser Bewußtsein oder unsere Bewußtheit unser Verhalten kontrollierte oder beeinflußte, dann müßte man vergleichsweise auch sagen, daß die Eigenschaften der "Nässe" oder der "Vereisung" die strukturellen Kombinationen der H_2O-Moleküle kontrollieren und beeinflussen, von denen diese Eigenschaften abgeleitet sind. Das Bewußtsein ist vielmehr eine "Nebenwirkung", ein Indikator eines Teils der Vorgänge, die sich beim Verarbeiten in Repräsentationssystemen abspielen. (Dilts et al., 1980/1985, S. 68)

---

[5] In diesem Zusammenhang wird im NLP häufig auf G.A. Millers (1956) Untersuchungen verwiesen, die im wesentlichen besagen, daß ein Mensch gleichzeitig nur eine sehr begrenzte Anzahl von Informationseinheiten (chunks), nämlich *sieben plus/minus zwei,* bewußt aufrecht erhalten kann (Grinder et al., 1977).

In der NLP-Literatur (Bretto, 1988) werden verschiedene Merkmale genannt, durch die sich sinnvolle, erwünschte Strategien von nicht sinnvollen, unerwünschten unterscheiden.[6] Folgende **Bedingungen für sinnvolle Strategien** wurden daraus abgeleitet:

1. Es soll eine *konkrete Zielvorstellung*, also was genau mit der Strategie erreicht werden soll, vorhanden sein. (Andernfalls ist nicht eindeutig, welche Strategie eingesetzt werden muß.)
2. Innerhalb der Strategie sollen *die drei wichtigsten RS* (V, A, K) *vorkommen*, damit gewissermaßen der *ganze Mensch* kongruent an ihr beteiligt ist. (Bei einer Kauf-Strategie, die ja im wesentlichen eine Entscheidungs-Strategie ist, kann es bei Fehlen eines externen kinästhetischen Schrittes (K^e) im nachhinein leicht zu einer Unzufriedenheit (K^i) kommen, wenn der gekaufte Gegenstand vielleicht aus einem schlechten Material gefertigt ist. Personen mit einer derartigen Kauf-Strategie sagen dann z.B.: "Da habe ich mich wieder einmal *blenden* (V) lassen", was eine im wesentlichen visuelle Kauf-Strategie vermuten läßt.)
3. Die Strategie soll *nicht zirkulieren*, also nicht an einer bestimmten Stelle immer wieder von vorne beginnen, bevor nicht ein Entscheidungspunkt (s.o.) - notwendiger Bestandteil einer sinnvollen Strategie - erreicht ist. (Andernfalls liefe die Strategie u.U. sehr lange weiter, ohne ihr Ziel (Exit) zu erreichen. - Um sich frustriert und/oder unzufrieden zu fühlen, wäre eine derartige Strategie allerdings gut geeignet.)
   Insbesondere soll sie auch keine dualen Zirkel enthalten, also nicht ständig zwischen zwei RS alternieren. (Ein negatives Beispiel für eine derartige *Zwickmühlensituation* wäre:
   K^i : ein unangenehmes Gefühl ⟶
   A^i_d: "Ich fühle mich so mies, was soll ich bloß machen?" ⟶
   K^i : ein unangenehmes Gefühl ⟶
   A^i_d: "Ich fühle mich so mies, also kann ich ja gar nichts machen." etc.
   Der Inhalt dieses Zirkels mag jeweils leicht variieren, eine Änderung der negativen Situation kann erst erreicht werden, wenn ein weiteres RS hinzukommt. Das ist in der Therapie bekanntermaßen oftmals erst dann der Fall, wenn das *unangenehme Gefühl* (K^i) eine bestimmte Intensität erreicht hat.)

[6] Selbstverständlich ist keine Strategie per se sinnvoll oder nicht sinnvoll; wenn hier diese Einteilung vorgenommen wird, so sind damit lediglich bestimmte Wahrscheinlichkeiten gemeint.

4. Die Strategie soll nach endlich vielen Schritten immer wieder *zumindest eine externe Komponente enthalten*, um die Übereinstimmung und Brauchbarkeit (gemäß dem gesetzten Ziel) mit und in der externen Umwelt zu überprüfen. (Andernfalls könnte in der Vorstellungswelt - beispielsweise bei einer Erfindung - alles kongruent zusammenpassen, sich bei einer späteren Umsetzung in die Praxis aber - aufgrund nicht bedachter Umwelt-Komponenten, aufgrund unzureichender Modelle also - als unbrauchbar erweisen.)

Neben der formalen Ordnung und Reihenfolge der RS als einzelner Schritte innerhalb einer Strategie läßt sich jeder dominante Schritt darüberhinaus mit Hilfe der Submodalitäten weiter aufgliedern in *Sub-Schritte* bzw. in ***Sub-Strategien***. Dieser Möglichkeit maßen Dilts et al. (1980/1985) noch keine allzu große Bedeutung bei. Sie wird daher innerhalb der Gesamtdarstellung ihres Strategie-Modells nur einmal am Rande erwähnt:

> Natürlich gibt es viele mögliche Unterscheidungen, die man zu einem speziellen Schritt innerhalb einer Strategie treffen kann, wenn man in feinere Details geht. Man könnte Schritte z.B. nach der Farbe, den örtlichen Gegebenheiten, nach der Tonhöhe, der Klarheit usw. unterscheiden. Jede dieser Unterscheidungen kann zu einer gewissen Zeit sinnvoll sein, um ein spezielles Resultat zu erzielen. Bei der Wahl der Detailebene sollten Sie die Beschreibung auswählen, die *am elegantesten* ist, d.h., die mit den wenigsten Unterscheidungen das Ergebnis sicherzustellen vermag, für das sie entworfen wurde. (S. 90)

Heute wird das Strategie-Modell in der NLP-Ausbildung *mit* der Erweiterung durch Submodalitäten gelehrt, wobei diesen ein mindestens ebenso hoher Stellenwert zugesprochen wird wie der Beachtung der RS (O'Connor & Seymour, 1990, S. 176).

Im Abschnitt über Submodalitäten wurde mit dem Beispiel des rechtschreib-schwachen Klienten, der zur Verbesserung seiner orthographischen Fähigkeiten Worte in großen, scharfen Buchstaben erinnern sollte, bereits implizit eine solche Sub-Strategie vorgestellt. Das etwas vollständigere Beispiel einer Strategie mit relevanter Sub-Strategie, die *Strategie einer Spinnenphobie*, soll dieses Kapitel beschließen:

Person X hat eine Spinnenphobie und sieht in drei Meter Entfernung eine kleine Spinne. Ihre wahrscheinlich unerwünschte diesbezügliche Strategie könnte im wesentlichen die drei folgenden Schritte enthalten (Die RS sind, wie bisher, in Klammern beigefügt, die Submodalitäten dagegen kursiv gesetzt.):

1. X sieht (bewußt) die Spinne (V^e);
2. dieser Anblick löst ein (nicht bewußtes) inneres Bild (V^i) von einer *größer werdenden* Spinne, die sich auf das Gesicht von X *zubewegt*, aus;
3. daraufhin bekommt X (wieder bewußt) panische Angst (K^i), was ein erneutes Hingucken auf die Spinne (V^e) auslöst etc.[7]

Die rein formale Darstellung kann folgendermaßen aussehen:[8]

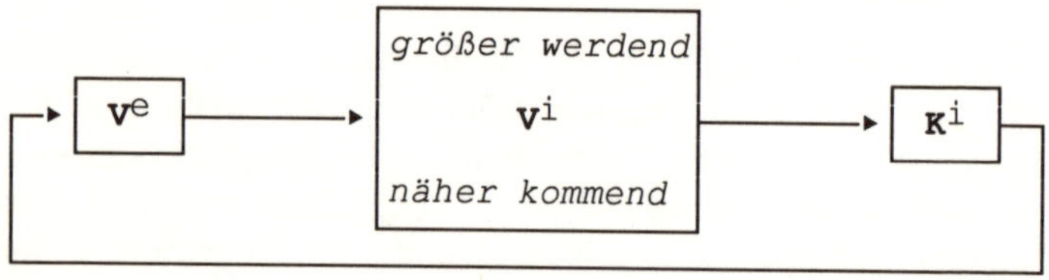

Auffällig ist, daß zwei der "Bedingungen für sinnvolle Strategien" (s.o.) nicht erfüllt sind: Sie ist zirkulär, ohne einen Entscheidungspunkt zu erreichen, und das auditive RS fehlt vollständig.

Eine mögliche positive Veränderung dieser Strategie soll an dieser Stelle noch nicht diskutiert werden. Im folgenden werden zunächst die verschiedenen Möglichkeiten der Aufdeckung kognitiver Strategien vorgestellt.

3.2 Aufdeckungsmöglichkeiten

Da kognitive Strategien i.d.R. nur zu einem kleinen Teil bewußt sind (vgl. den vorigen Abschnitt), hat sich NLP um brauchbare **Aufdeckungsmöglichkeiten** bemüht. Dazu muß der NLP-Anwender - im folgenden, in Ermangelung einer besseren Bezeichnung, auch einfach *Anwender* genannt - sich die Möglichkeit schaffen, die Modell-Person (je nachdem

[7] Auf eine vollständigere Darstellung der Strategie wurde hier verzichtet, um auf die vermutlich für die Phobie besonders relevanten Schritte fokussieren zu können. Wahrscheinlich enthält auch diese Strategie über das Dargestellte hinaus (zwischen Schritt 1 und 2) einen unbewußten Vergleich und Entscheidungspunkt, der z.B. das extern wahrgenommene Bild der Spinne mit intern gespeicherten Bildern von Spinnen vergleicht, um entscheiden zu können, ob es sich überhaupt um eine Spinne handelt.

[8] Diese Form der Notierung wird vom Autor in seiner praktischen Arbeit verwendet, findet sich aber so oder vergleichbar in der NLP-Literatur nicht.

ein Vorbild, einen Klienten, einen Schüler etc.) beim Durchlaufen der Strategie zu beobachten. Ein bloßes Über-die-Strategie-Sprechen würde im wesentlichen nur die bereits bewußten Teilschritte offenbaren (die selbstverständlich auch abgefragt werden können.) Der erste entscheidende Schritt zum Aufdecken einer Strategie besteht darin, diese bei der Modell-Person zu *evozieren*, ihr also dabei zu helfen, die Strategie zu durchlaufen (3.2.1). Währenddessen muß auf sämtliche *verbalen und nonverbalen Hinweise* geachtet werden, die Auskunft über die Teilschritte der Strategie geben können (3.2.2). Dann werden alle diese Schritte auf ihre *Relevanz* hinsichtlich des Zieles der Strategie geprüft, und die relevanten Schritte zur Darstellung der Strategie, wie sie im vorigen Abschnitt gezeigt wurde, ausgewählt (3.2.3).

3.2.1 Evokation von Strategien

> Viele Strategien werden im Verlaufe eines Gesprächs oder einer Interaktion spontan und natürlich deutlich werden; d.h., *die Menschen tun das, worüber sie sprechen.* Wenn ein Mensch mit Ihnen über ein Problem redet oder über ein Ziel, das er erreichen will, oder über irgendeinen anderen Erfahrungsaspekt, dann wird er explizit (verbal und nonverbal) die Strategien demonstrieren, die gewöhnlich benutzt werden, um diese Erfahrung zugänglich zu machen und ihr Sinn zu verleihen. ... Wenn Menschen über Entscheidungen der Vergangenheit reden, dann durchlaufen sie noch einmal die Strategieschritte, die zu diesen Entscheidungen führten. ... Wenn Ihnen ein Mensch von einer streßgeladenen Erfahrung erzählt, dann durchläuft er dabei die Sequenz von Repräsentationen, die zu der gestreßten Reaktion führten. (Dilts et al., 1980/1985, S. 78)

So ist es oftmals ausreichend, die Modell-Person konkrete Beispiele, in der sie die jeweilige Strategie durchlaufen hat, erzählen zu lassen. Am echtesten reproduziert sie die Originalsituation mit der relevanten Strategie dann, wenn sie sich in der Vorstellung so lebendig wie möglich in die Situation hineinversetzt (assoziiert), sie also noch einmal ganz, oder auf die relevanten Momente beschränkt, erlebt, statt sie aus der Distanz (dissoziiert) lediglich zusammenfassend zu beschreiben. Notfalls kann der Anwender sie ausdrücklich zu einem solchen assoziierten Wiedererleben anregen.

Darüber hinaus nennen Dilts et al. (1980/1985) vor allem drei weitere Möglichkeiten zur **Strategie-Evokation**, die je nach Bedarf auch miteinander und mit der oben vorgestellten Methode kombiniert werden können:

> a) Eine Möglichkeit, eine Strategie zu evozieren, besteht darin, die Person physisch in die Situation zu bringen, in der die Strategie natürlicherweise auftaucht. Man arbeitet sozusagen am "Ort des Geschehens" oder am "Tatort". Der Kontext, in der die Strategie entwickelt wurde, enthält viele natürliche ... Auslöser für diese Strategien. Diese Art der Evokation kann bedeuten, daß man einen Psychiatriepatienten in seine Familie zurückbringt, die Pianistin ans Klavier setzt, den Mechaniker in seiner Werkstatt beobachtet, den Künstler in seinem Studio usw. (S. 78 f.)

Hierbei besteht der Vorteil, die entsprechende Strategie besonders naturgetreu unter den relevanten Kontextbedingungen beobachten zu können. Vor allem familientherapeutische Richtungen machen sich diesen Umstand zunutze. Oftmals ist eine derartige Vorgehensweise aber auch so "mühevoll, teuer oder unmöglich" (S. 79), daß auf sie verzichtet werden muß. In einem solchen Fall können die beiden folgenden Möglichkeiten versucht werden. Sie werden der Einfachheit halber oftmals auch dann zunächst ausprobiert, wenn die Möglichkeit der Beobachtung im Originalkontext prinzipiell gegeben wäre.

> b) Wenn man einen Teil des Kontextes, in dem die Strategie sich ereignet, darbietet, imitiert oder reproduziert, dann ist sie leichter evozierbar. Sie können z.B. die Sprechweise und die Gesten des Arbeitgebers imitieren, mit dem Ihr Klient nicht kommunizieren kann, oder die seiner Schwester, mit der er sich gerne unterhält. (S. 79)

Hierbei wird der für die Strategie notwendige Kontext weitgehend in der Vorstellung der Modell-Person geschaffen - also räumlich und zeitlich losgelöst vom ursprünglichen Kontext, aber doch mit Hilfe einiger seiner Merkmale als Auslöser. Es ergänzen sich also externe Kontextmerkmale und interne Vorstellungen zu einem Gesamtkontext, der die Strategie ermöglicht. Rollenspiel und Übertragungsmechanismen, wie sie z.B. im Psychodrama und in der Gestalttherapie eingesetzt werden, sind hier Hauptelemente.

> c) Die [im NLP] vielleicht am meisten benutzte Methode zur Herausstellung einer Strategie des persönlichen Verhaltens besteht darin, einer Person direkte Fragen über das betreffende Verhalten zu stellen. Diese Fragen werden Repräsentationen und Strategien aus der persönlichen Geschichte dieser Person "auslösen".
> Wenn Sie z.B. die Motivationsstrategie eines Menschen herausbekommen wollen, dann fragen Sie: "Waren Sie schon einmal zu irgendetwas richtig motiviert?" Wenn Sie die kreative Strategie eines Menschen herausbekommen möchten, dann fragen Sie einfach: "Wie ist es, wenn Sie besonders kreativ sind?" oder "Sind Sie jemals in einer Situation gewesen, in der Sie besonders kreativ waren?" Wenn die Personen diese Fragen beantworten,

werden sie ... Zugang zu den Schritten der in Frage kommenden Strategie bekommen.
Wenn Sie also Zugang zu einer Strategie mit dem Verhaltensresultat "X" gewinnen wollen, dann können Sie einfach folgende Fragen stellen:
"Können Sie mir sagen, wann Sie schon einmal zu X fähig waren?"
"Wie ist das zu X'en?"
"Können Sie X?"
"Wie machen Sie X?"
"Haben Sie schon einmal X gemacht?"
"Wann konnten Sie X am besten?"
"Woher wissen Sie, ob Sie X können?"
"Was brauchen Sie, um X zu machen?"
"Was passiert, wenn Sie X machen?"
"Wann haben Sie zuletzt X gemacht?" (S. 81)

Diesem Vorgehen liegt die Annahme zugrunde, daß ein Mensch, um obige und ähnliche Fragen beantworten zu können, in den meisten Fällen die betreffende Strategie zumindest einmal durchläuft. Dabei werden die entsprechenden Kontexte, falls nicht eine Kombination mit den anderen Möglichkeiten vorliegt, ausschließlich in der Vorstellung kreiert. Ähnliche Fragetechniken finden sich auch in der kognitiven Verhaltenstherapie (Revenstorf, 1985).

Die bis hierhin vorgestellten Evokationsmöglichkeiten zielen zunächst einmal auf die Gesamtstrategie, was den Vorteil bietet, den Ablauf in einem Stück beobachten zu können. Oftmals läuft diese aber so schnell (in nur wenigen Sekunden) ab, daß der Beobachter nicht alle relevanten Schritte identifizieren kann. In diesem Fall können *ergänzende Fragen* gestellt und dadurch so lange Wiederholungen der Strategie evoziert werden, bis der Beobachter genügend Informationen gesammelt hat. Mögliche Fragen dazu sind:

- "Wann waren Sie sonst noch so richtig fähig zu Strategie... (X)?"
- "Fällt Ihnen ein noch besseres Beispiel für X ein?"

Darüber hinaus besteht die Möglichkeit, mit Fragen auf Teilschritte der Strategie zu fokussieren, was ebenfalls die Beobachtung erleichtert und zusätzliche Informationen, u.a. auch über die Submodalitäten innerhalb einzelner Schritte, ermöglicht (Bretto, 1988):

Generelle Fragen über Teilschritte:

- "Was ist das erste, was passiert, wenn Sie X machen?"
- "Was geschieht kurz davor?"
- "Was machen Sie als nächstes?"

Durch ein derartiges wiederholtes *Vor-und-zurück-Fragen* können die Teilschritte allmählich in ihrer Reihenfolge erfaßt werden.

Spezielle Fragen zur Evokation der Testphase:

- "Woran erkennen Sie, ob Sie mit X erfolgreich waren oder nicht?"
- "Woher wissen Sie beim X'en, ob Sie es gut oder schlecht machen?"
- "Was für eine Art Vergleich benutzen Sie, um zu erkennen, ob Sie mit X erfolgreich waren oder nicht?"

Spezielle Fragen zur Evokation des Entscheidungspunktes

a) *als Reaktion auf einen positiven Test:*
  - "Woran erkennen Sie, daß Sie X gut gemacht haben?"

b) *als Reaktion auf einen negativen Test:*
  - "Woran erkennen Sie, daß Sie X (noch) nicht gut gemacht haben?"

Wenn die Modell-Person auf eine Frage mit "nein", "weiß ich nicht" o.ä. antwortet, gibt es prinzipiell zwei Möglichkeiten:

a) Sie hat die Strategie tatsächlich nicht durchlaufen. In dem Fall ermöglicht die Verwendung eines sogenannten *"As-If"-Frame*[9] (O'Connor & Seymour, 1990) oftmals doch noch eine Evokation, z.B. durch folgende Fragen bzw. Aufforderungen, denen jeweils die Verwendung einer Konjunktivform gemeinsam ist:

- "Falls Sie aber X doch könnten, wie wäre das?"
- "Falls Sie X später einmal können sollten, wie würde das sein?
- "Wenn Sie X wüßten, was könnte es sein?"
- "Tun Sie einmal so, als wüßten (bzw. könnten) Sie X!"

Durch den verwendeten Konjunktiv werden Glaubenssätze, die eine Person daran hindern, eine bestimmte Strategie zu durchlaufen, u.U. für kurze Zeit außer Kraft gesetzt. Ein idealtypisches Beispiel mag dies verdeutlichen:

Anwender (A): "Wie ist das, wenn Sie selbstsicher sind?"

Modell-Person (M): "Das weiß ich nicht, ich kann ja gar nicht selbstsicher sein."
(Im zweiten Teilsatz kommt der behindernde Glaubenssatz zum Ausdruck.)

A: "Ja ich weiß, aber wenn Sie selbstsicher sein könnten, wie wäre das dann?"

---

[9] Im deutschen NLP wird der Begriff, wegen der schwierigen Übersetzbarkeit, zumeist englisch belassen oder als *Konjunktivmanöver* übersetzt (T. Stahl, persönl. Mitteilung, 1987).

M: "Ja dann..."
(M durchläuft die Strategie in allen Einzelheiten, schließt dann aber wieder an seine ursprüngliche Verneinung an.)
M: "... schön wär's, aber ich kann das ja leider nicht."
(Der NLP-Anwender hat einzelne Schritte der Strategie aber wahrscheinlich trotzdem bereits identifizieren können und wird seine Aufmerksamkeit nun dem störenden Glaubenssatz zuwenden. Das komplexe Zusammenspiel zwischen kognitiven Strategien und Persönlichkeitsmerkmalen, wie z.B. individuellen Glaubenssätzen, wird im nächsten Kapitel dargestellt.)

Eine Variation des "As-If"-Frame, von der Bandler (1985/1987) angibt, gute Erfahrungen mit ihr gemacht zu haben, besteht darin, die Modell-Person zu bitten:

> "Nehmen wir an, ich müßte Sie einen Tag lang vertreten. Bringen Sie mir bei, was ich da tun muß." (S. 164)

Der Modell-Person soll es innerhalb eines derartig phantasierten Rahmens wesentlich leichter fallen, zu ihren Strategien Zugang zu finden.

b) Sie hat die Strategie sehr wohl durchlaufen, ist sich dessen aber so wenig bewußt, daß sie nichts darüber sagen kann; oder aber sie will es aus irgendeinem Grund nicht sagen. In dem Fall kann der Anwender trotzdem seine *eigenen Beobachtungen* verwerten und deren Relevanz prüfen (s. 3.2.3), muß aber zusätzlich den Gründen für das "nein" oder "weiß nicht" nachgehen.

Es kann auch sein, daß eine Person auf die gestellten Fragen sehr genaue Antworten gibt, ohne die Strategie tatsächlich zu durchlaufen. Dies kommt z.B. dann vor, wenn sie bereits selbst über ihre Strategie nachgedacht, bestimmte Antworten gefunden hat und diese dann auf die Fragen hin lediglich reproduziert. In dem Fall können *detailliertere* Fragen, und zwar solche, die sich die Person selbst noch nicht gestellt hat, dabei helfen, die Strategie (weiter) zu evozieren.
Wenn z.B. die ursprüngliche Frage "Können Sie *glücklich* sein?" mit "ja" beantwortet wird, ohne daß Hinweise auf das Durchlaufen einer Strategie zu erkennen sind, könnte u.U. die Frage "Woran ganz genau erkennen Sie, daß Sie *glücklich* sind?" bereits die Strategie evozieren.

Bei allen Evokationsformen muß, wie überhaupt bei jeder NLP-Intervention, folgende Voraussetzung erfüllt sein:

Zwischen dem Anwender und der Modell-Person muß während der gesamten Intervention ein *guter Kontakt*, eine *Vertrauensbasis* bestehen. Ohne sie würde z.B. das ständige Befragen einer Person über ihre *Kreativitätsstrategie* sehr schnell nicht mehr die gewünschte, sondern z.B. eine *Ärger-* oder eine *Ist-doch-ganz-egal-Strategie* evozieren. Einen guten Kontakt herzustellen, zu erkennen, wenn er verlorengeht, und dann wieder neu herzustellen, ist eine wesentliche Aufgabe des Anwenders. Spezifische Techniken hierfür stellt das NLP-Modell bereit; sie werden in Abschnitt 5.1 "Beziehung zwischen Berater und Klient" vorgestellt.

Konkrete Evokationsbeispiele folgen in den nächsten Abschnitten.

3.2.2 Hinweise auf die einzelnen Schritte

Da laut NLP jeder Mensch, während er eine kognitive Strategie durchläuft, verbale Ausdrücke verwendet und nonverbale Verhaltensweisen zeigt, die als **Hinweise auf die einzelnen Schritte** seiner Strategie gelten können, sollte der Anwender, sobald die Strategie evoziert ist, sich bemühen, mit seiner ganzen sensorischen Aufmerksamkeit möglichst viele dieser Hinweise wahrzunehmen. Da die relevanten Teile der Strategie oftmals sehr schnell ablaufen, z.B. schon, bevor eine Frage überhaupt zu Ende gestellt wurde, ist eine sensorische Schulung, die vor allem auf Genauigkeit, Schnelligkeit und Gleichzeitigkeit im Gebrauch aller Sinneskanäle des Anwenders Wert legt, die Voraussetzung für das effektive Aufdecken von Strategien.[10] In diesem Abschnitt werden zunächst *verbale Hinweise* auf Strategien sowie Fragetechniken, die diese weiter evozieren helfen, vorgestellt (3.2.2.1); anschließend wird auf *nonverbale Hinweise* eingegangen (3.2.2.2), und zum Schluß an einem Beispiel das *Zusammenspiel* der Hinweise erläutert (3.2.2.3).

3.2.2.1 Verbale Hinweise

> Wir haben schon erwähnt, daß es bei Menschen die enthüllende Tendenz gibt, das zu tun, worüber sie sprechen. Eines der besten Instrumente zum Auspacken von Strategien verdanken wir der Tatsache, daß auch die Umkeh-

---

[10] Eine derartige Schulung findet während einer Ausbildung zum *NLP-Practitioner*, der NLP-Grundausbildung statt.

rung dieser Behauptung gilt - *Menschen sprechen über das, was sie tun.* (Dilts et al., 1980/1985, S. 85)

Wenn man die *sinnesspezifischen Wörter*, insbesondere die ***Prädikate***[11], mit denen ein Mensch seine aktuelle Erfahrung[12] beschreibt, wörtlich nimmt, so erhält man laut NLP Hinweise darauf, welche Repräsentationssysteme er im jeweiligen Augenblick überwiegend benutzt und/oder in dem Augenblick, über den er gerade berichtet, benutzt hat.[13] Oftmals ergeben sich auch Hinweise auf die Submodalitäten, die die RS näher spezifizieren, und/oder auf Synästhesien mehrerer RS.

Einige Beispiele sollen dies veranschaulichen (die zugeordneten RS folgen am Ende jedes Satzes in Klammern, etwaige Submodalitäten sind *kursiv* gesetzt, Synästhesien werden mit Bindestrich, z.B. V-A, dargestellt):
- "Das Angebot von gestern sieht gut aus." (V^e) oder (V^i)
- "Mein Leben ist nur noch ein *trübes Grau-in-Grau.*" (V^i)
- "Wenn ich mir das so angucke..." (V^e) oder (V^i)
- "Unsere Ansichten stimmen überein." (V^i-A^i)
- "Er erzählte sein Erlebnis in *leuchtenden Farben.*" (A^e-V^i)
- "Dann habe ich mich gefragt..." (A^i_d)
- "Dem kann ich nicht zustimmen." (A^e) oder (A^i)
- "Das sehe ich nicht ein." (V^i)
- "Das sieht ja vielversprechend aus." (V^e-A^i) oder (V^i-A^i)
- "Mein Gefühl sagt mir *laut und deutlich...*" (K^i-A^i)
- "Ich habe so ein *kribbelndes* Gefühl bei der Sache." (K^i)
- "Das bringt *Licht* in diese Angelegenheit." (V^i)
- "So sieht das Leben schon wieder *etwas heller* aus." (V^i)
- "Ich hatte einen *Geistesblitz*" (V^i)
- "So *leuchtet* mir das ein." (V^i)

---

[11] Unter *Prädikaten* werden im NLP außer Verben auch Adjektive, Adverbien und andere deskriptive Satzteile verstanden.

[12] Auch das vollständige oder teilweise Wiedererleben einer spezifischen Situation in der Vorstellung ist im NLP-Verständnis eine aktuelle Erfahrung.

[13] Ohne daß es in der NLP-Literatur erwähnt würde, kann angemerkt werden, daß man bereits früh in der Geschichte der Vorstellungsforschung teilweise davon ausging, daß aufgrund der Analyse der *Wortwahl* eines Menschen sein Vorstellungstyp (visuell, auditiv oder kinästhetisch/motorisch) ermittelt werden könne (Fraser, 1891; Kraepelin, 1895; Lay, 1898; Woodworth, 1938). Im wesentlichen wurde die Anzahl der sinnesspezifischen Worte für jedes einzelne Sinnessystem festgestellt, die eine Person während und zur Lösung unterschiedlicher Aufgaben gebrauchte. Das Sinnessystem, aus dessen Bereich die Person die meisten Worte benutzte, bestimmte dann den jeweils vorliegenden Vorstellungstyp.

- "Die Lösung sprang mir förmlich in die Augen." (V^i-K^i)
- "Dann trete ich erst mal einen *Schritt zurück.*" (K^e) oder (K^i)

In vielen Fällen *verrät* eine Person über sinnesspezifische Prädikate innerhalb kürzester Zeit eine vollständige Strategie. Ein Beispiel aus der Arbeit des Autors soll dies verdeutlichen: Während eines von ihm geleiteten pädagogischen Seminars überlegte eine Teilnehmerin, ob die weitere Teilnahme für sie noch sinnvoll sei; es ging für sie also darum, eine Entscheidung zu fällen. Am Ende der Seminarstunde teilte sie der Gruppe folgendes mit:
"Ja, ich hab' mich - bevor ich heute abend hier hergefahren bin - *gefragt*, ob eine weitere Teilnahme für mich wohl noch sinnvoll ist [A^i_d]; dann habe ich mir alles hier noch einmal sehr genau *angesehen* [V^e] und dann *in mich 'reingespürt* [K^i], und jetzt kann ich *mit ganzem Herzen sagen* [K^i-A^e]: Ja, ich bleibe."
Diese Aussage offenbart zumindest die grobe Struktur der (oder einer) Entscheidungsstrategie dieser Frau. Alle *Bedingungen für sinnvolle Strategien* (vgl. 3.1) sind erfüllt; sie enthält ein klares Ziel, alle wichtigen RS sind in ihr vertreten, und neben internen Schritten enthält sie einen externen Kontrollschritt. Die Effektivität dieser Entscheidungsstrategie hat sich in dem klaren und eindeutigen "Ja" am Ende der Strategie sowie in der anschließenden sehr guten Seminarmitarbeit dieser Frau bestätigt.

Die meisten sinnesspezifischen Prädikate können prinzipiell sowohl auf ein externes als auch auf ein internes RS hinweisen; im Einzelfall entscheidet darüber der Sinnzusammenhang bzw. der Kontext, in dem es gebraucht wird. So gibt beispielsweise das letzte der obigen Beispiele keine eindeutige Auskunft darüber, ob das "Zurücktreten" extern in der Realität oder bloß intern in der Vorstellung stattfindet. Hier kann erst der Kontext darüber entscheiden. Dagegen weist der Satz "Mein Gefühl sagt mir laut und deutlich..." (s.o.) eindeutig auf interne RS hin. Im Zweifelsfall und wenn es für das Ziel, mit dem die Strategie aufgedeckt werden soll, sinnvoll erscheint, kann der Anwender mit wenigen Fragen genaue Auskunft erhalten. Im Beispiel des "Zurücktretens" könnte die klärende Frage etwa lauten:

- "Treten Sie dann wirklich einen Schritt zurück oder tun sie das nur in der Vorstellung?"

Manche sensorischen Prädikate, z.B. einige Submodalitäten, können prinzipiell auf verschiedene RS hinweisen; auch hier muß die Zuordnung durch den Zusammenhang bzw. durch Fragen geklärt werden. (Dilts et al., 1980/1985, S. 88). Beispiele sind:

- "*hell* leuchten" (V) versus "*hell* klingen" (A)
- "*scharfes* Bild" (V) versus "in *scharfem* Ton" (A) versus "*scharfer* Geschmack" (O)

Zudem können diese nicht eindeutigen Prädikate auch auf mögliche Synästhesien hinweisen; so etwa bei "hell klingen" auf eine visuell-auditive Synästhesie (V-A).

Darüber hinaus gibt es selbstverständlich Prädikate abstrakterer Natur, die zunächst gar keine sensorischen Hinweise geben (Cameron-Bandler, 1978/1985, S. 38); so z.B.

- lernen
- sich erinnern
- denken
- wissen
- verstehen
- sich Sorgen machen
- nett sein.

In allen Fällen, wo die Zuordnung zu einem RS nicht eindeutig ist, wird der Anwender durch zusätzliche Fragen versuchen, eine genauer spezifizierte Aussage zu bekommen. Dilts et al. (1980/1985) geben wiederum ein knappes Beispiel für den Frageprozeß, der die sinnesspezifischen Vorgänge, die abstrakten Aussagen zugrunde liegen, aufdecken kann:

> Nehmen wir an, Sie haben jemanden gefragt, wie er seine kreative Strategie beginnt. Er antwortet: "Nun, ich fange an und bin drin." Diese Antwort ist nicht spezifisch auf ein Repräsentationssystem bezogen, also fragen Sie: "Wie, genau, fangen Sie an?" Er antwortet: "Ich denke über all die Dinge nach, die ich damit machen könnte." Diese Antwort ist wiederum unspezifisch. Sie fragen jetzt: "Was passiert, wenn Sie über die Dinge 'nachdenken', die Sie tun könnten?" Er antwortet: "Ich schaue sie mir an und sehe alle Möglichkeiten vor mir, wie ich sie benutzen könnte." Mit dieser Antwort hat die Person die ersten beiden Schritte der Strategie identifiziert: "anschauen" (visuell, extern - V^e) und "sehe die Möglichkeiten vor mir" (visuell, intern - V^i). (S. 88)

Da die hier verwendete zirkuläre Frageform bei fast jeder NLP-Anwendung und im gesamten Modellierprozeß benutzt wird, soll ihre formale Struktur aufgezeigt werden: Sie besteht im wesentlichen darin, die jeweils letzte Aussage der Modell-Person aufzugreifen und nach Details zu fragen, bis die Modell-Person eine so genaue sinnesspezifische Beschreibung gibt, wie sie für das Modellier-Interesse notwendig erscheint. Die Fragen können u.a. folgendermaßen beginnen (sie enden dann mit der jeweils letzten Aussage der Modell-Person):

- "Wie ganz genau machen Sie ... ?"
- "Was genau passiert, wenn ... ?"
- "Woran erkennen/merken Sie, daß/wenn ... ?"
- "Woher wissen Sie, daß ... ?"

Wenn auch dadurch keine sinnesspezifischen Aussagen evoziert werden, kann man die Fragen noch direkter formulieren, indem man zusätzlich konkret nach sinnesspezifischen Beschreibungen fragt, z.B.:

- "Woran erkennen Sie, daß Sie ... ? Sehen Sie dann etwas, hören Sie etwas, fühlen Sie etwas, riechen oder schmecken Sie etwas?"

Wenn dann immer noch keine genaueren Hinweise auf die Verwendung der RS gegeben werden, besteht auch hier wieder die Möglichkeit, einen "As-If"-Frame (vgl. 3.1), etwa in folgender Form, zu verwenden:

- "Wenn Sie jetzt doch wüßten, woran Sie erkennen könnten, daß ..., was wäre es? Sagen Sie es mir bitte, auch wenn es nur eine sehr vage Idee oder Vermutung ist."

Weitergehende konkretisierende Fragen bieten sich darüber hinaus an, wenn ausführliche Informationen über die Submodalitäten einer Strategie bzw. einer Sub-Strategie erforderlich scheinen.[14] An dieser Stelle soll ein einfaches diesbezügliches Fragebeispiel genügen; im Verlauf der Arbeit folgen weitere. Neben den Detailfragen nach den Submodalitäten demonstriert das Beispiel zusätzlich noch einmal den idealtypischen Gebrauch des "As-If"-Frame (vgl. 3.2.1). Ausgangspunkt sei die Aussage der Modell-Person : "Das Angebot von gestern sieht gut aus." Dieses *Gutaussehen* könnte ein wesentlicher Schritt in ihrer Kaufstrategie sein. Folgender, für eine NLP-Intervention typischer Dialog könnte sich daraufhin zwischen Anwender und Modell-Person entwickeln:

Anwender (A): "Haben Sie zu dem, was da gut aussieht, so etwas wie ein inneres Bild?"

Modell-Person (M): "Nein, das mit dem Gutaussehen, habe ich nur so dahin gesagt."

(Hieraus kann A schließen, daß M entweder tatsächlich kein inneres Bild zu dem Angebot produziert hat, oder aber, daß es ihm nicht

[14] Während die Grobstruktur einer Strategie in vielen Fällen bereits ohne Nachfragen deutlich wird, ist dies bei den Substrategien, aufgrund der großen Anzahl möglicher Submodalitäten, seltener der Fall. Daraus ergibt sich, daß gerade zur Ermittlung der Substrategien besonders häufig Nachfragen erforderlich sind. Dabei stellt sich dann allerdings oftmals heraus, daß gerade die relevante(n) Submodalität(en) bereits spontan vorher geäußert worden waren (Bandler, 1985/1987). (Beispiel: "Mein Leben ist nur noch ein *trübes Grau-in-Grau.*")

bewußt ist. So entschließt sich A zur Verwendung einer Konjunktiv-Frage.)

A: "Gut, aber falls es doch so eine Art inneres Bild gäbe, wie würde das dann aussehen? Hell oder dunkel?"

M: "Eher hell."

A: "Ja, und wäre es eher groß oder klein?"

M: "Mittelgroß."

A: "Wie groß ungefähr? Zeigen sie die Größe mal bitte mit den Händen." (M gibt mit den Händen die ungefähre Größe an.)

A: "Danke. Ist es ein leuchtendes oder ein mattes Bild?"

M: "Ein leuchtendes." usw.
(Derart kann A fortfahren, die ihm wichtig erscheinenden Submodalitäten abzufragen; und zum Abschluß, nachdem M durch die vorausgegangenen Fragen für eine derartige Introspektion besser sensibilisiert ist als zu Beginn der Evokation, vielleicht zusätzlich noch einmal allgemeiner fragen.)

A: "Und fällt Ihnen sonst noch irgendetwas besonderes an Ihrem inneren Bild auf?"

Zusammenfassend läßt sich sagen, daß die verbalen Hinweise auf Strategien, wann immer möglich, zunächst den spontanen Äußerungen der Modell-Person entnommen werden und diese nur, wenn es zur näheren Präzisierung notwendig erscheint, mit Hilfe von Detailfragen zu weiteren Auskünften angeregt wird. Die Fragen sollen stets so gehalten sein, daß sie der Modell-Person nicht bestimmte Antwortrichtungen suggerieren. Es wird also z.B. nicht gefragt: "Ist es ein großes Bild?"; vielmehr werden alle oder, falls das nicht möglich ist, die wichtigsten Antwortmöglichkeiten, bereits in der Frage erwähnt, z.B. "Ist es ein großes *oder* ein kleines Bild?"

Insgesamt erlauben die verbalen Hinweise allerdings noch keineswegs einen sicheren Rückschluß auf die tatsächliche Strategie. Sie erlauben dem Anwender lediglich, Vermutungen über sie anzustellen. Die so erhaltenen Hinweise müssen mit den nonverbalen Hinweisen (s. nächster Abschnitt) verglichen werden, was bei Übereinstimmung die Vermutungen bekräftigt bzw. im umgekehrten Fall vorerst unwahrscheinlicher macht. Eine letztliche, einigermaßen sichere Bestätigung kann erst nach bestimmten Tests und Vergleichen erfolgen, die beispielhaft im letzten Abschnitt des Kapitels (3.2.3) dargestellt werden (C. Andreas & S. Andreas, 1987/1988).

3.2.2.2 Nonverbale Hinweise

Die, größtenteils bewußte, verbale Kommunikation stellt nur einen kleinen Teil des gesamten Kommunikationsprozesses dar; die, weitgehend unbewußten, nonverbalen Anteile wie Tonfall, Mimik und Körpersprache sind ebenso wichtig, wenn nicht sogar dominanter als diese. Soweit herrscht heute im Bereich von Psychologie und Pädagogik weitgehende Übereinstimmung. Laut Dilts et al. (1980/1985) geben dementsprechend analog zu den verbalen Hinweisen auch zahlreiche unbewußte, nonverbale Verhaltensmuster Hinweise auf RS, Submodalitäten und Strategien.[15] Genauer gesagt, postulieren sie, daß zu jedem Zeitpunkt das gerade dominante RS einer Person durch **nonverbale *Zugangshinweise*** für einen außenstehenden Beobachter erkennbar ist und viele Submodalitäten ebenfalls allein durch Beobachtung identifizierbar sind. Möglichst zahlreiche nonverbale Zugangshinweise sollen vom NLP-Anwender während der Strategie-Evokation registriert und miteinander und mit den verbalen Hinweisen verglichen werden.

Im folgenden werden zunächst kurz die relevantesten nonverbalen Hinweise[16] auf die RS - insbesondere durch *Augenbewegungen*, aber auch durch *Gesten, Atemmuster, Körperhaltungen* und *Stimmqualitäten*[17] - auf-

---

[15] Zur Begründung führen sie zwei systemtheoretische Grundannahmen an:

"a) Jedes Ereignis in einem Teil des Systems (wie dem neurologischen und biologischen System, aus dem der Mensch besteht) affiziert notwendigerweise alle anderen Teile des Systems. Wenn die Interaktionsmuster zwischen Systemteilen identifiziert sind, dann können die gegenseitigen Effekte der Systemteile aufeinander vorhergesagt und benutzt werden.

b) Alles menschliche Verhalten (Makro- und Mikroverhalten) ist eine Transformation innerer neurologischer Prozesse und trägt deshalb Informationen über diese Prozesse in sich. Alles Verhalten ist deshalb in irgendeiner Form eine Kommunikation über die neurologische Organisation des Individuums. *Ein Mensch kann nicht nicht kommunizieren.*" (Dilts et al., 1980/1985, S. 94)

[16] Einmal mehr geben Dilts et al. (1980/1985) nicht differenziert an, *wie* sie diese Zugangshinweise gefunden und bestätigt haben: "Die Muster und Verallgemeinerungen, die wir in bezug auf Zugangssignale anbieten, können durch experimentelle Forschung gestützt werden und sind durch experimentelle Forschung gestützt worden. Wir haben uns aber dazu entschlossen, die Verallgemeinerungen und Muster einfach so zu präsentieren, wie wir sie im nützlicheren Kontext unserer professionellen Praxis beobachtet haben. Wir zeigen keine Zahlen, Tabellen oder Graphiken." (S. 95)

[17] Neben den hier genannten Zugangshinweisen, hat Dilts auch "die Beziehungen zwischen dem EEG und Repräsentationssystemen untersucht. Er konzentrierte sich dabei besonders auf die Korrelationen zwischen dem primären oder am höchsten bewerteten Repräsentationssystem und den normalen EEG-Mustern eines Menschen bei geschlossenen und geöffneten Augen... [Dabei] hat sich eine interessante Beziehung ...

geführt, sodann folgt die Darstellung einiger *submodaler Zugangshinweise.*

Vor allem anderen ist NLP bekannt geworden durch seine Behauptung, daß zwischen bestimmten **Augenbewegungen** und bestimmten RS - sogar unterschieden nach erinnert und konstruiert - weitestgehende Korrelationen bestehen. Diese Behauptung konnte bisher nicht belegt werden, was u.a. zu dem in Fachkreisen nicht besonders guten Ruf von NLP beigetragen hat. Nähere Einzelheiten dazu folgen in Kapitel 8 "Kritik an Grundannahmen und Methoden des NLP". Hier sollen lediglich kurz die Beziehungen zwischen Augenbewegungen und RS, wie sie das NLP postuliert, dargestellt werden.

Die zahlreichen Augenbewegungsmöglichkeiten sind in diesem NLP-Modell in sechs Grundrichtungen zusammengefaßt, die jeweils die dominante Aktivierung eines näher bestimmten RS anzeigen sollen. Prinzipiell gelten alle Angaben nur für interne Aktivitäten der RS, bei externer Wahrnehmung richten sich die Augenbewegungen selbstverständlich nach der Position des wahrzunehmenden Gegenstandes. Zum besseren Verständnis erfolgt zunächst die Darstellung der einzelnen Zuordnungen, wie sie Bandler und Grinder (1979/1986a) für die Mehrheit der Rechtshänder angeben (s. auch Abb. 2). Alle Angaben verstehen sich aus der Sicht der beobachteten Person:

- Augenbewegungen nach *oben* korrelieren mit dem *visuellen* RS, wobei *oben links* auf *visuelle Erinnerung* und *oben rechts* auf *visuelle Konstruktion* hinweist.
- *Horizontale* Augenbewegungen korrelieren mit dem *auditiven* RS, wobei *horizontal links* auf *auditive Erinnerung* und *horizontal rechts* auf *auditive Konstruktion* hinweist.
- Augenbewegungen nach *unten links* weisen auf *auditiv-digitale* Aktivitäten (interne Dialoge) hin.
- Augenbewegungen nach *unten rechts* weisen auf das *kinästhetische* RS hin.

Darüber hinaus wird noch eine siebte Blickrichtung erwähnt, die aber keine eindeutige Zuordnung erlaubt:

- Eine *defokussierte, unbewegte, gerade nach vorne gerichtete* Augenstellung weist ebenfalls auf eine *vorrangig visuelle* Aktivität hin, die

---

gezeigt." (Dilts et al., 1980/1985, S. 115) Hierauf soll aber nicht im einzelnen eingegangen werden.

aber *auch gleichzeitig andere sensorische* Zugänge ermöglicht. Diese Augenstellung weist darüber hinaus auf einen Trance-ähnlichen Zustand hin, bei dem die Außenwahrnehmung längerfristig eingeschränkt ist (T. Stahl, persönl. Mitteilung, 1987). Sie entspricht dem, was umgangssprachlich als *träumender Blick* bezeichnet wird.

Abb. 2: Bestimmte Augenbewegungsmuster korrelieren mit dem aktuell dominanten internen RS einer Person und geben zudem teilweise darüber Auskunft, ob es sich um erinnerte oder konstruierte Aktivitäten handelt. Die vorliegende Darstellung gibt sechs der insgesamt sieben Muster wieder, wie sie für die Mehrheit der Rechtshänder gelten sollen.

Für Linkshänder sollen i.d.R. die umgekehrten, spiegelbildlich vertauschten, Gesetzmäßigkeiten gelten. Die Schnelligkeit, mit der zwischen verschiedenen Augenpositionen gewechselt wird, sowie der Abweichungsgrad jeder Bewegungsrichtung von der mittleren Ruheposition schwankt intra- und interpersonell ganz erheblich. Begleitet werden die Augenbewegungen mit ebenfalls unterschiedlich stark ausgeprägten Kopfbewegungen in die gleiche Richtung. Bandler und Grinder (1979/1986a) weisen darauf hin, daß eine Selbstbeobachtung hinsichtlich der eigenen Augenbewegungsmuster nicht möglich ist.

Außerdem wird in der NLP-Literatur immer wieder ausdrücklich darauf hingewiesen, daß die angegebenen Muster keineswegs allgemeingültig sind, daß jede Person über eine ihr eigene, u.U. erheblich von den Standardmustern abweichende, jedoch deutlich identifizierbare Systematik verfügt (Bandler & Grinder, 1979/1986a; Dilts et al., 1980/1985).

Zur Überprüfung, welche Muster bei einer Person vorherrschen, geben Bandler und Grinder (1979/1986a) sehr konkrete sinnesspezifische Fragen und/oder Aufforderungen, die jeweils nur auf eine der zu elaborierenden Augenbewegungen abzielen, als Methode an. Während und unmittelbar nach dem Stellen der Frage bzw. nach der Aufforderung sind dann die Augenbewegungen der Modell-Person zu registrieren, was für jede der sechs Hauptrichtungen (s.o.) mehrmals zu wiederholen ist, bis eine eindeutige Zuordnung möglich wird. Für jede Bewegungsrichtung soll hier ein Fragebeispiel gegeben werden:

V^{er}: "Wie sieht Ihr Wintermantel aus?"
V^{k}: "Wie würde ein rosa Elefant mit blauem Rüssel aussehen?"
A^{er}: "Wie klingelt Ihr Telefon?"
A^{k}: "Wie klänge es, wenn ein Elefant singen würde?"
A^{i}_{d}: "Überlegen Sie sich, was Sie als nächstes sagen wollen!"
K: "Wie fühlt sich ein Tannenzapfen an?"

Im optimalen Fall blickt die Modellperson bei jedem Fragetypus in eine bestimmte, sich wiederholende Richtung. Der Elaborationsprozeß gestaltet sich allerdings nicht immer so einfach, da keineswegs davon ausgegangen werden kann, daß bei einer Modell-Person auf eine gezielte Frage hin sofort das entsprechende RS dominieren wird. Einmal kann es sein, daß die Antwort auf die Frage bereits in einem anderen RS, bei kinästhetischen Fragen z.B. im visuellen oder digitalen, gespeichert ist und von dort abgerufen wird[18], zum anderen kann es sein, daß die Modell-Person in ihrer Strategie, die sie zur Beantwortung der Frage benutzt, vor der Verwendung des Antwort-relevanten RS ein oder mehrere andere RS aktiviert.[19] Beispielsweise könnte eine Antwort-Strategie auf obige kinästhetische Frage folgende relevanten Schritte enthalten:

---

18 Aus diesem Grunde empfehlen Bandler und Grinder (1979/1986a), nicht zu einfache Fragen zu stellen, sondern möglichst solche, die für die Modell-Person neu sind.

19 Bandler und Grinder (1979/1986a) führen daher zusätzlich ein sogenanntes *Leitsystem* ein, womit sie das RS bezeichnen, das eine Person vorrangig als erstes benutzt, um überhaupt Zugang zu gespeicherten Informationen zu erhalten, also das von Person zu Person variierende RS, das am Beginn jeder ihrer kognitiven Strategien steht. Die Postulierung eines solchen Leitsystems begründen sie mit ihrer Beobachtung, daß viele Menschen, unabhängig vom Fragetyp zunächst immer in eine bestimmte Richtung blicken und sich erst dann dem Fragetyp entsprechend verhalten. Über ein derartiges Leitsystem scheinen aber nur manche Menschen zu verfügen.

A^i_d (Interne Wiederholung der Frage: Wie fühlt sich ein Tannenzapfen an?) ——▸
V^{er} (Visuelle Erinnerung an einen Tannenzapfen) ——▸
V^k (Visuelle Konstruktion, diesen Tannenzapfen anzufassen) ——▸
K (Kinästhetische Vorstellung, wie sich ein Tannenzapfen anfühlt).

Vielleicht hat die Person also, nachdem sie die Frage gehört hat, zunächst nach links unten geblickt (A^i_d), dann nach links oben (V^{er}), dann nach rechts oben (V^k) und zum Schluß nach rechts unten (K). Dann wäre tatsächlich von außen ihre Strategie beobachtbar gewesen und die NLP-Standard-Zuordnung für einen Rechtshänder könnte für diesen Fall bestätigt werden. Nur ist dieser gesamte Prozeß kaum überprüfbar, da ja die einzelnen Schritte einer Strategie nicht alle bewußt ablaufen, so daß die Modell-Person *nicht* im Nachhinein gefragt werden kann, welche strategischen Schritte sie tatsächlich zur Antwortfindung durchlaufen hat.

Trotz all dieser Schwierigkeiten, die von NLP-Anwendern durchaus gesehen und berücksichtigt werden (T. Stahl, persönl. Mitteilung, 1988), können vielfach während der Arbeit mit Klienten spezifische, sich wiederholende Augenbewegungsmuster festgestellt werden. Diese können dann zusammen mit allen anderen nonverbalen Informationen (s.u.) und den verbal geäußerten sinnesspezifischen Prädikaten als Hinweise auf die einzelnen Schritte einer Strategie dienen; wirklich eindeutige Aussagen sind mit ihrer Hilfe sicherlich ebenso wenig möglich wie mit den übrigen, im folgenden dargestellten nonverbalen Hinweisen.

Neben den Augenbewegungen führen Dilts et al. (1980/1985) eine Fülle weiterer nonverbaler Verhaltensweisen auf, die Hinweise auf die gerade vorrangig verwendeten RS geben können; im Rahmen dieser Arbeit soll eine stichwortartige Auswahl genügen:

Mit **Gesten** deuten Personen mitunter auf das gerade dominierende Sinnesorgan oder berühren es; ein interner Dialog ist häufig dadurch gekennzeichnet, daß die Person mit einer Hand das Kinn streicht oder den Bereich um Mund, Nase oder Kinn berührt oder den Kopf auf eine Hand oder eine Faust stützt oder mit Gegenständen herumspielt.

Verschiedene **Atemmuster** deuten auf bestimmte RS, sowohl in ihrer internen als auch in ihrer externen Form, hin:

- **visuell**: *"Hohe und flache Brustatmung"* (Dilts et al., 1980/1985, S. 99);
- **auditiv**: *"Gleichmäßige Zwerchfellatmung oder Atmung mit der gesamten Brust"* (S. 99);

- **kinästhetisch**: *"Tiefe, volle Bauchatmung"* (S. 99).

Verschiedene **Körperhaltungen** geben ebenfalls Hinweise:
- **visuell**: *"Muskelspannung in den Schultern, im Nacken* und oft *im Unterleib"* (Dilts et al., 1980/1985, S. 99); die Schultern sind gekrümmt, der Nacken gedehnt;
- **auditiv**: *"gleichmäßige Muskelspannung* und *geringfügige rhythmische Bewegungen"* (S. 100); die Schultern sind oft zurückgeworfen, der Kopf nach einer Seite geneigt;
- **kinästhetisch**: *"Allgemeine Muskelentspannung,* wobei der *Kopf fest auf den Schultern sitzt, die oft herabhängen"* (99 f.); bei stärkeren Emotionen begleitet durch *"starke Bauchatmung* und *expressive bis heftige Gesten"* (S. 100).

Stimmlage und Sprechtempo erlauben folgende Zuordnungen:
- **visuell**: *"Schnelle Wortausbrüche* in *hoher, nasaler* und/oder *überspannter Tonlage* in einem *schnellen Sprechtempo"* (Dilts et al., 1980/1985, S. 100);
- **auditiv**: *"klare Tonalität* in der *Mittellage* bei *gleichmäßigem* und manchmal *rhythmischem Tempo* und *deutlich ausgesprochenen Worten"* (S. 100);
- **kinästhetisch**: *"langsames Sprechtempo* mit *langen Pausen* in einer *tiefen, leiseren* und oft *atmungsreichen Tonalität"* (S. 100).

Folgende grobe Faustregel, die obige Angaben noch einmal zusammenfaßt, läßt sich für die Zuordnung der verschiedenen Zugangshinweise aufstellen:
Die meisten Körpersignale (Augenbewegungen, Stimme, Atmung und Körperhaltung) sind
- bei *visueller* Dominanz *oben, hoch* und *schnell;*
- bei *auditiver* Dominanz liegen sie in *mittleren Bereichen;*
- bei *kinästhetischer* Dominanz sind sie *unten, tief* und *langsam.*

Über **nonverbale submodale Zugangshinweise** finden sich in der NLP-Literatur bis heute noch keine entsprechend differenzierten Angaben; die folgenden stützen sich im wesentlichen auf eine stichwortartige Liste von Bretto (1988) sowie (allerdings keineswegs durchweg feststellbare und bisher noch nicht weiter überprüfte) Beobachtungen des Autors:

Hinweise auf interne **auditive** Submodalitäten bieten alle extern hörbaren Submodalitäten, während die Modellperson über eine bestimmte Erfahrung spricht. Die *Lokalisierung* der internen *Schallquelle* wird zudem in einigen Fällen durch Gesten und/oder Kopfhaltung (Neigung, Drehung etc.) angezeigt.

Die Hinweise auf interne **visuelle** Submodalitäten sind nicht so gut und relativ eindeutig zu erkennen wie die auditiven. Am besten wahrnehmbar sind die *Lokalisierung, Größe, Schärfe, Bewegungsrichtung* und *Bewegungsgeschwindigkeit* eines internen Bildes:

- Die *Lokalisierung* kann wiederum durch Gesten, aber auch durch Blick- und Kopfrichtungen[20] angezeigt werden;
- die *Größe* ebenfalls durch Gesten sowie durch den Fokussierungsgrad der Augen;
- die *Schärfe* durch Muskeltonus-Veränderungen im Augenbereich und Kopfbewegungen (bei einem unscharfen Bild z.B. können die Augen zusammengekniffen und der Kopf etwas nach vorne geneigt sein);
- die *Bewegungsrichtung* durch begleitende Körper- und vor allem Kopfbewegungen;
- die *Bewegungsgeschwindigkeit* durch die Geschwindigkeit der Körper- und Kopfbewegungen, die die Bewegungsrichtung begleiten.

Die Hinweise auf interne **kinästhetische** Submodalitäten sind vielfältig. Jeder gute Arzt bezieht sie ständig in seine Diagnosen mit ein, und nahezu jeder Mensch deutet sie mehr oder weniger gekonnt, um die *Gemütsverfassung* anderer Menschen besser einschätzen zu können. Gesten, Körperbewegungen, Muskelan- und -entspannungen, Schweißbildung, Durchblutung, kurz das gesamte Spektrum dessen, was gemeinhin unter *Körpersprache* verstanden wird, kann Hinweise auf die kinästhetischen Submodalitäten, z.B. *Intensität, Temperatur, Lokalisierung, Bewegungsart* und *Ausbreitungsgebiet*, geben.

Weiterhin ist eine *dissoziierte* Wahrnehmungsposition oftmals gekennzeichnet durch eine eher zurückgelehnte Haltung von Kopf und Körper mit relativ geringen Körperbewegungen; und eine *assoziierte* Wahrnehmungsposition im Gegensatz dazu durch eine eher nach vorne geneigte Kopf- und Körperhaltung mit mehr Körperbewegungen (C. Andreas & S. Andreas, 1987/1988, S. 226).

---

[20] Diese Aussage steht in einem gewissen Widerspruch zu dem oben dargestellten, ursprünglichen Augenbewegungsmodell des NLP, was darauf hindeutet, daß die Beziehungen zwischen Augenbewegungen und kognitiver Repräsentation, falls es sie in dieser Art überhaupt gibt, komplexer und vielschichtiger sind, als bisher im NLP angenommen und postuliert wurde. Im Rahmen dieser Arbeit soll hierauf nur hingewiesen werden; eine Klärung bedarf weiterer Arbeiten mit anderen Schwerpunkten.

Darüber hinaus gibt der englische NLP-Trainer Robbie an, zahlreiche Augenzugangshinweise speziell für Submodalitäten entdeckt zu haben. Die von ihm 1988 angekündigte diesbezügliche Veröffentlichung liegt dem Autor aber bis heute nicht vor, so daß an dieser Stelle nicht beurteilt werden kann, inwieweit seine Erkennungsmuster über die oben aufgezeigten Möglichkeiten hinausgehen.

Im deutschen NLP, wie es Stahl und seine Schüler vertreten, wird besonderer Wert darauf gelegt, bei jeder Modellperson die individuellen Muster der speziell von ihr ausgedrückten submodalen Zugangshinweise zu entdecken. Dies kann einmal durch längere Beobachtung geschehen, indem der NLP-Anwender Körpersignale und die tonalen Anteile der Sprache seiner Modellperson, während sie ihre submodalen Erfahrungen verbalisiert, wahrnimmt und dabei auf wiederkehrende Muster (Korrelationen) achtet. Zum anderen besteht die Möglichkeit, ähnlich wie bei der Ermittlung der Augenbewegungsmuster, der Modellperson Aufgaben zu stellen, die darin bestehen, bestimmte interne Submodalitätsveränderungen vorzunehmen, und währenddessen wiederum die physiologischen Korrelate zu beobachten. Broichhagen (1988) bewertet und erläutert diese Vorgehensweise wie folgt:

> Erfahrungen in der Ausbildung zeigen, daß ein dreistündiges "Rate-Training" im Erkennen der äußeren Äquivalente internaler Submodalitäten eine erstaunliche Treffsicherheit erbringt. Man kann dies leicht zusammen mit einem Freund oder Kollegen ausprobieren:
> Bitten Sie ihn, an ein gefühlsmäßig neutrales Bild zu denken. Bitten Sie ihn dann, *eine* Submodalität in beide Richtungen zu verändern: "Mach das Bild einmal kleiner ... jetzt mach es größer ..." Wenn Sie Ihren Partner bitten, den Wechsel von einer extremen Ausprägung zur anderen schnell durchzuführen, können Sie die Veränderungen besser beobachten, da der Kontrast stärker ist. ... Es ist wichtig, daß Ihr Partner nur eine Submodalität auf einmal verändert, da sonst die Äußerungen, die sie von außen beobachten können, zusammengesetzt sind aus den Veränderungen mehrerer Submodalitäten, und das kann sehr verwirrend sein. Wenn Sie eine feine Bewußtheit für Ihre eigene Kinästhetik haben, können Sie den Versuch auch bei sich selbst durchführen: Verändern Sie eine Submodalität in einem neutralen Bild nach beiden Richtungen, und fühlen Sie, wie sich dabei Ihr Muskeltonus verändert. (S. 134 f.)

Für andere als die in diesem Beispiel beobachtete Submodalität *(Größe)* kann das beschriebene Verfahren, das in entsprechend angepaßter Form auch mit Klienten durchführbar ist, in gleicher Weise genutzt werden.

3.2.2.3 Zusammenspiel der Hinweise

Das **komplexe Zusammenspiel** der verbalen und nonverbalen Hinweise soll an einem fiktiven Beispiel dargestellt werden. Es gibt einen Teil der verbalen und nonverbalen Antworten einer Person auf die Frage des Anwenders wieder: "Wie haben Sie sich entschieden, gerade das Buch '...' zu kaufen?" Sinnesspezifische Prädikate sind unterstrichen, jeweils dahinter ist in eckigen Klammern das vermutete RS angegeben; die verbalen Hinweise auf Submodalitäten sind kursiv gesetzt. Hinter den nonverbalen Beschreibungen steht in eckigen Klammern die jeweils vermutete sinnesspezifische Zuordnung gemäß den NLP-Standardzuweisungen.

"Als ich das Buch im Laden sah [V^{e}],

(Augen und Kopf bewegen sich dabei nach links oben [V^{er}].)

sprang [K^{i}] mir sofort der *leuchtend helle* Einband ins Auge [V^{k}].

(Augen sind bei hoher Brustatmung [V] in Mittelstellung fixiert [tranceartiger Zustand], Kopf bewegt sich ein wenig nach hinten [etwas bewegt sich auf die Person zu].)

Dann habe ich es in die Hand genommen [K^{e}]

(Dabei bewegt sich die rechte Hand leicht nach vorne [K^{e}].)

und gemerkt, daß es noch so richtig *schwer* wiegt [K] wie eines der alten Bücher.

(Rechte Hand bewegt sich ein wenig auf und ab [K^{e}], Augen erst nach links oben [V^{er}], dann nach rechts unten [K^{i}].)

Und dann habe ich mir gesagt [A^{i}_{d}]: 'Das kaufe ich'."

(Augen und Kopf sind dabei links unten, Kinn stützt sich in linke Hand [A^{i}_{d}].)

Selbst dieses kurze, durch eine einzige Frage evozierte Beispiel liefert bereits eine Fülle von Informationen über die zugrundeliegende Strategie. Doch was von alledem ist tatsächlich wichtig für die Kaufstrategie dieser Person? Und was fehlt vielleicht noch? Was ist außerdem vielleicht gar nicht Ausdruck der Kaufstrategie, sondern Ausdruck einer anderen Strategie, z.B. der Erinnerungsstrategie der Person? (Letztere Frage ist vor allem immer dann relevant, wenn die Strategie nicht vollständig im ursprünglichen Kontext beobachtet werden kann, da die Person dann zwangsläufig ihre Erinnerungsstrategie hinsichtlich des Kontextes zusätzlich zur gewünschten Strategie aktivieren muß.)

Eine Interpretation obigen Beispiels soll hier versucht werden. Immer vorausgesetzt, daß die NLP-Standardzuweisungen für diese Person Gültigkeit haben, bestätigen sich die meisten der verbalen und nonverbalen Hinweise wechselseitig, so daß die Interpretation in diesem Fall relativ eindeutig ist. Eine Abweichung ist zu Beginn festzustellen, wo die Aussage 'das Buch im Laden gesehen', die auf einen *visuell-externen* Schritt hinweist, nicht mit den Augen- und Kopfbewegungen (nach links oben), die auf eine *visuell-interne* Erinnerung hindeuten, übereinstimmt. Möglich ist, daß der nonverbale Ausdruck auf die Erinnerungsstrategie der Person hinweist, während die verbale Aussage einen Hinweis auf die tatsächliche Kaufstrategie gibt.

Darüber hinaus ergänzen sich im vorletzten Teilsatz verbale und nonverbale Hinweise gegenseitig; sie enthalten nicht jeweils die gleichen Informationen, widersprechen sich aber auch nicht: Zusätzlich zur verbalen Aussage über den kinästhetischen Vergleich zwischen dem noch nicht gekauften Buch und anderen alten Büchern, der durch die Bewegungen der rechten Hand und der Augenbewegungen (nach rechts unten) bestätigt wird, deutet eine weitere Augenbewegung auf ein unbewußtes visuelles Erinnerungsbild (Augen nach links oben) hin. Die Information über die Submodalität *schwer* ist dagegen nur in der verbalen Aussage enthalten. Möglich ist, daß die Person sich zunächst, um den Gewichtsvergleich überhaupt durchführen zu können, visuell an andere alte Bücher erinnert. (Im Gegensatz zur Bedeutung zu Beginn der Strategie ist diesmal die visuelle Erinnerung also Teil ihrer Kauf- und nicht ihrer allgemeinen Erinnerungsstrategie.) In allen anderen Teilsätzen stimmen verbale und nonverbale Hinweise weitgehend überein.

Die Buchkauf-Strategie der Modell-Person, wie sie sich aufgrund dieses Beispiels ergibt, wird im folgenden sowohl sprachlich zusammengefaßt als auch formal dargestellt:

Sie sieht das Buch; wenn der Anblick ein internes, *leuchtend helles*, ins Auge springendes Bild auslöst, faßt sie es an und vergleicht sein Gewicht mit anderen bekannten Büchern, die sie zunächst visuell erinnert; wenn es *schwer* genug ist, entscheidet sie sich durch internen Dialog, es zu kaufen.

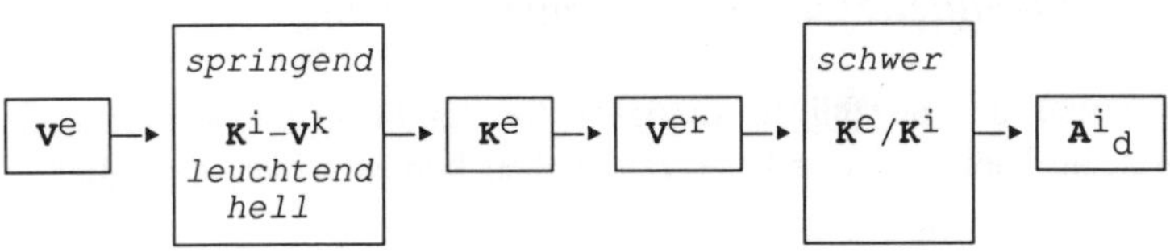

So, wie sich die Strategie hier präsentiert, enthält sie neben der Testphase (dem Gewichtsvergleich) und dem Entscheidungspunkt (am Schluß in Form eines internen Dialogs) zu Beginn einen Teilschritt, der so etwas wie eine *Neugier-Strategie* (charakterisiert durch das *leuchtend helle*, ins Auge springende Bild) beinhaltet, die hier Teil der Kaufstrategie ist.

Je nach dem Ziel, mit dem die Strategie erhoben wurde, reichen die gewonnenen Informationen aus oder müssen weiter ergänzt, differenziert und abgesichert werden. Letzteres erscheint in jedem Fall notwendig, wenn allgemeinere Aussagen über die Kaufstrategie dieser Person gewonnen werden sollen. Dann ist zu klären, welche Teile (RS und Submodalitäten) der Strategie sich auf andere Buchkäufe oder überhaupt Einkäufe verallgemeinern lassen und welche speziell nur für diesen einen Buchkauf typisch waren.

Um zusätzliche Hinweise zu erhalten und um die ersten Vermutungen bestätigen bzw. revidieren zu können, bieten sich die verschiedenen, in den vorausgegangenen Abschnitten aufgeführten Fragetechniken an. Darüber hinaus werden im NLP mehrere spezielle Methoden verwendet, mit deren Hilfe die *relevanten Schritte* einer Strategie identifiziert werden können; sie werden im nächsten Abschnitt dargestellt.

Zuvor muß noch einmal hervorgehoben werden, daß die von Bandler, Grinder, Dilts und den anderen Begründern des NLP (vgl. Kap. 1) gefundenen und mit Einschränkungen verallgemeinerten Hinweismuster in der Praxis des NLP-Anwenders stets nur zu einer ersten Orientierung und als Anhalt dafür dienen, in welch breiter Vielfalt überhaupt Zugangshinweise gegeben und wahrgenommen werden können. Letztlich geht es dem NLP auch hierbei niemals darum, zu beweisen, daß irgendein Körpersignal tatsächlich mit dem vermuteten RS oder der vermuteten Submodalität korreliert, sondern darum, ob die angenommene Zuordnung hilfreich und nützlich dabei ist, das angestrebte Ziel zu erreichen (Stahl, 1988).

3.2.3 Identifizierung der relevanten Schritte

Aufgrund der unzähligen formalen Beschreibungsmöglichkeiten einer Strategie[21] einerseits und der zahlreichen kontextabhängigen Merkmale

---

[21] Allein die submodale Beschreibung eines einzigen, während einer Sekunde dominierenden, internen Bildes könnte leicht mehrere Schreibmaschinenseiten füllen und wäre zudem niemals wirklich vollständig.

andererseits erhebt sich die Frage nach den Kriterien, aufgrund deren die notwendige Detailgenauigkeit (vor allem im submodalen Bereich) bestimmt sowie über **die Relevanz einzelner aufgedeckter Schritte** entschieden wird. Beides kann nicht generell festgelegt werden, sondern hängt ab von dem Ziel, mit dem die Strategie erhoben wird, und von den Möglichkeiten, die sich aus der Beziehung zwischen Anwender und Modell-Person(en) sowie dem zur Verfügung stehenden äußeren Rahmen (z.B. dem Zeitrahmen) ergeben (Bretto, 1988; Dilts, 1987a).

Grundsätzlich lassen sich die möglichen Ziele, den NLP-Grundzielen entsprechend (vgl. 1.4), zweifach unterteilen in

- *intraindividuelle* Ziele, die i.a. bei der Beratung einzelner Personen überwiegen, und
- *interindividuelle* Ziele, bei denen die Übertragung erfolgreicher Strategien auf mehrere Menschen im Mittelpunkt steht.

Als am besten und elegantesten wird in jedem Fall diejenige Darstellung und Detailgenauigkeit einer Strategie bezeichnet, die mit der kleinsten Anzahl strategischer und substrategischer Unterscheidungen die wesentlichen Merkmale der aufgedeckten Strategie so beschreibt, daß mit ihrer Hilfe das gesetzte Ziel erreicht werden kann (Dilts et al., 1980/1985).

Unabhängig vom Ziel der Elaboration wird größeren physiologischen Veränderungen[22] bei der Modellperson (im Vergleich zu den normalerweise bei ihr auftretenden) i.a. besondere Bedeutung beigemessen, da sie besonders relevante Schritte vermuten lassen. In solchen Fällen bietet es sich an, genauer nachzufragen und auch die Substrategien, die den physiologischen Wechsel an dieser Stelle unterstützen, zu elaborieren. Weitere Bestätigungen müssen dann ziel- und kontextabhängig, z.B. mit Hilfe einzelner der im folgenden dargestellten Verfahren, gewonnen werden.

Die beiden im NLP bevorzugt angewandten Elaborations-Methoden werden im folgenden sowohl für intra- als auch für interindividuelle Ziele dargestellt:

---

[22] Das sind oftmals Veränderungen, bei denen sich zahlreiche der oben genannten Zugangshinweise gleichzeitig stark wandeln; etwa von einer in sich zusammengekauerten Körperhaltung mit gesenktem Kopf und leiser, langsamer Stimme zu einer aufrechten Körperhaltung mit aufrechtem Kopf und lauterer, schnellerer Stimme (oder umgekehrt).

Die Kontrastmethode

a) *Für intraindividuelle Ziele*

besteht diese Methode darin, zwei konkrete Beispiele gegenüberzustellen, "die möglichst **ähnlich** sind **in ihrem Inhalt**, die sich aber darin unterscheiden, daß das eine erfolgreich verlief und das andere ein Mißerfolg war" (Dilts, 1987a)[23]; wenn es z.B. um die Motivationsstrategie einer Person geht, kann eine Situation, wo die Person am Schreibtisch sitzt und einen Brief beantworten möchte - was ihr auch hervorragend gelingt - einer anderen gegenüberstellt werden, wo sie gleichfalls am Schreibtisch sitzt, diesmal aber mit dem Vorsatz, ihre Steuererklärung zu schreiben - wobei sie sich nicht einmal dazu motivieren kann, überhaupt zu beginnen. Die strategischen Unterschiede zwischen beiden, die durch den Vergleich der jeweiligen Zugangshinweise deutlich werden, markieren dann die relevanten Elemente. Möglichst ähnlich sollen die Beispielsituationen sein, damit die entdeckten Unterschiede mit größtmöglicher Sicherheit auch tatsächlich in relevantem Zusammenhang mit der gesuchten Strategie stehen und nicht etwa nur Begleiterscheinungen der unterschiedlichen situativen Kontexte sind.

b) *Für interindividuelle Ziele*

besteht die Methode darin, die Strategien mehrerer Menschen, die über die gesuchte Strategie verfügen, mit den Strategien mehrerer Menschen, die *nicht* über sie verfügen, zu vergleichen, wobei sich wiederum die Menschen beider Gruppen, abgesehen von den bestehenden Unterschieden hinsichtlich dieser Strategie, möglichst ähnlich sein sollten; also z.B. die Strategien mehrerer guter mit den Strategien mehrerer schlechter Rechtschreibschüler, wobei ihre sonstigen schulischen Leistungen in etwa vergleichbar sein müßten. Wiederum geben die Unterschiede wesentliche Hinweise auf die relevanten Schritte.

Die Vergleichsmethode

a) *Für intraindividuelle Ziele*

besteht diese Methode darin, mehrere "Beispiele, die möglichst **unterschiedlich in ihrem Inhalt**" (Dilts, 1987a), aber erfolgreiche Beispiele derselben Strategie sind, miteinander zu vergleichen und die Gemeinsamkeiten herauszufinden; z.B. die Kreativitätsstrategie einer Person zuerst

[23] Wenn hier von Erfolg und Mißerfolg die Rede ist, so soll dies keine Aussage darüber sein, was für die jeweilige Person das bessere von beidem ist. Eine erfolgreiche Motivationsstrategie wird z.B. in den meisten Fällen als positiv bewertet werden, eine erfolgreiche Spinnen-Phobie-Strategie dagegen eher negativ.

beim Schreiben eines Buches, dann beim Malen eines Bildes und zuletzt bei der Erziehung ihrer Kinder. Die Gemeinsamkeiten deuten dann auf die relevanten Schritte, während die Unterschiede eher als zufällig oder kontextbedingt bewertet werden. Möglichst unterschiedlich sollen die Beispielsituationen sein, damit die entdeckten Gemeinsamkeiten, mit größtmöglicher Sicherheit auch tatsächlich in relevantem Zusammenhang mit der gesuchten Strategie stehen und nicht etwa nur Begleiterscheinungen des speziellen Kontextes sind.

b) *Für interindividuelle Ziele*
besteht die Methode darin, die gewünschte Strategie bei mehreren Menschen zu elaborieren, denen zwar jeweils die Fähigkeit zum erfolgreichen Gebrauch dieser Strategie gemeinsam ist, die sich aber hinsichtlich ihrer sonstigen Fähigkeiten und Persönlichkeitsmerkmale möglichst stark von einander unterscheiden.

Selbstverständlich können, je nach Bedarf, auch beide Methoden miteinander kombiniert werden.

Im Rahmen der neueren NLP-Interventionen wird einfachheitshalber häufig darauf verzichtet, eine Strategie vollständig zu elaborieren; vielmehr versucht man, durch gezielte Fragen und Aufforderungen direkt den oder die entscheidenden Teilschritt(e) - je nachdem vor allem die Testphase, den Entscheidungspunkt, den subjektiven Höhepunkt und/oder einen typischen Ausschnitt - zu evozieren und die dort relevanten Submodalitäten herauszufinden. Erst wenn ein derartiges selektives Vorgehen nicht zum Ziel führt, werden, wie oben beschrieben, weitere Elemente der Strategie ins Auge gefaßt. Am Beispiel der bereits im ersten Abschnitt (3.1) aufgezeigten Strategie einer Spinnenphobie soll diese vereinfachte Möglichkeit skizzenhaft demonstriert werden (auch nonverbale Hinweise sind angegeben):

Anwender (A): "Welches ist der allerschlimmste Augenblick, nachdem Sie eine Spinne gesichtet haben?"

Klient (K): "Das kann ich nicht sagen, danach ist alles ganz schrecklich."

A: "Das glaube ich, dann greifen Sie halt einen der schlimmsten Momente heraus... und wenn Sie sich den jetzt vorstellen, was sehen, hören, fühlen, riechen und schmecken Sie dann ... jetzt?"
(Kopf und Oberkörper von K weichen leicht zurück, seine Augen blicken starr geradeaus, seine Atmung ist im oberen Brustbereich, geht sehr flach und stockt dann ganz [Hinweise auf einen internen, dominant visuellen Zugang mit der Submodalität *auf mich zu kom-*

mend], dann atmet er aus, schüttelt den Kopf und schaut daraufhin den Anwender wieder an [Hinweise auf externe Orientierung].)

K: "Ich sah eine Spinne, die immer größer wurde und immer näher kam." usw.

Die so herausgefundenen Submodalitäten können, falls erforderlich, mit Hilfe der Kontrast- und/oder der Vergleichsmethode auf ihre Relevanz hin überprüft und ggf. bestätigt werden. (Die Reaktion auf den Anblick der Spinne könnte beispielsweise gegen die Reaktion auf den Anblick einer Ameise kontrastiert werden.) Weitere ausführlichere Beispiele und Anmerkungen hierzu werden in den folgenden Kapiteln gegeben.

Die Entscheidung darüber, wann eine Strategie ausreichend elaboriert ist, kann nicht genau vorhergesagt, sondern erst getroffen werden, wenn mit ihrer Hilfe das Ziel, mit dem sie erhoben wurde, erreicht werden konnte.

Wie eine Strategie nach ihrer Elaboration mit Methoden des NLP verändert und/oder auf andere Kontexte und Menschen übertragen werden kann, wird in den Kapiteln 5 (allgemein) und 6 (speziell auf Submodalitäten bezogen) erläutert. Zuvor jedoch erscheint es notwendig, im folgenden Kapitel das Strategiemodell in das Gesamtmodell des NLP einzuordnen, damit sein Stellenwert sowie die notwendigen Voraussetzungen und Ergänzungen, ohne die seine praktische Anwendung nicht oder nur zufällig möglich wäre, deutlich werden.

4. Persönlichkeitsvariable und Möglichkeiten ihrer Veränderung

So wichtig Repräsentationssysteme mit ihren Submodalitäten und kognitive Strategien für den Modellbildungsprozeß und die Persönlichkeit eines Menschen sind, so wenig genügen sie, diese auch nur annähernd vollständig zu beschreiben und zu erklären. Ihre *isolierte* Anwendung im Rahmen einzelner Veränderungsmodelle des NLP kann daher auch nur eher zufällig als regelmäßig zu den gewünschten Zielen führen. Um eine dauerhafte positive Veränderung zu erzielen, müssen stets auch die *Gründe*, die die gewünschte Veränderung bisher verhinderten, berücksichtigt werden (Dilts, 1990a). Hierzu werden u.a. die bereits erwähnten Prozeßfilter - Glaubenssätze, Werte, Meta-Programme (vgl. 1.3.1.3) - herangezogen. Sie werden in diesem Kapitel zusammen mit weiteren **Persönlichkeitsvariablen**, die im NLP für wichtig erachtet werden, ausführlich dargestellt und hinsichtlich ihrer wechselseitigen Beeinflussung sowie ihrer Veränderbarkeit diskutiert; dabei liegt ein besonderer Schwerpunkt stets auf den Beziehungen der einzelnen Persönlichkeitsvariablen zu RS, Submodalitäten und Strategien.

Glaubenssätze und Werte hat Dilts zusammen mit Verhalten, Fähigkeiten, Identität und Umwelt einer Person unter dem Oberbegriff *logische Ebenen* (logical levels) beschrieben und miteinander in Beziehung gesetzt (1990a). Mit ihrer Darstellung beginnt das Kapitel (4.1), gefolgt von der Beschreibung der drei *Zeitebenen* (Vergangenheit, Gegenwart, Zukunft) und die sie strukturierenden *Zeitlinien* (4.2) und der Charakterisierung verschiedener mentaler *Wahrnehmungspositionen* (4.3), die auf der Grundunterscheidung zwischen assoziierter und dissoziierter Wahrnehmung beruhen. Sodann werden einige grundlegende *Meta-Programme* aufgeführt und erläutert (4.4); das Kapitel schließt mit einer Zusammenfassung aller Persönlichkeitsvariablen im Rahmen der *NLP-System-Matrix* (4.5).

4.1 Logische Ebenen

Da die NLP-Systematik der logischen Ebenen weitgehend auf den von Bateson in den fünfziger Jahren entwickelten *logischen Ebenen des Lernens* beruht, soll dieses Modell, das im Gegensatz zu den behavioristischen Lerntheorien eher unbekannt ist, zur besseren Einordnung und zum besseren Verständnis des NLP-Ansatzes zunächst knapp dargestellt werden (4.1.1). Im Anschluß daran werden die *logischen Ebenen im NLP* vorgestellt und erörtert (4.1.2).

4.1.1 Logische Ebenen des Lernens in der Systemtheorie Gregory Batesons

Gregory Bateson (1972/1981), dessen Arbeiten das NLP-Modell maßgebend beeinflußt haben (vgl. 1.1), unterscheidet vier (bzw. fünf) logische Kategorien von Lernen, auch logische Typen oder **logische Ebenen** genannt; diese teilt er in niedrige, beginnend bei *Lernen 0,* und höhere, vorläufig endend bei *Lernen IV,* ein:

> *Lernen null* ist durch die *spezifische Wirksamkeit der Reaktion* charakterisiert, die - zu Recht oder Unrecht - keiner Korrektur unterliegt. (S. 367)

Bateson rechnet dazu vor allem Fälle, bei denen das Reaktionsmuster weitgehend stereotyp und nicht so sehr durch Erfahrung als vielmehr hauptsächlich durch genetische Faktoren bedingt ist, Fälle also, bei denen die Verknüpfungen zwischen Reiz und Reaktion wie bei einfachen elektronischen Schaltungen gewissermaßen *eingelötet* sind (Bateson, 1972/1981, S. 367).

Bereits jedes Protoplasma zeigt dieses Reaktionsmuster (Bateson, 1972/1981, S. 372), aber auch der menschliche Organismus hat gelernt, bei plötzlichem, übermäßig starkem Lichteinfall die Augen zu schließen; Menschen zucken zusammen, wenn ein Düsenjet unvermutet über sie hinwegdonnert; sie *lernen,* daß es 12 Uhr ist, wenn die nahe Fabriksirene ertönt (S. 368) usw. usw.

Im Unterschied zu dieser primitivsten Form des Lernens handelt es sich auf allen höheren Ebenen um ein Lernen durch *Versuch und Irrtum:* eine bestimmte Reaktion wird als Fehlentscheidung erkannt und durch eine andere ersetzt.

Natürlich reagiert ein Organismus "auf 'denselben' Reiz in verschiedenen Kontexten verschieden" - wobei unter Kontext "alle jene Ereignisse" zu verstehen sind, "die dem Organismus mitteilen, unter welcher *Menge* von Alternativen er seine nächste Wahl treffen muß" (Bateson, 1972/1981, S. 374). Erst eine Verhaltensänderung *bei sonst gleichem Kontext* kann also als *Lernen* bezeichnet werden. Bateson definiert daher:

> *Lernen I* ist *Veränderung in der spezifischen Wirksamkeit der Reaktion* durch Korrektur von Irrtümern der Auswahl innerhalb einer Menge von Alternativen. (S. 379)

Um ein solches Lernen handelt es sich bereits bei dem Phänomen der Gewöhnung: ein wiederholter Reiz, der anfangs stets eine bestimmte Reaktion auslöst, wird schließlich nicht mehr als störend wahrgenommen, so daß die Reaktion von nun an ausbleibt. Bateson (1972/1981) gibt an, daß diese "'Gewöhnung' vielleicht die einzige Form von Lernen I ist, die Lebewesen ohne Nervensystem erreichen können" (S. 372). Auch die klassische Pawlowsche Konditionierung sowie das Lernen mit instrumenteller Belohnung gehört hierher. In allen drei Fällen besteht die Menge von Alternativen nur aus zwei Elementen: Reaktion / Nicht-Reaktion.

Wesentlich komplexer ist die Art, wie Menschen lernen, sich die Schuhe zuzubinden oder Auto zu fahren oder andere Menschen zu beeinflussen. Angenommen, Person A möchte mit ihrem Partner (B) eine schöne, befriedigende Urlaubsreise machen und sie denkt dabei an ausgedehnte Wanderungen in den Bergen. Bei ihrer Bemühung, B dafür zu gewinnen, stehen ihr eine Menge Alternativen zur Auswahl: sie kann eine Reise, die ganz ihren Vorstellungen entspricht, einfach dekretieren; sie kann sie in den schönsten Farben ausmalen; sie kann sich aufs Bitten verlegen; sie kann eine Belohnung für den Fall, daß B einwilligt, in Aussicht stellen; sie kann versuchen, B zu erpressen. Sie kann auch, statt in der Diskussion stets von ihren eigenen Wünschen und Vorstellungen auszugehen, zunächst die Wünsche und Vorstellungen von B erkunden, kann dann auf dessen Sicht und Sprechweise eingehen und ihm so die eigenen Pläne schmackhaft zu machen versuchen. Jede einzelne dieser Alternativen kann sich als *Irrtum* erweisen, und A muß dann in einem oder mehreren Schritten von Lernen I eine erfolgreichere Alternative zu finden suchen.

Wenn ihr dies gelungen ist, wird sie später in einem ähnlichen Kontext, unter Verzicht auf alle anderen, sogleich diese Alternative wählen und wird, falls diese sich mehrmals als erfolgreich erweist, in Zukunft bei dieser Wahl bleiben: sie hat *Lernen gelernt*, nämlich die Menge der Alternativen verändert, womöglich auf eine Menge mit nur einem Element reduziert. Bateson (1972/1981) definiert daher:

> *Lernen II* ist *Veränderung im Prozeß des Lernens I*, z.B. eine korrigierende Veränderung in der Menge der Alternativen, unter denen die Auswahl getroffen wird, oder es ist eine Veränderung in der Art und Weise, wie die Abfolge der Erfahrung interpunktiert wird. (S. 379)

Von welcher Entwicklungsstufe an Tiere zu dieser Art des Lernens fähig sind, ist laut Bateson (1972/1981) noch nicht völlig geklärt. Doch gibt er an, daß auch andere Säugetiere als der Mensch, beispielsweise Delphine, es vermutlich bis zum Lernen II bringen. Menschen jedenfalls können diese Stufe erreichen.

Ein Großteil menschlichen Verhaltens ist durch derartige Lernprozesse bestimmt, die oft schon in früher Kindheit stattgefunden haben, ohne daß sich der Betreffende ihrer bewußt sein muß (Bateson, 1972/1981, S. 388).

Wenn die so gelernten Verhaltensmuster sich oft genug bewährt haben, werden sie zu konstitutiven Persönlichkeitsmerkmalen, die sich mit bestimmten Werten und Glaubensvorstellungen verbinden. Die meisten Menschen sind in ein solches, durch Lernen II entwickeltes System von Mengen von Alternativen eingebunden, das ihnen Halt und Sicherheit gibt, das aber nur schwer aufzubrechen und zu korrigieren ist, falls keine dieser Alternativen einem gegebenen Kontext mehr angemessen ist. Die in solchen Fällen erforderliche Korrektur, ein Infragestellen der bisherigen Werte und Glaubensvorstellungen, wird von Bateson (1972/1981) folgendermaßen definiert:

> *Lernen III* ist *Veränderung im Prozeß des Lernens II,* z.B. eine korrigierende Veränderung im System der Mengen von Alternativen, unter denen die Auswahl getroffen wird. (S. 379)

Aber: wegen des selbstbestätigenden Charakters der Werte und Glaubensvorstellungen, die durch Lernen II erworben wurden, ist Lernen III "selbst bei menschlichen Wesen schwierig und selten" (S. 389 f.).

Es geht darum, aus der Knechtschaft der durch Lernen II erworbenen Gewohnheiten herauszuspringen und eine Freiheit zu gewinnen, die durch eine "tiefgreifende Neudefinition des Selbst" (Bateson, 1972/1981, S. 393) gekennzeichnet ist. "Man behauptet aber, daß etwas dieser Art von Zeit zu Zeit in der Psychotherapie, in religiöser Bekehrung oder in anderen Sequenzen auftritt, in denen eine tiefgreifende Umstrukturierung des Charakters stattfindet." (S. 390)

Eine Ersetzung einzelner Werte und Glaubensvorstellungen auf der Ebene des Lernens II heißt indessen noch nicht, daß es zum Lernen III kommt. Es ist schon viel, wenn es einem Psychotherapeuten gelingt, seinem Klienten zu helfen, *einige* solcher Prämissen, die durch Lernen II erlangt wurden, durch angemessenere zu ersetzen (Bateson, 1972/1981, S. 390).

Um etwas Ähnliches dürfte es sich handeln, wenn im obigen Beispiel Person A ihr Teilziel ("ausgedehnte Wanderungen in den Bergen") zur Disposition stellen würde, um für das übergeordnete Ziel ("schöne, befriedigende Urlaubsreise") mit B zu einer einvernehmlichen Lösung zu kommen. A könnte sogar auf dieses Ziel zugunsten eines noch höheren Wertes (etwa: "harmonisches Zusammenleben mit dem Partner") verzichten und mit ihm in ein Gespräch über ganz andere Möglichkeiten eintreten. Es wäre darüber nachzudenken, ob mit einem solchen Schritt schon die Schwelle zu Lernen III überschritten sein könnte.

Bateson (1972/1981) versucht, seine eigene Auffassung zu verdeutlichen, indem er einige Veränderungen aufzählt, die er als Lernen III verstanden wissen will:

> a) Das Individuum könnte lernen, bereitwilliger jene Gewohnheiten zu bilden, deren Bildung wir Lernen II nennen.
> b) Es könnte lernen, sich selbst die "Auswege" zu verbauen, die es ihm erlauben würden, Lernen III zu umgehen.
> c) Es könnte lernen, die Gewohnheiten zu ändern, die durch Lernen II erworben wurden.
> d) Es könnte lernen, daß es ein Geschöpf ist, das Lernen II unbewußt erreichen kann und dies auch tut.
> e) Es könnte lernen, sein Lernen II einzuschränken und zu steuern.
> f) Wenn Lernen II ein Lernen der Kontexte für Lernen I ist, dann sollte Lernen III ein Erlernen der Kontexte dieser Kontexte sein. (S. 392)

Bateson (1972/1981) schließt seine Aufzählung der logischen Typen von Lernen mit zwei Bemerkungen:

> *Lernen IV* wäre *Veränderung im Lernen III,* kommt aber vermutlich bei keinem ausgewachsenen lebenden Organismus auf dieser Erde vor. Der Evolutionsprozeß hat jedoch Organismen hervorgebracht, deren Ontogenese sie zum Lernen III bringt. Die Verbindung von Ontogenese und Phylogenese erreicht in der Tat Ebene IV. (S. 379)
>
> Die Evolutionsgeschichte des Lernens scheint im wesentlichen ein langsames Zurückschieben des genetischen Determinismus auf Ebenen von höheren logischen Typen gewesen zu sein. (S. 397)

Bezüglich der Relationen, die zwischen den einzelnen Lerntypen existieren, weist Bateson (1972/1981) ausdrücklich darauf hin, daß diese noch nicht hinreichend geklärt sind, vermutlich aber zwischen den einzelnen Lerntypen keine vergleichbaren Regeln bestehen, daß also beispielsweise die Relationen zwischen Lernen I und Lernen II grundsätzlich anders sind als die zwischen Lernen II und Lernen III. Weiterhin geht er davon aus, daß "die höheren Ebenen niedrigere erklären und *vice versa"* (S. 398). Die Funktion der logischen Ebenen sowie die Auswirkungen von Veränderungen innerhalb einer Ebene auf die anderen Ebenen, wie sie von Bateson angegeben werden, faßt Dilts (1990a) folgendermaßen zusammen:

> The function of each level was to organize the information on the level below it, and the rules for changing something on one level were different from those for changing a lower level. Changing something on a lower level could, but would not necessarily, affect the upper levels; but changing something in the upper levels would necessarily change things on the lower levels in order to support the higher level change. Bateson noted that it was the confusion of logical levels that often created problems. (S. 209)

4.1.2 Logische Ebenen der Veränderung im NLP

Auf der Arbeit Batesons aufbauend, hat Dilts in den vergangenen Jahren sein praxisbezogenes Modell der **logischen Ebenen der Veränderung**, die er auch als "different levels of thinking and being" (1990a, S. 1) bezeichnet, entwickelt. Sein Hauptanliegen war dabei, die vielen verschiedenen, von ihm und seinen Kollegen bis dahin beobachteten, zusammengefaßten oder selbst entwickelten Analyse- und Interventionsmodelle in ein sie alle umfassendes System einzuordnen, das für die praktische Arbeit - zusammen mit den *Zeitkomponenten* (s. 4.2) und den verschiedenen mentalen *Wahrnehmungspositionen* (s. 4.3) - umfassende Diagnosemöglichkeiten bereitstellt und erlaubt, jeweils die angemessensten aus der Fülle der möglichen Interventionen auszuwählen. Eine Veröffentlichung, die die bisherigen NLP-Modelle vollständig in diesen Rahmen einordnet, steht allerdings noch aus. Etwas derartiges ist selbstverständlich auch von dieser Arbeit nicht zu leisten, soll aber zumindest für den Bereich der hier relevanten RS, Submodalitäten und Strategien versucht werden. Dabei bezieht sich der Autor, was die übergeordneten Zusammenhänge anbelangt, neben der angegebenen Literatur vor allem auf Dilts' mündliche Aussagen während eines von ihm geleiteten Seminars 1989 in Berlin.

Dilts (1990a) unterscheidet im wesentlichen fünf logische Ebenen der Veränderung; die Aufzählung beginnt, entsprechend der Reihenfolge bei Bateson (s. 4.1.1), mit der niedrigsten Ebene:

> From the psychological point of view there seem to be five levels that you work with most often. (1) The basic level is your *environment*, your *external constraints*. (2) You operate on that environment through your *behavior*. (3) Your behavior is guided by your mental maps and your strategies, which define your *capabilities:* (4) These capabilties are organized by *belief systems*... and (5) beliefs are organized by *identity*. (Dilts, 1990a, S. 1)[1]

[1] Als 6. Ebene nennt Dilts (1990a) *Spiritualität* (spiritual), über die er u.a. schreibt: "I don't think it necessarily has to fit into any existing religious dogma, but it operates at a

Zunächst soll jede Ebene einzeln näher charakterisiert werden (4.1.2.1), sodann erfolgt, nach einem kurzen Hinweis auf die Analogie zum Batesonschen Ansatz, die Darstellung der Relationen zwischen den Ebenen sowie der Bedeutung, die Dilts den Ebenen hinsichtlich menschlicher Veränderung beimißt (4.1.2.2).

4.1.2.1 Einzelcharakterisierung

Neben den Definitionen und Erklärungen wird jeweils eine typische, die spezielle Ebene adressierende, Frage angegeben; außerdem wird auf die jeweilige Verbindung zu RS, Submodalitäten und Strategien hingewiesen.

a) *Environment* (im folgenden mit ***Umwelt*** übersetzt)
meint den gesamten externalen Kontext eines Menschen, also alles, was er als außerhalb seiner selbst wahrnimmt, auf das er reagiert und selbst Einfluß nimmt (Dilts, 1990a, S. 216): z.B. andere Menschen, Tiere, Pflanzen, Lufttemperatur, Donnerschlag. Eine Frage, die auf die Beschreibung der jeweils relevanten Umwelt-Situation zielt, lautet: "Wer (außer mir selbst) tut *wann* und *wo* was?" bzw. "Was verhält sich *wann* und *wo* wie?" Repräsentationssysteme und Submodalitäten liegen hier nur in ihrer externen Form vor.

b) *Behavior* ***(Verhalten)***
meint hier insbesondere "the specific physical actions and reactions through which we interact with the people and environment around us" (Dilts, 1990a, S. 215; vgl. 1.2). Die Verhaltens-Ebene ist wertfrei und *nicht* zielgerichtet. Eine typische Frage, die auf eine Beschreibung des Verhalten eines Menschen abzielt, lautet: "*Was* tue ich?" Mit Hilfe von RS und Submodalitäten läßt sie sich detailliert beantworten.

---

very deep level." (S. 55 f.) Diese Ebene, die von anderen Vertretern des NLP auch *Zugehörigkeit* genannt wird (Baumeler, o.J.), meint im wesentlichen den größeren Sinn-Zusammenhang, in dem der einzelne Mensch lebt; sie bezieht sich auf das existenzielle *Warum* und *Wofür* des menschlichen Daseins und schließt als höchste Ebene in gewissem Sinne wieder an die niedrigste Ebene, das *Environment,* an, da sie ebenfalls wie diese die Verbindung des einzelnen Individuums mit der Außenwelt, allerdings auf nicht-materieller Ebene, beschreibt. Da die weitere Beschreibung und Diskussion der spirituellen Ebene den Rahmen dieser Arbeit sprengen würde, soll auf sie verzichtet werden, zumal sich auch bei Dilts bisher nur einige Andeutungen finden lassen.

c) *Capability (**Fähigkeit**)*
meint das bewußte und/oder unbewußte (potentiell ausführbare) Wissen darum, welche Verhaltensweisen auf welche Art miteinander zu verknüpfen sind, um ein gewünschtes Ziel zu erreichen; kognitive Modelle und Strategien bilden die Grundlage jeder Fähigkeit (Dilts, 1990a, S. 216). Die Ebene der Fähigkeiten ist wie die Verhaltens-Ebene wertfrei, aber zielgerichtet. Eine typische evozierende Frage lautet: "*Wie* tue ich es?" Die Prozeßanalyse der einzelnen Verhaltensschritte im Rahmen des NLP-Strategie-Modells bietet *eine* Möglichkeit zur Beantwortung (vgl. Kap. 3).

d) *Belief systems (**Glaubenssysteme**)*
Unter diesem Oberbegriff faßt Dilts (1990a) Glaubenssätze und Werte (values)[2] zusammen. In individuellen Glaubenssätzen und Werten finden sich Gründe für unterschiedliche menschliche Fähigkeiten und Verhaltensweisen in den Bereichen, die nicht genetisch determiniert oder umweltbedingt sind. Ihre Ebene ist nicht wie die drei niedrigeren Ebenen wertfrei, sondern subjektiv wertend und sinnorientiert. Eine typische, auf sie zielende, Frage ist daher: "*Warum* tue ich es?"
Auf beide soll, bevor als letzte die *Identitäts*-Ebene charakterisiert wird, ausführlicher eingegangen werden, da sie bisher (abgesehen von einer kurzen Erwähnung in 1.3.1.3) noch kaum besprochen wurden. Nach ihrer *Definition* und einigen kurzen *Erläuterungen* wird über die Möglichkeiten ihrer *Identifizierung* gesprochen; anschließend wird auf ihre *kognitive Struktur*, d.h. auf die *Realitäts-*, *Glaubens-* und *Wichtigkeitsstrategien* eingegangen, durch deren *Identifikation* Veränderungen auf dieser Ebene begünstigt werden.

Glaubenssätze definiert er als "closely held generalizations about (1) cause, (2) meaning, and (3) boundaries in the (a) world around us, (b) our behavior, (c) our capabilities, and (d) our identities" (Dilts, 1990a, S. 215). Glaubenssätze beziehen sich also jeweils auf eine der anderen logischen Ebenen, sie selektieren die Wirklichkeitswahrnehmung, beeinflussen und/oder steuern Fähigkeiten und Verhalten, und entscheiden darüber, was ein Mensch für wahr und was er für falsch hält. Mehrere sich ergänzende Glaubenssätze bilden ein Glaubenssystem, das oftmals in Verbindung mit einem Wert steht (James & Woodsmall, 1988/1991). So könnten sich beispielsweise um den Wert *Hilfsbereitschaft* u.a. folgende Glaubenssätze

[2] Dilts nennt als Synonym zu dem Begriff *Wert* auch den Begriff *Kriterium*, den manche NLP-Autoren sogar ausschließlich verwenden (z.B. C. Andreas & S. Andreas, 1987/1988).

gruppieren, die dann ein Glaubenssystem bilden; die jeweils adressierten logischen Ebenen stehen in Klammern hinter jedem Glaubenssatz:

- "Ich muß hilfsbereit sein, weil sich das so gehört." (Umwelt)
- "Wenn ich hilfsbereit bin, mögen mich andere Menschen." (Umwelt)
- "Ich muß hilfsbereit sein, weil ich nicht anders kann." (Verhalten/Fähigkeiten)
- "Nur wenn ich hilfsbereit bin, bin ich ein guter Mensch." (Identität)

Werte "sind eine spezielle Kategorie von Glaubenssätzen. Es sind die Glaubenssätze, die man darüber hat, *warum* etwas wichtig und lohnenswert ist" (Dilts et al., 1990/1991, S. 147). Werte sind das, worauf Menschen entweder zustreben (das also, was sie erreichen wollen) oder wovon sie wegstreben (das, was sie vermeiden wollen); mit ihrer Hilfe entscheiden Menschen darüber, was gut und schlecht, wichtig und unwichtig ist, und richten ihr Verhalten danach aus. Sie sind bei jedem Menschen in einer individuellen *Werte-Hierarchie* angeordnet, wobei im Zweifelsfall, wenn unterschiedliche Werte einer Person konträre Verhaltensweisen von ihr fordern, ihr Verhalten sich nach dem jeweils höchsten der an dem Wertekonflikt beteiligten Werte ausrichtet (C. Andreas & S. Andreas, 1987/1988; James & Woodsmall, 1988/1991).

Die Entstehung von Glaubenssätzen und Werten wird im NLP, wie allgemein üblich, auf vor allem frühkindliche Prägungen (imprints) zurückgeführt: "An imprint is a significant experience from the past in which a person formed a belief or cluster of beliefs. An imprint experience also often involves the **unconscious role-modeling** of significant others" (Dilts, 1988, S. 3).

Im NLP wird selbstverständlich nicht darüber geurteilt, welche Glaubenssätze einer Person bzw. welche Werte generell richtig, falsch, gut oder schlecht sind, sie werden vielmehr, ebenso wie die Strategien eines Menschen, nach ihrer Nützlichkeit hinsichtlich bestimmter Ziele in bestimmten Kontexten beurteilt (vgl. 1.3.1). Da Glaubenssätze und Werte (fast immer) mit Wahrheit und Wirklichkeit gleichgesetzt werden, sind die Menschen sich ihrer i.d.R. nicht oder nur teilweise oder zeitweise als solcher in ihrer Relativität bewußt; Glaubenssätze und Werte werden daher nur selten hinterfragt (Dilts, 1990a).

Aus diesem Grunde kann zur **Identifizierung** nicht einfach nach ihnen gefragt werden. Die genaue Darstellung der im NLP diesbezüglich praktizierten Vorgehensweisen würde über das Thema der Arbeit zu weit hinausführen, so daß ein kurzer Überblick genügen soll:

Bestimmte Elemente des spontanen verbalen Ausdrucks einer Person weisen auf ihre *Glaubenssätze* hin: Typisch sind z.B. Aussagen darüber, "was eine Person tun kann und was sie nicht tun kann; was sie tun darf oder nicht darf, oder was sie tun sollte oder nicht tun sollte" (Dilts et al., 1990/1991, S. 44), ebenso Aussagen im Stil von "Ich bin eben halt..." oder "Ich bin nun mal so" sowie Aussagen über "Ursache-Wirkungs-Phänomene... in 'wenn/dann'-Form" (S. 44; vgl. obige Beispiel-Glaubenssätze). Oftmals enthält die Antwort auf folgenden Fragetypus relevante Hinweise auf einschränkende Glaubenssätze: "Was hält Sie denn davon ab/was hindert Sie eigentlich daran, Ihr Ziel ... zu erreichen?"

Dilts et al. (1990/1991) weisen ausdrücklich auf drei *Gefahren* hin, die beim Identifizieren von Glaubenssätzen auftreten können, und die es im ersten Fall zu vermeiden, in den beiden folgenden zu erkennen gilt, um gerade an den Stellen weiter nach relevanten Glaubenssätzen zu suchen:
- Der NLP-Anwender kann, ohne es zu merken, seine eigenen Glaubenssätze auf die Modell-Person projizieren.
- Die Modell-Person kann alle möglichen *scheinbar logischen* Erklärungen, die außerhalb ihrer Person und Verantwortung liegen (Umwelteinflüsse etc.), erfunden haben, "um bestimmten ihrer Verhaltensweisen Sinn zu geben" (S. 41), weil sie "sich nicht bewußt ist, was sie wirklich verursacht" (S. 42).
- Um sich vor einer Konfrontation zu schützen, zeigt die Modell-Person "ein weiteres problematisches Verhalten.... Es ist so, als wäre die Person in eine Wolke von Verwirrung eingetreten" (S. 42), sie sagt z.B. "Jetzt verstehe ich gar nichts mehr, in meinem Kopf ist auf einmal alles leer" oder weicht zusammenhangslos auf ein völlig anderes Thema aus.

Die *Werte* einer Person können am besten in ihrem Bezug auf einen bestimmten Lebensbereich (etwa Beruf, Familie, Erziehung oder Hobby), identifiziert werden. Die zwei hauptsächlich hierzu verwendeten Methoden sind:
- Die Modell-Person wird gebeten, ein oder mehrere für sie ganz besonders wichtige, schöne und/oder herausragende Erlebnisse aus dem jeweiligen Lebensbereich zu erzählen. Die Dinge und Begebenheiten, die die Person in ihrer Erzählung dann besonders hervorhebt, entsprechen ihren Werten (James & Woodsmall, 1988/1991).

- Die Modell-Person wird gefragt: "Was ist Ihnen das Wichtigste in Bezug auf Ihre (Arbeit, Familie, Freizeit etc.)?" oder "Was wünschen Sie sich in Bezug auf ...?" Hierbei werden (die) Werte direkt genannt.

Darüber hinaus können relevante Werte auch einfach aus den spontanen Äußerungen der Modell-Person herausgehört werden, indem man wiederum auf das achtet, worauf die Person selbst besonderen *Wert* legt (Dilts et al., 1990/1991).

Um die so ermittelten Werte dann in eine *Hierarchie* zu bringen, kann die Modell-Person zunächst gebeten werden, eine spontane Rangordnung zu bilden. Eine solche könnte, z.B. bezogen auf den Beruf, folgendermaßen aussehen (der wichtigste Wert steht oben):

1. Freiheit
2. Gutes Arbeitsklima
3. Sinnvolle Arbeit
4. Genug Forschungsmittel
5. Gute Kantine
6. Geld

Diese Rangordnung wird anschließend überprüft, indem die Person durch eine *Entweder-Oder-Frage* veranlaßt wird, sich jeweils für einen von zwei Werten als den tatsächlich wichtigeren zu entscheiden. Dabei wird beim obersten Wert begonnen, der zunächst mit dem zweiten, dann mit dem dritten usw. bis zum letzten konkurrieren muß. Im obigen Beispiel würde die erste Frage etwa lauten: "Wenn sie entweder auf Ihre *Freiheit* oder auf ein *gutes Arbeitsklima* verzichten müßten, für welches von beiden würden Sie sich entscheiden?" Bestätigt sich hierbei, daß *Freiheit* der wichtigere Wert ist, wird er mit dem folgenden, dem dritten Wert, in gleicher Weise verglichen. Dies wird solange fortgesetzt, bis er entweder mit allen anderen Werten verglichen wurde und sich jeweils als der wichtigere erwiesen hat, somit also auf Platz 1 bestätigt wurde, oder aber bis ein anderer Wert sich doch als wichtiger herausstellt. In diesem Fall würde dann *Freiheit* - und ebenso alle anderen Werte - einen Platz tiefer rücken, während der nun als wichtiger identifizierte Wert auf Platz 1 käme. Mit diesem neuen hypothetisch wichtigsten Wert beginnt nun die Vergleichsprozedur in gleicher Weise von neuem. Der manchmal recht aufwendige Prozeß wird solange fortgesetzt, bis jeder Wert mit jedem verglichen wurde und so eine (für den Moment gültige) Rangordnung feststeht. Wertekonflikte können hierbei ebenfalls erkannt werden; sie liegen dann vor, wenn zwei sich ganz oder teilweise gegenseitig ausschließende Werte *nicht* eindeutig in eine Rangordnung gebracht werden können (James & Woodsmall, 1988/1991).

Bis hierhin unterscheidet sich das NLP-Verständnis bezüglich des Charakters und der Funktion von Glaubenssätzen und Werten nicht grundsätzlich von anderen, früheren Ansätzen, wie sie beispielsweise in den Arbeiten Batesons (s. 4.1.1) und in der kognitiven Verhaltenstherapie Mahoneys (1974/1979) zum Ausdruck kommen. Über diese hinaus führen erst die im NLP gestellten Fragen nach der **kognitiven Struktur**, die Glaubenssätzen und Werten zugrundeliegt:

- Woher weiß bzw. woran erkennt eine Person, was wahr und was falsch, was wirklich und was unwirklich, was möglich und was unmöglich ist?
- Woher weiß sie also z.B., ob eine Vorstellung (in etwa) einem *real* erlebten Ereignis entspricht oder eine reine Phantasie ist?
- Woran erkennt sie, daß sie eine Sache glauben kann und eine andere nicht?
- Woher weiß sie, daß ihr eine Sache wichtiger ist als eine andere, also einem höheren Wert genügt als eine andere?

Solche und ähnliche Fragen beschäftigen Denker und Philosophen seit jeher, ohne daß eine allgemein akzeptierte Antwort bis heute gefunden worden wäre. Verfechter einer propositionalen Kodierungstheorie (etwa Pylyshyn, 1973; vgl. 2.1.1) führen die von ihnen beobachtete vermeintliche Tatsache, daß Menschen an einem Vorstellungsbild *nicht* erkennen können, ob es Abbild einer *wahren* Begebenheit oder Phantasie ist, sogar als Beleg für die Existenz von abstrakten Propositionen und gegen die Relevanz von Vorstellungen an.

Im NLP wird postuliert, daß derartige Fragen mit Hilfe *submodaler* Unterscheidungen (im Rahmen von ***Realitäts-, Glaubens-*** und ***Wichtigkeitsstrategien***) anschaulich beantwortet werden können, daß also z.B. ein Vorstellungsbild, das die Person für ein Abbild eines realen Ereignisses hält, sich auf submodaler Ebene von einem Vorstellungsbild, das sie keiner realen Begebenheit zuordnet, deutlich unterscheidet.

Dilts et al. (1990/1991) erläutern die Bedeutung, die sie kognitiven Strategien in Bezug auf Glaubenssätze und Realität beimessen, und zeigen die Möglichkeit zu einem einfachen diesbezüglichen Selbst-*Experiment* in Form einer Kontrastanalyse (vgl. 3.2.3) auf:

> Wir Menschen werden nie genau wissen, was Realität ist, weil unser Gehirn den Unterschied zwischen vorgestellter und erinnerter Erfahrung nicht *wirklich* kennt. Das Gehirn nutzt dieselben Zellen, um das eine wie das andere zu repräsentieren. Deswegen brauchen wir eine [Realitäts-]Strategie, die uns wissen läßt, daß eine Information, die durch die Sinne aufgenommen wurde, bestimmte Tests durchlaufen hat, die eine imaginierte Information nicht durchläuft. (S. 47)

> Glaubensstrategien sind die Mittel und Wege, mit denen wir unseren Glauben aufrechterhalten und bewahren. Ähnlich den Realitätsstrategien haben sie ein konsistentes Muster von Bildern, Geräuschen und Gefühlen, die weitestgehend unbewußt ablaufen. Glaubensstrategien sind ein ganzer Satz Evidenzprozeduren, die Sie benutzen, um zu entscheiden, ob etwas glaubhaft ist oder nicht. Diese Art von Evidenz hat normalerweise die Form von Submodalitäten... Versuchen Sie einmal ein Experiment für sich selbst. Vergleichen Sie etwas, das Sie glauben, mit etwas anderem, das Sie nicht glauben. Nehmen Sie die Unterschiede in der Qualität der Bilder, Geräusche und kinästhetischen Gefühle wahr. Wie kodiert Ihr Hirn die Unterschiede? Ein häufiger Unterschied ist die Position im Gesichtsfeld, wo Sie die Bilder sehen..., aber es wird genausogut [*sic*] auch andere Unterschiede geben. (S. 65)

Speziell für die kognitive Struktur von Wertehierarchien wird im NLP postuliert, daß diese durch mindestens ein individuell verschiedenes *submodales Kontinuum*, das der hierarchichen Ordnung entspricht, gekennzeichnet ist. Beispielsweise könnte im Falle, daß dieses Kontinuum auf der visuellen Submodalität *Entfernung* beruht, der oberste Wert durch eine visuelle Vorstellung in *einem* Meter Entfernung, der zweite Wert durch eine Vorstellung in *zwei* Meter Entfernung, der dritte Wert durch eine Vorstellung in *drei* Meter Entfernung usw. charakterisiert sein. Die Submodalität *Entfernung* würde in diesem Fall in ihrem Kontinuum von *nah* bis *weit* über die *Wichtigkeit* der durch die verschiedenen Vorstellungen repräsentierten Inhalte (Werte) entscheiden; genauso gut könnten es in anderen Fällen auch Kontinua von *hell* bis *dunkel*, *groß* bis *klein*, *laut* bis *leise* oder noch ganz andere sein (C. Andreas & S. Andreas, 1987/1988; James & Woodsmall, 1988/1991).

Die **Identifikation** einer Glaubensstrategie und/oder einer Wichtigkeitsstrategie (bei Wertehierarchien) verläuft entsprechend den in Kapitel 3 aufgeführten allgemeinen Aufdeckungsmöglichkeiten für kognitive Strategien unter Verwendung der üblichen Fragen, w.z.B.:

- "Woran erkennen Sie...?",
- "Woher wissen Sie...?",
- "Wie entscheiden Sie, daß...?"
- "In welchem internen Bild kommt die Wichtigkeit des Wertes ... voll zum Ausdruck?"
- "Wie hell oder dunkel... wie groß... wie weit weg... usw. ist dieses Bild?"

Wenn die jeweils zugrundeliegenden Strategien bekannt sind, lassen sich mit Hilfe diverser Veränderungs-Modelle des NLP

- *einschränkende Glaubenssätze* - die eine Person daran hindern, ein Wunschziel zu erreichen - *positiv verändern bzw. auflösen*,

- *neue Glaubenssätze* - die zur Erreichung eines Zieles hilfreich erscheinen, über die die Person bislang aber noch nicht verfügte - *hinzufügen*,
- *Veränderungen in der Wertehierarchie* vornehmen sowie
- *Lösungen für Wertekonflikte* finden.

Einige der hierzu angewandten Veränderungsmodelle werden in Kapitel 6 vorgestellt.

e) *Identity* ***(Identität)***
definiert Dilts (1990a) als: "Our sense of who we are. Our sense of identity organizes our beliefs, capabilities, and behaviors into a single system" (S. 217). Eine typische Frage, die die Identitäts-Ebene adressiert, lautet: "*Wer* bin ich?"
Ähnlich wie für die Glaubens-Ebene geht man im NLP auch hier davon aus, daß dem *Identitäts-Sinn* des Menschen eine kognitive Struktur zugrundeliegt, die als *Identitätsstrategie* mit den in Kapitel 3 vorgestellten Mitteln identifiziert werden kann. Stahl (o.J.) führt folgende spezielle Aufdeckungsmöglichkeit an: Die Modell-Person wird aufgefordert, mehrere Beispiele aus verschiedenen Lebensabschnitten (z.B. Einschulung und Pubertät) zu finden, in denen sie größere Veränderungsprozesse durchgemacht hat. Diese werden dann mit Hilfe der Vergleichsmethode (vgl. 3.2.3) auf die Identitätsstrategie, vor allem auf die die Identität bestätigenden Submodalitäten hin, unter folgender Hauptfrage analysiert: "Woran erkennen Sie/woher wissen Sie, daß Sie trotz der Veränderungen der/die gleiche geblieben sind?"
Anders als bei der Nutzung des Wissens über die Glaubensstrategien einer Person, erscheint es i.a. wenig sinnvoll, daß ein Mensch mit Hilfe des Wissens um seine Identitätsstrategie seine Identität grundlegend verändert. Wohl aber kann dieses Wissen zum Erreichen *größerer* Persönlichkeits-Veränderungen - die in aller Regel mit einer Änderung der wichtigsten Glaubenssätze und Werte einer Person verbunden sind - hilfreich eingesetzt werden. Wenn Glaubenssätze und Werte so eng mit der Identität einer Person verknüpft sind, daß ihre Veränderung oder Auflösung gleichzeitig die Identität selbst, also den eigentlichen Wesenskern der Person bedrohen bzw. in Frage stellen würde, unterbleibt ihre Veränderung selbst dann, wenn sie sich auf der Fähigkeiten-, Verhaltens- und Umwelt-Ebene (überwiegend) positiv für die Person auswirken würde. Ist in einem solchen Fall die Identitätsstrategie bekannt, kann sie u.U. dazu verwendet werden, die Angst vor der Veränderung und dem Aufgeben bestimmter Glaubenssätze und Werte soweit zu verringern, daß eine Veränderung

möglich wird. Im wesentlichen kann mit ihrer Hilfe sinnlich erfahrbar gemacht werden, daß man selbst nach einer großen persönlichen Veränderung im Wesenskern die oder der Gleiche bleiben kann (Stahl, o.J.). Das genaue Verfahren kann im Rahmen dieser Arbeit nicht weiter beschrieben und erläutert werden.

Abbildung 3 stellt die logischen Ebenen der Veränderung mit den einzelnen, sie adressierenden Fragen noch einmal zusammenhängend dar.

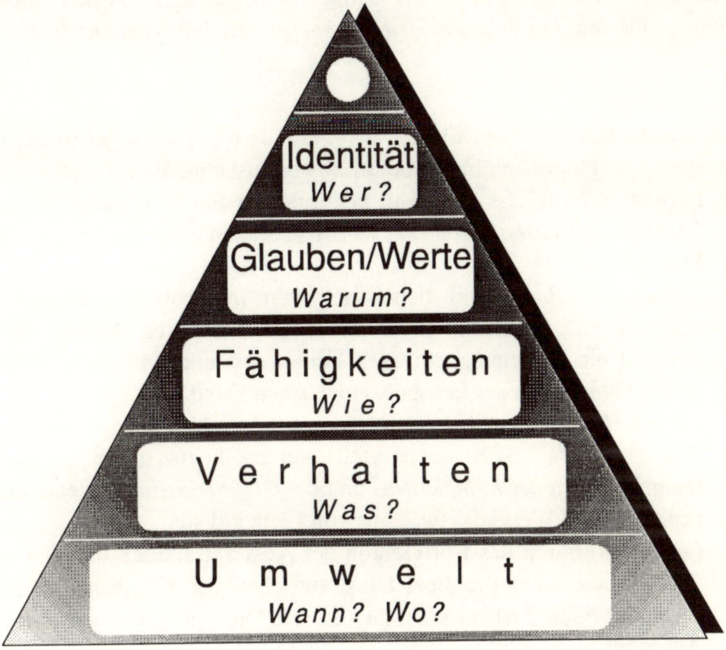

Abb. 3: Die *logischen Ebenen der Veränderung* (nach Dilts): Fünf die Persönlichkeit eines Menschen maßgeblich charakterisierende und bestimmende Bereiche, die sich *wechselseitig beeinflussen.* Die zugeordneten Fragen charakterisieren und adressieren die jeweilige Ebene.

4.1.2.2 Bedeutungszusammenhänge und Schlußfolgerungen

In diesem Abschnitt werden die einzelnen Ebenen in ihren Relationen und Bedeutungszusammenhängen für menschliche Veränderung dargestellt. Insbesondere wird, nach einem kurzen Hinweis auf die *Analogie zum Ansatz Batesons*, auf ihre allgemeine *Funktion sowie ihr Zusammenwirken* eingegangen; es werden die Bedingungen für *dauerhafte Veränderungen* sowie Möglichkeiten, anhand verbaler Hinweise die an einem Problem *beteiligten logischen Ebenen* zu *identifizieren*, genannt und Schlußfolgerungen für die *Auswahl der jeweils geeigneten Interventions-Methoden* gezogen.

Die Diltsschen logischen Ebenen der Veränderung passen genau mit den Batesonschen logischen Ebenen des Lernens zusammen:
- *Lernen 0,* die bloße Reaktion, kennzeichnet die Beziehung zwischen *Umwelt-* und *Verhaltensebene,* wobei Verhalten dann das Ergebnis von Lernen 0 ist.
- *Lernen I,* durch das Verhaltenskorrekturen "innerhalb einer Menge von Alternativen" (Bateson, 1972/1981, S. 379) möglich werden, kennzeichnet die Beziehung zwischen *Verhaltens-* und *Fähigkeiten-Ebene,* wobei Fähigkeiten das Ergebnis von Lernen I sind.
- *Lernen II,* durch das Kriterien für eine Auswahl aus "der Menge der Alternativen" (S. 379) bereitgestellt werden, kennzeichnet die Beziehung zwischen der *Fähigkeiten-* und der *Glaubens-Ebene,* wobei Glaubenssätze und Werte das Ergebnis von Lernen II sind.
- *Lernen III,* durch das Korrekturen der Auswahlkriterien möglich werden, kennzeichnet die Beziehung zwischen der *Glaubens-* und der *Identitäts-Ebene,* wobei Identität - so wie Dilts sie definiert (s. voriger Abschnitt) - das Ergebnis von Lernen III ist.[3]

Dementsprechend weist Dilts seinen logischen Ebenen der Veränderung auch die gleichen *Funktionen und Relationen* zu wie Bateson (vgl. 4.1.1): Jede Ebene *verwaltet*, lenkt und bestimmt maßgeblich die nächst niedrigere Ebene, wird aber auch ihrerseits von ihr beeinflußt. Veränderungen auf einer Ebene bewirken notwendigerweise auch Veränderungen auf der nächst niedrigeren Ebene, wirken sich also zwangsläufig bis zur untersten

[3] Das bei Bateson selbst nur unklar beschriebene *Lernen IV* (s. 4.1.1) würde dieser Analogie entsprechend dann die Beziehung zwischen der *Identitätsebene* und der *spirituellen Ebene* bei Dilts kennzeichnen.

Ebene, der Umweltebene, aus; dagegen *können* sie zwar auf der nächst höheren Ebene Veränderungen auslösen, müssen es aber nicht.

Darüber hinaus gibt Dilts (1990a, S. 3) an, daß die im einzelnen Individuum existierenden Ebenen und die zwischen ihnen wirksamen Beziehungen in ähnlicher Weise auch in jedem lebenden menschlichen System, etwa in Familien, Arbeitsteams, Firmen, politischen Parteien, Staaten und Völkern anzutreffen sind. Im Rahmen dieser Arbeit muß die Darstellung sich jedoch auf die individuelle Bedeutung beschränken.

In den meisten Fällen liegen Ursache und Lösung eines Problems nicht oder nicht nur auf der Ebene, auf der es auftritt und beobachtet werden kann, sondern auf einer höheren Ebene. Die dort liegenden Ursachen sind aber zumeist nicht bewußt, so daß sie vor einer Veränderung erst **identifiziert** werden müssen. (Für die Verhaltens- und die Fähigkeiten-Ebene wurden Identifizierungsmöglichkeiten bereits in Kapitel 3, für die höheren Ebenen im vorigen Abschnitt - 4.1.2.1 - aufgezeigt.)

Um wirklich **dauerhafte Veränderungen** zu erreichen, müssen alle logischen Ebenen berücksichtigt werden (Dilts, 1990a; Stahl, 1988). In diesem Zusammenhang muß zunächst einer der im NLP am häufigsten gebrauchten Ausdrücke definiert werden: *Ökologie (ecology)* ist

> a concern for the overall relationship between a being and its environment. Also used in reference to internal ecology; the overall relationship between a person and their thoughts, strategies, behaviours, capabilities, values and beliefs. The dynamic balance of elements in any systems. (O'Connor & Seymour, 1990, S. 228)

Im NLP ist man stets um *ökologische Veränderungen* bemüht; solche also, die die Auswirkungen einzelner Veränderungen (innerhalb einer logischen Ebene) auf das interne und externe Gesamtsystem, mit und in dem der Mensch lebt, berücksichtigen. Zu diesem Zweck werden während der Arbeit mit Klienten, ebenso wie bei der Eigenanwendung immer wieder sogenannte ***Ökologie-*** oder ***Öko-Tests*** (Stahl, 1988) durchgeführt, die die Auswirkungen hypothetisch und/oder real überprüfen (s. 5.2.5). Erst wenn diese Öko-Tests zufriedenstellend verlaufen sind, sich die gewünschte Veränderung also *harmonisch* in das Gesamtsystem integrieren läßt, ist die NLP-Anwendung abgeschlossen und hat die Veränderung die Chance, dauerhaft zu sein; solange dies nicht der Fall ist, muß die gewünschte Veränderung weiter modifiziert werden, bzw. müssen zusätzliche Veränderungen in anderen Bereichen und/oder logischen Ebenen erfolgen.

Eine wesentliche Frage bei der Veränderungsarbeit im NLP ist also: **Welche logischen Ebenen sind ursächlich beteiligt** und welche müssen bei einer Änderung berücksichtigt werden? Bei ein und demselben Veränderungswunsch kann dies bei verschiedenen Personen sehr unterschiedlich sein. Wiederum enthalten die Aussagen eines Menschen Hinweise auf die beteiligten Ebenen. Dilts hat in einem Interview einige Beispiele gegeben:

> Wenn jemand sagt, ich kann nicht gut buchstabieren, sagt das etwas über Fähigkeiten aus. Aber wenn jemand sagt: Ich bin eine lernbehinderte Person - dann liegt diese Aussage auf einer Identitäts-Ebene. Das ist eines der ersten Dinge, die man beachten muß. Wenn z.B. jemand etwas so scheinbar Einfaches in Angriff nimmt, wie das Rauchen aufzugeben, dann betrifft das das Verhalten. Aber um dieses Verhalten durchzuführen, mußten innere Landkarten und Fähigkeiten entwickelt werden, z.B. um mit dem Streß umgehen zu können. Es geht eben nicht nur darum, mit dem Rauchverhalten aufzuhören. Damit sind oft auch bestimmte Glaubenssätze verbunden. Bei manchen Leuten ist sogar das Identitätsgefühl mit diesem Verhalten verknüpft. (Becker, 1989, S. 162)

Genauer differenziert er (1990a) Aussagen für jede einzelne Ebene am Beispiel einer Person mit Alkohol-Problem:

> A. Identity - I am an alcoholic and will always be an alcoholic.
> B. Belief - I have to drink in order to stay calm and be normal.
> C. Capability - I can't seem to control my drinking.
> D. Specific Behavior - I had too much to drink at the party.
> E. Environment - When I get around my friends I like a drink or two. (S. 211)

Je mehr Bereiche und Ebenen beteiligt sind und berücksichtigt werden müssen, desto länger dauert es i.a., bis eine Veränderung möglich wird, und umgekehrt. Reine *Verhaltensänderungen* lassen sich sehr schnell realisieren; *das Lernen oder Korrigieren von Fähigkeiten* bedarf einiger Übung, ist aber unproblematisch, solange nur diese Ebene zu berücksichtigen ist; *Änderungen auf Glaubens- oder sogar Identitäts-Ebene* brauchen eher eine lange, u.U. sogar sehr lange Zeit. Wenn auf der *Umweltebene* andere Menschen beteiligt sind, müssen zusätzlich deren logische Ebenen entsprechend berücksichtigt werden (Dilts, 1990a, 1990b).

Dilts (persönl. Mitteilung, Berlin 1989) weist zudem darauf hin, daß eine Sache noch längst nicht zu einer Fähigkeit geworden ist, wenn man sie ein oder mehrere Male verhaltensmäßig gut vollbracht hat; auch wird man, wenn man eine Sache auf Fähigkeiten-Ebene kann, aber nicht daran glaubt, diese Fähigkeit zu besitzen, nicht in der Lage sein, diese Fähigkeit zufriedenstellend in die Praxis umzusetzen.[4] Er postuliert daher, jedes gewünschte Verhalten auf allen höheren Ebenen zu bestätigen und abzusichern, auch wenn nicht direkte Hindernisse oder Einwände von diesen Ebenen vorliegen. Andersherum meint er, obwohl Veränderungen auf Glaubens-Ebene automatisch auch Veränderungen auf Fähigkeiten- und Verhaltensebene auslösen, sei das noch keine Garantie dafür, daß es gleich die gewünschten Veränderungen sind. In einem solchen Fall wird der gerade erst revidierte Glaubenssatz entweder wieder durch den alten behindernden, vielleicht sogar noch weiter verschärften Glaubenssatz ersetzt, oder aber die Person lebt in einer Diskrepanz zwischen dem Glaubenssatz und den nicht mit ihm in Einklang stehenden Fähigkeiten.[5] Daher empfiehlt Dilts auch in diesem Fall, die niedrigeren Ebenen mit zu berücksichtigen und sicherzustellen, daß beispielsweise lange genug geübt wird und daß die dazu notwendigen Hilfsmittel (materieller und kognitiver Art) auch tatsächlich vorhanden sind.

Das hier dargelegte Konzept der logischen Ebenen der Veränderung läßt die folgende grundsätzliche methodische Vorgehensweise des NLP plausibel erscheinen: *Die Auswahl der anzuwendenden Methode* richtet sich stets vor allem nach den beteiligten logischen Ebenen und wird dahingehend immer wieder aktuell dem laufenden Interaktionsprozeß angepaßt; das vorgebrachte Symptom, der spezielle Problembereich oder das Wunschziel der Modell-Person/des Klienten ist für die Methodenwahl dagegen weniger relevant (was allerdings nicht bedeuten soll, daß sie unwichtig seien).[6]

[4] Dies trifft auf die zahlreichen Menschen zu, die sich ständig *unter ihrem Preis verkaufen*.

[5] Hochstapler leben vermutlich ständig in einer solchen Diskrepanz.

[6] Wenn durch starre, symptomorientierte Methoden, die lediglich aufgrund des jeweils genannten Problems ausgewählt wurden, logische Ebenen falsch adressiert werden, kann dies statt zu einer Verbesserung der Symptome zu einer Verschlechterung führen, insbesondere dann, wenn durch Übertragung der Glaubenssätze des Anwenders die Ursachen für ein Problem auf einer höheren logischen Ebene eingestuft werden, als es bei dem Klienten tatsächlich der Fall ist; u.U. führt das sogar dazu, daß sich das Problem auch auf den höheren Ebenen manifestiert, was eine Veränderung natürlich noch schwieriger macht (Dilts et al., 1990/1991).

4.2 Zeitebenen und Zeitlinien

> Die meisten von uns sind schon einmal Menschen begegnet, wo wir dachten, "Sie lebt in der Vergangenheit!" oder "Er denkt immer nur an die Zukunft; er nimmt sich nie Zeit, stehenzubleiben und den Duft der Blumen zu genießen!" oder "Sie lebt nur für den Tag; sie hat keine Ahnung, in welche Richtung sie geht." Diese Eigenschaften werden durch die Art und Weise bestimmt, in der Leute innerlich die Zeit repräsentieren. Die Art, wie Menschen sich die Zeit vorstellen... bildet letztendlich die Grundlage für ihre Fähigkeiten und Selbsteinschränkungen. (C. Andreas & S. Andreas, 1987/1988, S. 21).

Deshalb gilt *Zeit* im NLP als weitere Persönlichkeitsvariable. Ihre Rolle, die sie für menschliche Veränderungen spielt, soll zunächst mehr inhaltlich (im Rahmen von ***Zeitebenen***) und dann formal hinsichtlich der ihr zugrundeliegenden kognitiven Strukturen (***Zeitlinien*** genannt) dargestellt werden; darüber hinaus werden die Beziehungen zwischen logischen Ebenen und Zeit erläutert.

Glaubenssätze, Werte und Fähigkeiten des Menschen werden geprägt und aufrecht erhalten durch das, was er in seiner Umwelt erlebt, und durch die Art, wie er das Erlebte *erinnert*; die Art seiner Zukunftsvorstellungen und der daraus resultierenden Lebensplanung und Lebensführung basiert ebenfalls auf seinen Erinnerungen. Erinnerungen (und Zukunftsvorstellungen) selektieren die Wahrnehmung, tilgen, generalisieren und/oder verzerren sie innerhalb des Modellbildungsprozesses (vgl. 1.3.1.3); will man sie innerhalb der logischen Ebenen anordnen, so gehören sie auf die Verhaltens-Ebene, da sie an sich wertfrei und nicht zielgerichtet sind.

Zeit ist das übergeordnete Kontinuum, das auf Fähigkeiten-Ebene die einzelnen Erinnerungen und Zukunftsvorstellungen in eine Ordnung bringt; sie läßt sich, wie allgemein üblich, in drei *Zeitebenen* einteilen: *Vergangenheit, Gegenwart* und *Zukunft*. Menschen verfügen über *Zeitstrategien*, die ihnen ähnlich wie die Realitätsstrategien (vgl. 4.1.2.1) ermöglichen, die drei Zeitebenen auseinanderzuhalten und die zeitliche Ordnung innerhalb jeder Ebene vorzunehmen. Zeitstrategien sind genauso individuell verschieden und vielseitig wie Glaubenssätze und Werte (C. Andreas & S. Andreas, 1987/1988). Einige typische Beispiele werden unten vorgestellt.

Den Zeitstrategien übergeordnet und diese bestimmend sind wiederum Glaubenssätze darüber, was Zeit ist und welche Bedeutung und Relevanz den einzelnen Zeitebenen beizumessen ist. Zeit steht letztlich in direktem Zusammenhang mit der Identität einer Person, was vor allem durch den zeitlichen Zyklus von Geburt, Leben und Tod, in den der Mensch eingebunden ist, deutlich wird.

Bei gewollter menschlicher Veränderung sind stets alle drei Zeitebenen beteiligt:
- Aus den Erinnerungen der Vergangenheit erwächst der Wunsch nach Veränderung, in der Vergangenheit liegen sowohl die Ursachen für Schwierigkeiten und Probleme als auch die Ressourcen und Fähigkeiten zur Lösung und Veränderung;
- nur in der Gegenwart selbst kann aktiv gehandelt und verändert werden;
- die Vorstellung einer veränderten (besseren) Zukunft liefert die notwendige Motivation zur Veränderung, die in der Vorstellung antizipierten Auswirkungen der Veränderung in der Zukunft beeinflussen vorzeitig die Veränderungsmöglichkeiten positiv und/oder negativ.

Um ökologische Veränderungen zu erreichen, werden daher im NLP, analog und zusätzlich zur umfassenden Beachtung der logischen Ebenen, alle drei Zeitebenen berücksichtigt (Dilts, 1990a).

Dazu erscheint es sinnvoll und notwendig, die oftmals unbewußte ***Zeitstrategie*** der Modell-Person oder des Klienten **aufzudecken**. Sowohl C. und S. Andreas (1987/1988) als auch James und Woodsmall (1988/1991) geben an, daß die meisten Menschen ihre Zeit in einem räumlich-visuellen Kontinuum kodieren, das allerdings an einigen Stellen auch unterbrochenen sein kann. Sie nennen die Kodierungsform der Zeit daher **Zeitlinie** *(Time-Line)*. Die genaue Form der Zeitlinie wechselt von Person zu Person.

Um die grobe Struktur der Zeitlinie herauszufinden, kann folgende direkte Frage versucht werden:
- "Wo liegt, räumlich gesehen, Ihre Vergangenheit und wo Ihre Zukunft?"

James und Woodsmall (1988/1991) geben an, daß etwa die Hälfte der Menschen hierauf spontan Antwort gibt, wobei die Gesten oft mehr aussagen als die verbale Antwort.

Wenn die Elaboration auf diese Art nicht gelingt und immer wenn nähere Einzelheiten erforderlich scheinen, kann die Zeitlinie mit den bereits vorgestellten Mitteln der Strategie-Elaboration aufgedeckt werden. Im wesentlichen werden hierzu verschieden lange zurückliegende Erinnerungen an relativ belanglose Ereignisse kontrastiert mit Gegenwarts- und

Zukunftsvorstellungen. Ein Ausschnitt eines Beispiels, das C. und S. Andreas (1987/1988) geben, mag das Vorgehen verdeutlichen:

> Würden Sie jetzt bitte an einen Moment denken, als Sie Ihre Zähne vor langer Zeit putzten - vielleicht vor fünf Jahren. ... Nun möchte ich, daß Sie daran denken, wie Sie Ihre Zähne vor einer Woche geputzt haben. ... (Okay) Denken Sie daran, wie Sie Ihre Zähne jetzt putzen, ... denken Sie daran, wie Sie Ihre Zähne in einer Woche putzen, ... und denken Sie daran, es in fünf Jahren zu tun. Wir hätten gerne, daß Sie ein Gefühl dafür bekommen, all diese Erfahrungen auf einmal zur Verfügung zu haben, so daß Sie anfangen können zu bemerken, welche Unterschiede es in der Art gibt, wie Sie dieses gleiche Ereignis sehen. ... Was läßt Sie wissen, daß eines in der Vergangenheit und eines in der Zukunft ist? Aufgrund welcher Unterschiede in den Submodalitäten wissen Sie, daß eines vor langer Zeit passierte, und eines erst vor einer Woche? (S. 22)

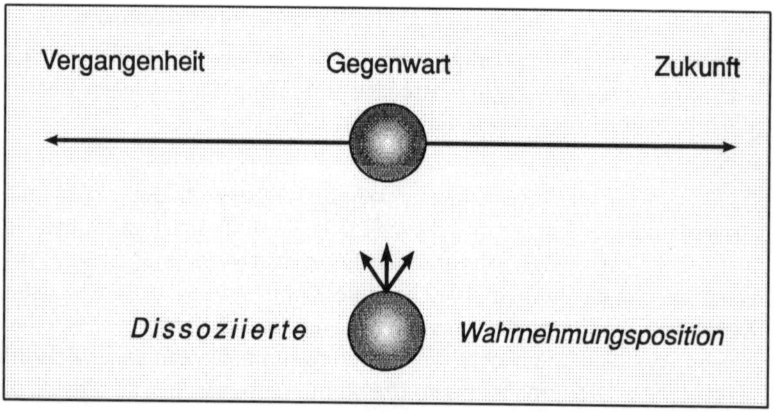

Abb. 4: Bei der kognitiven Zeitverarbeitung eines Menschen werden zwei grundsätzliche Formen *(Zeitlinien)* unterschieden: Bei der einen Form (*In-Time* genannt) ist die Wahrnehmungsposition, mit der die Person ihre eigene Zeit erlebt, *assoziiert* jeweils an einer Position auf der Zeitlinie, die Person hat also keinen Abstand zu ihrem zeitlichen Erleben. Bei der anderen Form (*Through-Time* genannt) ist die Wahrnehmungsposition *dissoziiert,* die Person hat also Abstand und Überblick über ihr zeitliches Erleben.

Zwei Grundtypen von Zeitlinien und zugeordneten Persönlichkeitsmerkmalen werden im NLP unterschieden; sie werden *Through-Time* und *In-Time* genannt, wofür es bisher noch keine befriedigende deutsche Übersetzung gibt. Selbstverständlich können viele Menschen zwischen beiden

Formen mehr oder weniger gut wechseln. James und Woodsmall (1988/1991) definieren:

> Der "Through-Time"-orientierte... Mensch hat eine Time-Line, die von links nach rechts oder oben nach unten oder in Form eines "V" angeordnet ist, oder in irgendeiner anderen Anordnung, bei der (und dies ist das ausschlaggebende Kriterium) sich Vergangenheit, Gegenwart und Zukunft sämtlich und zu allen Zeiten vor der Person befinden... (S. 33 f.)
>
> Eine In-Time-Person kodiert... vorzugsweise von vorn nach hinten, oben nach unten oder in Form eines "V" oder einer anderen Anordnung, bei der ein Teil der Vergangenheit, Gegenwart oder Zukunft hinter oder in ihr ist. (S. 37)

Der *Through-Time-Mensch* soll eher anglo-europäische Persönlichkeitsmerkmale, wie Pünktlichkeit und rationales Denken, aufweisen; er speichert seine Erinnerungen *dissoziiert* und es bereitet ihm "gelegentlich auch Schwierigkeiten, eine spezifische Erinnerung wachzurufen" (James & Woodsmall, 1988/1991, S. 36), da er i.a. mehrere Erinnerungen ähnlichen Inhalts zusammenfaßt.

Der *In-Time-Mensch* soll dagegen eher südländische Persönlichkeitsmerkmale, wie Begeisterungsfähigkeit, Unpünktlichkeit und emotionales Denken, aufweisen; er speichert seine Erinnerungen einzeln und *assoziiert*.

Abbildung 4 veranschaulicht beide Zeitlinienformen.

Neben dem groben räumlichen Verlauf einer Zeitlinie können andere submodale Merkmale wie z.B. *Helligkeit, Breite* und *Länge* jeweils für Vergangenheit, Gegenwart und Zukunft getrennt, festgestellt und analysiert werden. James & Woodsmall (1988/1991) geben einige Beispiele, die sie auch hinsichtlich ihres Nutzens und ihrer Bedeutung bewerten:

> Es ist äußerst nützlich, wenn jemand eine Time-Line mit gleichbleibender oder ähnlicher Helligkeit, Farbe usw. hat. Die Time-Line sollte z.B. ähnliche Helligkeit von Vergangenheit bis Zukunft haben, wo die Zukunft vielleicht ein bißchen heller ist als die Vergangenheit. Die Vergangenheit sollte nicht schwarz oder wesentlich dunkler als die Zukunft sein. Die Zukunft sollte nicht schwarz oder wesentlich dunkler als die Vergangenheit sein. Wo ein Trauma vorliegt, gibt es in der Time-Line meist Lücken, Löcher und dunkle Stellen. Tatsächlich sind dunkle Stellen ein Hinweis auf ein vergangenes Trauma. (S. 65)

Das Wissen um die kognitive Zeitverarbeitung einer Person wird im NLP vor allem in zweierlei Hinsicht genutzt:

a) um in der Interaktion mit der Modell-Person das eigene verbale und nonverbale Verhalten auf ihre spezielle Art der Zeitkodierung einstellen zu können, was die Kommunikation wesentlich verbessert und dem

Anwender erlaubt, seine Anweisungen so präzise zu geben, daß sie sich in die Zeitrepräsentation der Modell-Person einfügen (weitere Erläuterungen folgen in Kapitel 5);

b) um direkte Veränderungen an der Zeitlinie und/oder den sie steuernden Glaubenssätzen vorzunehmen, wenn das bearbeitete Problem oder der Veränderungswunsch selbst etwas mit Zeit und/oder der Zeitstrategie zu tun haben (Beispiele werden in Kapitel 6 gegeben).

4.3 Mentale Wahrnehmungspositionen

Den neueren Arbeiten DeLoziers und Grinders (1987) entstammt die heute im NLP übliche grundlegende Einteilung in drei mentale ***Wahrnehmungspositionen***, über die jeder Mensch prinzipiell verfügt. Sie werden als *erste, zweite* und *dritte* (Wahrnehmungs-)*Position* bezeichnet und gelten ebenfalls als Basisvariable der Persönlichkeit. Sie sollen hier nur definiert und kurz erläutert werden:

> Firstly, you can look at the world completely from your own point of view, your own reality within yourself, in a completely associated way, and not take anyone else's point of view into account. You simply think, 'How does this affect me?'... This is called 'first position'
>
> Secondly, you can consider how it would look, feel and sound from another person's point of view. It is obvious that the same situation or behaviour can mean different things to different people, it is essential to appreciate another person's point of view and ask, 'How would this appear to them?'. This is called 'second position', often known as empathy.
>
> Thirdly, you can have the experience of seeing the world from an outside point of view, as if you are a completely independent observer, someone with no personal involvement in the situation. Ask, 'How would this look to someone who is not involved?'. This gives you an objective viewpoint and is known as 'third position'. (O'Connor & Seymour, 1990, S. 87)

Diese Wahrnehmungspositionen basieren auf der grundlegenden submodalen menschlichen Fähigkeit zur Assoziation und zur Dissoziation, sind aber bis auf die erste, vollständig assoziierte, Position nicht mit ihnen identisch. Bei bloßem Wechsel von einem assoziierten in einen dissoziierten Zustand bleiben die Identität und die anderen logischen Ebenen der Person erhalten, durch den Wahrnehmungswechsel verändert sich lediglich der Abstand der Identität, des Ich-Empfindens, zum aktuellen Geschehen (vgl. 2.2.2). Die hier dargestellten Wahrnehmungspositionen gehen darüber hinaus: die zweite und dritte Position nutzen die Fähigkeit zur Dissoziation, um sich in andere Personen (mit den ihnen eigenen logischen Ebenen), so weit wie möglich zu assoziieren; dabei wird ein mehr oder weniger großer Teil der eigenen Identität (usw.) für eine gewisse Zeit aufgegeben (J. Grinder, persönl. Mitteilung, Heidelberg 1989). Dilts (persönl. Mitteilung, Berlin 1989) weist zudem darauf hin, daß die Positionswechsel nicht notwendigerweise bis zur Identitätsebene gehen müssen; sie können bis zu verschiedenen Ebenen unterhalb der Identität, z.B. auch nur bis zur Verhaltensebene, reichen, wobei aber alle jeweils noch darunter liegenden Ebenen ebenfalls von dem Wechsel beeinflußt werden.

Alle drei Positionen werden als gleich wichtige menschliche Fähigkeiten angesehen. Der flexible, situationsangepaßte Wechsel zwischen den Positionen gilt als erstrebenswert; die Fähigkeit dazu ist bei den Menschen unterschiedlich entwickelt. Wer überwiegend in der ersten Position verharrt, ist ein "egoistical monster" (O'Connor & Seymour, 1990, S. 88), wer überwiegend in zweiter Position lebt, versucht es allen recht zu machen, nur nicht sich selbst, und wer überwiegend in dritter Position lebt, "will be a detached observer of life" (S. 88). Mit Hilfe von Submodalitätsveränderungen können die Fähigkeiten zum Einnehmen und zum Wechseln der drei Positionen, wenn es angebracht scheint, verbessert werden.

4.4 Meta-Programme

Meta-Programme entsprechen im NLP dem, was allgemein unter Persönlichkeitsmerkmalen verstanden wird. Sie sind Wahrnehmungsfilter wie die anderen Persönlichkeitsvariablen auch. Dilts (1990a) definiert sie wie folgt:

> A level of mental programming that determines how we sort, orient to, and chunk our experiences. Our meta programs are more abstract than our specific strategies for thinking and define our general approach to a particular issue rather than the details of our thinking process. (S. 217)

Bisher liegt erst eine NLP-Veröffentlichung vor, die Meta-Programme ausführlicher darstellt: James und Woodsmall (1988/1991) haben etwa 20 Meta-Programme im Rahmen ihrer Tätigkeit in Management und Personalwesen zusammengestellt und zu einem Persönlichkeitsfragebogen, dem *MPVI*™ (Meta-Programs and Values Inventory), verarbeitet. Dieser wird nach ihren Angaben heute "von allen Rentabilitäts-Beratungsbüros in den ganzen USA benutzt" (S. 107).

Auch Meta-Programme werden im NLP zur Diagnose, zur Auswahl geeigneter Interventionen und zur Verbesserung der Kommunikation zwischen Anwender und Modell-Person/Klient genutzt; darüberhinaus kann, wenn es angebracht scheint, versucht werden, einzelne Meta-Programme über die zugrundeliegende kognitive Struktur und im Zusammenhang mit anderen Persönlichkeitsvariablen zu verändern. Da sie im Rahmen der Veränderung von Submodalitäten nur von sekundärer Bedeutung sind, sollen hier lediglich beispielhaft 12 Meta-Programme genannt und in Anlehnung an James und Woodsmall (1988/1991) kurz charakterisiert werden.

Einige der Meta-Programme entsprechen den von C.G. Jung (1978) in seinem Buch *Psychologische Typen* vorgeschlagenen Unterscheidungen; hierauf wird im Einzelfall gesondert hingewiesen.

Am Anfang jeder Einzelcharakterisierung steht eine - wiederum an James und Woodsmall (1988/1991) angelehnte - Frage, die einen *ersten*, verbalen Hinweis auf das betreffende Meta-Programm ermöglichen soll. - Die dichotomische Beschreibung der Meta-Programme darf selbstverständlich nicht darüber hinwegtäuschen, daß es sich in den meisten Fällen nicht um ein Entweder-Oder, sondern um ein stufenloses Kontinuum handelt: das Meta-Programm des Einzelnen ist i.a. nicht das eine oder das andere, sondern etwas, das irgendwo zwischen den beiden Extremen liegt und außerdem von Kontext zu Kontext variieren und sich im Lauf der Zeit in eine andere Richtung bewegen kann.

Die Meta-Programme werden, auch wenn eine Zuordnung nicht immer eindeutig möglich ist, unter drei übergeordneten Kategorien vorgestellt:
- *interne* (kognitive) *Prozesse* (4.4.1),
- *interne Zustände* (ein interner Zustand ist definiert als der augenblickliche kognitiv-emotional-physiologische Gesamtzustand, der das aktuelle Verhalten einer Person bestimmt, Dilts, 1990a; 4.4.2),
- *externe Orientierung* (4.4.3).

4.4.1 Interne Prozesse

a) Jungs Unterscheidung: intuitiver Typus - sensorischer Typus[7]

"Wenn Sie einen bestimmten Gegenstand studieren wollen, sind Sie dann eher an den Tatsachen und ihrer Auswirkung auf die Gegenwart

[7] Der *sensorische Typus* heißt bei Jung *Empfindungstypus*.

interessiert oder mehr an den Beziehungen zwischen den Tatsachen und ihrer Auswirkung auf die Zukunft?"

Der *intuitive* Typ ist mehr an einem umfassenden Überblick und an den Beziehungen zwischen den konkreten Einzelheiten sowie an den Möglichkeiten, die sich für die Zukunft ergeben können, interessiert, läuft aber Gefahr, wichtige Einzelheiten zu übersehen und daher seine Zukunftsvorstellungen nicht realisieren zu können.
Der *sensorische* Typ erlebt die einzelnen konkreten Tatsachen unmittelbar in der Gegenwart und will die im Hier und Jetzt sich stellenden Aufgaben zufriedenstellend erledigen, ohne sich um die großen Zusammenhänge zu kümmern. So ist er in Gefahr, trotz guter Einzelarbeit das Ganze zu verfehlen.

b) Abstraktionsgrad: Einzelheiten - Gesamtbild

"Wenn Sie eine größere Aufgabe durchzuführen haben, wünschen Sie sich dann zuerst einen großen Überblick, oder wollen Sie lieber im einzelnen erfahren, was Sie der Reihe nach zu tun haben?"

Dieses Meta-Programm steht in engem Zusammenhang mit dem vorigen und ist besonders wichtig beim Lernen, das ja stets ein Aufsteigen vom Einzelnen zum Beziehungsgeflecht des Ganzen (Induktion) und dann wieder den Abstieg vom allgemeinen Gesetz zum konkreten Einzelfall (Deduktion) erfordert.

Die meisten Menschen sind in der Lage, beides zu leisten, der mehr intuitive Typ in weit stärkerem Maß als der mehr sensorische. Doch unterscheiden sie sich darin, was sie *zuerst* benötigen: ein Gesamtbild, um daraus die Einzelheiten abzuleiten, oder Einzelheiten, um daraus ein Gesamtbild aufzubauen. Es ist daher für alle pädagogischen und therapeutischen Bemühungen wichtig, zu erkennen, welcher Abstraktionsgrad für den Gesprächspartner jeweils der angemessene ist.

c) Richtung: darauf zu - davon weg

"Was erwarten Sie von Ihrem Leben?" oder
"Was ist Ihnen wichtig bei dem, was Sie tun?"

Der *Darauf-zu*-Mensch strebt auf einen als positiv empfundenen Wert zu. Er ist durch die Aussicht auf Anerkennung, auf einen Genuß, eine Freude oder einen Vorteil zu motivieren.
Der *Davon-weg*-Mensch strebt von einem als negativ empfundenen Wert weg. Er ist durch die Aussicht auf die Befreiung von einem lästigen Übel, auf Vermeidung von Nachteilen und negativen Konsequenzen zu motivieren.

d) Beziehungen: Gleichheiten - Unterschiede

"Wenn Sie in eine neue Situation kommen, fallen Ihnen i.a. zuerst die Ähnlichkeiten oder die Unterschiede zu bereits bekannten Situationen auf?"

Wer in erster Linie *Gleichheiten* sieht und kaum Unterschiede zu erkennen vermag, tilgt in erheblichem Umfang Informationen und neigt dazu, alle Veränderungen zu vermeiden.
Wer hauptsächlich *Unterschiede* sieht und kaum Ähnlichkeiten zu erkennen vermag, tilgt gleichfalls eine Menge Informationen und braucht immer neue Abwechslung.

Beide sind hochgradig assoziiert. Um ihnen zu einer ausgewogeneren und damit vollständigeren Wahrnehmung der Welt zu verhelfen, wird man versuchen, sie zu dissoziieren, so daß sie auch die Ausnahmen von ihrer einseitigen Sehweise zu erkennen vermögen.

4.4.2 Interne Zustände

a) Jungs Unterscheidung: Denktypus - Fühltypus

"Wenn Sie eine Entscheidung zu treffen haben, verlassen Sie sich dann eher auf unpersönliche Vernunftsgründe oder eher auf Ihr Gefühl und persönliche Werte?"

Der *denkende* Typ ist *dissoziiert.* Er stützt sein Urteil und seine Entscheidungen auf objektive Kriterien und bevorzugt den inneren Dialog (A^i_d). Er ist nicht zeitverhaftet und sieht die Zeit als einen objektiven Ablauf außerhalb seiner selbst (Through-Time, vgl. 4.2). Der tatsachenorientierte abendländische Naturwissenschaftler gehört in diese Kategorie, ebenso der emotionslose Geschäftsmann, der Politiker und der Heerführer.
Der *fühlende* Typ ist *assoziiert* mit der Vergangenheit. Er gründet seine Urteile und Entscheidungen auf persönliche Erlebnisse und die daraus intern kinästhetisch (K^i) erwachsenen Werte. Er sieht sich eingebettet in die Zeit (In-Time, vgl. 4.2). Die Vergangenheit ist für ihn oft realer als die Gegenwart; die Zukunft ist nicht real, da er sie bisher nicht erlebt hat. Er ist, im Gegensatz zum denkenden Typ, der Zuwendung und des Mitleids fähig und ist für religiöse Fragen, aber auch für Spekulationen jeder Art aufgeschlossen.

Die meisten Menschen haben - ungeachtet ihrer Vorliebe für einen der beiden Zustände - die Möglichkeit, je nach Kontext vom einen in den anderen Zustand zu wechseln.

b) **Aktionsstil: aktiv - reflektiv - passiv**
   "Wenn es darum geht, etwas zu unternehmen, handeln und agieren Sie dann sofort, oder prüfen Sie erst ganz genau alle Konsequenzen?"

Der *aktive* Typ handelt rasch und gerne, der *reflektive* nur nach reiflicher Überlegung, der *passive* oftmals gar nicht.

c) **Kausale Reaktion: Möglichkeiten - Notwendigkeiten bzw. Unmöglichkeiten**
   "Warum haben Sie sich entschieden, das zu tun, was Sie gerade tun?"

Der *Möglichkeiten*-Mensch sagt: "ich kann", "ich darf", "ich möchte" etc. Er weiß, warum er etwas tun will, und hält stets nach neuen Wahlmöglichkeiten Ausschau, nach Gelegenheiten, seine Wünsche zu verwirklichen. Er ist durch Positives motivierbar.
Der Mensch der *Notwendigkeiten* oder *Unmöglichkeiten* sagt dagegen: "ich muß", "ich kann nicht", "ich darf nicht" etc. Er steht unter einem positiven oder negativen Zwang und kann kaum sagen, warum er etwas tut oder nicht tut - außer eben, daß er sich verpflichtet bzw. unfähig fühlt, es zu tun. Er ist durch Negatives motivierbar.

d) **Zeitorientierung: Vergangenheit - Gegenwart - Zukunft**
   "Was ist Ihnen am wichtigsten, die Vergangenheit, die Gegenwart oder die Zukunft?"

Die Unterschiede sind so bekannt und offensichtlich, daß auf ihre Darstellung verzichtet werden kann (vgl. aber 4.2).

4.4.3 Externe Orientierung

a) **Jungs Unterscheidung: introvertiert - extravertiert**
   "Wenn Sie sich erschöpft fühlen und spüren, daß Sie Ihre Kräfte regenerieren müssen, würden Sie dann lieber allein oder mit anderen Menschen zusammensein?"

Die Unterschiede sind wiederum so bekannt, daß auf ihre Darstellung verzichtet werden kann.

b) Beurteilungsinstanz: intern - extern

"Woher wissen Sie, ob Sie etwas gut gemacht haben? Wissen Sie es von sich aus, oder muß es Ihnen jemand sagen?"

Ein Mensch mit *interner* Beurteilungsinstanz sagt etwa: "Ich weiß es eben" oder "Dafür habe ich ein untrügliches Gefühl". Er kümmert sich nicht um die Meinung anderer und tut nur, was er für richtig hält.
Ein Mensch mit *externer* Beurteilungsinstanz sagt etwa: "Ich bin auf das Urteil anderer angewiesen." In diesem Fall erscheint es sinnvoll, zu klären, ob es sich um eine einzelne Autoritätsperson oder allgemein um *Leute* oder auch um äußere Daten oder Informationen handelt.

Bei den meisten Menschen findet im Laufe des Lebens ein Reifungsprozeß in Form einer Verschiebung von externer zu stärker interner Beurteilungsinstanz statt.

c) Primäres Interesse: Menschen - Orte - Zeit - Informationen, Gründe und Dinge - Handlungen

"Erzählen Sie mir bitte ein besonders schönes Erlebnis!"

Ähnlich wie die Werte einer Person gibt dieses Meta-Programm an, was ihr wichtig und was ihr unwichtig im Leben ist, worauf sie ihre Wahrnehmung vorzugsweise lenkt, was sie am meisten interessiert. Ist ihr also am wichtigsten,

- *wer* (welche Menschen) bei einer Aktion beteiligt ist (sind),
- *wo* (an welchem Ort) sie stattfindet,
- *wann* (zu welchem Zeitpunkt) sie stattfindet,
- um *was* es bei ihr geht (Interesse an Informationen, Gründen und/oder Dingen) oder
- *was* und *wie* zu handeln ist?

Bei diesem Meta-Programm können sich Überschneidungen mit den Werten einer Person ergeben, auch seine Identifizierung erfolgt entsprechend der Werte-Ermittlung (vgl. 4.1.2.1).

d) Aufmerksamkeitsrichtung: sich selbst zugewandt - anderen zugewandt

Ob ein Gesprächspartner sich selbst oder dem anderen zugewandt ist, läßt sich nicht durch Fragen, sondern nur durch Beobachtung seines Verhaltens feststellen.

Wer *sich selbst zugewandt* ist, sitzt meist zurückgelehnt da, ohne sich zu regen, hat kaum Augenkontakt, starrt oft ins Leere. Er verläßt sich eher auf

seine eigenen Gedanken und Gefühle als auf das, was ihm von außen angeboten wird.
Wer *anderen zugewandt* ist, zeigt dies in seiner ganzen Haltung, durch Augenkontakt, vielleicht ein Lächeln, ein Kopfnicken, eine Berührung des anderen. Er ist bereit, in die Welt des anderen einzutreten (vgl. die Wahrnehmungspositionen, 4.3), geht auf seine nonverbalen Hinweise ein, achtet auf die Wirkungen, die er beim anderen auslöst, weil sie ihm wichtig sind.

Natürlich gehen alle Menschen während einer Kommunikation einmal für eine Weile nach innen. Die Frage ist nur, ob sie auch wieder herauskommen, um sich dem anderen wieder zuzuwenden.

4.5 Zusammenfassung im Rahmen der NLP-System-Matrix

In diesem Kapitel wurden Persönlichkeitsvariable dargestellt, die innerhalb des menschlichen Modellbildungsprozesses die Kriterien für Tilgung, Verzerrung und Generalisierung bilden und damit Verhalten und Sein des Menschen maßgeblich bestimmen. Die einzelnen Variablen erklären sich gegenseitig und beeinflussen sich wechselseitig. Sie werden im NLP in vielerlei Hinsicht genutzt, vor allem:

- generell zum Verständnis des Menschen,
- zur Erklärung individueller Verhaltensunterschiede,
- zur Diagnose innerhalb einer Problemanalyse,
- zur Auswahl geeigneter Interventionsmodelle,
- zur Überprüfung der Ökologie bei und nach der Durchführung einzelner Interventionen,
- als Grundlage für den aktiven Modellierprozess[8].

[8] Der NLP-Modellierprozeß besteht im wesentlichen aus folgenden Schritten (Dilts & Hollander, 1990; O'Connor & Seymour, 1990; vgl. auch 1.1 und 1.4):

a) Zielfestlegung (Von ihr hängt vor allem auch die Genauigkeit ab, mit der die Informationen gesammelt werden müssen.)

b) In erster Wahrnehmungsposition: Auswahl geeigneter Modelle

c) In zweiter Wahrnehmungsposition: 'in die Haut' der/des Modelle(s) schlüpfen und soweit wie möglich alles nachahmen

d) In dritter (analytischer) Wahrnehmungsposition: Anwendung der Kontrast- und/oder Vergleichsmethode (vgl. 3.2.3) bei allen für das Ziel relevant erscheinenden Persönlichkeitsvariablen zur Identifizierung aller relevanten Elemente

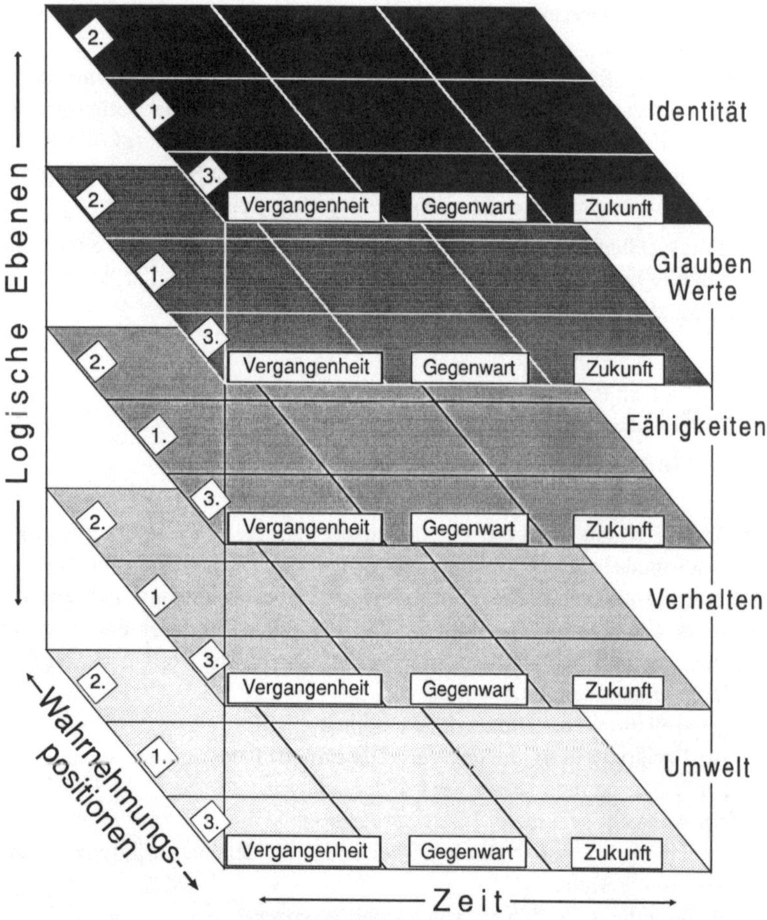

Abb. 5: Die **NLP-System-Matrix** (nach Dilts, 1990a) stellt die formalen Verknüpfungen der drei wesentlichen Persönlichkeitsbereiche - a) logische Ebenen der Veränderung, b) Zeit, c) mentale Wahrnehmungspositionen - graphisch dar.

---

e) Unter Nutzung aller drei Wahrnehmungspositionen, mit Abschluß in ökologisch integrierter erster Wahrnehmungsposition: Übertragung, Erprobung und Anpassung der relevanten Elemente auf die Zielperson(en): Klienten, Schüler, der Modellierer selbst etc.

(Die Schritte c) und d) sind an keine feste Reihenfolge gebunden, es kann auch mehrmals zwischen ihnen gewechselt werden.)

Die Persönlichkeitsvariablen des NLP beruhen im wesentlichen auf den an Bateson (1972/1981) orientierten *logischen Ebenen der Veränderung* (Umwelt, Verhalten, Fähigkeiten, Glauben/Werte, Identität), ergänzt durch die drei *Zeitebenen* (Vergangenheit, Gegenwart, Zukunft), die drei mentalen *Wahrnehmungspositionen* (assoziiert mit sich selbst, mit einer anderen (Beziehungs-)Person, mit einer außenstehenden Person) und durch *Meta-Programme* (Persönlichkeitsmerkmale). Die zugrundeliegende kognitive Struktur jeder Variablen, also die sie ermöglichende kognitive Strategie, kann mit Hilfe von Repräsentationssystemen und Submodalitäten beschrieben und auch verändert werden.

Abbildung 5 stellt die ersten drei Variablen im Zusammenhang dar, die Meta-Programme geben, von der Fähigkeiten-Ebene her operierend, bestimmte Verknüpfungs- und Orientierungsrichtungen innerhalb der anderen Variablen an.

Die einzelnen Ebenen und Felder innerhalb der Abbildung erlauben eine ständige Bestandsaufnahme des aktuellen Kommunikationsprozesses zwischen Anwender und Modellperson (oder überhaupt zwischen Menschen oder Gruppen von Menschen): Wer befindet sich gerade auf welchem Feld? Und in welche Felder muß der Anwender selbst wechseln, um kommunikative Schwierigkeiten aufzulösen?

Weiterhin kann jedes Problem formal und inhaltlich auf einem oder einer Kombination mehrerer Felder betrachtet werden; ebenso können die Felder bestimmt werden, die bei einem Veränderungsprozeß auf ein bestimmtes Ziel hin berücksichtigt werden müssen. Beispiel: Eine wesentliche Ursache für ein aktuelles Problem, das die Person in erster Wahrnehmungsposition auf der Verhaltensebene (bezogen auf die Umweltebene) in der Gegenwart erlebt, ist ein Glaubenssatz in zweiter Position aus der Vergangenheit. Für einen Veränderungsprozeß kann jetzt überlegt werden, welche anderen Felder in welcher Reihenfolge zu durchlaufen sind.

Dilts und Epstein (1991) nennen dieses Feldermodell, das sie als Basis für ihre *Unified Field Theory* verwenden, *"NLP Systems Matrix"* (o.S.). Die Unified Field Theory des NLP besteht im wesentlichen aus den in diesem Kapitel vorgestellten Bereichen; sie soll eine vollständige Darstellung und Einordnung des gesamten NLP-Modells, seiner "philosophy and 'epistemology'" (o.S.), des Modellierprozesses sowie seiner Techniken leisten und eine einheitliche Beschreibung der Methoden und Techniken anderer therapeutischer und pädagogischer Schulen ermöglichen, ist aber bisher nicht veröffentlicht.[9] Das vorliegende Kapitel stellt den Versuch des Autors dar, den für den Rahmen der Arbeit relevant erscheinenden Teil der Unified Field Theory wiederzugeben.

[9] Zur Namengebung, Notwendigkeit und Bedeutung einer solchen *Theorie* geben Dilts und Epstein (1991) einige interessante Hinweise:

"Albert Einstein sought a 'unified field theory' for physics which would tie together all physical theories into a single model of how the universe operated. Similarly, in psychology there are a wealth of theories each providing different perspectives and techniques which can be extremely effective and rewarding but have yet to be brought together into a single unified structure....

NLP did not start off as a collection of 'communication techniques' or a new 'pop psychology' or an 'alternative therapy' but rather as a unifying framework with which to understand and influence the most fundamental patterns of the basis of human thought [vgl. 1.1]....

As the basic principles of NLP were developed into specific applications and reduced to smaller 'chunks' for training purposes, the teaching of NLP moved away from the systemic model and more towards linear step-by-step capability level approach. While this has facilitated a rapid transfer of skills and techniques, much of the ecology and 'wisdom' of the 'bigger picture' has for the most part been left behind." (o.S.)

5. Grundlagen der Veränderungsarbeit mit Klienten

Wesentliche Elemente der Veränderungsarbeit mit Klienten wurden im bisherigen Verlauf der Arbeit (insbesondere in Abschnitt 4.1.2.2) bereits erwähnt. In diesem Kapitel werden sie ergänzt und zusammenfassend dargestellt. Dies erscheint sinnvoll, da eine derartige Zusammenstellung in der NLP-Literatur bis heute nicht vorliegt, und notwendig, um das *Submodalitätenkonzept* einordnen und beurteilen zu können. Die Darstellung muß sich allerdings auf die Veränderungsarbeit mit einzelnen Klienten beschränken; bei der Arbeit mit Paaren, Familien und anderen Systemen kommen weitere Elemente hinzu (s. hierzu Bandler et al., 1976/1983; Bandler & Grinder, 1982/1986b; Grinder & Bandler, 1976/1984a).

Zunächst wird näher auf die *Beziehung zwischen Berater und Klient* eingegangen (5.1), dann werden *wiederkehrende Elemente innerhalb des Beratungsprozesses* (5.2) und zum Abschluß weitere *wesentliche Merkmale und Techniken* (5.3) aufgeführt und erläutert.

5.1 Beziehung zwischen Berater und Klient

Die Beziehung zwischen Berater und Klient bildet im Neurolinguistischen Programmieren - wie in jeder anderen therapeutisch-pädagogischen Richtung innerhalb der humanistischen Psychologie - die Grundlage aller Beratungs- und Veränderungsarbeit. Keine der postulierten Aufdeckungs- und Veränderungs-Modelle bzw. -techniken kann ohne eine tragfähige, vertrauensvolle Beziehung sinnvoll und erfolgreich durchgeführt werden. Die Wesensmerkmale einer solchen Beziehung werden im NLP unter dem Begriff ***Rapport*** ("The establishment of trust, harmony, and cooperation in a relationship", Dilts, 1990a, S. 219) zusammengefaßt.

Zunächst werden hier einige *Grundsätze*, die die Beratungs-Beziehung im NLP-Verständnis kennzeichnen, dargelegt, wobei auch auf die Schwierigkeiten und die Grenzen hingewiesen wird (5.1.1); sodann werden Möglichkeiten zur *Rapportherstellung* und *-aufrechterhaltung* erläutert (5.1.2).

5.1.1 Grundsätze

Grundsätzlich soll die Beziehung zwischen Berater und Klient *partnerschaftlich* sein, was vor allem auch bedeutet, daß der Klient über alle während der Beratung angewandten Methoden und Techniken - soweit irgend möglich - informiert wird und daß diese erst eingesetzt werden, wenn er sich damit einverstanden erklärt (Stahl, 1988). Das pädagogische Endziel der Beratung liegt darüber hinaus - wann immer möglich - darin, dem Klienten die angewandten Analyse- und Veränderungsmodelle, insbesondere den Modellierprozeß, so beizubringen, daß er sie selbst für sich anwenden kann (vgl. 1.4). Mit Stahl läßt sich eine optimale Beratungs-Beziehung folgendermaßen charakterisieren: Sie ist dann gegeben, wenn beide, Berater und Klient, wesentliche Dinge voneinander lernen können, da nur dann die Beziehung *lebendig,* gewissermaßen *natürlich* motiviert und wirklich partnerschaftlich ist. (Selbstverständlich sollte es aber primär um das Lernen des Klienten und erst sekundär um ein Lernen des Beraters gehen.)

Der Klient sollte seine Ziele und Veränderungswünsche (s. 5.2.3) stets selbst bestimmen und seine Entscheidungen selbst treffen. Der NLP-Berater versteht sich nicht als Lieferant von fertigen Problemlösungen, die womöglich auch noch seinen eigenen Lösungsstrategien, Glaubens- und Wertesystemen entsprechen. Er versteht sich vielmehr als fachkundiger Begleiter, der dem Klienten dabei hilft, eigene Ressourcen und Lösungsstrategien zu finden, die im Einklang mit seinen Fähigkeiten, Glaubens- und Wertesystemen stehen (vgl. 1.3.2: 5. Grundannahme des NLP); bzw. seine Fähigkeiten, Glaubenssätze und Werte auf ökologische Art und Weise (vgl. 4.1.2.2, s. 5.2.5) so zu erweitern und zu verändern, daß sie zur Zielerreichung beitragen.

Der NLP-Berater sollte *non-direktiv* bezüglich der Ziele und Entscheidungsfindungen des Klienten und *direktiv* innerhalb des formalen Prozesses der Zielerreichung sein (Bandler, 1985/1987; Dilts et al., 1980/1985). Er gibt also beispielsweise *keine* inhaltliche Entscheidungshilfe bei der Frage "Soll ich mich von meinem Mann trennen oder nicht?", hilft aber (direktiv) dabei, daß der Klient seine bereits vorhandene Entscheidungsstrategie auch auf den speziellen Fall anwenden kann. Dazu kann er z.B. zusammen mit dem Klienten mögliche Hinderungsfaktoren (etwa auf Glaubensebene) identifizieren, ihn bitten, bestimmte Wahrnehmungspositionen (vgl. 4.3) einzunehmen oder bestimmte Submodalitätsveränderungen durchzuführen. Er *sagt* ihm aber bei keiner der Interventionen, was sie inhaltlich bewirken soll, sondern *fragt* ihn, was sie speziell bei ihm in dem Moment bewirkt.

Ein derartiger nicht-wertender, klientenzentrierter Anspruch kann vom Berater allerdings kaum jemals vollständig eingelöst werden. Denn wie in jeder Beziehung begegnen sich auch hier Berater und Klient(en) als Menschen, die sich hinsichtlich ihrer Persönlichkeitsstruktur (vgl. die im vorigen Kapitel dargestellten Persönlichkeitsvariablen) in manchen Bereichen ähneln, in anderen mehr oder weniger stark unterscheiden. In jedem Fall beeinflussen sie sich (in nicht genau berechen- oder vorhersehbarer Weise) wechselseitig in vielerlei Hinsicht, auch Übertragungen sind möglich. Allerdings werden diese Wechselwirkungen und Übertragungen in der NLP-Literatur kaum behandelt; lediglich Stahl (1988) geht auf Relevanz und Umgang mit Übertragungen ein, und Dilts (1990a; Dilts et al, 1990/1991) weist darauf hin, daß der Berater seine eigenen Glaubens- und Wertesysteme möglichst gut kennen sollte, um zu vermeiden, daß er sie auf den Klienten projiziert und unbewußt als Maßstab bei dessen Problemlösung verwendet (vgl. 4.1.2.1).

Selbst wenn sich der NLP-Anwender seiner Glaubenssätze und Werte größtenteils bewußt ist, wird er niemals gänzlich vermeiden können, daß sie sich in seinem (vor allem auch unbewußten) Verhalten gegenüber dem Klienten in irgendeiner Weise ausdrücken. Durch bewußtes und unbewußtes Modellernen kann der Klient sie übernehmen, wird sich zumindest in der einen oder anderen Art und Weise von ihnen beeinflussen lassen. (Allerdings muß dies nicht unbedingt ein Nachteil sein, solange es ihn bei der Erlangung seiner Ziele nicht behindert, ihm vielleicht sogar hilft.)

Die Frage nach den *moralischen und/oder ethischen Grenzen* einer nichtwertenden Beratung und damit nach der Verantwortung des NLP-Anwenders findet sich in der NLP-Literatur bisher nur wenig reflektiert. Letztlich muß nach dem NLP-Verständnis jeder Anwender selbst, aufgrund seines eigenen Glaubens- und Wertesystems, entscheiden, wo und wie er solche Grenzen stecken will; ob er beispielsweise einem Klienten dabei helfen soll, alle seine Fähigkeiten und Ressourcen zu aktivieren, um einen Saddam Hussein umzubringen oder nicht. Dilts führt dazu in einem Interview mit Vera Becker (1989) beispielhaft, aber ohne konkrete Antworten zu geben, folgendes aus:

> V.B.: Was machen Sie, wenn Sie zum Beispiel merken, daß der Leiter eines großen Unternehmens nicht gerade menschliche Ideen und Absichten hat?
> R.D.: Meistens erlebe ich, daß die Leute an der Spitze einer erfolgreichen Firma so nicht sind. Sie wissen, wie wichtig die Angestellten und Arbeiter

> sind. Ihr Beispiel ist - glaube ich - nicht so gut. Es würde eher zutreffen für jemanden, der zu einem Workshop kommt, weil er von NLP gehört hat und es für sich nutzen will. Wie schon gesagt, glauben wir nicht, daß es schlechte Menschen gibt, und wir suchen immer nach den ursprünglich guten Absichten hinter jedem Fehlverhalten....
> V.B.: Sie versuchen also, diese Person mit ihrer Fehlhaltung zu konfrontieren?
> R.D.: Man braucht nicht offen zu konfrontieren, das kann man viel subtiler tun. Also wenn z.B. ein Arzt nicht glaubt, daß seine Einstellung zum Patienten einen Einfluß hat, ist das viel gefährlicher, als wenn ein Verkäufer versucht, eine Ware an den Mann zu bringen. Ich würde aber einem Mediziner nicht sagen, daß er ein schlechter Arzt ist, weil er seinen Patienten sagt, daß sie sterben werden. Ich frage immer nach dem positiven Ziel dahinter - bei dem Arzt genauso wie bei dem Verkäufer. (S. 183)

Auf die Bedeutung der *positiven Absichten*, die nach der 6. NLP-Grundannahme (vgl. 1.3.2) jedem, auch dem fragwürdigsten menschlichen Verhalten unterstellt werden, wird in Abschnitt 5.2.2 näher eingegangen.

Im Gegensatz zu dem bisher Gesagten *müssen* diejenigen Glaubenssätze und Werte des Beraters, die die Möglichkeiten und Voraussetzungen menschlicher Veränderung betreffen - vor allem auch die Grundannahmen des NLP (s. 1.3.2) -, zumindest teilweise mit denen des Klienten übereinstimmen, dürfen ihnen jedenfalls nicht konträr entgegenstehen, wenn die NLP-Veränderungsmodelle überhaupt wirksam werden sollen (R. Dilts, persönl. Mitteilung, 1989). Wenn ein Klient beispielsweise nicht glaubt, daß er mit Hilfe von Submodalitätsveränderungen seine Gefühle beeinflussen kann, wird er derartige Veränderungen - zumindest bewußt - nicht mit Erfolg durchführen können; wenn derartige Selbstbeeinflussungen seinen Werten widersprechen, wird er sie nicht durchführen wollen. Beides wird im Rahmen des NLP aufgrund der Zusammenhänge zwischen Glaubens- und Fähigkeiten-Ebene verständlich (s. 4.1.2). Der NLP-Anwender muß in einem solchen Fall versuchen, einen anderen Weg zu beschreiten oder - gemäß den im nächsten Abschnitt aufgezeigten Möglichkeiten zur Herstellung von Rapport - die Einstellungen des Klienten seinen eigenen anzunähern. Sollten die beiderseitigen Glaubenssätze und Werte allerdings extrem konträr zueinander liegen, dürfte in den meisten Fällen die Verhaltensflexibilität des Beraters irgendwann ihre Grenzen erreichen.

Allgemein gilt: Wenn der Klient (nach *eigener* Einschätzung) sich der Erreichung seiner Ziele im Laufe der Beratungen nähert, kann sowohl die Beziehung als auch die Beratung positiv bewertet werden. Nähert er sich seinem Ziel nicht, muß der Berater sowohl sein eigenes Verhalten und seine Interventionsformen (gemäß der 6. Grundannahme des NLP, vgl. 1.3.2) verändern als auch die Beratungs-Beziehung, vor allem hinsichtlich seiner eigenen Glaubenssätze und Werte, überprüfen und ggf. verbessern. (Hierzu muß der Berater selbst sich in eine möglichst neutrale, die 3. Wahrnehmungsposition, vgl. 4.3, begeben.) Kommt es im Anschluß daran nicht in absehbarer Zeit (i.d.R. wenige Sitzungen) zumindest zu kleinen Verbesserungen (bezogen beispielsweise auf Teilziele des Klienten), sollte die Beratungsbeziehung beendet werden (T. Stahl, persönl. Mitteilung, 1988).

Widerstand seitens des Klienten wird im NLP im Anschluß an Erickson und E.L. Rossi (1981) eher als Hinweis auf mangelnde Flexibilität im Verhalten und in der Auswahl geeigneter Interventionsformen seitens des Beraters gesehen, statt als mangelnde Bereitschaft des Klienten gewertet zu werden (Bandler & Grinder, 1979/1986a). Widerstand stellt somit einen Selbstschutz des Klienten vor unsachgemäßer, ihn nicht verstehender, ihm nichts nützender oder sogar schadender Behandlung dar und sollte den Berater dazu veranlassen, solange sein Verhalten zu verändern und die Beziehung zu überprüfen, bis der Widerstand des Patienten sich, da unnötig geworden, auflöst.

> *Bandler* und *Grinder* [1979/1986a]... schildern eine typische Widerstandskonstellation, wie sie in den Therapieformen besonders häufig auftritt, die den kinästhetischen Anteil der Erfahrung des Patienten stark betonen (z.B. die Gestalttherapie, die Körpertherapien und die Gesprächspsychotherapie). Der Patient benennt ausschließlich den visuellen Anteil seiner Erfahrung, erkennbar an den Prädikaten und Redewendungen seiner Äußerungen - er spricht von einem Berg von Problemen, den er vor sich *sieht*, oder davon, etwas einzu*sehen,* Durch*blick* zu haben etc. Sein bevorzugtes Repräsentationssystem zu diesem Zeitpunkt ist visuell. Nach jeder Intervention des Therapeuten, die die bewußte (= benennbare) Repräsentation des kinästhetischen Anteiles der Erfahrung des Patienten voraussetzt, wie etwa "Was spüren Sie gerade?" oder "Ist es so, daß Sie sich... fühlen?", antwortet der Patient immer nachdrücklicher und ausgiebiger in Bildern - bis der Therapeut heimlich die Faust in der Tasche ballt, sich Supervision holt oder aufgibt: Dieser Patient "ist im Widerstand", "in der Sackgasse", "blockiert" etc. - und bekommt in der Regel die Schuld für diesen Umstand zugesprochen. (Stahl, 1981, S. 463)

Neben der Schutzfunktion des Widerstandes vor unangemessenen Interventionen des Beraters *kann* laut Dilts (1990/1991) Widerstand, vor allem wenn er unerwartet innerhalb einer ansonsten widerstandslosen Interaktion zwischen Klient und Berater auftritt, auch einen Hinweis auf relevante Glaubenssätze des Klienten darstellen (vgl. 4.1.2.1). Auch in diesem Fall stellt der Widerstand einen Schutz dar, und zwar vor den möglicherweise negativen Konsequenzen, die mit einer Aufdeckung des Glaubenssatzes einhergehen würden; soll der Glaubenssatz dennoch aufgedeckt werden, muß der Berater geeignete Interventionen finden, die den Schutz des Widerstandes durch einen anderen Schutz bzw. durch Vorsorgemaßnahmen überflüssig machen und so das Bewußtwerden des Glaubenssatzes ermöglichen.

Die vollständige Darlegung der verschiedenen NLP-Interventionen zur Vermeidung und Auflösung von Widerstand würde den Rahmen dieser Arbeit sprengen; eine Möglichkeit, die fast bei jeder NLP-Intervention eingesetzt wird, stellt das grundlegende Prinzip von *Pacing* und *Leading* dar, das im folgenden Abschnitt beschrieben wird.

5.1.2 Herstellung und Aufrechterhaltung von Rapport

Um einen guten *Rapport* aufzubauen und aufrechtzuerhalten, wurde im NLP zunächst im wesentlichen eine Verhaltensanpassung des Beraters an die Verhaltensweisen des Klienten - ***Pacing*** genannt - postuliert. Dabei gingen Bandler und Grinder (1979/1986a) von der allgemein bekannten Beobachtung aus, daß Menschen, die in ein gutes Gespräch vertieft sind, sich unbewußt *spiegeln,* sich also hinsichtlich Körperhaltung, Körperbewegungen, Atemmuster, Wortwahl, Lautstärke der Stimme und anderer Verhaltensmerkmale einander angleichen. Bandler und Grinder postulierten, daß durch die bewußte Umkehrung dieses Vorgangs, also durch *bewußtes Spiegeln der Verhaltensweisen* des Klienten Rapport hergestellt werden könne. Sie führen verschiedene Möglichkeiten des Spiegelns auf, die vom leichten Auf-und-Abbewegen einer Hand im Atemrhythmus des Klienten über die Angleichung der eigenen Wortwahl hinsichtlich des primären oder des gerade aktuellen RS des Klienten bis zur Spiegelung möglichst aller seiner Verhaltensweisen reichen. Pacing auf der Verhaltensebene bedeutet auch, daß der Berater insgesamt *die Sprache des Klienten,* vor allem hinsichtlich seines Abstraktionsvermögens, sprechen sollte, statt zu erwarten, daß dieser sich den Sprach- und damit Denkgewohnheiten des Beraters anpaßt.

Heute wird neben dieser Möglichkeit des Pacing auf der Verhaltensebene auch ein *bewußtes Angleichen* des Beraters hinsichtlich *aller anderen Persönlichkeitsmerkmale* - vor allem hinsichtlich der Glaubens- und Wertesysteme - des Klienten zum Rapportaufbau genutzt (Bagley & E.J. Reese, 1987; R. Dilts, persönl. Mitteilung, 1989).

Ein umfassendes Pacing dient der Herstellung einer guten Beziehung und der Vermeidung von Widerstand ebenso wie dem besseren Verständnis des Klienten und hilft aus diesem Verständnis heraus bei der Diagnosestellung. Im wesentlichen besteht es darin, daß der Berater sich bemüht, für eine bestimmte (nicht genau festgelegte) Zeit gewissermaßen in Körper und Geist des Klienten zu schlüpfen, er begibt sich in die 2. Wahrnehmungsposition (vgl. 4.3), identifiziert sich mit dem Klienten oder einzelnen Teilen (Verhaltensweisen, Glaubenssätzen, Werten etc.) von ihm.

Auf ein genügend langes Pacing kann, so Bandler und Grinder (1979/1986a), das ***Leading***, ein Führen und Lenken des Klienten auf der Verhaltens-Ebene folgen, bei dem der Berater die 2. Wahrnehmungsposition wieder verläßt. Der Berater verändert in fließendem Übergang vom Pacing zum Leading einige seiner eigenen Verhaltensweisen. Folgt der Klient, indem er nun seinerseits den Berater spiegelt, gilt der Rapport als positiv hergestellt; folgt er ihm nicht, muß der Berater sein Pacing solange wieder aufnehmen, bis ein Leading möglich wird.

Analog zum Leading auf Verhaltensebene kann, wenn es sinnvoll erscheint, auch ein vorsichtiges *Leading auf höheren logischen Ebenen*, hinsichtlich der Wahrnehmungspositionen oder einzelner Meta-Programme, versucht werden (R. Dilts, persönl. Mitteilung, 1989).

Während einer Beratungssitzung wechseln sich Pacing und Leading immer wieder ab, wobei i.d.R. (vor allem zu Beginn einer Berater-Klient-Beziehung) die Pacing-Phasen überwiegen. *Nur während der Leading-Phasen finden die eigentlichen veränderungswirksamen Interventionen statt.*

Das Prinzip von Pacing und Leading auf der Verhaltensebene läßt sich im Anschluß an das im vorigen Abschnitt geschilderte Beispiel eines Widerstandes darstellen:

> Widerstandsarbeit im Vorgehen von Bandler und Grinder besteht in diesem Fall in der Technik der "Angleichung im Repräsentationssystem" ... in Kombination mit der "Technik der Überlappung" [Bandler & Grinder, 1979/1986a]...: Zunächst gleicht sich der Therapeut sprachlich in seinen Interventionen dem vom Patienten bevorzugten "Repräsentationssystem" an, er "pacet" und "leadet" ihn in bezug auf die von ihm benannten visuellen Anteile seiner Erfahrung (indem er z.B. den Patienten anleitet, Details in dem von ihm benannten Bild zu fokussieren, den eventuell nicht mitbenannten Kontext zu betrachten oder ein stehendes in ein bewegtes Bild zu verwandeln, und überlappt dann in ein anderes Repräsentationssystem (etwa: "Und

> während du es dir weiter ansiehst, hör' auch mal genau hin." Dieser "Umweg" über akustische Repräsentationen empfiehlt sich meiner gestalttherapeutischen Erfahrung nach im Umgang mit sehr "widerspenstig-visuellen" Patienten... besonders, da der meist nicht bewußt repräsentierte akustische Erfahrungsanteil den Patienten häufig sehr schnell mit dem entsprechenden kinästhetischen Anteil verbindet.) Zum zweiten Mal überlappt der Therapeut dann in ein weiteres Repräsentationssystem (etwa: "Während du weiter hinschaust und genau zuhörst..., was spürst du in deinem Körper?"). (Stahl, 1981, S. 461)

Das Grundprinzip von Pacing und Leading wurde der hypnotherapeutischen Arbeit Ericksons (Erickson & E.L. Rossi, 1981) entlehnt. Inwieweit es, ebenso wie einige andere NLP-Verfahren (s. die folgenden Abschnitte), einen manipulativen Charakter hat, ist immer wieder kontrovers diskutiert worden (s. Kap. 8). Im NLP wird ihm in der Tat ein manipulativer Charakter zugesprochen. Er wird damit gerechtfertigt, daß Menschen gar nicht anders können, als sich gegenseitig zu beeinflussen und damit auch zu manipulieren; daß weiterhin diese Manipulationen oftmals unbewußt und in ihrer Wirkung damit unkontrollierbar sind; daß letztlich also eine bewußte und damit kontrollierbarere Manipulation besser und sinnvoller ist (Bandler & Grinder, 1979/1986a).

5.2 Wiederkehrende Elemente innerhalb des Beratungsprozesses

Im folgenden wird ein kurzer Überblick über die wiederkehrenden Elemente innerhalb des NLP-Beratungsprozesses gegeben: zunächst die generellen *Arbeitsvereinbarungen* zwischen Berater und Klient (5.2.1), gefolgt von den Merkmalen der *Problembestimmung* (5.2.2) und der *Zielbestimmung* (5.2.3), sodann das generelle Vorgehen zur Zielerreichung durch *Ressourcensuche* und *Anwendung von Veränderungsmodellen* (5.2.4), zum Schluß der *Umgang mit Inkongruenzen, Überprüfungsmethoden der Kongruenz* sowie die abschließende *Festigung des Beratungsergebnisses* (5.2.5).

5.2.1 Arbeitsvereinbarungen

Wie bei den Therapien und Beratungen anderer Schulen werden auch im NLP zu Beginn einer einzelnen oder einer Reihe von Beratungssitzungen

Arbeitsvereinbarungen getroffen, die bei Bedarf im weiteren Verlauf ergänzt und/oder erneuert werden können.

Im Gegensatz zu den meisten anderen Schulen sind hierfür keine festen Regeln vorgegeben, die den *Zeitrahmen* und die *Anwendung bestimmter Methoden* festlegen. Die Regeln werden vielmehr individuell aufgrund der Problem- und Zielbestimmung (s. die beiden nächsten Abschnitte) zwischen Berater und Klient abgestimmt. Dabei orientiert sich der Berater im Sinne des Pacing im wesentlichen an den Glaubenssätzen des Klienten, speziell an denen über die *Zeitdauer*, die dieser für notwendig hält, über die am besten anzuwendende Methode sowie über die beste Art der Zusammenarbeit. Der Berater klärt durch Zuhören, Beobachten und Fragen diese Glaubenssätze seines Klienten (R. Dilts, persönl. Mitteilung, 1989). (Er fragt z.B.: "Was denken Sie denn, wieviele und/oder wie häufige Treffen werden nötig sein, bis Ihr Problem gelöst ist bzw. bis Sie ihr Veränderungsziel erreicht haben?") Dabei ist zunächst entscheidend, was der Klient tatsächlich glaubt, nicht, was er sich wünscht.

Ein solches Vorgehen erscheint sinnvoll, da die Glaubenssätze des Klienten, falls sie der Arbeitsweise des Beraters konträr entgegenständen, eine positive Veränderung mit aller Wahrscheinlichkeit verhindern würden. Oftmals glauben z.B. Klienten, daß die Lösung ihres Problems relativ lange Zeit in Anspruch nehmen müsse, da es ja auch schon so lange existiere - zumal unsere Gesellschaft durch diesen "Freudschen Glaubenssatz" generell geprägt ist. Ihnen dann zu sagen "NLP ist eine Kurzzeittherapie, das kriegen wir schon in drei Sitzungen hin", würde in vielen Fällen (berechtigten) Widerstand hervorrufen; schließlich würde nach einem Erfolg innerhalb dreier Sitzungen u.U. der nicht ausgesprochene Gedanke aufkommen: "Eigentlich bin ich ja blöd und dumm, daß ich dieses Problem, wenn es so einfach zu lösen ist, nicht längst vorher allein gelöst habe."[1]

Ähnliches gilt auch für die *Methodenwahl* und die grundsätzliche Art der Zusammenarbeit. Glaubt der Klient, er müsse zuerst die Ursachen seines Problems kennen oder nicht? Glaubt er, er müsse selbst das Entscheidende leisten oder nicht? Glaubt er, es sei gut, jede Intervention des Beraters genau zu verstehen und vor der Anwendung über sie informiert zu werden oder nicht? Was glaubt er, was ihm am besten helfen könnte? Je nachdem

---

[1] Nach der noch nicht genauer verifizierten Erfahrung des Autors haben Angehörige sozialer Berufe und Beamte in Deutschland eher den Glaubenssatz "Veränderung braucht Zeit", Angehörige technischer Berufe und Manager den Glaubenssatz "schnell oder gar nicht".

wird der Berater unterschiedliche Interventionsmodelle und Vorgehensweisen wählen.

Auch bei annähernd gleicher Symptomatik kann und sollte also die Dauer einer NLP-Beratung, die Auswahl der Methoden sowie das generelle Vorgehen des Beraters individuell variieren und im Sinne des *Pacing* auf den Klienten abgestimmt werden. Natürlich aber versucht der Berater letztlich, mit Hilfe des *Leading* den Klienten auf eine möglichst kurze, gegenwarts-, zukunfts- und zielorientierte Beratung einzustimmen, die zudem dem pädagogischen Auftrag zu möglichst viel Eigenverantwortung, Eigenleistung und Eigenentscheidung des Klienten gerecht wird (C. Andreas & S. Andreas, 1987/1988; Stahl, 1988).

5.2.2 Problembestimmung und "Versöhnungsmaßnahmen"

Die **Problembestimmung** hat im Rahmen einer NLP-Beratung nur einen relativ geringen Stellenwert. Eine klassische Diagnose, die in eine pathologische Beschreibung mündet, unterbleibt ganz. Dies wird damit begründet, daß mit einer solchen Diagnose Menschen nur unzweckmäßiger Weise in eine Schublade gesteckt würden, was sowohl ihre eigenen als auch die Glaubenssätze des Beraters ungünstig beeinflussen könnte (Bandler & Grinder, 1979/1986a).

Eine Problembestimmung erfolgt relativ knapp, indem das Problem innerhalb der NLP-System-Matrix, insbesondere im Hinblick auf die beteiligten logischen Ebenen, analysiert, und seine kognitive Struktur ermittelt wird. Die Fragen dazu sind vor allem:

- Wer und was ist am Problem auf der Umweltebene beteiligt?
- Wie äußert es sich im Verhalten?
- Welche Fähigkeit (Strategie) führt zu diesem Verhalten?
- Welche Glaubenssätze und Werte tragen und bestätigen es?
- Welche Rolle spielt die Identität der Person bei dem Problem?

Darüber hinaus wird vor allem auch andersherum gefragt, nämlich:

- Welchen positiven Zweck erfüllt das Problem auf den verschiedenen Ebenen?

Diese Frage ergibt sich aus der bereits erwähnten NLP-Grundannahme, daß die Absicht hinter jedem Verhalten positiv ist (vgl. 6. Grundannahme, 1.3.2). Davon ausgehend versucht der Berater, mögliche ***positive Absich-***

ten[2] des Problemverhaltens zusammen mit dem Klienten zu entdecken. Mit positiven Absichten ist *das* Positive gemeint, das eine *nicht faßbare Instanz* im Menschen (im NLP oftmals als sein *Unbewußtes* oder als ein *Teil* von ihm bezeichnet) mit dem nicht gewünschten Verhalten bezweckt oder in der Vergangenheit einmal bezweckt hat[3]. Es ist, wie immer im NLP, nicht relevant, ob diese positiven Absichten tatsächlich existieren - wer könnte das auch mit Sicherheit bestätigen? -, sondern daß der Klient sie als solche akzeptiert und würdigt, zumindest für wahrscheinlich hält. Um derartige positive Absichten zu finden, sind im NLP unterschiedliche *Reframing*-Modelle entwickelt worden, die hier aber nicht im einzelnen erläutert werden können (s. hierzu Bandler & Grinder, 1979/1986a, 1982/1986b; Stahl, 1988).

Mit dem Erkennen positiver Absichten soll erreicht werden, daß der Klient sich mit seinem Problem *versöhnt,* es also nicht mehr bekämpft, sondern als einen relevanten bzw. einmal relevant gewesenen Anteil seiner Persönlichkeit akzeptiert. Eine derartige Versöhnung ist oftmals die Voraussetzung für eine positive Veränderung, Auflösung oder Abschwächung des Problems (Stahl, 1988).[4]

In jedem Fall kann nach einer als **Versöhnung** erlebten Würdigung des Problem(verhalten)s nach den *positiven Veränderungszielen* gefragt wer-

---

[2] Weitgehend synonym wird im NLP auch von *sekundären Gewinnen* gesprochen (Bachmann, 1991, S. 75 f.).

[3] Diesbezüglich wird davon ausgegangen, daß ursprünglich positive Absichten sich derart verselbständigen können, daß sie das Verhalten (z.B. durch Glaubenssätze abgestützt) weiter produzieren, auch wenn es längst keine positive Funktion mehr erfüllt. Phobien können z.B. in einigen Fällen so erklärt werden: Die phobische Person hatte in der Kindheit ein Erlebnis, in dem die panische Reaktion, etwa ein lauter Schrei angesichts einer großen Spinne, die gerade in ihren Mund krabbelte, sie vor dem Ersticken rettete - eine absolut positive Funktion also. Die daraufhin stattgefundene (unbewußte) Generalisierung erhält die wenig sinnvolle Spinnenphobie aufrecht; trotzdem kann die Absicht dahinter positiv gewertet werden (Cameron-Bandler, 1978/1985; T. Stahl, persönl. Mitteilung, 1987).

[4] Die Notwendigkeit einer Versöhnung wird durch den systemischen Ansatz des NLP verständlich (vgl. 2. Grundannahme, 1.3.2). Danach käme die Bekämpfung eines Problems oder eines Symptoms, da Teil der eigenen Persönlichkeit, einem Kampf gegen sich selbst gleich. Ein solcher Kampf gegen sich selbst erscheint aber wenig sinnvoll, da in jedem Fall zumindest ein Teil der eigenen Persönlichkeit Verlierer wäre. Bei der Anwendung von NLP als Beratungsmethode in zwischenmenschlichen Systemen (Paaren, Familien, Organisationen etc.) wird ebenso darauf Wert gelegt, daß es bei allen Systemmitgliedern zu einem Verständnis der positiven Absichten hinter den als negativ empfundenen Verhaltensweisen einzelner Systemmitglieder mit einer anschließenden Versöhnung kommt. Wiederum dient sie dann als Ausgangsbasis für positive Veränderungen im System (Bandler & Grinder, 1982/1986b).

den (s. nächster Abschnitt). Falls das Problem nach wie vor positive Zwecke erfüllt, muß in den Wunschzielen i.d.R. deren positive Erfüllung enthalten sein, damit das Problem auch tatsächlich gelöst werden kann. Wenn z.B. eine der positiven Absichten des Rauchens bei einem Klienten darin besteht, sich in bestimmten Situationen entspannen zu können, muß das Wunschziel eine dem Rauchen mindestens gleichwertige (d.h. mindestens ebenso schnelle, zuverlässige, effektive und angenehme) Entspannungsmöglichkeit für diese Situationen umfassen (Stahl, 1988).

Auf ein *kathartisch-regressives,* mit Schmerz verbundenen *Wiedererleben* einzelner dem Problem zugrundeliegender Erlebnisse, das ein Hauptmerkmal zahlreicher Therapieformen (etwa der Gestalttherapie, der Primärtherapie und zahlreicher Körpertherapien) ist, wird im NLP verzichtet; wie bei Erickson (Erickson & E.L. Rossi, 1981) und in der Kommunikationstherapie (Fisch, Weakland & L. Segal, 1987), wird es als eher noch problemverschärfend, auf keinen Fall aber als positive Veränderungen begünstigend angesehen. Das Erleben vergangener Ereignisse wird im NLP als ein Neu-Erleben initiiert, das bereits mit *Ressourcen,* positiven alternativen Möglichkeiten angereichert ist (s. 5.2.4; Bandler & Grinder, 1979/1986a; Dilts, 1990a).

5.2.3 Wohlgeformte Zielbestimmung

Im Gegensatz zur relativ kurzen Problembestimmung nimmt die **Zielbestimmung** im Rahmen der NLP-Veränderungsarbeit einen breiten Raum ein. Sie soll ***wohlgeformt*** sein, d.h. es wird genau geprüft, was ganz genau das Ziel, der Veränderungswunsch des Klienten ist. Nur wenn dieses von seiner allgemeinen Richtung bis hin in alle sensorischen Einzelheiten eindeutig geklärt ist, besteht die Chance, es auch zu erreichen, da nur so die bewußte und unbewußte Persönlichkeit des Klienten wissen kann, was Schritt für Schritt zur Erreichung des Ziels alles zu tun ist (Stahl, 1988).

Unter Vermeidung eines kathartischen Wiedererlebens vergangener negativer Erlebnisse soll das Erreichen eines zukünftigen Zieles bereits in der Gegenwart - während der Zielbestimmung - sinnenhaft mit all seinen Konsequenzen so vollständig wie möglich (in der reinen Vorstellung oder im Rollenspiel) erlebt werden. So kann einmal überprüft werden, ob der Klient dieses Ziel auch tatsächlich erreichen will (falls nicht, muß es modifiziert werden), und zum anderen wird deutlich, welche zunächst vielleicht nicht bedachten kontextuellen Umstände zusätzlich zu berücksichtigen sind. Weiterhin stellt die sinnliche Vorwegnahme der Zielerreichung bereits einen ersten, vielleicht den wesentlichen Lernschritt zur tatsächlichen Erreichung dar, da die gleiche kognitive Repräsentation (Landkarte), die später zur Steuerung des externen und/oder internen Verhaltens benötigt wird, während der *mentalen Probe* bereits erzeugt wird und sich mit jeder Verfeinerung des Ziels genauer und fester ausprägt (Stahl, 1988).

Ein wohlgeformtes Ziel, ein Ziel, bei dem die Aussicht besteht, daß es auch erreicht werden kann, muß bestimmten *Kriterien* genügen[5], auf deren Einhaltung der NLP-Berater zu achten hat:

a) Das Ziel soll durch die Person "selbst initiierbar und aufrechterhaltbar sein" (Stahl, 1988, S. 72), da andernfalls eine kaum selbst beeinflußbare Abhängigkeit von anderen Menschen und/oder anderen externen Umweltvariablen entstände. Wenn dieses Kriterium im Veränderungswunsch des Klienten nicht erfüllt ist, muß solange nach alternativen Zielen gesucht werden, bis die Eigenverantwortlichkeit des Klienten möglich wird.

b) Das Ziel "soll einen kurzen Feedbackbogen enthalten" (S. 72). Die positive Erreichung des Ziels bzw. einzelner Teilziele soll - vom Beginn der Bemühungen des Klienten an gerechnet - möglichst kurzfristig erkannt und bestätigt werden können. Dieses Kriterium entspricht der üblichen Unterteilung *großer* Ziele in Nah- oder Teilziele, was sowohl die notwendige Differenzierung, die Aktivitäten zur Zielerreichung, erst möglich macht als auch eine bessere Motivation mit sich bringt. Gegebenenfalls muß das Ziel verändert bzw. unterteilt werden, bis ein kurzer Feedbackbogen möglich wird. ("Woran könnten Sie schon vorher merken, daß Sie Ihr Ziel erreicht haben?")

c) Das Ziel "soll gut kontextualisiert sein" (S. 72). Wo, wann, in welcher Situation und wem gegenüber soll was mit welchen Mitteln erreicht werden? Je genauer hier der Kontext bestimmt wird, desto genauer kann sich auch die interne kognitive Repräsentation ausprägen, was die Wahrscheinlichkeit der Zielerreichung erhöht. Außerdem wird vermieden, daß das Ziel u.U. nur deshalb nicht erreicht wird, weil die Kontexte, in denen es sinnvoll ist, es zu erreichen, nicht von denen getrennt wurden, in denen ein Erreichen weniger günstig oder sogar unerwünscht ist. (Kein Mensch will vermutlich in wirklich jeder Situation z.B. immer nur *fröhlich* sein.)

---

[5] Sie sind insgesamt strenger als alle dem Autor aus anderen Schulen bekannten Kriterien.

d) "Das Zielverhalten bzw. der Zielzustand soll sinnesspezifisch konkret angegeben werden" (S. 72). Mit der Erfüllung dieses Kriteriums kann die kognitive Strategie der Zielerreichung aufgedeckt werden. Auch wird dadurch erst die sinnlich-konkrete Vorwegnahme der Zielerreichung in der Gegenwart, die aus den bereits zu Beginn des Abschnitts genannten Gründen wichtig erscheint, möglich. Weiterhin bedeutet es, daß der Klient eindeutig erkennen kann, wann er sein Ziel erreicht hat; dies erst führt zur Zufriedenheit und ermöglicht das Angehen weiterer Ziele. (Letzteres klingt banal, ist aber keineswegs selbstverständlich: So mancher Multi-Millionär soll z.B., als er sich aus bestimmten Gründen dazu entschied, Geld zu verdienen, die Überlegung vergessen haben, woran er erkennen würde, wann es genug damit sei. Und er jagt noch heute diesem einen einzigen alten Ziel nach.) Damit das Ziel diesem Kriterium genügt, kann der Berater die in Kapitel 3 vorgestellten Aufdeckungsmöglichkeiten kognitiver Strategien anwenden.
e) "Die Zieldefinition soll keine Negation ... enthalten" (S. 72). In diesem Fall bliebe der Klient kognitiv auf das fixiert, was er *nicht* (mehr) möchte, auf sein Problem also; die Bildung einer positiven kognitiven Repräsentation, die eine positive Alternative zum Problem erst ermöglicht, könnte dann gar nicht erst erfolgen. Eine mögliche Frage des Beraters, die auf eine positive Alternative zielt, ist: "Was möchten Sie stattdessen (statt des Problems ...) haben?"

Durch die angegebenen Verfahren nähert sich der Klient zusammen mit dem Berater im Laufe der Zielbestimmung immer mehr einer wohlgeformten Zieldefinition. Wichtig ist dabei, darauf zu achten, daß das vom ursprünglichen Veränderungswunsch u.U. erheblich abweichende Ziel immer noch, oder am besten erst recht, etwas darstellt, das der Klient auch wirklich erreichen möchte. Es sollte also trotz der strengen Kriterien noch attraktiv sein, da i.d.R. nur dann der Klient die zur Erreichung notwendigen Schritte auch tun wird (C. Andreas & S. Andreas, 1989).

Ein Beispiel für eine wohlgeformte Zielbestimmung stellt folgender Satz dar, der aus dem anfänglichen Ziel "Ich möchte nicht mehr immer solche Angst haben" entwickelt wurde:
"Nächsten Montag morgen möchte ich meinen Chef, wenn ich ihn auf dem Flur in der Firma treffe, mit ganz ruhiger Stimme darum bitten, mir für die nächsten vier Tage frei zu geben; wenn ich das erreiche, erkenne ich es daran, daß meine Stimme normal laut klingt (A^e) und mein Herz ruhig schlägt (K^i)."

Sinn der Übung ist es sicher nicht, daß der Klient einen derartigen oder noch komplexeren Satz mit Vergnügen über die Lippen bringt, sondern daß er dessen Inhalt sinnlich erleben kann (s.o.). Nach der Ressourcen-Suche und Methodenanwendung (s. nächster Abschnitt), mit deren Hilfe ein positives Erreichen des Ziels zunächst in der Vorstellung ermöglicht werden soll, wird der Klient in die reale Erprobung seines Zieles geschickt. Nach einem exemplarischen Erfolg und nach Erfolgen in weiteren ähnlichen konkreten Situationen erhofft man sich, ebenso wie z.B. in der Verhaltenstherapie, eine automatische Generalisierung auf weitere Kontexte.

5.2.4 Ressourcensuche und Einsatz von Veränderungsmodellen

Nach der Zielbestimmung werden alle erdenklichen Hilfsmittel und **Ressourcen** des Klienten, die eventuell zur Zielerreichung beitragen könnten, in Zusammenarbeit zwischen Klient und Berater gesammelt, die erfolgversprechendsten ausgewählt und, i.d.R. zunächst in der Vorstellung und dann auch im realen Kontext, erprobt (vgl. 5. Grundannahme, 1.3.2). Prinzipiell können solche Ressourcen jeder logischen Ebene entstammen, sofern sie nur einer (zumindest möglichen) Kontrolle des Klienten unterliegen. Sie können also ebenso im gezielten Kauf einer Schreibmaschine (Umwelt- und Verhaltensebene) wie in der Veränderungsmöglichkeit einer bestimmten Submodalität (Verhaltens- bzw. Fähigkeiten-Ebene) oder in der Verwendung eines bestimmten Glaubenssatzes liegen. Die während der Ressourcensuche oder der Ressourcenerprobung i.d.R. ebenfalls auf verschiedenen logischen Ebenen auftauchenden *Hinderungsfaktoren* müssen, falls sie nicht sofort durch den Klienten ausgeräumt werden können, in neue wohlgeformte Ziele umgewandelt werden. Dadurch kann sich das ursprüngliche Ziel verändern, muß u.U. sogar zunächst gänzlich durch ein anderes (vorrangigeres) Ziel, das oftmals eine höhere logische Ebene betrifft, ersetzt werden (R. Dilts, persönl. Mitteilung, 1989).

Zur Ressourcensuche wird vor allem nach Beispielen in der Lebensgeschichte des Klienten gesucht, in denen das Problem nicht, noch nicht oder nur stark abgeschwächt auftrat oder wo das Ziel bzw. ein ähnliches Ziel bereits vollständig oder zumindest teilweise erreicht werden konnte. Die positiven Beispiele werden auf ihre kognitive Struktur, die darin relevanten Glaubenssätze etc. untersucht; diese werden dann - nach einer eventuellen Kontrastanalyse - probeweise und bei Erfolg fest auf den Problem- oder Zielkontext übertragen. Dieses generelle Vorgehen wird auch ***Selbst-Modellierung*** genannt (vgl. 1.4).

Falls der Klient hierbei keine positiven Beispiele findet, kann mit Hilfe des *"As-If"-Frame* (vgl. 3.2.1) versucht werden, mögliche Ressourcen zu evozieren. Beispiele:

- "Falls Sie doch wüßten, wie es wäre, Ihr Ziel ... zu erreichen, woran würden Sie es dann erkennen?"
- "Was müßten Sie glauben, um Ihr Ziel erreichen zu können?"

Außerdem kann der Klient aufgefordert werden, andere Personen (tatsächliche Freunde und Bekannte oder auch Protagonisten aus Phantasie, Film, Theater, Buch etc.), die seiner Meinung nach das Ziel erreichen könnten, als *Modellpersonen* zu suchen, um dann herauszufinden, wie diese das entweder tatsächlich machen oder machen würden, welche Glaubenssätze ihnen dabei helfen etc. (Stahl, 1988).

Schließlich kann, was allerdings für den Klienten nur noch eine relativ geringe Eigenverantwortung darstellt, der Berater selbst *Vorschläge* machen, die dann vom Klienten, falls er sie für sinnvoll hält, erprobt werden können.

Verschiedene grundlegende Hilfsmittel und *Techniken*, die bei der Ressourcensuche und -erprobung hilfreich sein können, werden, soweit nicht bereits vorgestellt (gemeint sind vor allem die verschiedenen Frageformen in den beiden vorigen Kapiteln sowie die Möglichkeiten zum Rapportaufbau in diesem Kapitel), in Abschnitt 5.3 erläutert.

Zur Orientierung und Strukturierung bei der Suche und der Nutzung individueller Ressourcen kann der Berater zwischen verschiedenen **Veränderungs- bzw. Interventionsmodellen** wählen. Die bis heute ca. 50 Veränderungsmodelle sind, ebenso wie die grundlegenden Techniken, Ergebnis des generellen, von den Vertretern des NLP durchgeführten, Modellierprozesses (vgl. 1.1); sie enthalten jeweils eine zielgerichtete und geordnete Sammlung einzelner aufeinander abgestimmter Interventionen, die sich in dieser Form in zahlreichen Fällen als hilfreich erwiesen haben. Die wichtigsten von ihnen werden, sofern sie explizit die *Veränderung von Submodalitäten* mit einbeziehen, im folgenden Kapitel dargestellt; bezüglich aller anderen muß auf die entsprechende NLP-Literatur verwiesen werden (s. 1.1).[6]

Je nach dem Problem bzw. dem Ziel des Klienten, den daran beteiligten oder zu beteiligenden logischen Ebenen, Zeitebenen und Wahrnehmungspositionen, den generellen Werten und Glaubenssätzen des Klienten, (z.B. hinsichtlich seiner Veränderungsmöglichkeiten) sowie der Tragfähigkeit des Rapports zwischen Klient und Berater hat dieser die jeweils in Frage kommenden Veränderungsmodelle auszuwählen (s. Kap. 6).

5.2.5 Umgang mit Inkongruenzen, Ökologietests, Überbrükkung in die Zukunft

Wie auch bei anderen Schulen (z.B. Watzlawick, Beavin & Jackson, 1969; Perls, Hefferline & Goodman, 1981) hat der Berater während der Zielbestimmung ebenso wie bei der Anwendung von Veränderungsmodellen auf **Inkongruenzen** im Verhalten des Klienten zu achten. Inkongruenzen können vor allem erkannt werden

- an beobachteten Widersprüchen zwischen verbalen und nonverbalen Äußerungen sowie an Widersprüchen zwischen verschiedenen analogen RS[7];

[6] Da im weiteren Verlauf der Arbeit nicht weiter darauf eingegangen werden kann, soll hier folgendes kurz erwähnt werden: Sofern in der kognitiven Repräsentation einer negativen Erinnerung, die beispielsweise für einen bestimmten einschränkenden Glaubenssatz des Klienten prägend verantwortlich sein könnte (vgl. 4.1.2.1), andere Menschen relevant beteiligt sind, wird auch für diese Menschen nach ihren positiven Absichten (bezogen auf den Klienten) gefragt, und im Anschluß daran werden auch für sie Ressourcen gesucht, die zu einer besseren Verwirklichung dieser positiven Absichten hätten beitragen können. Hierbei wird davon ausgegangen, daß die Personen, wie sie der Klient kognitiv repräsentiert, wiederum nicht einer externen Wirklichkeit entsprechen, sondern zum subjektiven Persönlichkeitsanteil des Klienten geworden sind. Daher erscheint für eine positive Veränderung des Klienten auch eine Versöhnung mit ihnen sinnvoll, in manchen Fällen sogar notwendig (vgl. 5.2.2). Im wesentlichen findet hierbei eine kognitive Familien- oder Systemtherapie mit einer Einzelperson statt; Ziel ist, die *interne "Familienstruktur"* beim Klienten zu verbessern. Am Ende soll eine neue kognitive Landkarte entwickelt sein, in der sowohl der Klient als auch alle anderen beteiligten Personen (= Persönlichkeitsanteile) über mehr Wahlmöglichkeiten verfügen. Diese soll nicht die *tatsächliche* Vergangenheit ersetzen, vielmehr ihre Auswirkungen durch die Geschichte der Person bis in die Gegenwart hinein positiv verändern helfen (Dilts, 1990a; Dilts et al., 1990/1991).

[7] Die Möglichkeit und Beachtung von Inkongruenzen zwischen unterschiedlichen RS, also z.B. zwischen Körperausdruck einerseits und den analogen Anteilen der Sprache andererseits, findet sich nach Wissen des Autors in anderen Schulen nicht.

- an verbalen Äußerungen, die ein "*eigentlich* könnte, möchte, sollte ich, spräche nichts dagegen" oder irgendeine andere Phrase enthalten, bei der sich dem Hörer ein vom Klienten nicht ausgesprochenes *"aber"* aufdrängt, das durch Nachfragen evoziert werden kann: "*Eigentlich* könnten Sie..., *aber* was?"

Inkongruenzen können Ausdruck von Unstimmigkeiten und Konflikten innerhalb einer logischen Ebene (z.B. Wertekonflikte) oder zwischen verschiedenen Ebenen (z.B. zwischen Glaubens- und Fähigkeiten-Ebene) sein (Dilts et al. 1990/1991). Der Berater soll die widersprüchlichen Aussagen einzeln identifizieren (oftmals ist dem Klienten nur ein Teil bewußt) und mit Hilfe geeigneter Interventionsmodelle versuchen, dem Klienten zu helfen, sie miteinander *in Einklang zu bringen* und *zu integrieren* (wie es im NLP heißt), so daß ihm kongruente, eindeutige, in sich stimmige Aussagen und kognitive Landkarten möglich werden. Eine solche kongruente Eindeutigkeit, bei der die Gesamtpersönlichkeit des Klienten ein klares "Ja" oder "Nein" *sprechen* kann, wird im NLP als eine wesentliche Voraussetzung zum Erreichen von Zielen genannt. Eine hundertprozentige Kongruenz wird es allerdings kaum jemals geben, was aber auch nicht erforderlich ist (Grinder & Bandler, 1976/1984a).

Über die Bearbeitung der im Beratungsgespräch unmittelbar deutlich gewordenen und der zusätzlich durch Inkongruenzen entdeckten Hinderungsfaktoren hinaus wird *nach* der Zielbestimmung und der Anwendung von Veränderungsmodellen im **Ökologie-Test** (vgl. 4.1.2.2) nach weiteren Faktoren gesucht, die eventuell die Zielerreichung verhindern könnten. Im Ökologie-Test spielt der Berater gewissermaßen den *advocatus diaboli,* indem er den Klienten in einer der jeweiligen Beziehung angemessenen Art und Weise bezüglich möglicher Störfaktoren von verschiedenen logischen Ebenen und/oder Zeitebenen her provoziert. Beispiele:

- "Was aber werden ihre Nachbarn, ihre Frau, ihre Kinder etc. sagen, wenn Sie Ihr Ziel erreichen?" (Umwelt)
- "Wie verträgt sich das damit, daß sie ein guter Mensch sein wollen?" (Glauben/Werte)
- "Aber sind Sie dann überhaupt noch Sie selbst?" (Identität)
- "Wird Ihnen das aber auch in drei Jahren noch gefallen?" (Zukunft)

An den durch derartige Fragen eventuell neu sich zeigenden Hinderungsfaktoren wird wiederum mit Zielbestimmungen und Veränderungsmodellen solange weiter gearbeitet, bis der Klient den Ökologie-Tests kongruent standhält (Stahl, 1988).

Zum Abschluß einer einzelnen Beratungssitzung und/oder einer Reihe von Sitzungen führt der Berater mit dem Klienten ein sogenanntes ***Future-Pacing,*** eine **Überbrückung in die Zukunft** durch. Hierbei soll das gewünschte neue Verhalten, die neue Fähigkeit und/oder der neue Glaubenssatz etc. in dem Kontext, also in der Umgebung und der Zeit, für die das Ziel angestrebt wird, gewissermaßen in einer mentalen Generalprobe so deutlich, echt und sinnenhaft wie irgend möglich antizipiert werden. Sinn und Notwendigkeit einer solchen Überbrückung in die Zukunft wird vor allem damit begründet, daß bei anderen Beratungs- und Therapieformen der Erfolg oftmals auf den Raum, in dem die Beratungssitzungen stattfinden, beschränkt bleibt und vom Klienten nicht in seinen Alltag übertragen werden kann (T. Stahl, persönl. Mitteilung, 1987). Im NLP-Verständnis hat der Klient in einem solchen Fall lediglich eine kognitive Repräsentation aufbauen können, die die Zielerreichung im Beratungskontext möglich machte, sich aber nicht ohne weiteres auf die gewünschten Alltagskontexte übertragen ließ. Durch die Überbrückung in die Zukunft wird die für den Zielkontext notwendige kognitive Repräsentation (vgl. 5.2.3) noch einmal verfestigt und gestärkt; die tatsächliche Zielerreichung wird wahrscheinlicher (Cameron-Bandler, 1978/1985).

5.3 Wesentliche Merkmale und Techniken

Im folgenden werden weitere **wesentliche Merkmale und grundlegende Techniken**, die für den gesamten Beratungsprozeß gelten bzw. je nach Bedarf verwendet werden, kurz vorgestellt und erläutert: Zunächst die generelle Bedeutung und Verwendung *nonverbaler Kommunikation* sowie die genauere *Klassifizierung von vier relevanten internen Zuständen* (5.3.1), gefolgt von der Definition und den Anwendungsmöglichkeiten von *Ankern*, der NLP-Variante zu Konditionierungsformen (5.3.2), dann ein kurzer Überblick über die angewandten *Fragetechniken* (5.3.3) und zum Abschluß die grundsätzlichen Möglichkeiten einer *prozeßorientierten,* d.h. inhaltlich möglichst *vagen und offenen Sprache* (5.3.4).

5.3.1 Nonverbale Kommunikation und interne Zustände

Auf die Wichtigkeit einer Beachtung der **nonverbalen Äußerungen** des Klienten wurde bereits mehrfach hingewiesen. Insbesondere geben sie

Hinweise auf die einzelnen Schritte seiner kognitiven Strategien (vgl. 3.2.2.2) und auf Inkongruenzen (vgl. 5.2.5). Auch ermöglicht ihre Wahrnehmung dem Berater eine verhaltensmäßige Spiegelung, was als wesentlicher Bestandteil des Pacing den Rapport fördert (vgl. 5.1.2).

Weiterhin wird im NLP davon ausgegangen, daß das nonverbale Verhalten einer Person nicht nur durch seine kognitiven Strategien und Emotionen geprägt wird und damit Hinweise auf sie gibt, sondern daß auch *umgekehrt nonverbale Veränderungen ihrerseits kognitive Strategien und Emotionen beeinflussen und steuern können*. Für eine derartige Einflußnahme kommt, beginnend mit einer bewußt eingenommenen Körperhaltung, Kopfhaltung und/oder Augenbewegung über bestimmte Körperbewegungen und/oder Atemmuster[8] bis hin zu einer, allerdings oftmals von außen kaum noch wahrnehmbaren internen Submodalitätsveränderung, prinzipiell jedes nonverbale Verhalten in Betracht. Innerhalb einer NLP-Beratung wird der Klient dazu angeleitet, genau diejenigen nonverbalen Verhaltensweisen im Zielkontext zu verwenden, die vorher innerhalb der Identifizierung von Ressource-Strategien erkannt wurden. Hierzu werden neben einer direkten *verbalen Anleitung* seitens des Beraters vor allem sogenannte *Ankertechniken* (s. nächster Abschnitt) eingesetzt (Dilts et al., 1980/1985).

Darüberhinaus soll auch der Berater in den Leading-Phasen seine eigenen nonverbalen Ausdrucksmöglichkeiten zur Unterstützung des kommunikativen Prozesses gezielt einsetzen. So kann er beispielsweise die Submodalitäten seiner Stimme den auditiven Submodalitäten anpassen, die der Klient innerhalb eines bestimmten Kontextes als positiv erlebt, und damit u.U. einen positiven Zustand bei ihm fördern; kann mit Hilfe seiner Gestik relevante visuelle Submodalitäten (z.B. Größe, Entfernung, Position) des

[8] Als für die meisten Menschen sofort nachzuvollziehendes Beispiel gab John Grinder auf einem Workshop 1989 in Heidelberg den Seminarteilnehmern folgende Instruktionen:

"Bitte setzen Sie sich gerade und aufrecht hin...

atmen gleichmäßig im oberen Brustbereich...

heben den Kopf leicht nach oben...

und richten auch die Augen nach oben...

und dann versuchen Sie - immer in der gleichen Haltung bleibend - jetzt zumindest kurz ein unangenehmes Gefühl zu bekommen, indem Sie sich vielleicht an etwas Unangenehmes erinnern!

[Nach einer Weile:] Es gelingt Ihnen nur sehr schwer oder gar nicht. Habe ich recht?"

In der entgegengesetzten Haltung (in sich zusammengesunken, tief atmend, Kopf und Augen nach unten gerichtet) gelingt es dagegen den meisten Menschen wesentlich leichter und schneller, unangenehme Gedanken und Gefühle zu bekommen.

Klienten ausdrücken und u.U. zielorientiert beeinflussen helfen; kann mit seiner Gestik die Augenbewegungen des Klienten so führen, wie es zum Einüben einer Ziel-Strategie sinnvoll erscheint etc. (Bandler, 1985/1987; Bandler & Grinder, 1979/1986a; Dilts et al., 1980/1985).

Neben den unzähligen generellen Bedeutungen und Möglichkeiten der Nutzung nonverbaler Kommunikation weist Stahl (1988) darauf hin, wie wichtig es ist, daß der Berater in der Lage ist, innerhalb des NLP-Beratungsprozesses insbesondere vier genauer klassifizierte **interne Zustände** (zur Definition s. 4.4) beim Klienten zu erkennen. Der von einem außenstehenden Beobachter wahrnehmbare nonverbale Anteil eines internen Zustandes wird im NLP *Physiologie* genannt. Die vier internen Zustände und ihre Physiologien sind den wesentlichen Schritten und Elementen einer Beratungssequenz - Problembestimmung, Zielbestimmung, Ressourcensuche und Versöhnung (vgl. 5.2) - zugeordnet. Sie werden von Stahl folgendermaßen charakterisiert:

> *Problem-Physiologie*
> Sie ist definiert als der Zustand, aus dem heraus der Klient benennt, was er problematisch findet... In den meisten orthodoxen Therapien verbringt der Klient den größten Teil der Zeit im wesentlichen in der Problemphysiologie....
>
> *Ziel-Physiologie*
> Sie ist definiert als die Physiologie, die mein Klient mir in den meisten Veränderungs-Techniken des NLP am Anfang [während der Zielbestimmung] einmal zeigen muß, damit ich als Therapeut weiß, woran ich erkennen werde, wann die Veränderungsarbeit abgeschlossen ist....
>
> *Ressource-Physiologie*
> Die Ressource-Physiologie ist sehr ähnlich der Ziel-Physiologie. Sie wird definiert als die Physiologie der Fähigkeiten, mit Hilfe derer mein Klient in die Ziel-Physiologie kommen kann. Atmung, Haltung, Muskeltonus und ideomotorische Bewegungen werden in beiden Zuständen ähnlich sein. Am Ende der Veränderungsarbeit sollte er gelernt haben, die Ressource-Physiologie selbst einzusetzen.
>
> *Versöhnungs-Physiologie*
> Die Versöhnungs-Physiologie zeigt der Klient in dem Moment, wo ihm bewußt wird, daß es sinnvoll ist, das Problemverhalten zur Verfügung zu haben; sei es, daß dadurch erst etwas Bestimmtes möglich wird oder daß das Verhalten einen Schutz bietet. In diesem Augenblick versöhnt sich der Klient mit sich selbst... Er erkennt, daß es keinen Grund gibt, sich noch länger selbst zu bekämpfen.... Mediziner würden von dem Wechsel von sympathikus- zu parasympathikusaktivierter Physiologie sprechen. Der Klient wechselt im Gesamtausdruck von einem Zustand, in dem er vielleicht zu sich selbst sagt, "was bin ich für ein schlechter Mensch", und in dem er eine blasse Haut-

farbe, eine verspannte und unsymmetrische Haltung und autoaggressive Gesten zeigt, zu einer Physiologie, die womöglich mit den inneren Worten "toll, daß ich dieses Verhalten habe" und mehr Durchblutung, einer tieferen Atmung, einer entspannten, symmetrischen, aufrechten Haltung und einem berührten oder bewegten Gesichtsausdruck verbunden ist. (S. 18 f.)

5.3.2 Verwendung von Ankern

Der NLP-Terminus ***Anker*** ist definiert als "ein spezifischer Stimulus, der bei seiner Anwendung eine spezifische Reaktion hervorruft" (James & Woodsmall, 1988/1991, S. 301). *Ankern* meint den Prozeß der gezielten Verwendung eines Ankers. Dilts et al. (1980/1985) führen dazu näher aus:

> Im wesentlichen ist ein Anker eine beliebige Repräsentation (intern oder extern erzeugt), die eine andere Repräsentation, einen Quadrupel oder eine Serie von Repräsentationen oder Quadrupeln (d.h. eine Strategie) auslöst. Grundlage beim Ankern ist die Annahme, daß alle Erfahrungen als "Gestalten" sinnlicher Information - d.h. als Quadrupel - repräsentiert werden. Immer wenn ein Teil einer gewissen Erfahrung oder eines Quadrupels wieder eingeführt wird, werden auch andere Teile dieser Erfahrung in einem gewissen Maß reproduziert. Jeder beliebige Teil einer Erfahrung kann also als Anker benutzt werden, um einen anderen Teil dieser Erfahrung auszulösen....
>
> Die natürliche Sprache ist vielleicht das allgemeinste (wenn auch ein kompliziertes) Ankersystem, das wir haben. Die geschriebenen Worte "Hund", "Wärme" und "Liebe" sind visuelle Anker für innere Repräsentationen aus der sinnlichen Erfahrung des Lesers. Um dem Symbol "Hund" einen Sinn zu geben, müssen Sie Erfahrungen der Vergangenheit (Anblicke, Klänge und Geräusche, Gefühle und Gerüche) über eine bestimmte Klasse von Säugetieren in Form eines Quadrupels auslösen....
>
> Gesichtsausdrücke (V), Gesten (V), Stimmführung und Tempo (A...), Berührungen (K) und Gerüche und Geschmäcke (O) können Anker für andere Repräsentationen sein. Innere Bilder, Geräusche und Klänge, Gerüche und Gefühle sind ebenfalls Anker für andere Erfahrungen. Eine Strategie ist eine Kette von Repräsentationen, in der jede Repräsentation an die vorhergehende geankert ist. (S. 134 f.)

Angewendet werden Anker im NLP vor allem, um gewünschte interne Zustände und/oder die einzelnen Schritte einer Strategie beim Klienten jederzeit hervorrufen zu können, bzw. ihm selbst die Fähigkeit dazu beizubringen. Drei für die NLP-Praxis typische Einsatzformen sollen die Verwendung veranschaulichen:

a) Der Berater kann beispielsweise einen Ressource-Zustand beim Klienten in dem Moment des stärksten Erlebens ankern, indem er ihn auf eine bestimmte Art und Weise berührt, eine bestimmte Geste macht, ein bestimmtes Wort sagt und/oder ein bestimmtes Geräusch produziert. Soll dieser Ressource-Zustand später dann dem Klienten innerhalb einer problematischen Situation zur Verfügung stehen, kann der Berater, während der Klient sich in die Problem/Ziel-Situation hineinassoziiert, den vorher etablierten Anker (in diesem Fall dieselbe Berührung, dieselbe Gestik, dasselbe Wort und/oder dasselbe Geräusch wie während des Ressource-Zustandes) einsetzen, um ihm einen bestmöglichen Zugang zu den Ressourcen zu ermöglichen. Analog dazu kann er dem Klienten helfen, bei sich selbst einen oder mehrere *Ressource-Anker* zu etablieren, die er dann in geeigneten Kontexten einsetzen kann. Weiterhin kann während der *Überbrückung in die Zukunft* (vgl. 5.2.5) nach einem bislang emotional neutralen, aber mit Sicherheit im Zielkontext auftretenden sensorischen Ereignis (bei einem Lehrer beispielsweise dem Blick auf die Tafel) gesucht und dieses Ereignis dann mit dem Ressource-Zustand derart verbunden werden, daß es zum Anker für ihn werden kann (Stahl, 1988).

b) Um verschiedene interne Zustände, Wahrnehmungspositionen und/oder Zeiten sauber voneinander trennen und ankern zu können, werden im NLP oftmals externe *räumliche Anker* eingesetzt: bestimmte, gemeinsam von Klient und Berater ausgesuchte Stellen und Plätze im Raum werden je nachdem zu Ankern gemacht für

- Problem-, Ziel-, Ressource-, Versöhnungs- und/oder andere relevante Zustände,
- eine der drei Wahrnehmungspositionen,
- Vergangenheit, Gegenwart, Zukunft (in Form einer kontinuierlichen räumlichen Zeitlinie).

Der Klient wechselt dann im Verlauf der Beratung bis zum Erreichen des Beratungsziels immer wieder die Plätze und wird auch angehalten, sich in alltäglichen Kontexten sinnvolle räumliche Anker (Plätze) für gewünschte Zustände etc. zu suchen (Dilts, 1990a).

c) Um eine neue oder eine veränderte kognitive Strategie einzuüben, kann folgende *Anker-Verkettungs-Technik* (Bandler & MacDonald, 1988/1990) benutzt werden:

- Jeder Schritt wird einzeln geankert (beispielsweise durch die Berührung unterschiedlicher Handknöchel beim Klienten).
- Die Anker werden in der Reihenfolge, die dem gewünschten Ablauf der Strategie entspricht, mehrmals hintereinander und zunehmend in rascherer Folge vom Berater oder vom Klienten selbst ausgelöst.

Die Strategie gilt dann als erfolgreich etabliert, wenn bereits bei Einsatz des ersten Ankers automatisch beim Klienten die gesamte Strategie abläuft; also die externe Ankerkette durch eine entsprechende interne ersetzt werden konnte.

Selbstverständlich muß der Berater bei jedem bewußten Einsatz von Ankern - vor allem mit Hilfe des nonverbalen Feedbacks, das ihm der Klient gibt - überprüfen, ob die Anker auch tatsächlich die gewünschte Wirkung erzielen; ob der Klient beispielsweise, wenn er sich auf den *Ressource-Platz* im Raum begibt, auch tatsächlich eine Ressource-Physiologie zeigt. Im negativen Fall muß der betreffende Anker erneuert, bzw. ein anderer Anker mit dem gleichen Ziel erprobt werden.

Die Unterschiede zwischen Konditionierung und Ankerprozessen charakterisieren Dilts et al. (1980/1985) folgendermaßen:

> Ankern ist in vielerlei Hinsicht die benutzerorientierte Version des "Reiz-Reaktions-Konzeptes" der behavioristischen Modelle. Zwischen beiden Prozessen gibt es aber folgende grundsätzliche Unterschiede: 1. Anker müssen nicht über lange Zeiträume konditioniert werden. Konditionierung über lange Zeiträume *trägt* zweifellos zur Herausbildung von Ankern *bei*. Die sichere Etablierung eines Ankers entsteht jedoch oft durch die Initialerfahrungen.... 2.... Verstärkungen tragen (wie Konditionierungen) zur Herausbildung von Ankern bei, sind aber keine notwendige Voraussetzung. 3. Innere Erfahrungen (d.h. kognitives Verhalten) werden als ebenso signifikantes Verhalten angesehen wie offene, meßbare Reaktionen. (S. 134)

Ausführlicher werden im nächsten Kapitel diejenigen NLP-Veränderungsmodelle dargestellt, die explizit Submodalitäten und Anker gemeinsam einsetzen.

5.3.3 Fragetechniken

Fragetechniken spielen während des gesamten Beratungsprozesses - wie in jeder anderen pädagogischen und therapeutischen Beratungsmethode - eine wesentliche Rolle. (Die für die Arbeit mit Submodalitäten und Strategien relevantesten wurden vor allem in Kapitel 3 bereits ausführlich dargestellt und in Kapitel 4 weiter ergänzt.)

Darüber hinaus haben Bandler und Grinder in einem ihrer ersten Bücher (1975/1985) innerhalb ihres ***Meta-Modells der Sprache*** eine Fülle weiterer Fragetechniken aufgeführt, die alle zum Ziel haben, verschiedene Formen von Generalisierungen, Tilgungen und/oder Verzerrungen im kognitiven Modell des Klienten aufzudecken. Es sind ohne Ausnahme Fragen, die auf mehr Details und genauere (sensorische) Informationen abzielen; im wesentlichen also *Wer-*, *Mit-wem-*, *Für-wen-*, *Auf-wen-*, *Wo-*, *Wann-*, *Woher-*, *Woran-*, *Was-*, *Über-was-*, *Was-wenn-* und *Wie*-Fragen auf Umwelt-, Verhaltens- und Fähigkeiten-Ebene. Auch die bereits dargestellten Frageformen zur Strategieermittlung lassen sich hierunter einordnen.

Ähnliche, teilweise sogar die gleichen Fragetechniken finden sich u.a. auch in der Gestalttherapie (Perls et al., 1981), der kognitiven Therapie (Beck, 1979) sowie der rational-emotiven Therapie (A. Ellis, 1977). Bandler und Grinder haben mit ihrem Meta-Modell im wesentlichen lediglich eine Zusammenstellung dieser Techniken geleistet (Revenstorf, 1985).

Auf die weitergehende Vorstellung und Erläuterung des Meta-Modells mit all seinen Fragetypen soll hier verzichtet werden, da es einerseits in der Literatur bereits mehrfach gründlich dargestellt und diskutiert wurde (s. u.a. Ibach, 1983; vgl. auch 8.1) und andererseits für die Arbeit mit Submodalitäten über das genannte Maß hinaus nur wenig Bedeutung zu haben scheint.

Schließlich werden *Warum-*, *Wofür-*, *Wozu-* und *Wer*-Fragen gestellt, um den Klienten auf höhere logische Ebenen (Glaubens- und Identitäts-Ebene) zu fokussieren (vgl. 4.1.2.1; Dilts, 1990a; James & Woodsmall, 1988/1991).

5.3.4 Prozeßsprache

Neben einer der Genauigkeit des Meta-Modells entsprechenden *präzisen* Sprache, die der Berater dem Klienten gegenüber - etwa beim Einüben einer konkreten Strategie - gebraucht, spielt im NLP eine andere generelle Sprachmöglichkeit eine wesentliche Rolle:

Unter ***Prozeßsprache*** wird im NLP eine Sprachform verstanden, die inhaltlich möglichst *kunstvoll vage* und *ungenau* ist, Generalisierungen, Tilgungen und/oder Verzerrungen also in besonderem Maße zuläßt. Eine derartige, vom Berater verwendete Sprache soll dem Klienten ermöglichen, besonders gut auf sein *eigenes* internes Erleben zu fokussieren. Inhaltlich soll sie ihm möglichst wenig Vorgaben machen, ihm auf Prozeßebene aber gleichwohl Anregungen geben (Grinder & Bandler, 1981/1984b; Stahl, 1988).

Primär *inhaltlich orientierte* Sprache trifft, wenn sie sich auf den Klienten bezieht, konkrete Aussagen über sein externes und/oder internes Erleben bzw. gibt ihm konkrete Anweisungen dazu. Solche Aussagen können mit seinem tatsächlichen Erleben weitgehend übereinstimmen oder aber gerade nicht; konkrete Anweisungen können ihm eine Hilfe sein oder auch nicht.

Primär *prozeßorientierte Sprache* versucht dagegen stets so vage zu sein, daß die Aussagen auf jeden Fall zum Erleben des Klienten passen und ihm anstelle von konkreten Anweisungen Möglichkeiten anbieten. Der Unterschied läßt sich am besten an einem Beispiel verdeutlichen:

- Inhaltsorientiert: "Spüren Sie, wie Ihr ganzer Körper angenehm warm wird."
- Prozeßorientiert: "Während Ihnen *vielleicht* noch *so Einiges* durch den Kopf geht, *könnte es sein,* daß Sie sich *an das ein oder andere* angenehme *Erlebnis* in ihrem Leben erinnern..." (Die prozeßorientierten Anteile sind *kursiv* gesetzt.)

Der Vorteil einer prozeßorientierten gegenüber einer inhaltsorientierten Sprache wird vor allem darin gesehen, daß sie, ähnlich wie das Pacing, Widerstand vermeiden hilft; ein solcher könnte bei einer inhaltsorientierten Aussage leicht aufkommen, wenn sich das Erleben des Klienten nicht (mehr) mit der Aussage des Beraters deckt, wenn er beispielsweise seinen Körper anstatt wärmer als immer kälter werdend empfindet. Außerdem bleibt dem Klienten durch die Verwendung einer Prozeßsprache ein möglichst großer inhaltlicher Freiraum, sowohl bei der Setzung seiner Ziele als auch bei der Suche nach den geeigneten Ressourcen (Bandler & Grinder, 1979/1986a).

Die Verwendung einer Prozeßsprache induziert und/oder verstärkt darüber hinaus i.a. *trance-ähnliche* Zustände beim Klienten, die durch erhöhte interne Aufmerksamkeit und Entspannung bei gleichzeitig verminderter externer Wahrnehmung gekennzeichnet sind. Im NLP wird davon ausgegangen, daß derartige Zustände bei Menschen positiv dazu beitragen können, ihre eigenen Ressourcen zu finden und "Selbstheilungskräfte" zu aktivieren. Diese weitere Grundannahme des NLP wurde - ebenso wie die zahlreichen prozeßorientierten Sprachmuster selbst - direkt aus der hypnotherapeutischen Arbeit Milton Ericksons übernommen.[9] Zu einer genaueren Darstellung muß auf die diesbezüglichen NLP-Veröffentlichungen verwiesen werden (s. Bandler & Grinder, 1975; Grinder et al., 1977; Grinder & Bandler, 1981/1984b).

[9] Die prozeßorientierten Sprachmuster werden in Ehrung und Anerkennung Ericksons auch unter dem Namen *Milton-Modell* zusammengefaßt.

6. Interventionsmodelle unter Verwendung von Submodalitätsveränderungen

Um ein möglichst umfassendes Verständnis des Submodalitäten-Konzepts zu ermöglichen, wurde in den bisherigen Kapiteln zunächst der Stellenwert erörtert, der den Submodalitäten innerhalb kognitiver Repräsentationstheorien beigemessen wird (Kap. 2), sodann ihre Bedeutung und die Möglichkeiten ihrer Evokation innerhalb kognitiver Strategien (Kap. 3) besprochen; anschließend erfolgte ihre überwiegend theoretische Einordnung in den Gesamtrahmen des NLP-Persönlichkeits-Modells (Kap. 4) sowie die Erläuterung wesentlicher Voraussetzungen, Vorgehensweisen und Techniken praktischer Anwendung in Beratungs- und Lernkontexten (Kap. 5). Damit wird es in diesem Kapitel möglich, konkrete Veränderungs- bzw. Interventionsmodelle, die schwerpunktmäßig auf der **Veränderung von Submodalitäten** beruhen, darzustellen: zunächst relativ allgemeine *Basis-Modelle* (6.1), und danach *spezifische Modelle* mit relativ festgelegten Indikationen (6.2). Zuvor jedoch erscheinen noch einige Vorbemerkungen sinnvoll.

Die in diesem Kapitel aufgeführten Interventionsmodelle stellen eine (nach Ansicht des Autors[1]) repräsentative Auswahl der im NLP *bisher* entwickelten *Möglichkeiten* zur effektiven Veränderungshilfe mit Submodalitäten dar. Die einzelnen Modelle werden im NLP eher als *Ideenlieferanten* denn als feste Anleitungen verstanden, sollen dem Anwender aber in jedem Fall eine gewisse Richtschnur geben, an der er seine Interventionen orientieren kann und zu der er auch, wenn der aktuelle Prozeß ein Abweichen notwendig erscheinen läßt, immer wieder zurückkehren kann. Die Modelle können zudem je nach Bedarf miteinander kombiniert werden und bestehen teilweise bereits aus einer zielgerichteten Kombination einfacherer Basis-Modelle (T. Stahl, persönl. Mitteilung, 1988). Viele Modelle sind so allgemein gehalten, daß alle relevanten Submodalitäten stets neu und individuell ermittelt werden müssen; andere (in 6.2) geben bereits bestimmte, laut den NLP-Entwicklern *bewährte* Kombinationen von Submodalitäten vor. Alle diese Modelle sind nach der 6. NLP-Grundannahme (vgl. 1.3.2) nur solange brauchbar, wie sie den Anwender dabei unterstützen, seine Interventionen zielgerichtet zugunsten des Klienten zu strukturieren und zu lenken; in dem Moment, wo sie dies nicht mehr

[1] Hierbei wurden die Angaben in der NLP-Literatur vollständig berücksichtigt und zusätzlich Rücksprache mit Robert Dilts gehalten.

leisten können, ist zunächst das Modell oder die Modellkombination zu wechseln; hilft auch das nicht weiter, sollte der Anwender selbst gemäß dem grundlegenden NLP-Modellierprozeß neue Modelle entwickeln.[2]

Die manchmal ein wenig kochrezeptartige Darstellung darf nicht darüber hinwegtäuschen, daß die Modelle, um tatsächlich wirksam zu werden, stets individuell dem jeweiligen Klienten und dem aktuellen Interaktionsprozeß angepaßt werden müssen. Die Aufrechterhaltung eines guten Rapports zwischen Berater und Klient (vgl. 5.1.2) sowie die generelle Beachtung der Ökologie (vgl. 4.1.2.2 und 5.2.5) sind wichtigste Voraussetzung für die wirkungsvolle Anwendung eines jeden Interventionsmodells; die Rapport fördernden und Ökologie beachtenden Maßnahmen haben deshalb Vorrang vor allen anderen Interventionsschritten. Die jeweils nächste *sinnvolle* Intervention ist daher nicht unbedingt identisch mit dem nächsten Schritt des ausgewählten Interventionsmodells, sondern ergibt sich aus dem verbalen und nonverbalen Feedback, das der Berater aufgrund seiner letzten Intervention vom Klienten erhält - was natürlich nicht ausschließt, daß dieses Feedback eben gerade den nächsten Schritt des ausgewählten Modells als sinnvoll bestätigt (C. Andreas & S. Andreas, 1987/1988; Stahl, 1988).

Wenn im folgenden davon gesprochen wird, "Submodalitäten *probeweise* zu verändern", impliziert dies, daß jede Submodalität *nach* ihrer Veränderung und *vor* der Veränderung der nächsten Submodalität zunächst wieder (so weit wie möglich) in ihre Ausgangslage zurückgebracht wird, so daß nach und nach jede Submodalität *einzeln* geprüft und die jeweils tatsächlich veränderungswirksamen Submodalitäten identifiziert werden können; falls dies nicht notwendig erscheint, kann auf das Zurückbringen in die Ausgangslage verzichtet werden (Bandler, 1985/1987, S. 39).

Bei der Anwendung der einzelnen Modelle ist es i.a. nicht sinnvoll, eine möglichst große Zahl von Submodalitätsveränderungen zu erproben bzw. durchzuführen. Einerseits könnte dies leicht zu einer Ermüdung führen und so die Weiterarbeit erschweren, andererseits reicht es i.d.R. völlig aus, ein oder zwei *kritische*, d.h. *relevante* Submodalitäten (vgl. 2.2.2) zu finden und zu verändern. In dem Moment, wo die zunächst notwendig erscheinende Zahl relevanter Submodalitäten gefunden ist, kann zum nächsten Schritt übergegangen werden; sollten sich diese im nachhinein

---

[2] *Jeder* NLP-Anwender wird von den NLP-Begründern zu eigener kreativer Entwicklung und Anwendung neuer Veränderungsmodelle angeregt (T. Stahl, persönl. Mitteilung, 1988).

doch nicht als ausreichend erweisen, kann nach weiteren gesucht werden (T. Stahl, persönl. Mitteilung, 1987).

Darüber, welche Submodalitäten im Einzelfall bevorzugt zu überprüfen bzw. zu verändern sind, finden sich in der NLP-Literatur - außer in den Modellen mit genauen diesbezüglichen Vorgaben (s. 6.2) - nur wenig konkrete Angaben. Die Auswahl wird im wesentlichen der Intuition des Anwenders überlassen, wobei er i.d.R. dem verbalen und nonverbalen Verhalten des Klienten relevante Hinweise entnehmen kann (vgl. 3.2.2). Neben der fast immer gestellten Frage nach *assoziierter* oder *dissoziierter* Wahrnehmungsposition werden diejenigen Submodalitäten, die auch in ihrer externen Form die stärksten Wirkungen zeigen, bevorzugt ausgewählt: *Größe, Helligkeit, Lautstärke, Geschwindigkeit, Entfernung, Lokalisierung* etc. (Bandler & MacDonald, 1988/1990).

Bei allen Modellen werden mit Hilfe von Submodalitätsveränderungen (vor allem kinästhetisch-emotionale) interne Zustände abgeschwächt, verstärkt und/oder grundlegend verändert. Dabei ist grundsätzlich zu beachten, daß submodale Veränderungen nur in die jeweils gewünschte Richtung (also z.B. *entweder* in abschwächende *oder* in verstärkende Richtung) und nicht etwa (z.B. aufgrund notwendiger Wiederholungen) abwechselnd in beide Richtungen vorgenommen werden. (Ein solcher ständiger Wechsel von z.B. *Abschwächen-Verstärken-Abschwächen-Verstärken* würde i.d.R. zu einer mehr oder weniger starken Irritation führen.) Um ein derartiges Hin-und-Her zu vermeiden, sollte daher unmittelbar nach jeder gezielten Veränderung die Vorstellung unterbrochen werden, indem die Person z.B. ihre Körperhaltung verändert und ihre Wahrnehmung für einige Augenblicke extern orientiert. Danach kann mit einer etwa notwendigen Wiederholung begonnen werden (Bandler & MacDonald, 1988/1990, S. 91).

Bleibt zu betonen, daß oftmals bereits sehr kleine submodale Veränderungen, besonders innerhalb der kritischen Submodalitäten, ausreichend sein können, um zu großen "Wirkungen auf unser Erleben" (Bandler & MacDonald, 1988/1990, S. 72) zu führen.

Bei der Darstellung der einzelnen Modelle werden die sich wiederholenden relevanten Schritte, die nicht in direktem Zusammenhang mit Submodalitäten stehen (vor allem Rapportherstellung, Problem- und Zielbestimmung, Ressourcensuche, Ökologietests und Überbrückung in die Zukunft), nicht noch einmal explizit aufgeführt; die diesbezüglichen Ausführungen in Kapitel 5 gelten, ebenso wie die weiteren dort beschriebenen

Merkmale und Techniken (insbesondere Ankertechniken), prinzipiell für jedes dieser Modelle. Auch auf die wiederholende Erläuterung der generellen Evokations- und Aufdeckungsmöglichkeiten für Strategien und Sub-Strategien (insbesondere der Kontrast- und der Vergleichsanalyse), die als Grundlage für jedes der aufgeführten Veränderungsmodelle angesehen werden können (vgl. 3.2.), wird hier verzichtet.

6.1 Basis-Modelle

In diesem Abschnitt werden die grundlegendsten und allgemeinsten Interventionsmodelle auf der Basis von Submodalitätsveränderungen vorgestellt und erläutert. Zahlreiche der komplexeren Modelle (in 6.2) beruhen auf einer Kombination und/oder Spezifizierung dieser Basis-Modelle. Ziel der **Basis-Modelle** ist es im wesentlichen, *kurzfristige Veränderungen* zu bewirken. Das erste dieser Modelle soll helfen, *ungewünschte interne Zustände abzuschwächen* (6.1.1); das zweite soll helfen, *gewünschte Zustände zu verstärken* und/oder *ungewünschte Zustände durch die Verstärkung im Sinne einer Reizüberflutung abzuschwächen* (6.1.2); das dritte soll helfen, *von einem ungewünschten Zustand zu einem gewünschten Zustand zu wechseln (6.1.3).*

Zum besseren Verständnis sei zuvor der *Zustands*-Begriff noch einmal zusammenfassend erläutert: Ein *interner Zustand* wurde definiert als der augenblickliche kognitiv-emotional-physiologische Gesamtzustand, der das aktuelle Verhalten einer Person bestimmt (vgl. 4.4); jeder interne Zustand kann mit Hilfe von Submodalitätsbeschreibungen charakterisiert werden und wird durch relativ statische, jeweils individuell typische Synästhesien von Submodalitäten aufrechterhalten (vgl. 2.2). Kognitive Prozesse, die mit Hilfe von Strategien und Substrategien (Submodalitätsveränderungen) detailliert beschrieben werden können (vgl. 3.1), beeinflussen und verändern die internen Zustände einer Person, werden aber auch ihrerseits durch diese beeinflußt - etwa wenn ein interner Zustand durch eine externe Einflußnahme verändert wird (Dilts et al., 1980/1985; James & Woodsmall, 1988/1991). (Wenn interne Zustände näher charakterisiert werden, z.B. als *kinästhetisch-emotionale Zustände,* soll dies lediglich den Schwerpunkt, unter dem sie jeweils betrachtet werden, markieren und nicht etwa den Ausschluß anderer Aspekte, etwa des kognitiven, bedeuten.)

6.1.1 *Abschwächende Submodalitätsveränderungen*

Das folgende Modell ist geeignet, bei **nicht gewünschten internen Zuständen** - insbesondere bei kinästhetisch-emotionalen - **die Intensität** der Gefühle bzw. der Symptome zu **vermindern.**[3] Indikationen sind u.a. - jeweils bezogen auf Vergangenheit, Gegenwart und/oder Zukunft: Ärger, Angst, Trauer, körperliche und geistige Unruhe sowie psychosomatische Beschwerden[4] (Bandler, 1985/1987, S. 35 ff.; Dilts et al., 1990/1991). Die einzelnen Schritte sind:

1. Feststellen, welche internen visuellen und auditiven Submodalitäten den unerwünschten internen Zustand charakterisieren und aufrechterhalten (falls erforderlich, mit Hilfe einer Vergleichsanalyse).
2. Diese Submodalitäten probeweise einzeln verändern, und dabei überprüfen, inwieweit jede einzelne Veränderung die unangenehmen Gefühle und/oder Symptome vermindert.
3. Den ungewünschten internen Zustand mit Hilfe der im vorigen Schritt gefundenen Submodalitäten soweit abschwächen, wie es sinnvoll erscheint und gewünscht wird, und dort belassen. Dieser Vorgang ist u.U. mehrmals zu wiederholen. Je nachdem kann es wirkungsvoller sein, die Submodalitätsveränderung(en) sehr schnell, in mäßigem Tempo oder sehr langsam durchzuführen.

In der NLP-Literatur finden sich nähere Angaben über häufige Wirkungsweisen von vier Submodalitäten: Das *Dunkler-, Kleiner-* und/oder *Leiser*machen von Vorstellungen sowie das Einnehmen einer *dissoziierten* Wahrnehmungsposition (falls zunächst *assoziiert*) reduziert bei den meisten Menschen häufig die mit den Vorstellungen verbundenen Gefühle/Symptome. In Kontexten, in denen gerade diese Submodalitäten (dunkel, klein, leise und/oder dissoziiert) den unangenehmen Zustand charakterisieren und aufrechterhalten - etwa *Dunkelheit* bei der Erinnerung an einen angstbesetzten nächtlichen Spaziergang - wird allerdings eine weitere Verschiebung in dieser Richtung die Gefühle/Symptome eher verstär-

---

[3] In gleicher Weise eignet es sich auch dazu, die Intensität gewünschter Zustände zu verringern. Auf die nähere Darstellung dieser Möglichkeit wird hier verzichtet, da sie, wenn überhaupt, wohl nur in Sonderfällen angebracht erscheint.

[4] Auf die Anwendungsmöglichkeiten bei psychosomatischen Beschwerden und Krankheiten kann, um den Rahmen der Arbeit nicht zu sprengen, weder hier noch im weiteren Verlauf der Arbeit näher eingegangen werden (s. hierzu aber Dilts et al., 1990/1991).

ken als abschwächen (Bandler, 1985/1987, S. 36 ff.; Bandler & MacDonald, 1988/1990, S. 24).

Zur Veranschaulichung schreibt Bandler (1985/1987):

> Nehmen Sie jetzt eine unangenehme Erinnerung, eine, durch die Sie sich schlecht fühlen, wenn Sie daran denken. Machen Sie jetzt das Bild dunkler und dunkler... Wenn Sie die Helligkeit weit genug herunterdrehen, wird die Erinnerung Sie nicht mehr stören. Auf diese Weise können Sie Tausende von Dollars für Psychotherapie-Rechnungen sparen. (S. 35)

MacDonald (Bandler & MacDonald, 1988/1990) gibt ein einfaches, erfrischend unakademisches Anwendungsbeispiel:

> Als meine Tochter einst drei Jahre alt war, hörte ich einmal einen Schreckensschrei aus ihrem Schlafzimmer. Ich stürmte hinein, um zu schauen, was los war, und fand Jessica auf ihrem Bett sitzend; sie schrie, daß ein Monster in ihrem Raum sei. Als ich es nicht finden konnte, sagte sie, daß ich es erschreckt habe, als ich in den Raum gekommen sei, und daß es sich unter dem Bett versteckt habe. Wir ließen uns auf Hände und Knie nieder und schauten nach. Sie versicherte mir, daß dies ihr ganz eigenes Monster wäre. Ich sagte ihr, daß sie, da es ihr Monster wäre und sie es geschaffen habe, es in jede Größe bringen könnte, die sie wollte. Sie könnte es größer machen. Das war zu beängstigend. Sie könnte es auch kleiner machen. Das gefiel ihr und sie ließ es auf eine angenehme Teddybär-Größe zusammenschrumpfen. An diesem Abend gingen wir zum Essen aus, und es ging nicht anders, als daß Jessica ihr nun freundliches Monster mitnahm. (S. 26 f.)

Der Vorteil eines derartigen Vorgehens mit Hilfe von Submodalitäten gegenüber anderen, mehr inhaltlich orientierten Verfahren (s. Kap. 7), liegt vor allem darin, daß Inhalt und Kontext nicht geändert werden müssen, um eine Veränderung zu erreichen. Wer z.B. schon einmal versucht hat, kurz nach einem sehr unangenehmen Erlebnis an etwas ganz anderes, Angenehmeres zu denken, weiß, wie schwer oder gar unmöglich ein inhaltlicher Wechsel sein kann. Mit Hilfe von Submodalitätsveränderungen können die mit einem unangenehmen Erlebnis verbundenen Emotionen aber oftmals relativ leicht abgeschwächt werden, und daraufhin ist dann ein inhaltlicher Wechsel wesentlich einfacher möglich, als wenn er direkt versucht worden wäre (Bandler, 1985/1987; vgl. auch 6.1.3.2 und 6.2.2). Allerdings kann es manchmal auch sinnvoll sein, bewußt bei dem gleichen Inhalt und Kontext zu bleiben - falls nämlich eine Beschäftigung mit ihm weiterhin erforderlich, z.B. eine Entscheidung notwendig erscheint; die verminderten unangenehmen Gefühle sollen dann die notwendige Sachlichkeit, den "*klaren* Kopf" ermöglichen; Verdrängungen können so vermieden werden (T. Stahl, persönl. Mitteilung, 1987).

Mit einem weiteren Beispiel von MacDonald (Bandler & MacDonald, 1988/1990) soll dieser Abschnitt schließen:

> Eine Frau, mit der ich arbeitete, hörte eine Stimme, die sie drängte, sich umzubringen. Sie hatte dieser Stimme zwanzig Jahre lang zugehört; und obwohl sie nie deren Forderungen nachgegeben hatte, versetzte sie die Stimme in Schrecken, und sie hatte Angst, daß sie eines Tages der Aufforderung Folge leisten würde. Als ich sie bat, der Stimme zuzuhören, und zu entscheiden, wie sie wußte, daß die Stimme ernst zu nehmen war, sagte sie, daß es die Art und Weise war, wie die Stimme klang, die sie bedrängte. Seit zwanzig Jahren hatte sie ohne Erfolg versucht, die Stimme dazu zu bringen, aufzuhören, solche Dinge zu sagen. Dennoch konnte sie sehr schnell die Art verändern, in der diese die Sachen sagte. Sie konnte die Stimme schneller machen, mit einem damit einhergehenden Anstieg in der Tonhöhe, bis sie wie ein gestreiftes Eichhörnchen in einem der Cartoons klang. Sie konnte sie verlangsamen, bis sie unverständlich wurde. Sie konnte sie so verändern, daß sie wie Donald Duck klang. Das Ganze wurde lächerlich, und sie konnte darüber lachen. Danach beeinträchtigte die Stimme sie nicht mehr länger in derselben Weise, selbst wenn sie sie in ihrer Originaltonalität hörte. Sobald sie einmal entdeckt hatte, daß sie den Prozeß kontrollieren konnte, war ihre Reaktion nicht länger automatisch. (S. 26)

6.1.2 Verstärkende Submodalitätsveränderungen

Ähnlich wie zur Abschwächung interner Zustände können Submodalitäten umgekehrt auch dazu verwendet werden, **gewünschte oder ungewünschte interne Zustände zu intensivieren**. Das Vorgehen entspricht dem im vorigen Abschnitt beschriebenen Modell, nur daß diesmal die verstärkenden Submodalitäten gesucht und die Vorstellungen in dieser Richtung verändert werden. In Umkehrung zu den abschwächenden Submodalitäten wird ein *Heller-*, *Größer-* und/oder *Lauter*machen von Vorstellungen sowie das Einnehmen einer *assoziierten* Wahrnehmungsposition (falls zunächst *dissoziiert*) als (in den meisten Fällen) verstärkend angegeben - wobei wiederum entsprechende kontextgebundene Einschränkungen gelten (Bandler, 1985/1987, S. 36 ff.; Bandler & MacDonald, 1988/1990, S. 24).

Angewendet wird diese Möglichkeit im NLP vor allem in zweierlei Absicht - wiederum auf Vergangenheit, Gegenwart und/oder Zukunft bezogen:

a) *Gewünschte* - vor allem kinästhetisch-emotionale - Zustände können zunächst herbeigeführt und dann soweit wie gewünscht verstärkt werden.

Dies kann in vielerlei Hinsicht sinnvoll sein; z.B. zur Erholung nach Anstrengungen und Streß, zur Selbstmotivierung, als Ressource sowohl für den Klienten als auch für den Berater innerhalb eines Beratungsprozesses, im Anschluß an die Abschwächung nicht gewünschter Zustände (vgl. den vorigen, s. den nächsten Abschnitt) oder "nur einfach so als etwas Schönes". Zur Selbstmotivation beispielsweise kann eine mit Hilfe von Submodalitäten verstärkte Erinnerung an einen sehr motivierten Zustand die notwendige Ressource für einen motivierten Zustand in der Gegenwart liefern. Bei einigen Menschen ermöglicht eine derartige Prozedur überhaupt erst ein auch emotional beteiligtes (Wieder-)Erleben (T. Stahl, persönl. Mitteilung, 1987).

b) *Nicht gewünschte* interne Zustände, die unter Verwendung der abschwächenden Submodalitäten (nach dem vorigen Modell) nicht ausreichend und/oder nicht dauerhaft genug vermindert werden konnten, können in einigen Fällen durch eine kurzfristige, extrem verstärkende und möglichst *schnell* durchgeführte Submodalitätsveränderung doch noch zufriedenstellend "aufgelöst" werden. Zur Veranschaulichung sowie zur Begründung der notwendigen Schnelligkeit bei der Durchführung führen Bandler und MacDonald (1988/1990) folgendes an:

> Weil das Gefühl, das die Person nicht mag, intensiviert wird, ist es notwendig, dies sehr schnell zu machen; andernfalls wird sie dazu tendieren, aufzuhören und weiter im schlechten Gefühl festgefahren zu bleiben. Beispielsweise machen Sie, falls Helligkeit das unerwünschte Gefühl intensiviert, das Bild sehr schnell heller; machen Sie es heller und heller, bis das Gefühl sich ändert. Das Muster des Bildes/Gefühls scheint einfach zu verschwinden. (S. 95)

Dabei soll gewissermaßen die *Schwelle* des Immer-noch-unangenehmer-Werdens derart überschritten werden, daß eine weitere Steigerung der verstärkenden Submodalität(en) keine weitere Verstärkung des Zustandes mehr mitsichbringt, sondern zu einer deutlichen Abschwächung oder sogar Auflösung führt. Das Verfahren wird daher auch ***Schwellen-Muster*** oder ***Schwellen-Modell*** genannt.

Es entspricht von der Grundidee her in etwa der Reizüberflutung *(Flooding)* in der Verhaltenstherapie (s. 7.2.4.3). Es wird im NLP allerdings nicht wie in dieser schwerpunktmäßig bei Phobien (s. dazu 6.2.4) eingesetzt, sondern bei stärkeren bzw. hartnäckigeren unangenehmen, jedoch nicht so panikartigen emotionalen Zuständen und bei Zwängen (C. Andreas & S. Andreas, 1987/1988, S. 141 ff.; Bandler & MacDonald, 1988/1990, S. 94 ff.; Jacobsen, 1988, S. 48 ff.) Als spezifisches Beispiel für die Verwendung dieses Modells wird in Abschnitt 6.2.3 die *Auflösung von Zwängen* ausführlicher dargestellt.

6.1.3 Umwandelnde Submodalitätsveränderungen

Die Möglichkeiten der beiden bisher vorgestellten Modelle liegen primär darin, interne Zustande abzuschwächen bzw. zu verstärken (z.B. *weniger ängstlich* oder *stärker motiviert* zu sein); eine Umwandlung in einen anderen Zustand (z.B. von *ängstlich* nach *neugierig*) *kann* damit einhergehen, ist aber nicht generell beabsichtigt und bleibt mehr oder weniger zufällig.[5] Um einen **gezielten Zustandswechsel** zu erreichen, werden folgende einfache Möglichkeiten (6.1.3.1) und etwas komplexere *Verkettungsmodelle* (6.1.3.2) im NLP als sinnvoll angesehen.

6.1.3.1 Einfaches Vorgehen

Mit Hilfe des folgenden Basis-Modells soll innerhalb eines gleichbleibenden Kontextes ein zielgerichteter **Wechsel von einem *Problemzustand*** (das ist jeder in einem bestimmten Kontext ungewünschte interne Zustand) **in einen *Ziel-* bzw. *Ressourcezustand*** (das ist jeder für diesen Kontext positiv bewertete bzw. gewünschte interne Zustand) erleichtert werden (C. Andreas & S. Andreas, 1987/1988, S. 259 f). Im folgenden wird statt von *Ziel- und/oder Ressourcezustand* einfachheithalber von *Wunschzustand* gesprochen. Die Schritte hierzu sind:

1. Problem- und Wunschzustand bestimmen.
2. Für beide Zustände jeweils die relevanten visuellen und auditiven Submodalitäten ermitteln (falls erforderlich, für einen der Zustände oder für beide eine Vergleichsanalyse durchführen).
3. Mit Hilfe einer Kontrastanalyse die wesentlichsten Unterschiede zwischen den Submodalitäten des Problem- und des Wunschzustandes feststellen.

---

[5] Das letzte, von MacDonald gegebene, Beispiel in Abschnitt 6.1.1 stellt einen derartigen zufälligen Zustandswechsel (von einem vor allem angstbesetzten in einen eher humorvollen Zustand) dar.

4. Die Submodalitäten des Problemzustandes probeweise einzeln den Submodalitäten des Wunschzustandes angleichen und dabei überprüfen, inwieweit jede submodale Veränderung den Problemzustand dem Wunschzustand annähert. Je nachdem ob die probeweise veränderte Submodalität generell verstärkend wirkt oder tatsächlich charakteristisch für den Wunschzustand ist, kann es hierbei sowohl zu positiven als auch zu negativen Veränderungen kommen. (Ist z.B. der Wunschzustand durch relativ *helle* (hier verstärkend wirkende) und der Problemzustand durch relativ *dunkle* (hier bereits abschwächend wirkende) Submodalitäten gekennzeichnet, wird sich der Problemzustand durch die Angleichung an diese Submodalität des Wunschzustandes wahrscheinlich verschlechtern; eine bestimmte *Farbschattierung* und *Lokalisierung* bei der Vorstellung des Wunschzustandes hingegen könnte sein typisches Charakteristikum sein, und eine diesbezügliche Angleichung des Problemzustandes eine deutliche Verbesserung mit sich bringen.)
5. Den Problemzustand mit Hilfe der positiv-relevanten, im vorigen Schritt identifizierten, Submodalitäten so weit wie möglich in den Wunschzustand überführen.

Die Anwendungsmöglichkeiten eines solchen Vorgehens scheinen so unbegrenzt, wie es verschiedene Problem- und Wunschzustände gibt. Die Auflistung einiger Möglichkeiten soll zur Veranschaulichung genügen: von gelangweilt zu motiviert, von lerngehemmt zu lernfähig, von vergeßlich zu erinnerungsfähig, von ängstlich zu neugierig, von neidisch zu zufrieden, von hoffnungslos zu hoffnungsvoll, von zweifelnd zu glaubend.[6] Der Wunschzustand kann jeweils das ungefähre (subjektive) Gegenteil des Problemzustandes (z.B. fröhlich vs. traurig) oder auch ein gänzlich anderer (z.B. begeistert statt nachdenklich) sein (C. Andreas & S. Andreas, 1987/1988, S. 259 f.).

Wie aus obigen Beispielen hervorgeht, eignet sich das Modell neben der Beeinflussung vorwiegend kinästhetisch-emotionaler Zustände auch zur Veränderung primär kognitiver Zustände bzw. kognitiver Leistungen (etwa im Bereich des schulischen Lernens). Die bereits erwähnte Verbesserungsmöglichkeit für einen rechtschreibschwachen Klienten, bei dem der Problemzustand durch *kleine*, *verschwommene* und der Wunsch-

[6] Im NLP werden auch zu diesem Modell neben den hier beispielhaft aufgeführten, eher emotional-orientierten Möglichkeiten auch psychosomatische Indikationen (z.B. von krank zu gesund) genannt (C. Andreas & S. Andreas, 1987/1988, S. 259 f.; 1989, S. 213 ff.; Dilts et al., 1990/1991).

zustand durch *große, scharfe* Buchstaben-Repräsentationen gekennzeichnet war, ist ein Beispiel für eine solche Anwendung im primär kognitiven Bereich (vgl. 2.2.2).

6.1.3.2 Verkettungsmodelle

Zwei Varianten obigen Verfahrens bieten sich an, wenn der oben beschriebene direkte Wechsel zwischen den Zuständen nicht gelingen will, da die Zustände vielleicht zu entgegengesetzt sind. Es sind sogenannte ***Verkettungstechniken***, die einen allmählichen Übergang ermöglichen sollen; hierbei sind zwischen dem Problemzustand und dem endgültigen Wunschzustand ein oder mehrere **Übergangszustände** zu durchlaufen.

a) Eine Möglichkeit, die auf einer Kombination der drei bisher dargestellten Basismodelle beruht, besteht aus folgenden, das obige Modell ergänzenden, Schritten (Bandler & MacDonald, 1988/1990, S. 73 ff.; R. Dilts, persönl. Mitteilung, 1989):[7]

1. Sich in den Problemkontext und den Problemzustand begeben.
2. Den Problemzustand mit Hilfe geeigneter Submodalitäten abschwächen (Übergangszustand 1).
3. In diesen abgeschwächten Zustand bei gleichbleibendem Kontext die charakterisierenden Submodalitäten des Wunschzustandes einführen (Übergangszustand 2).
4. Diesen bereits verbesserten Zustand mit Hilfe geeigneter Submodalitäten weiter verstärken, bis der Wunschzustand erreicht ist.

So könnte z.B. der unter Mitwirkung bestimmter externer Umstände entstandene Problemzustand "Hilflosigkeit" durch ein *großes, nahes, sehr scharfes, fast unbewegtes* Bild und der Wunschzustand "Kreativität" durch ein *etwas kleineres, fünf Meter weiter entferntes, leicht verschwommenes, lebhaft bewegtes* Bild charakterisiert sein; ein *Größer*-machen verstärkt, ein *Kleiner*-machen vermindert beide Zustände. Gemäß obigem Veränderungsprozeß wird nun zunächst das die Hilflosigkeit ausdrückende Vorstellungsbild solange *verkleinert*, bis das Gefühl der Hilflosigkeit stark abgeschwächt ist (Übergangszustand 1), dann wird es entsprechend den

[7] Die internen Zustände jedes Schrittes werden i.d.R. einzeln geankert und die Anker dann zum leichteren Wechsel von einem Zustand in den nächsten verwendet (vgl. 5.3.2).

Submodalitäten des Wunschzustandes *fünf Meter weiter weggerückt, verschwommener, und lebhaft-bewegt* gemacht (Übergangszustand 2), und zum Abschluß durch eine *Vergrößerung* soweit verstärkt, bis der Wunschzustand bestmöglich erreicht ist.

Wenn neben dem Zustand auch der Inhalt gewechselt werden soll (vgl. die beiden vorigen Abschnitte), kann in ähnlicher Weise vorgegangen werden: Zuerst den Problemzustand abschwächen (Übergangszustand 1), dann unter Beibehaltung der abgeschwächten Submodalitäten den neuen Inhalt einführen (Übergangszustand 2) und zum Schluß den damit verbundenen Zustand wunschgemäß verstärken. (So kann beispielsweise ein *nahes,* ungewünschtes Vorstellungsbild zur Abschwächung *in die Ferne* gerückt werden, dann ein gewünschtes Bild an die *gleiche entfernte* Stelle gesetzt werden und zum Schluß zur Verstärkung wieder *nah* herangeholt werden.) Sehr ähnlich wird auch zur *Veränderung von Glaubenssätzen* (s. 6.2.5) vorgegangen.

b) Eine andere Möglichkeit, einen fließenden Übergang zu schaffen, wird darin gesehen, konkrete weitere Übergangszustände in die *Veränderungskette* einzubauen. Bandler und MacDonald (1988/1990) geben als Beispiel, um von *"Unschlüssigkeit"* zu einem *"Darauf-Losgehen"* zu gelangen, folgende Kette an:

Unschlüssigkeit
Frustration
Ungeduld
Gier
Darauf-Losgehen (S. 92)

Während der Kontext der Unschlüssigkeit konstant bleibt, werden seine Submodalitäten nacheinander den Submodalitäten der verschiedenen Zwischenzustände angepaßt bis mit der letzten Anpassung der Wunschzustand erreicht wird. Genauer charakterisiert sind die einzelnen Schritte:

1. Problem- und Wunschzustand sowie die individuell sinnvollen, d.h. einen fließenden Übergang ermöglichenden Zwischenzustände bestimmen. (Als Zwischenzustände eignen sich besonders diejenigen, die die betreffende Person spontan ohnehin dann durchläuft, wenn sie von dem einen in den anderen Zustand wechselt.)
2. Für jeden Zustand die relevanten visuellen und auditiven Submodalitäten ermitteln.

3. Submodale Kontrastanalyse für den ersten mit dem zweiten, den zweiten mit dem dritten, den dritten mit dem vierten usw. bis zum vorletzten mit dem letzten Zustand durchführen.
4. Jeweils diejenigen Submodalitäten ermitteln, die den Wechsel von einem in den nächsten Zustand ermöglichen.
5. Mit Hilfe der jeweils relevanten Submodalitäten, beim Problemzustand beginnend, nacheinander alle Zustände der Kette durchlaufen, bis der Wunschzustand erreicht ist.[8]

Die diversen Möglichkeiten, interne Zustände zu wechseln, werden im nächsten Abschnitt anhand konkreterer Veränderungsmodelle, die weitgehend auf den hier vorgestellten basieren, weiter verdeutlicht.

6.2 Spezifische Modelle

Die im folgenden beschriebenen, weitgehend auf den Basis-Modellen beruhenden **spezifischen Modelle** sind speziell auf bestimmte Indikationen und/oder logische Ebenen der Veränderung abgestimmt. Teilweise müssen in ihnen, ebenso wie in den Basis-Modellen, alle Submodalitäten individuell ermittelt werden, teilweise werden bestimmte, häufig wirksame Submodalitätsveränderungen vorgegeben. Wesentliches Ziel der meisten Modelle ist es, *dauerhafte Veränderungen* zu erreichen; dazu spielt oftmals die Submodalität *Geschwindigkeit* eine zentrale Rolle; Bandler (1985/1987) führt in einer metaphorischen Begründung aus:

> Das Gehirn lernt etwas, indem Muster in ihm sehr schnell hintereinander ablaufen. Stellen Sie sich vor, ich würde Ihnen fünf Jahre lang jeweils nur ein Einzelbild eines Films pro Tag zu sehen geben. Würden Sie die Handlung verstehen? Natürlich nicht. Man versteht den Sinn eines Films nur, wenn die Bilder sehr schnell hintereinander folgen. (S. 60)

Im wesentlichen sind es imaginative Konditionierungsprozesse auf Submodalitätenebene, die die Dauerhaftigkeit ermöglichen sollen.

Zunächst geht es in einem einfachen, sehr speziellen Modell um die *Verbesserung eines gegenwärtigen Zustands* (6.2.1), sodann um *Auflösungs- und Umlenkungsmöglichkeiten ungewollter Verhaltensweisen* (6.2.2), um

---

[8] Als generell beste Übergangsmöglichkeit wird bei Bandler und MacDonald (1988/1990, S. 93 f.) der sogenannte *Swish* (eines der spezifischeren Verfahren, s. 6.2.2) angegeben; einfache, individuell angepaßte Wechsel, entsprechend der bisherigen Darstellung, sind aber ebenso möglich (T. Stahl, persönl. Mitteilung, 1988).

spezielle *Auflösungs- und Behandlungsmöglichkeiten von Zwängen* (6.2.3) sowie von *Phobien und traumatischen Erinnerungen* (6.2.4), um *Veränderungsmöglichkeiten von Glaubenssätzen* (6.2.5) und *innerhalb von Wertehierarchien* (6.2.6) und schließlich um *Veränderungen innerhalb der Zeitlinie* (6.2.7).

6.2.1 Verbesserung des gegenwärtigen Zustands

Um einen gegenwärtigen Zustand zu verbessern oder zu verändern, geben Bandler und MacDonald (1988/1990, S. 83 f.) folgendes - besonders gut auch für die Selbstanwendung geeignete - Modell an. Auf die Elaborierung der Submodalitäten des gegenwärtigen und des Wunschzustandes wird dabei völlig verzichtet. Der Schwerpunkt liegt auf dem kognitiven Prozeß, mit dem die Verbesserung erreicht werden soll: Im wesentlichen werden *schnelle Größenänderungen* sowie Wechsel zwischen *Dissoziation* und *Assoziation* verwendet, um einen allmählichen Übergang vom gegenwärtigen zum Wunschzustand zu ermöglichen. Die einzelnen Schritte sind:

1. Die gegenwärtige externe Umgebung bewußt wahrnehmen und sich zur Kontextmarkierung möglichst gut einprägen. Die Augen schließen, und bei geschlossenen Augen den externen Eindruck in einem internen, *assoziierten* Abbild der gegenwärtigen Umgebung soweit wie möglich aufrechterhalten. Diesen Vorgang so oft wiederholen bis das interne Abbild (*Gegenwartsbild*) bestmöglich der externen Wahrnehmung entspricht.
2. Bei weiterhin geschlossenen Augen in die *Mitte* des Gegenwartsbildes ein sehr *kleines* neues Bild (das *Wunschbild*) setzen. Dieses Bild soll ein *dissoziiertes* Selbstbild in der gegenwärtigen Umgebung sein, auf dem allerdings der Wunschzustand (z.B. fröhlich, locker und entspannt) bereits weitmöglichst zu erkennen ist.
3. Das kleine dissoziierte Wunschbild *"blitzschnell"* von der Mitte her größer werden lassen, bis das Gegenwartsbild nicht mehr zu sehen ist (etwa wie bei einem Spezialeffekt im Fernsehen).
4. Sich unmittelbar in dieses dissoziierte Wunschbild *assoziieren* und alles so wahrnehmen, als befände man sich bereits in einem dem Wunschbild entsprechenden Zustand. (Die Assoziierung in das Wunschbild impli-

ziert eine gleichzeitige oder vorherige Dissoziierung aus dem weniger guten Gegenwartszustand.)

5. Gleich nach der Assoziierung in die Mitte des jetzt aktuellen Gegenwartsbildes ein weiteres kleines dissoziiertes Bild setzen, das dem Wunschzustand noch besser entspricht; dieses Bild gemäß den Schritten c) und d) wieder schnell von der Mitte her groß werden lassen und sich hineinassoziieren. Zur weiteren Verbesserung, Festigung und/oder Intensivierung des Wunschzustandes den gesamten Vorgang zehnmal sehr schnell wiederholen.

Auf ein konkretes Beispiel soll verzichtet werden, da die Schritte relativ eindeutig vorgegeben sind; selbstverständlich ist jede nur denkbare Variation, was die Auswahl der Submodalitäten und die Anzahl der Wiederholungen betrifft, möglich.

6.2.2 Auflösung und Umlenkung ungewollter Verhaltensweisen (Swish)

Den sogenannten ***Swish***[9] bezeichnet Bandler (1985/1987, S. 153) als das wirkungsvollste aller von ihm *benutzten* Modelle[10], er soll daher ausführlicher dargestellt werden. Mehr als im sonstigen Text werden Zitate verwendet, die in direkter Rede konkrete Anweisungen zur Durchführung des Swish enthalten, da sie die wesentlichen Merkmale oftmals unmittelbarer verdeutlichen, als es dem Autor mit einer abstrakteren Beschreibung möglich wäre. Das Swish-Modell beschreibt, ähnlich wie das vorige, einen kognitiven Prozeß, durch den das "Gehirn veranlaßt wird, eine neue Richtung einzuschlagen" (S. 151). Der Swish eignet sich generell, um von einem internen Zustand zu einem anderen zu wechseln, wobei der eine *automatisch* zum Auslöser für den anderen wird; der Inhalt kann gleich bleiben oder ebenfalls wechseln. Das macht den Swish besonders geeignet

[9] Mit *Swish* "ist ein zischendes Geräusch gemeint (*to swish* heißt zischen, schwirren, sausen), das die [bei der Anwendung des Modells] zu erreichende Schnelligkeit andeutet" (Anm. d. Übers. in C. Andreas & S. Andreas, 1987/1988, S. 87).

[10] Hierbei wird einmal mehr Bandlers Selbstverständnis deutlich; er schreibt, obwohl er im herkömmlichen Verständnis das Recht dazu hätte, nicht über das wirkungsvollste der von ihm *entwickelten* Modelle, sondern über das wirkungsvollste der von ihm *benutzten* Modelle, was die Grundannahme des NLP ausdrückt, daß Menschen bereits über alle notwendigen Ressourcen zur Veränderung verfügen (vgl. 1.3.2), und daß er, Bandler, diese prinzipiellen Möglichkeiten lediglich *modelliert* hat, also nach ihrer Beobachtung nachgeahmt hat und jetzt zielgerichtet einsetzt.

für alle Bereiche, in denen ein Wechsel i.a. ebenso wünschenswert wie schwierig ist: vor allem bei unliebsamen Verhaltensweisen wie nicht gewollten Reaktionen auf externe Reize, Zwängen, Trägheit, Unsicherheiten etc. Sinnvoll eingesetzt werden kann er auch in Kombination mit den zuvor dargestellten Verkettungstechniken (vgl. 6.1.3.2), falls eine sich auf andere Kontexte generalisierende Wirkung gewünscht wird.

Für den sogenannten *Standard-Swish*, der laut C. und S. Andreas (1987/1988, S. 91) in ca. 70 Prozent der Fälle erfolgreich ist, werden, ähnlich wie im vorigen Modell, vor allem *sehr schnelle* Wechsel zwischen einem *assoziierten* und einem *dissoziierten* Bild und gleichzeitige ebenfalls *schnelle* Veränderungen in der *Größe* sowie zusätzlich in der *Helligkeit* vorgenommen. Zunächst sollen die Schritte des Standard-Swish aufgeführt, erläutert und an einem Beispiel veranschaulicht werden, sodann wird kurz auf die individuellen Anpassungsmöglichkeiten eingegangen. Die Schritte des Standard-Swish sind:

1. Eine spezifische Verhaltensweise, die verändert werden soll, identifizieren.
2. Den (bzw. einen) visuellen Auslöser für das ungewünschte Verhalten finden und in der Vorstellung ein dementsprechendes *assoziiertes* Bild konstruieren.

Bandler (1985/1987) gibt als Standard-Aufforderung hierzu an:

> "Jetzt möchte ich, daß Sie herausbekommen, was Sie in dem Moment tatsächlich sehen, der dem unerwünschten Verhalten unmittelbar vorausgeht. Da viele Menschen zu diesem Zeitpunkt auf "Autopilot" geschaltet sind, kann es hilfreich sein, das tatsächlich zu tun, was dem zu verändernden Verhalten vorausgeht, um herauszufinden, wie das aussieht." (S. 154)

Der visuelle Auslöser kann sowohl ein externes als auch ein internes Bild sein; für Fälle, in denen das gleiche Verhalten in sehr verschiedenen externen Kontexten auftritt, empfehlen C. und S. Andreas (1987/1988, S. 75), ein internes Bild zu suchen, das sich in allen Kontexten wiederholt. Das konstruierte, auslösende Bild soll *assoziiert* sein, damit es dem tatsächlich auslösenden Bild in Aussehen und Wirkung weitmöglichst entspricht. Es sollte so spezifisch sein, daß es eindeutig zu dem Problemverhalten führt, aber doch allgemein genug, um möglichst viele in Frage kommende Auslöser einzubeziehen. C. und S. Andreas geben ein Beispiel für ein zu spezifisches Bild:

> Nach einem ... Swish reduzierte beispielsweise ein Raucher seinen Zigarettenkonsum sofort von einer Packung pro Tag auf ungefähr fünf Zigaretten

täglich. Er hatte von da an keine eigenen Zigaretten mehr dabei, sondern bat gelegentlich Freunde um eine Zigarette. Als auslösendes Bild hatte er die Vorstellung verwendet, wie seine Hand eine Zigarette "aus der Schachtel" nahm. Der Swish funktionierte perfekt, wann immer der Auslöser auftrat. Der Anblick, eine Zigarette "aus der Hand von jemand anderem" zu nehmen, setzte den Swish jedoch nicht in Gang. (S. 74)

3. Eine *attraktive* Zielvorstellung mit einem *dissoziierten* Selbstbild kreieren.

"Machen Sie nun ein zweites Bild von dem, *wie Sie in Ihren eigenen Augen anders aussehen würden, wenn Sie die gewünschte Veränderung bereits erreicht hätten.* Ich möchte, daß Sie dieses Bild so lange abändern, bis es für Sie außerordentlich attraktiv ist - ein Bild, das Sie sehr stark anzieht." (Bandler, 1985/1987; S. 154)

Dabei sollte die Zielvorstellung i.d.R. mehr die *Richtung* neuer Verhaltensweisen, die an die Stelle des ungewünschten Verhaltens treten sollen, also Fähigkeiten und Wahlmöglichkeiten angeben, statt *ein* spezifisches alternatives Verhalten vorzugeben. Letzteres würde bei erfolgreicher Anwendung gleichzeitig eine neue, u.U. auf längere Sicht wiederum Probleme schaffende, Einengung bedeuten (C. Andreas & S. Andreas, 1987/1988, S. 77). (Wenn beispielsweise "abends nach Betreten meiner Wohnung nur noch aufs Bett fallen und vor mich hin dösen können" ersetzt würde durch "abends nach Betreten meiner Wohnung noch zwei Stunden am Schreibtisch Fachliteratur lesen", würde dies einer neuen wahrscheinlich mindestens ebenso ungünstigen Einschränkung gleichkommen; "abends nach Betreten meiner Wohnung noch genug Kraft spüren, um mich zwischen verschiedenen angenehmen und/oder notwendigen Tätigkeiten zu entscheiden" würde dagegen auf der Fähigkeiten-Ebene Wahlmöglichkeiten schaffen, wo vorher keine waren.) Der Sinn eines *dissoziierten* Selbstbildes wird vor allem unter Motivationsgesichtspunkten gesehen:

Es ist unbedingt erforderlich, daß das gewünschte Selbstbild eine *dissoziierte* Vorstellung ist, damit es eine starke Motivation darstellt. Sind Sie assoziiert darin, so kann es [da Sie sich bereits sinnenhaft im Zielzustand befinden] nicht mehr *anziehend und infolgedessen auch nicht motivierend sein.* (S. 76)

4. Den eigentlichen Veränderungsprozeß, den Swish durchführen.

"Beginnen Sie, indem Sie das auslösende Bild ... groß und hell sehen. Setzen Sie dann ein kleines dunkles Bild der Zielvorstellung in die untere rechte Ecke. Das kleine dunkle Bild wird größer werden und das erste Bild ganz bedecken, welches gleichzeitig ebenso schnell verblassen [gemeint ist wohl *sich verdunkeln*] und schrumpfen wird, wie Sie "Swish" sagen können. Löschen Sie dann die ganze Bildfläche oder öffnen Sie die Augen." (Bandler, 1985/1987, S. 154)

Im allgemeinen sollen fünf Wiederholungen ausreichen, um sich bei der gewohnten Reizgebung *nicht* mehr automatisch auf die alte Art und Weise zu verhalten. Kontraindiziert ist diese Form des Standard-Swish, wenn die Wirkung des auslösenden Bildes und/oder des Zielbildes nicht durch *Heller-* und/oder *Größermachen* verstärkt bzw. durch *Dunkler-* und/oder *Kleiner*machen abgeschwächt werden kann (vgl. 6.1.1); in einem solchen Fall müssen ein oder zwei alternative kontinuierliche Submodalitäten ermittelt werden, die entsprechend der angenommenen Wirkung von *Helligkeit* und *Größe* die Wirkung beider Bilder in gleicher Weise verstärken und abschwächen (z.B. *Entfernung* und *Größe*), und der Swish mit ihnen durchgeführt werden (Bandler & MacDonald, 1988/1990, S. 75 ff.; vgl. auch 6.1.3.1). Bandler (1985/1987) zeigt eine einfache Möglichkeit auf, um zu überprüfen, inwieweit ein Klient den Swish auch tatsächlich durchgeführt hat; gleichzeitig induziert er damit eine effiziente Wiederholung des kognitiven Prozesses (vgl. auch die diesbezügliche Annahme in 3.2.1):

> Manchmal zum Beispiel muß jemand den Swish ein paarmal üben. Sie können die Person bitten, es einmal zu tun, und dann fragen: "Haben Sie es richtig gemacht?" Um diese Frage beantworten zu können, muß sie es nochmal durchführen. Dann können Sie fragen: "Sind Sie sicher, daß Sie es richtig gemacht haben?", und sie muß es noch einmal machen. Sie wird es auf diese Weise auch schneller und leichter machen, weil sie sich nicht bewußt bemüht. (S. 172)

5. Testen, inwieweit mit dem Swish die erwünschte Wirkung erreicht werden konnte.

Dazu gibt Bandler (1985/1987) zwei Überprüfungsmöglichkeiten, eine mit imaginativem und eine mit externem Test, an:

> "Stellen Sie sich nun das erste Bild vor. Was passiert?" Falls der Swish funktioniert hat, wird dies schwierig sein. Das Bild wird dazu neigen ... automatisch durch das zweite Bild ersetzt [zu] werden. (S. 155)

Die zweite Möglichkeit besteht darin, als Anwender einen Weg zu finden, wie dem Klienten der auslösende Reiz real angeboten werden kann, etwa indem er ihm bei einem Rauchzwang eine Zigarette anbietet, bei einem "Ja-sage-Zwang" um einen weit überzogenen Gefallen bittet. Auch derartige Tests sollten die neuen Fähigkeiten aktivieren. Fällt der Test negativ aus, kann der Swish, u.U. nach einer vorherigen Präzisierung des Auslösers, einer Verbesserung des Zielbildes und/oder einer individuellen Anpassung der Submodalitäten (s.u.), weitere Male wiederholt werden.

Ein nur leicht gekürztes Beispiel, in dem Bandler (1985/1987) die Anwendung des Standard-Swish mit einem "Nägelkauer" in sehr straffer Form demonstriert, soll den grundlegenden Prozeß im Zusammenhang veranschaulichen[11]:

Was sehen Sie in dem Moment, bevor Sie Nägel kauen?
Jack: Ich weiß nicht. Meistens merke ich längere Zeit gar nicht, daß ich es tue....
Wissen Sie, wann und wo Sie gewöhnlich Nägel kauen?
Jack: Meistens dann, wenn ich ein Buch lese oder einen Film anschaue.
OK. Stellen Sie sich bitte vor, daß Sie einen Film anschauen, und heben Sie dann tatsächlich eine Hand hoch, so, als ob Sie gleich Ihre Nägel abbeißen wollten. Sie sollen merken, was Sie sehen, wenn Ihre Hand sich hebt, und Sie wissen dabei genau, daß Sie gleich Nägel kauen werden.
Jack: Ok. Ich kann sehen, wie meine Hand aussieht, während sie sich hebt.
Gut. Dieses Bild werden wir in ein paar Minuten benutzen; im Augenblick legen Sie es mal beiseite. Zunächst benötigen wir noch eine anderes Bild. Jack, wenn Sie nicht mehr Nägel beißen würden - wie würde sich das Bild verändern, das Sie von sich selbst vor Ihrem geistigen Auge haben? Ich meine nicht nur, daß Sie sich mit längeren Fingernägeln sehen würden. Welchen Wert würde es für Sie darstellen, wenn sie diese Angewohnheit verändern würden? Was für einen Unterschied würde es in ihrem Leben ausmachen? Was würde es in bezug auf Ihre Person bedeuten? Ich möchte nicht, daß Sie mir Ihre Antworten sagen; ich möchte, daß Sie antworten, indem Sie ein Bild von sich selbst vor Ihrem geistigen Auge erzeugen, das die Person darstellt, die diese Angewohnheit nicht mehr hat.
Jack: OK. Das Bild ist da.
Nehmen Sie jetzt das erste Bild, das von ihrer Hand, die sich hebt, und machen Sie es groß und hell, - und in die untere rechte Ecke fügen Sie ein kleines dunkles Bild davon ein, wie Sie sich selbst verändert sehen würden, nachdem Sie diese Angewohnheit nicht mehr haben.
Nun machen Sie das, was ich den "Swish" nenne. Lassen Sie das kleine dunkle Bild schnell größer und heller werden, bis es das alte Bild von ihrer Hand ganz bedeckt; das alte Bild wird gleichzeitig dunkler werden und schrumpfen. Dies müssen Sie sehr schnell machen, in weniger als einer Sekunde. Sobald Sie mit diesen Bildern den "Swish" gemacht haben, löschen Sie entweder die inneren Bilder völlig oder öffnen die Augen und schauen sich um. Gehen Sie dann wieder nach innen und beginnen Sie von vorne... Machen Sie dies insgesamt fünfmal.... Jetzt testen wir es. Jack, machen Sie

[11] Der dargestellte Dialog gibt eine Demonstration des Swish-Prozesses im Rahmen einer von Bandler geleiteten NLP-Ausbildung wieder; in der Praxis müßte ein Swish sicherlich in vielen Fällen wesentlich gründlicher und ausführlicher durchgeführt werden - zumindest ist es dem Autor bis heute in seiner praktischen Arbeit nicht in einem so rasanten Tempo gelungen. Trotz seiner schnellen Vorgehensweise spricht Bandler für das Zielbild alle logischen Ebenen der Veränderung an. Die zahlreichen Merkmale der parallel zum Dialog verlaufenden nonverbalen Kommunikation sind leider nicht aufgeführt.

dieses große helle Bild von Ihrer Hand, die sich hebt, und sagen Sie mir, was passiert.
Jack: Nun, es ist schwierig, das Bild festzuhalten. Es verblaßt gleich, und das andere Bild erscheint. (S. 151 f.)

Für einen individuell angepaßten Swish können statt *Größe* und *Helligkeit* zwei andere kontinuierliche Submodalitäten - vor allem aus dem visuellen, auditiven und/oder kinästhetischen Repräsentationssystem, aber auch aus dem olfaktorischen und gustatorischen RS[12] - ausgewählt werden[13]; sie müssen sowohl für die auslösende Vorstellung als auch für die Zielvorstellung in gleicher Weise abschwächend und verstärkend wirken; i.d.R. versprechen diejenigen Submodalitäten den größten Erfolg, die die Wirkungen beider Vorstellungen am stärksten beeinflussen. Die anderen Merkmale des Standard-Swish bleiben bei der individuellen Durchführung weitgehend gleich. Auf eine eingehendere Beschreibung soll hier verzichtet werden (s. aber C. Andreas & S. Andreas, 1987/1988, S. 89 ff; Bandler, 1985/1987, S. 159 ff.; Bandler & MacDonald, 1988/1990, S. 97 ff.).

Die Erfolgsaussichten eines Swish scheinen dann am größten, wenn zu seiner Durchführung die individuell am stärksten wirkenden Submodalitäten verwendet werden, wenn die relevanten *eigenständigen*[14] Auslöser möglichst vollständig bestimmt und beachtet werden und eine möglichst attraktive, alle Ebenen der Persönlichkeit berücksichtigende Zielvorstellung gebildet wird.

6.2.3 Auflösung von Zwängen

Ein weiteres, von Bandler entwickeltes bzw. modelliertes und von C. und S. Andreas (1987/1988) dokumentiertes Veränderungsmodell soll speziell zur Auflösung von Verhaltens- oder Reaktionsweisen beitragen, die "zu intensiv sind, um mit anderen Techniken wie z.B. dem Swish leicht besei-

[12] Gerade bei zwanghaften Eßgewohnheiten sowie Rauch-, Alkohol- und Drogenkonsum kommt oftmals einem bestimmten Geruch und/oder Geschmack eine besondere (auslösende) Bedeutung zu (Bandler, 1985/1987, S. 158 ff.)

[13] Die Submodalitäten können auch aus zwei verschiedenen RS stammen (C. Andreas & S. Andreas, 1987/1988, S. 96).

[14] Oftmals ist es möglich, einen Auslöser zu finden, der alle anderen sicherlich ebenfalls vorhandenen Auslöser derart umfaßt bzw. dominiert, daß, wenn er wegfällt bzw. durch ein Swish-Muster umgelenkt wird, alle sonstigen Auslöser nicht mehr zu dem ungewünschten Verhalten führen (T. Stahl, persönl. Mitteilung, 1988).

tigt werden zu können" (S. 141); der sogenannte ***Compulsion Blowout***[15] eignet sich somit besonders zur **Auflösung hartnäckiger Zwänge.**

Folgende Grundannahmen über die (größtenteils unbewußte) kognitive Strategie, die eine Person bis zum zwanghaften Verhalten durchläuft, liegt dem Modell zugrunde:

1. Das Objekt des Zwanges tritt extern (z.B. der Anblick einer Weinflasche) und/oder intern in Erscheinung (z.B. die Vorstellung eines Weinglases in der Hand). Diese i.d.R. visuelle "Repräsentation läßt die Person wissen, daß es an der Zeit für den Zwang ist" (C. Andreas & S. Andreas, 1987/1988, S. 150).
2. Die externe und/oder interne Repräsentation erfährt eine interne *submodale Verzerrung*, wobei "gewöhnlich eine einzige analoge Submodalität, oft eine visuelle, die den Zwang treibt und ihn unwiderstehlich werden läßt" (S. 150), entscheidend ist. Die hierbei relevanten Submodalitäten werden auch *Treiber*-Submodalitäten genannt.
3. Dies führt über Synästhesien zu dem "kinästhetischen Meta-Gefühl, etwas unbedingt tun zu müssen und dabei keine andere Wahl zu haben" (S. 150).
4. Das Gefühl treibt die Person schließlich zu dem (eigentlich) nicht gewünschten Verhalten.

Der Compulsion Blowout, der diesen kognitiven Prozeß verändern soll, basiert im wesentlichen auf einer *schnellen*, extremen Verstärkung einer oder mehrerer Treiber-Submodalitäten (vgl. 6.1.2). Ziel ist dabei niemals, die Fähigkeit, die mit dem Objekt des Zwanges verbunden ist (wie etwa Schokolade zu essen), gänzlich zu verlieren, sondern lediglich den Zwang aufzuheben, etwas bestimmtes tun zu *müssen*. Die einzelnen Schritte sind:

1. Einen Zwang identifizieren, den die Person kongruent *loswerden* möchte.

2. Seine Treiber-Submodalität(en) - am besten im Kontrast zu einem ähnlichen aber nicht zwanghaften Objekt - ermitteln.

Bei einer Person (Rachel) mit unwiderstehlichen Negerkuß-Gelüsten z.B. identifizierten C. und S. Andreas (1987/1989) im wesentlichen folgende submodalen Unterschiede zwischen ihrer Negerkuß-Repräsentation im Kontrast zu ihrer Keks-Repräsentation: Die Vorstellung der Negerküsse war *heller*, im Gegensatz zu den Keksen *mit einem Leuchtring versehen* und in gewisser Weise *näher*:

---

[15] Der Begriff kann übersetzt werden mit "Zerplatzen oder Durchbrennen eines Zwanges" (Anm. d. Übersetzers in C. Andreas & S. Andreas, 1987/1988, S. 141).

> Sie springen fast vom Teller ... es ist nicht so, daß das ganze Bild näher da ist, sondern nur die Negerküsse. Die Kekse machen das nicht. (S. 143)

Zur Ermittlung der wesentlichen Treiber-Submodalität fahren C. und S. Andreas fort:

> Rachel, werfen Sie einen Blick auf das Bild der Negerküsse. Versuchen Sie, die Negerküsse etwas näher heranzuholen. Lassen Sie sie ein bißchen mehr vom Teller springen. Fühlen Sie sich daraufhin mehr oder weniger dazu gezwungen, diese Negerküsse zu essen?
> *Rachel:* (Ihre Haut schaut etwas mehr durchblutet aus, und sie macht Bewegungen mit dem Mund). Ja, der Wunsch nach ihnen wird sofort stärker.
> Okay. Jetzt bewegen Sie die Negerküsse zurück auf den Teller. Ändert dies Ihre Reaktion?
> *Rachel:* Dann läßt der Wunsch etwas nach. (S. 143 f.)

Die Wirkung dieser Submodalität wird noch mit den Wirkungen der beiden anderen in Frage kommenden Submodalitäten verglichen, stellt sich dann aber als *die* wesentliche Treiber-Submodalität heraus.

3. Testen, ob eine einfache Abschwächung der Treiber-Submodalität ausreicht, um den Zwang längerfristig zu eliminieren.

Dies ist i.d.R. bei Zwängen nicht der Fall; wenn doch einmal, kann auf das folgende, aufwendigere Verfahren verzichtet werden (S. 146).

4. Den eigentlichen Veränderungsprozeß, den Compulsion Blowout durchführen.

Ziel ist es, das Zwangsgefühl mit Hilfe der Treibersubmodalität so lange (im Sinne einer Reizüberflutung) zu intensivieren, bis es sich nicht mehr weiter verstärkt, sondern *plötzlich* beginnt, sich *allmählich* aufzulösen (vgl. 6.1.2); wenn diese *Zwangs-Schwelle* erst einmal überschritten werden konnte - so die zugrundeliegende Annahme -, hat von da an die Treiber-Submodalität keine oder nur noch eine wesentlich schwächer treibende Wirkung, so daß der Zwang (zumindest auf diese Weise) auch nicht zurückkehren kann.

Zwei Verfahren können zur Verstärkung verwendet werden:

a) Einmal kann eine einzige, möglichst extreme und schnelle Veränderung der Treiber-Submodalität in verstärkende Richtung durchgeführt werden bis die Schwelle überschritten ist. Wenn z.B. *Größerwerden* als Treiber fungiert, kann das betreffende Objekt (etwa der Negerkuß) schnell so groß wie ein Auto gemacht werden, was wahrscheinlich nicht mehr besonders anziehend (vielleicht eher lächerlich oder sogar bedrohend) wirken wird.

b) Zum anderen können in ständiger Wiederholung und schneller Folge mehrere derartige Veränderungen hintereinander durchgeführt werden (die sogenannte *"Ratschen"*-Methode):

> Sie nehmen ... die treibende Submodalität und verstärken sie sehr schnell. Dann beginnen Sie wieder mit dem Bild im Originalzustand und intensivieren die Submodalität wiederum sehr schnell. .... Sie machen dies immer wieder sehr schnell, bis etwas "zerknallt" oder "platzt". (S. 154 f.)

Zur Begründung der Wirksamkeit dieses Verfahrens führen C. und S. Andreas aus:

> Die Trägheit oder Dauerhaftigkeit des kinästhetischen Systems bewirkt, daß diese "Ratschen"-Methode funktioniert. Sie können innere Bilder oder Klänge vor dem geistigen Auge und Ohr sehr schnell ändern, ohne daß das alte Bild oder der alte Klang weiter fortbesteht. Wenn Sie jedoch ein wirklich intensives Gefühl haben, dauert es [aufgrund der damit verbundenen hormonalen und chemischen Veränderungen] viel länger, bis es sich in irgendein anderes Gefühl verwandelt.... Da Gefühle dazu tendieren, bestehen zu bleiben, haben Sie genügend Zeit, sehr schnell zu einem kleinen Bild zurückzugehen und es immer wieder größer zu machen. Jedes Mal, wenn Sie die Größe des Bildes anwachsen lassen, gehen Ihre Gefühle von der Stelle aus, an der Sie vorher aufgehört haben, und verstärken sich weiter. (S. 155 f.)

Während der Durchführung eines Compulsion-Blowout kann beobachtet werden, wie sich die "nonverbale Reaktion immer mehr intensiviert und dann plötzlich zu wachsen aufhört und nachzulassen beginnt" (S. 154).

5. Testen, inwieweit der Zwang eliminiert werden konnte.

Dazu eignen sich prinzipiell die gleichen Test-Möglichkeiten wie sie zum Swish (im vorigen Abschnitt) beschrieben wurden. Empfohlen wird allerdings, mit den Tests einige Minuten zu warten, da die Person aufgrund der Trägheit des kinästhetischen Systems u.U. nicht sofort bemerken wird, "daß sie die Schwelle passiert hat" (S. 158).

Da der Compulsion-Blowout "eines der wenigen NLP-Muster [ist], die eine Reaktion beseitigen, ohne eine andere an ihre Stelle zu setzen" (S. 163), empfehlen C. und S. Andreas, anschließend (oder bereits vorher) der Frage nachzugehen, was die Person an Stelle des Zwanges haben möchte; hier kann dann z.B. wieder ein Swish-Muster sinnvoll eingesetzt werden.

6.2.4 Behandlung von Phobien und Traumata

Zur **Beeinflussung** (Auflösung) **phobischer Reaktionen und/oder traumatischer Erlebnisse** werden im NLP neben den individuellen Interventionsmöglichkeiten, die sich durch die bereits dargestellten Modelle ergeben, zwei spezielle Vorgehensweisen angegeben. *Das erste Mo-*

dell (6.2.4.1), dessen Entwicklung aus der Zeit *vor* der expliziten Einführung der Submodalitäten stammt, *nutzt als einzige Submodalität die Möglichkeit der Dissoziation*, geht ansonsten aber mehr inhaltlich als formal vor; es soll hier trotzdem kurz dargestellt werden, da sich einige wissenschaftliche Studien (s. 8.2) mit ihm auseinandergesetzt haben. *Das zweite Modell* (6.2.4.2) *beschreibt eine neuere, schnelle Version, die neben der Dissoziation weitere Submodalitätsprozesse einbezieht.* In der Praxis setzen NLP-Anwender oftmals eine individuell angepaßte Synthese aus beiden Modellen ein (T. Stahl, persönl. Mitteilung, 1987).

Bei schwerwiegenden Phobien und Traumata gehört die Anwendung der Modelle sicherlich mehr in ein streng therapeutisches als in ein pädagogisches Setting, in leichteren Fällen dürfte die Anwendung aber auch im Rahmen von pädagogischen Beratungskontexten möglich sein. Auf eine gründliche Darstellung, die auch die diversen Vorsorge-Maßnahmen erläutert, die zur Behandlung schwerwiegender Fälle in therapeutischen Settings getroffen werden, muß im Rahmen dieser Arbeit verzichtet werden (s. hierzu Cameron-Bandler, 1978/1985, S. 109 ff.).

Folgende Grundannahme über die Herausbildung von Phobien liegt beiden Modellen zugrunde:

> Alle phobischen Reaktionen haben diese gleiche Form: ein äußerer (externaler) Reiz löst Gefühle aus, die mit einem früheren oder manchmal mit einem zukünftigen traumatischen Erlebnis zusammenhängen.... Oft ist der frühere Vorfall dem bewußten Erleben des Klienten nicht zugänglich.... Bei phobischen Reaktionen erleben die Betreffenden tatsächlich die Gefühle wieder, die während des Traumas vorhanden waren. (Cameron-Bandler, 1978/1985, S. 110)

Wenn ein solches ursprüngliches Erlebnis der Person nicht bewußt ist, wird zunächst versucht, es bewußt zu machen. Dazu wird sie aufgefordert - i.d.R. unter Verwendung eines Ankers, der in *abgeschwächter* Form wesentliche Charakteristika der phobischen Reaktion aufrechterhalten soll - in ihrer persönlichen Geschichte nach Erlebnissen zu suchen, die mit gleichen oder ähnlichen Emotionen verbunden waren. Da die Erinnerung an solche Erlebnisse aus Vermeidungsgründen oftmals schwer fällt, werden für den Klienten zuvor noch "Sicherheitsvorkehrungen" getroffen, um angstbegründeten Widerstand zu vermeiden; z.B. kann der Berater den Klienten an der Hand halten, was einem Schutz- und "Hier-und-Jetzt"-Anker entspricht. Das früheste Erlebnis, bei dem der Klient eine seiner heutigen Reaktion entsprechende physiologische Veränderung bzw. Emotion erlebt, wird dann als das ursprüngliche *angenommen* und für die Verwendung innerhalb der Phobiemodelle genutzt. Stellt es sich im nachhinein als unbrauchbar oder nicht ausreichend heraus, kann nach weiteren Erlebnissen gesucht und die Anwendung der Modelle mit diesen wiederholt werden (Cameron-Bandler, 1978/1985, S. 109 ff.).

Die folgende Darstellung der Modelle ist explizit auf Phobien gemünzt, gilt aber entsprechend auch für das *posttraumatische Streßsyndrom* z.B. bei den "Opfern von Vergewaltigungen, Kindesmißhandlungen und Kriegserlebnissen" (Bandler, 1985/1987, S. 59).

Das wesentlichste submodale Merkmal in beiden Modellen ist eine *doppelte Dissoziation* des Klienten, die sicherstellen soll, daß er das traumatische Erlebnis wie ein Außenstehender vollständig beobachten und möglichst objektiv beurteilen kann, was bei einem assoziierten, traumatischen Wiedererleben nicht möglich wäre. Die doppelte Dissoziation besteht darin, daß der Klient sich selbst von außen dabei sieht, wie er sich selbst beim Durchleben des vergangenen (oder zukünftigen) traumatischen Erlebnisses zusieht. Eine doppelte Dissoziation erscheint sinnvoll und in einigen Fällen sogar notwendig, "da man festgestellt hatte, daß die bei manchen Leuten vorgefundene, von selbst ablaufende ... Disassoziation nicht ausreichte, um den phobischen Klienten davon abzuhalten, in die Realität des Traumas zurückzufallen" (Cameron-Bandler, 1978/1985, S. 111).

6.2.4.1 Ursprüngliches Modell

Das ursprüngliche Phobie-Modell des NLP (Bandler & Grinder, 1979/1986a, S. 135 ff.; Cameron-Bandler, 1978/1985, S. 109 ff.) wird in der wissenschaftlichen Literatur - wegen der hierbei wesentlichen visuellen Dissoziation von den kinästhetischen Anteilen des traumatischen Erlebnisses - auch als ***V/K-Dissoziations-Technik*** (s. auch 8.2) bezeichnet. Die knappe Darstellung beginnt mit dem ersten Schritt *nach* der Identifizierung des traumatischen Ereignisses:

1. Aus einer dissoziierten Wahrnehmungsposition heraus sich selbst gewissermaßen auf einem auf eine Leinwand projizierten *Standbild* (Diapositiv) sehen, das die letzte Szene vor Beginn des Traumas zeigt, die noch völlig untraumatisch ist.
2. Eine zweite (mit Ankern gestützte) Dissoziation aufbauen (s.o.), dann das auf der Leinwand konstruierte Standbild in einen vorwärtslaufenden Film verwandeln und anschauen.

Um die doppelte Dissoziation aufzubauen, sagt Cameron-Bandler (1978/1985) beispielsweise in einem Therapie-Protokoll (mit der Klientin *Jessica*) in für das NLP typischer Prozeßsprache (vgl. 5.3.4) folgendes:

> Nun ... möchte ich, daß Sie außerhalb Ihres Körpers schweben; treten Sie hinter sich. So daß Sie sich selbst sehen können, wie Sie hier neben mir sitzen. Sehen Sie sich selbst, wie Sie meinen Arm halten und den Teil von Jessica vor sich sehen, der Hilfe braucht. Sie schweben außerhalb, bis Sie die Jessica neben mir sehen können, die wiederum die jüngere Jessica vor sich beobachtet. Sie beobachten sich dabei, wie Sie sich selbst beobachten.... Stellen Sie sicher, daß *Sie ruhig bleiben,* wenn Sie die *heutige Jessica* dabei beobachten, wie sie die *jüngere* Jessica dabei beobachtet, wie sie durch *jenes* Erlebnis geht, das damals stattfand. (S. 113)

3. Nach dem Anschauen des Films aus der zweiten in die erste Dissoziation zurückkehren, "damit die visuelle Perspektive mit der eigentlichen Körperposition des Klienten integriert wird" (S. 113) und aus dieser Position heraus für das *jüngere* (wenn es sich um ein vergangenes Erlebnis handelt) oder das *ältere Selbst* (wenn es sich um ein zukünftiges Erlebnis handelt) nach Ressourcen, vor allem zu einem besseren Verständnis der Situation und zur nötigen "Tröstung und Wertschätzung" (S. 116) suchen und ihm diese in der bestmöglichen (phantasierten) Form übermitteln.
4. Wenn es dem jüngeren bzw. älteren Selbst - aus der ersten Dissoziation heraus betrachtet - gut (genug) geht, sich wieder mit ihm "zusammenfügen, d.h., die heutige Person bringt ihren jüngeren [bzw. älteren] Teil wieder zurück in den eigenen Körper" (S. 116).
5. Imaginativ und/oder real testen, inwieweit die phobische Reaktion abgeschwächt oder sogar aufgelöst werden konnte.

Im besten Fall soll mit Hilfe dieses Modells eine Phobie innerhalb einer Beratungssitzung "geheilt" werden können (Bandler, 1985/1987, S. 60), was im Vergleich zu anderen Methoden, etwa dem Desensibilisierungsverfahren in der Verhaltenstherapie (s. 7.2.4.2), eine wesentlich schnellere Möglichkeit darstellt. Cameron-Bandler (1978/1985, S. 111 ff.) gibt z.B. an, bei einer Frau, die nach einer schweren Vergewaltigung extrem aversiv und verstört ihrem Freund gegenüber reagierte, dieses Modell (nach gründlichen rapportbildenden Maßnahmen und der Einrichtung von Ressource-Ankern) in der vierten Sitzung erfolgreich angewandt zu haben; die darauf folgenden Sitzungen verwendete sie dazu, mit der gleichen Methode "wichtige Informationen über den Täter für die Polizei herauszubekommen" (S. 115).

6.2.4.2 Schnelles Verfahren

Das später von Bandler (1985/1987, S. 57 ff.; Bandler & MacDonald, 1988/1990; S. 28 ff.) entwickelte, in der Anwendung oftmals (noch) schnellere Phobie-Modell findet sich in der Literatur wegen einer darin enthaltenen Metapher auch als ***Kino-* oder *Theater-Technik*** (s. auch 8.2.2.3) bezeichnet. Neben dem Wechsel in der *Geschwindigkeit* sowie zwischen *Dissoziation, doppelter Dissoziation* und *Assoziation*, ist vor allem ein zeitlicher Aspekt, das zeitliche *Rückwärtserleben* des traumatischen Erlebnisses von Bedeutung; auf ein Integrieren von inhaltlichen Ressourcen wie im vorigen Modell wird (zumindest im formalen Modell) verzichtet. Die Darstellung beginnt wieder mit dem ersten Schritt *nach* der Identifizierung des traumatischen Ereignisses:

1. Aus einer *dissoziierten* Position heraus zur Markierung von Anfang und Ende nacheinander zwei *schwarz-weiße Standbilder* konstruieren: eines zeigt das jüngere bzw. ältere Selbst kurz vor, das andere kurz nach dem traumatischen Erlebnis - auf beiden Bildern also (gemessen an dem Trauma) in gutem Zustand. (Als Kontext-Metapher kann sich die Person vorstellen, in einem Kino zu sitzen und die Bilder auf der Leinwand zu sehen.)

2. Mit Blick auf das heutige Selbst, wie es auf das erste *schwarz-weiße Standbild* (vor Beginn des Traumas) schaut, die zweite Dissoziation aufbauen. (In Erweiterung der Kino-Metapher kann die Person sich vorstellen, ihren Körper im Kinosaal zurückzulassen, in die Vorführkabine des Kinos zu *schweben* und sich selbst unten sitzend mit Blick auf die Leinwand sehen.)

3. Aus der zweiten Dissoziation heraus das Standbild in Bewegung setzen und das gesamte Erlebnis in *schwarz-weiß* und etwa in *Original-Geschwindigkeit* bis zu Ende anschauen. Beim zweiten Standbild, das zur Markierung des Endes festgelegt wurde, den *Film* wieder anhalten.

4. Sich *schnell* in dieses Bild *assoziieren* ("hineinspringen") und das gesamte traumatische Erlebnis *sehr schnell*, innerhalb von ein oder zwei Sekunden, in *Farbe*, *rückwärts* mit allen Sinnen bis zum Anfang (bis zum ersten Standbild) erleben; dort den Film anhalten und wieder in die zweite dissoziierte Position zurückkehren. Bandler (1985/1987) schreibt: "alles wird in umgekehrter Reihenfolge ablaufen, genau wie wenn man einen Film zurückspult - nur werden Sie *in* dem Film sein" (S. 58).

5. Die Schritte 3 und 4 - dem individuellen Feedback entsprechend - u.U. einige Male wiederholen; dann die zweite Dissoziation aufgeben und sich wieder in den eigenen Körper im *Hier und Jetzt* assoziieren.
6. Imaginativ und/oder real testen, inwieweit die phobische Reaktion abgeschwächt oder sogar aufgelöst werden konnte.

Das anfängliche Betrachten des Films in *schwarz-weiß* soll zusätzlich zur doppelten Dissoziierung eine Abschwächung der mit dem Trauma verbundenen Emotionen bewirken. Darüber hinaus können weitere individuell angepaßte Submodalitätsveränderungen vorgenommen werden. James und Woodsmall (1988/1991, S. 48, S. 102) beispielsweise geben für das zweite Standbild im Übergang vom dissoziierten Wahrnehmen zum assoziierten Erleben zusätzlich noch folgende submodale Veränderung als günstig an: Das Bild kurz entweder *ganz hell* oder *ganz dunkel* machen und dann wieder zurück auf seine vorherige Helligkeit einstellen. Außerdem empfehlen sie im Anschluß an das Modell die Durchführung eines Swish.

Bandler (1985/1987) gibt an:

> Vor einigen Jahren brauchte ich noch eine Stunde für eine Phobiearbeit. Als wir dann herausfanden, wie eine Phobie funktioniert, verkündeten wir die "Zehnminütige Phobieheilung". Inzwischen habe ich das auf wenige Minuten reduziert. (S. 60)

Dies mag für die bloße Durchführung der obigen Schritte in einigen Fällen eine ausreichende Zeit sein, beachtet und umfaßt aber noch keinen einzigen der relevanten, in den vorausgegangenen Kapiteln dargestellten Bereiche, die für eine ökologische Anwendung der NLP-Modelle sinnvoll und notwendig erscheinen (R. Dilts, persönl. Mitteilung, 1989). Insofern dürfen Bandlers Zeitangaben nicht mißverstanden werden.

6.2.5 Veränderung von Glaubenssätzen

Das folgende Modell zur **Veränderung von Glaubenssätzen** (Bandler, 1985/1987, S. 121 ff.; Bandler & MacDonald, 1988/1990, S. 84 ff.) basiert auf der Annahme, daß Glaubenssätze nicht nur über ihren Inhalt, sondern insbesondere auch über individuell verschiedene Konstellationen von Submodalitäten als wahr und relevant akzeptiert werden (vgl. 4.1.2.1).

Die Anwendung des Modells soll dazu beitragen, ungünstige, nicht (mehr) gewünschte Glaubenssätze durch eine Veränderung der sie aufrechterhaltenden Submodalitäten derart zu beeinflussen, daß ihr Inhalt nicht mehr länger als unbedingt wahr und richtig angesehen wird; durch eine Umkehrung dieses besonderen *Abschwächungsvorganges* soll es im Anschluß daran (oder auch als alleinige Maßnahme) möglich werden, gewünschte, aber bisher nicht vorhandene Glaubenssätze zu etablieren.

Das Modell basiert im wesentlichen auf einer submodalen Kontrastanalyse zwischen bestehenden Glaubenssätzen einerseits und solchen Sätzen, die eine *Möglichkeit*, einen (tatsächlichen) *Zweifel* oder einen ehemals starken Glauben ausdrücken, andererseits; diese sollen etwas (der Person relativ Unwichtiges) beschreiben, das wahr sein kann oder auch nicht. Ein Beispiel: "Ich könnte zum Abendessen Fisch und Chips essen, oder vielleicht finde ich auf der Speisekarte irgend etwas anderes, was verlockender wäre. Es spielt keine Rolle, welches ich wähle." (Bandler & MacDonald, 1988/1990, S. 90) Derartige Sätze werden im Anschluß an Bandler und MacDonald im folgenden als *Wischi-Waschi-Sätze* bezeichnet, was dem Gemeinten ziemlich nahe kommt. Das Vorgehen basiert auf einer der in 6.1.3.2 beschriebenen Verkettungs-Techniken. Die einzelnen Schritte sind:

1. Den nicht (mehr) gewünschten Glaubenssatz bestimmen.
2. Einen (dem Glaubenssatz inhaltlich möglichst ähnlichen) Wischi-Waschi-Satz bestimmen.
3. Eine submodale Kontrastanalyse beider Sätze (bzw. ihrer kognitiven Repräsentationen) durchführen; falls notwendig, alle RS dabei berücksichtigen.
4. Die kontrastierenden Submodalitäten des Glaubenssatzes probeweise denen des Wischi-Waschi-Satzes angleichen und dabei überprüfen, inwieweit jede submodale Veränderung den Glauben unsicherer bzw. unwichtiger werden läßt.
5. Den neuen gewünschten, aber noch nicht vorhandenen Glaubenssatz bestimmen.

Dieser soll auf jeden Fall positiv formuliert und ökologisch abgesichert sein; darüber hinaus soll er kein festes Ziel auf der Verhaltensebene, sondern einen Prozeß (der zu einer Zielerreichung beitragen kann) auf der Fähigkeiten-Ebene beschreiben. Bandler (1985/1987) gibt ein Beispiel und eine Begründung:

> "Ich glaube, daß ich lernen kann, mich so zu verändern, daß ich mein Gewicht halten kann" ist eine nützliche Überzeugung. "Ich wiege 107 Pfund" ist keine sehr nützliche Überzeugung, besonders dann nicht, wenn jemand

> tatsächlich 350 Pfund wiegt! Wir wollen neue Fähigkeiten mobilisieren und nicht neue Illusionen einführen. (S. 127)[16]

6. Den neuen Glaubenssatz mit den wichtigsten Submodalitäten des Wischi-Waschi-Satzes repräsentieren.

Bandler und MacDonald (1988/1990) schreiben:

> Der Grund, warum Sie ihn zuerst an die Wischi-Waschi-Stelle bewegen, ist, daß Sie überhaupt etwas haben. Im Moment ist dieser neue Glaubenssatz etwas, was Sie nicht haben, aber Wischi-Waschi macht ihn zumindest zu einer Möglichkeit. (S. 87)

7. Den ungewünschten Glaubenssatz mit Hilfe relevanter, in Schritt 3 gefundener Submodalitäten zunächst über das Wischi-Waschi-Maß hinaus "abschwächen" und dann ebenfalls mit den Submodalitäten des Wischi-Waschi-Satzes repräsentieren.

Wenn die relevante Unterscheidung z.B. darin besteht, daß die Repräsentation des Glaubenssatzes *sehr nah* bei der Person, und die Repräsentation des Wischi-Waschi-Satzes in etwa *fünf Meter Entfernung* von ihr ist, soll die Repräsentation des Glaubenssatzes zunächst weiter als fünf Meter entfernt und dann bis auf fünf Meter Entfernung zurückbewegt werden.

8. Den neuen Glaubenssatz schnell aus der Wischi-Waschi-Repräsentation (vgl. Schritt 5) herausführen und mit den ursprünglichen Submodalitäten des ungewünschten Glaubenssatzes (aus Schritt 2) repräsentieren.

Dilts (persönl. Mitteilung, 1989) empfiehlt zudem analog zum Swish-Modell eine möglichst schnelle ca. fünfmalige Wiederholung dieses Schrittes.

9. Testen, inwieweit der alte Glaube aufgelöst und der neue Glaube etabliert werden konnte.

Beispielsweise kann direkt nach dem neuen Glaubenssatz gefragt werden "Glauben Sie ... (neuen Glaubenssatz einsetzen)?" oder nach einer mit ihm verknüpften Fähigkeit "Trauen Sie sich jetzt ... (das und das) zu?"; und in ähnlicher Weise nach dem alten Glaubenssatz. Die verbale und nonverbale Kongruenz bei den Antworten oder bei der Beobachtung in realen Kontexten ist für die Beurteilung entscheidend. Auch kann erneut nach den Submodalitäten gefragt werden:

---

[16] Bandler spielt hier auf die oftmals naiven Veränderungsmodelle an, wie sie durch die, in den letzten Jahren zunehmend populär gewordenen, Techniken des *Positiven Denkens* (vgl. u.a. Axt & Fuchs, 1985; Czierwitzki, 1987; Hill & Stone, 1967) propagiert werden.

> Wenn die neue Überzeugung fest installiert ist, wird die alte Überzeugung wahrscheinlich die Submodalitäten der Ungläubigkeit annehmen. Wenn Sie herausfinden, wie die alte Überzeugung jetzt dargestellt wird, können Sie dies mit den Submodalitäten des Zweifels vergleichen, die Ihnen schon bekannt sind, oder mit den Submodalitäten der Ungläubigkeit, die Sie herausfinden können, indem Sie die Person bitten, an etwas zu denken, das sie in keiner Weise glaubt. (Bandler, 1985/1987, S. 128 f.)

Wenn die Tests negativ ausfallen, sollte zuerst die Ökologie der vorgenommenen Veränderungen überprüft werden, dann können einzelne Schritte verfeinert und/oder wiederholt werden.

Bandler und MacDonald (1988/1990, S. 91) weisen zudem - mit Gültigkeit für das gesamte Modell - darauf hin, daß zwischen den einzelnen Schritten Unterbrechungen des internen Vorstellungsprozesses (etwa durch eine kurzzeitige externe Wahrnehmung) notwendig sind, um die Schritte deutlich voneinander zu trennen und unerwünschte *inhaltliche* Vermischungen zu vermeiden.

Wenn lediglich ein neuer Glaubenssatz etabliert werden soll, ohne daß ein ihm entgegenstehender abgeschwächt werden müßte, kann als Variation obigen Modells folgende vereinfachte, von Dilts (persönl. Mitteilung, 1989) vorgeschlagene Möglichkeit sinnvoll sein:

1. Den neuen gewünschten, aber noch nicht vorhandenen Glaubenssatz (obigem Schritt 5 entsprechend) bestimmen.
2. Einen anderen, bereits vorhandenen, möglichst positiven starken Glaubenssatz identifizieren.
3. Eine submodale Kontrastanalyse beider Sätze (bzw. ihrer kognitiven Repräsentationen) durchführen.
4. Die kontrastierenden Submodalitäten des neuen probeweise denen des bereits bestehenden Glaubenssatzes angleichen und dabei überprüfen, inwieweit jede submodale Veränderung den neuen Glauben wirklicher und sicherer werden läßt.
5. Gemäß dem Swish-Modell die Repräsentation des neuen Glaubenssatzes in die relevanten Submodalitäten des bereits vorhandenen starken Glaubens bringen.
6. Testen, inwieweit der neue Glaubenssatz etabliert werden konnte; falls nicht, die oben (in Schritt 9) genannten Möglichkeiten ausschöpfen, vor allem nach bisher übersehenen, dem neuen Glaubenssatz widerspre-

chenden anderen Glaubenssätzen suchen; falls solche gefunden werden, dem obigen Modell entsprechend fortfahren.

Bleibt noch zu betonen, daß neben den hier dargestellten eher formalen Submodalitäten-Modellen im NLP mehrere andere Modelle zur Veränderung von Glaubenssätzen auf mehr inhaltlicher Ebene verwendet werden. Die hier besprochenen Modelle decken somit nur einen kleinen Teilaspekt der NLP-Interventionen auf Glaubens-Ebene ab und werden i.d.R. (zumindest im systemischen Ansatz von Dilts) eher zur Unterstützung der inhaltlichen Modelle eingesetzt. Da die Darstellung der weiteren diesbezüglichen Modelle weit über den Rahmen dieser Arbeit hinausgehen würde, muß darauf verzichtet werden (s. hierzu aber Dilts 1990a; Dilts et al. 1990/1991).

6.2.6 Veränderungen in der Wertehierarchie

Das folgende, von C. und S. Andreas (1987/1988, S. 105 ff.; vgl. auch James & Woodsmall, 1988/1991, S. 243 ff.) entwickelte Modell zur **Beeinflussung der Wertehierarchie** basiert auf der Annahme, daß Wertehierarchien durch mindestens ein *submodales Kontinuum,* das ihrer hierarchischen Anordnung entspricht, gekennzeichnet sind und aufrecht erhalten werden (vgl. 4.1.2.1). *Größen-, Entfernungs-, Lautstärke*-Unterschiede und/oder andere räumlich-visuelle Unterscheidungsmerkmale gelten als typisch für ein solches Kontinuum.

Das Modell soll helfen, einzelne oder mehrere Werte innerhalb einer Wertehierarchie wichtiger oder unwichtiger werden zu lassen, also ihren Platz in der Hierarchie sinnvoll zu verändern. Die Darstellung der Schritte beginnt, *nachdem* die entsprechende Wertehierarchie bereits herausgearbeitet wurde (vgl. hierzu 4.1.2.1):

1. Das wesentliche submodale Kontinuum ermitteln, das die Wertehierarchie ausdrückt.

Dazu eine Kontrastanalyse der internen Repräsentationen einzelner Werte der Hierarchie durchführen. (Um den Unterschied zwischen den einzelnen Werten möglichst deutlich erkennen zu können, empfiehlt sich eine Kontrastanalyse zwischen einem niedrigen, einem mittleren und einem hohen Wert.)

2. Einen Wert identifizieren, für den kongruent der Wunsch besteht, ihn wichtiger bzw. weniger wichtig werden zu lassen, sowie seine augenblickliche Position innerhalb des Werte-Kontinuums bestimmen.
3. Überlegen, an welche Position in der Wertehierarchie, also vor, nach oder neben welchen anderen Wert der ausgesuchte Wert und entsprechend an welche Stelle des submodalen Kontinuums seine Repräsentation ungefähr kommen sollte.
4. Die Repräsentation des Wertes auf dem submodalen Kontinuum solange *langsam* in wichtiger bzw. weniger wichtig werdende Richtung "verschieben" - also z.B. näher heranholen oder weiter wegrücken - bis *gefühlsmäßig* die richtige Position erreicht ist. C. und S. Andreas (1987/1988) erläutern:

   Auch wenn jemand nicht festgelegt hat, gegenüber was er das ... Kriterium [synonym gebraucht für Wert] mehr oder weniger wichtig werden lassen will, wird er auf die Aufforderung hin, es an die "richtige Stelle" zu bewegen, normalerweise eine Intuition haben, wo diese Stelle ist. Einige Menschen haben auch berichtet, daß sie in dem Moment, in dem sie das neue Kriterium zu schnell bewegen, genau wissen, daß es zu weit geht, und es zurück zu der Stelle bewegen, wo sie ein angenehmeres Gefühl haben. Sie können spüren, wann es nicht an der richtigen Stelle ist, und dieses Gefühl deutet gewöhnlich auf ökologische Aspekte hin. (S. 132)

5. Testen, inwieweit die Werteverschiebung Erfolg hatte.

Neben einem imaginären und/oder realen (externen) verhaltensmäßigen Test, der sich auf *das* Verhalten und/oder *die* Fähigkeit beziehen sollte, zu deren Gunsten die Verschiebung vorgenommen wurde, kann nach einer kurzen Pause auch direkt nach der augenblicklichen submodalen Repräsentation des Wertes gefragt werden; wenn diese ohne Anstrengung ihre neue Position vollständig oder weitgehend beibehalten hat, spricht es für eine erfolgreiche Verschiebung; wenn sie sich selbständig ganz oder teilweise wieder in die alte Position zurückentwickelt hat, spricht es für noch zu berücksichtigende ökologische Bedenken gegenüber der gewünschten Veränderung.[17]

[17] Der Autor konnte in seiner Arbeit mit Klienten mehrere Male feststellen, daß eine vorgenommene Werteverschiebung (zunächst) nur für eine gewisse Zeit (z.B. einige Wochen) bestehen blieb, dann aber, i.d.R. im Zusammenhang mit herausragenden externen Veränderungen (Schwierigkeiten) im Leben der Klienten ohne bewußtes Zutun wieder rückgängig gemacht wurde - was am wieder verstärkt auftretenden nicht gewünschten äußeren Verhalten ebenso zu erkennen war wie an der zurückbewegten internen Repräsentation. In allen Fällen konnte die Rücknahme der Verschiebung angesichts der externen Ereignisse als angemessen und ökologisch bewertet werden. Nach der Lösung der externen Schwierigkeiten, entstand bei den meisten Klienten

Wenn es sinnvoll erscheint, zwei Werte in der Hierarchie in ihrer Wichtigkeit zu verändern (z.B. den einen wichtiger und den anderen unwichtiger werden zu lassen), so kann dies analog zu obigem Modell gleichzeitig geschehen, indem z.B. die Repräsentation des einen Wertes *näher herangeholt* wird, während im gleichen Maße die Repräsentation des anderen Wertes *weiter weg gerückt* wird. Dies erscheint "besonders dann nötig, wenn die Person" einen anderen Wert "als komplementären Gegensatz wahrnimmt" (C. Andreas & S. Andreas, 1987/1988, S. 122). Auch kann etwas, das eine Person gerne als ihren Wert hätte, aber (noch) nicht hat, was also bisher auch nicht auf ihrem Werte-Kontinuum repräsentiert ist, an eine gefühlsmäßig richtige Stelle innerhalb des Kontinuums gebracht werden, um ihm die gewünschte Wichtigkeit zu verleihen.

C. und S. Andreas (1987/1988) geben ein Beispiel für die erfolgreiche Anwendung ihres Modells, wobei ein Klient (ein klinischer Psychologe) die Beziehung zu seiner Frau maßgeblich verbessern konnte:

> Ihm war aufgefallen, daß er fortwährend irgendwelche belanglosen Fehler von ihr korrigierte.... Als er seine Kriterien erforschte, entdeckte er, daß er auf sein hochbewertetes Kriterium von "Korrektheit" reagierte. Er wollte, daß seine Frau sich korrekt ausdrücken sollte.... Seine Repräsentation des Wunsches, daß sie korrekt sein sollte, war das Bild eines erhobenen Zeigefingers, den er durch eine Bewegung nach unten weniger wichtig werden ließ. Während sich das Bild nach unten bewegte, verblaßte es plötzlich und verwandelte sich in ein Bild mit tanzenden Gestalten. An diesem Punkt wurde seine ganze Körperhaltung weicher.... Die Repräsentation des Kriteriums hatte sich spontan in einen ganz anderen Inhalt verwandelt. Er war überrascht, wie sehr sich seine Gefühle seiner Frau gegenüber änderten, als er sich vorstellte, wie sie einen Fehler machte. (S. 120 f.)

Wie das im vorigen Abschnitt dargestellte Modell zur Veränderung von Glaubenssätzen ist auch die Anwendung dieses Modells oftmals nur in Kombination mit anderen, mehr inhaltlich orientierten Modellen, z.B. zur Auflösung von Wertekonflikten, sinnvoll bzw. erfolgreich (R. Dilts, per-

spontan eine erneute Werteverschiebung zurück in die gewünschte Richtung; bei einigen mußte dazu der bereits durchgeführte Verschiebungsprozeß bis zu drei weiteren Malen bewußt wiederholt werden; danach traten auch bei ihnen situationsangepaßte spontane Werteverschiebungen in beide Richtungen auf. - Dies spricht sowohl dafür, daß eine tatsächliche Beziehung zwischen Werten und einer ihrer Hierarchie entsprechenden kognitiven Repräsentation auf einem submodalen Kontinuum besteht, als auch für die selbst-schützenden und selbst-regulierenden, immer auf die momentan bestmögliche Ökologie bedachten Fähigkeiten des Menschen, submodale Veränderungen nur dann bzw. nur solange bestehen zu lassen, wie sie sinnvoll sind. Auch können obige Beobachtungen als Indiz dafür gewertet werden, daß ein oder mehrere Male bewußt durchgeführte zielgerichtete Veränderungen auf submodaler Ebene die spontanen diesbezüglichen Fähigkeiten maßgeblich verbessern und erweitern können.

sönl. Mitteilung, 1989); auch auf ihre Darstellung muß hier verzichtet werden (s. aber Dilts et al., 1990/1991).

6.2.7 Veränderungen innerhalb der Zeitlinie

Von den zahlreichen im NLP genannten Möglichkeiten zur sinnvollen **Nutzung und Veränderung von kognitiven Zeitlinien** (C. Andreas & S. Andreas, 1987/1988, S. 21 ff.; C. & S. Andreas, 1989, S. 191 ff.; James & Woodsmall, 1988/1991, S. 25 ff.) sollen hier nur einige *grundlegende Möglichkeiten* (6.2.7.1) und ein explizites Modell zur *Zukunftsbeeinflussung* (6.2.7.2) angeführt werden. Eine weitergehende Darstellung und Untersuchung des komplexen Gebietes muß einer anderen Arbeit vorbehalten bleiben. Die Veränderungsmodelle unter Einbeziehung individueller Zeitlinien beruhen auf der Annahme, daß Menschen ihr kognitives Zeiterleben i.a. räumlich-visuell kodieren, um Vergangenheit, Gegenwart, Zukunft und einzelne Ereignisse in ihnen zeitlich voneinander zu unterscheiden (vgl. 4.2).

6.2.7.1 Grundlegende Möglichkeiten

Veränderungen innerhalb der Zeitlinie bieten sich bei allen Schwierigkeiten mit offensichtlichem oder verdecktem zeitlichen Bezug an, vor allem *bei* zu starker, zu schwacher oder generell ungünstig *verzerrter Vergangenheits-, Gegenwarts- und/oder Zukunftsorientierung* (vgl. 4.4.2), z.B.

- bei nachhaltigem und häufigem Grübeln über längst vergangene unangenehme Erlebnisse ebenso wie bei extrem schlechten Gedächtnisleistungen,
- bei übermäßig gegenwartsorientiertem Konsumverhalten (etwa von Drogen),
- bei schlechten (Zukunfts-)Planungsfähigkeiten oder ungenügender Selbst-Motivation ebenso wie bei übertriebenen Planungs- und Vorsorgeüberlegungen.

Charakteristisch ist in jedem Fall, daß bei gleichzeitiger Überbetonung einzelner Zeiten andere Zeiten unterrepräsentiert, im Einzelfall kaum wahrgenommen werden. In der kognitiven Repräsentation der Zeit spiegelt sich dies, indem bei der Zeitlinie z.B.

- unangenehme (auch weit zurückliegende) Erlebnisse *sehr nah* repräsentiert werden, u.U. an Positionen, die eigentlich der Gegenwarts- oder sogar Zukunftsrepräsentation der Person entsprechen,
- die Vergangenheit einer Person mit schlechtem Gedächtnis *sehr klein, undeutlich, blaß* und/oder *weit entfernt* liegt,
- Vergangenheit und/oder Zukunft einer übermäßig gegenwartsorientierten Person kaum repräsentiert wird,
- die Zukunft einer Person mit schlechten Planungsfähigkeiten kaum zu erkennen ist,
- Zukunftsvorstellungen bei einer Person, die zu übertriebenen Planungs- und Vorsorgeüberlegungen neigt, *sehr nah* und *deutlich vor ihr* liegen, vielleicht an Positionen, die bei vielen Menschen eher der nahen als der fernen Zukunft entsprechen.

C. und S. Andreas geben an, daß es oftmals sinnvoll sei, probeweise zahlreiche submodale Veränderungen durchzuführen und sich gefühlsmäßig, ähnlich dem Vorgehen bei Veränderungen in der Wertehierarchie (vgl. 6.2.6), für eine von ihnen zu entscheiden (1989, S. 210); Zeitlinienveränderungen sollten zudem eher als zusätzliche Möglichkeiten denn als Ersatz für bereits bestehende Repräsentationsformen etabliert werden, damit kontextabhängig zwischen verschiedenen Möglichkeiten gewählt werden kann (1987/1988, S. 36).

Handelt es sich um *generelle* einseitige, sich ungünstig auswirkende *Zeitorientierungen*, bietet es sich an, auch die generelle Struktur der gesamten Zeitlinie oder einzelner ihrer Abschnitte zu verändern, also z.B. Änderungen in *Verlauf*, *Breite*, *Ausdehnung* und/oder *Helligkeit* vorzunehmen. In einem der Bücher von C. und S. Andreas (1987/1988) gibt ein Seminarteilnehmer folgendes Beispiel:

> Ich habe einmal versucht, mit einer Frau einen Swish zu machen, die in einem Autounfall schwer verletzt worden war. Wann immer ich sie aufforderte, eine attraktive Zukunft zu konstruieren, zeigte sie eine sehr starke negative Reaktion; sie wurde sehr aufgeregt und begann zu weinen. Ich entdeckte, daß sie keinen ihrer Zukunftsentwürfe erfreulich gestalten konnte, weil sie sich selbst in allen entweder tot oder schwerverletzt sah. Ihre Vergangenheitslinie kreiste schnell rund um ihre Schulter bis zu einer Stelle vor ihr, aber als sie die Gegenwart erreichte, bündelten sich die Bilder alle zusammen und gingen nirgendwo hin. Ihre Zeitlinie hörte einfach auf. Ich ließ sie allmählich ihre Linie in die Zukunft ausdehnen: "Was werden Sie in fünf Minuten machen? Wie ist es nächste Woche?" Schließlich lernte sie, wieder eine Zukunft zu haben. Der Unterschied war erstaunlich. Es gab so

> viele Dinge, die ich ausprobiert hatte und die nicht funktioniert hatten, als sie keine Zukunft hatte. (S. 39 f.)

Mit einem anderen Teilnehmer ergibt sich folgender Gesprächsausschnitt:

> *Lars:* .... Meine Zukunft ist sehr eng zusammengebündelt, und ich fühle mich immer von der Zukunft fast erdrückt. Wenn ich sie ein bißchen ausdehne, fühle ich mich viel entspannter.
>
> Sie sehen so aus, als ob es Ihren Blutdruck um 30 Punkte senken könnte. Lassen Sie uns dennoch sorgfältig die Ökologie überprüfen. Stellen Sie sich vor, diese neue ausgedehnte Zeitlinie mit sich durch den nächsten Tag zu nehmen, ... und durch die nächste Woche. ... Können Sie nach wie vor die Dinge tun, die Sie erledigt haben möchten? Oder sind Sie *zu* "entspannt"?
> *Lars:* Nein, überhaupt nicht. Ich denke in der Tat, daß ich besser planen und Sachen festlegen kann. Vorher war meine Zukunft *so* zusammengebündelt, daß ich sie eigentlich nicht gut genug sehen konnte, um gut zu planen. (S. 33)

Handelt es sich um *einzelne Zeitorientierungen*, die sich auf einen bestimmten Kontext ungünstig auswirken, bietet es sich an, lediglich die Repräsentation dieser Kontexte innerhalb der bestehenden Zeitlinie zu verändern. Ein Seminarteilnehmer von C. und S. Andreas (1987/1988) gibt wiederum ein Beispiel:

> Als ich meine Dissertation schrieb, lag der Zeitpunkt der Fertigstellung ziemlich weit weg in der Zukunft. Es gab viel Raum, andere Projekte zwischen der Gegenwart und dem Abgabetermin einzufügen, so daß ich fortwährend neue Jobs annahm und die Dissertation beiseite schob. Als ich schließlich realisierte, was vor sich ging, holte ich den Stichtag zu mir heran, bis er so nah bei der Gegenwart war, daß nicht mehr genügend Platz war, irgend etwas dazwischen einzufügen. Alle neuen Projekte mußten warten, bis die Dissertation fertig war. (S. 32 f.)

Zwei Beispiele aus der praktischen beraterischen Tätigkeit des Autors mögen der weiteren Veranschaulichung dienen:

Eine 26jährige Klientin (ohne tiefergehende psychische Schwierigkeiten) konnte sich innerlich nicht auf ein ihr sehr wichtiges, wenige Tage später stattfindendes Vorstellungsgespräch einstellen, da all ihre Gedanken und Gefühle seit einem drei Tage vor der Beratung geführten Telefongespräch mit ihrem ehemaligen Verlobten (die Verlobung war bereits zwei Jahre vorher gelöst worden) ausschließlich um die damalige Beziehung (unerfüllte Wünsche, Schuldgefühle, unrealistische zukünftige Hoffnungen etc.) kreisten. Ihre Vergangenheit war weitgehend *links*, ihre Zukunft *rechts* von ihr repräsentiert; lediglich einige Vorstellungsbilder, die die damalige Beziehung betrafen, repräsentierte sie *sehr nah* und *deutlich rechts* auf ihrer Zukunftslinie; nur ganz *klein* und *verschwommen* "irgendwo" *hinter* diesen Vorstellungsbildern gab es eine Repräsentation des Vorstellungsgespräches. Eine einfache Verschiebung der störenden Vergangenheitsbilder in eine *entferntere Position links* auf der Vergangenheitslinie war ihr nicht möglich ("alles sträubt sich in mir"). Nach zahlreichen Versuchen mit Hilfe der Basis-Modelle (vgl. 6.1) gelang die Verschiebung nach links schließlich, nachdem ein besonders hartnäckiges, noch auf der Zukunftslinie liegendes Bild *schnell sehr dunkel* und *klein* und sofort danach *sehr groß* und *hell* gemacht worden war. Im Anschluß daran konnte sie die Repräsentation des Vorstellungsgespräches größer, heller und deutlicher machen und schließlich an die Stelle auf ihrer Zukunftslinie bringen, die vorher durch die Vergangenheitsbilder "besetzt" gewesen war. (Das Vorstellungsgespräch endete wunschgemäß mit einer Einstellung.)

Eine 23jährige Klientin mit ausgeprägter Agoraphobie traute sich nicht, eine dreitägige Reise an einen etwa 600 km entfernten Ort anzutreten, obwohl sie eigentlich sehr gerne verreist und vor ihrer Agoraphobie sogar allein Griechenland durchquert hatte. Ihre Zukunft repräsentierte sie ebenfalls *rechts*; den Beginn der Reise *in unmittelbarer Nähe* auf ihrer Zukunftslinie, das Ende der Reise (das "Wieder-zu-Hause-ankommen") *kaum sichtbar in sehr weiter Entfernung*. (Der Autor versicherte ihr, daß er selbst bei einer derartigen Repräsentation die Reise auch nicht antreten würde.) Nachdem sie die Repräsentation der Beendigung der Reise in mehreren *schnellen* Schüben hatte *größer* und *heller* werden lassen und gleichzeitig *näher zu sich heran* gerückt hatte, war sie imstande, die Reise ohne allzu große Schwierigkeiten durchzuführen. Später stellte sich heraus, daß sie den von ihr aus gesehenen Anfang eines Platzes ebenfalls *sehr nah*, das Ende des Platzes wiederum *unendlich weit weg* repräsentierte. Eine Stauchung ihrer Zukunftslinie konnte später zusammen mit anderen eher vergangenheitsorientierten (auch inhaltlichen) Interventionen, zu einer wesentlichen Verbesserung ihrer Agoraphobie beitragen.

C. und S. Andreas (1987/1988; 1989) nennen und diskutieren darüberhinaus eine große Anzahl unterschiedlicher Zeitlinienformen, die alle bestimmte Vor- und bestimmte Nachteile mit sich bringen; es ist jeweils individuell zu entscheiden, ob und, wenn ja, welche Veränderungen für welche Kontexte sinnvoll vorgenommen werden können.

6.2.7.2 Gezielte Zukunftsbeeinflussung

Ein von C. und S. Andreas (1987/1988, S. 66 ff.) entwickeltes Veränderungsmodell soll dazu beitragen, konkrete **Zukunftsrepräsentationen** derart zu **konstruieren**, daß sie "zwingend bzw. verlockend" (S. 67) werden. Es geht von der Annahme aus, daß Wunschvorstellungen dann die größte Chance haben, verwirklicht zu werden, wenn sie in realistischer Art und Weise auf der Zukunftslinie repräsentiert werden. C. und S. Andreas erläutern:

> Für eine positive, zwingende und unwiderstehliche Zukunftsrepräsentation ist es v.a. charakteristisch, daß sie sich auf Ihrer Zeitlinie befindet. Eine Repräsentation, die nicht auf Ihrer Zeitlinie ist, wird im allgemeinen nicht verlockend sein, wie groß und hell sie auch immer sein mag. Sie können in so einem Fall denken: "Es ist interessant, paßt aber nicht in *mein* Leben." Eine verlockende Zukunftsrepräsentation muß jene Submodalitätscharakteristika haben, die auch für Ihre glaubwürdigen Zukunftsrepräsentationen kennzeichnend sind. Wenn sie sich wesentlich von Ihren anderen Zukunftsrepräsentationen unterscheidet, kann sie Ihnen unglaubwürdig erscheinen und wird sich nicht auf Ihr Verhalten auswirken. Oft haben die zukünftigen Konsequenzen keinen Einfluß auf Ihr Verhalten, weil sie *so* übertrieben sind, daß sie als unglaubliche Karikaturen wirken. (S. 69)

Damit eignet sich das Modell, neben der alleinigen Anwendung z.B. zu Motivationszwecken, besonders zur Verwendung in Kombination mit einem der bisher vorgestellten Modelle (z.B. dem Swish), wenn diese nicht hinreichend zur gewünschten Veränderung beitragen können. Folgende Schritte sind durchzuführen:

1. Ein wünschenswertes, aber nicht oder nicht konsequent durchgeführtes Verhalten identifizieren (z.B. regelmäßiges gründliches Zähneputzen).

2. Zukünftige positive *oder* negative Konsequenzen bestimmen, die das Verhalten positiv oder negativ motivieren könnten; also entweder positive Konsequenzen, die mit großer Wahrscheinlichkeit eintreten, falls das gewünschte Verhalten konsequent durchgeführt wird, oder negative Konsequenzen, die mit großer Wahrscheinlichkeit eintreten, falls das gewünschte Verhalten *nicht* konsequent durchgeführt wird. Die nach dem ersten Eindruck realistischste und am stärksten motivierende Konsequenz für den weiteren Verlauf auswählen.

3. Eine bereits vorhandene zukünftige, ebenfalls positive *oder* negative Konsequenz ermitteln, die ein anderes gegenwärtiges (möglichst ähnliches) Verhalten bereits maßgeblich (zwingend) beeinflußt. (Etwa der

"Gedanke an einen Autounfall", der einen dazu bringt, den "Sicherheitsgurt regelmäßig anzulegen" (S. 67).)

Wenn in Schritt 2 als motivierende Konsequenz für das Wunschverhalten eine positive Konsequenz gewählt wurde, muß, um eine bestmögliche Kontrastanalyse zu ermöglichen (s.u.) auch hier eine positive Konsequenz gewählt werden und umgekehrt.

4. Eine submodale Kontrastanalyse zwischen der bereits zwingenden Zukunftsvorstellung (aus Schritt 3) und der noch nicht zwingenden Zukunftsvorstellung (aus Schritt 2) durchführen.
5. Die Submodalitäten der noch nicht zwingenden Zukunftsvorstellung bei gleichbleibendem Inhalt denjenigen der bereits zwingenden Zukunft angleichen.
6. Testen, inwieweit die Motivation, das Wunschverhalten regelmäßig durchzuführen, gestiegen ist.

Neben den Möglichkeiten zur Verhaltensbeeinflussung bei eher individuellen Zielen, könnte eine Anwendung auch in größeren gesellschaftlichen oder politischen Kontexten von Bedeutung werden. So könnten z.B. im Rahmen der Friedenserziehung (in Kombination mit anderen Maßnahmen) die individuellen Repräsentationen der Konsequenzen eines Krieges derart beeinflußt werden, daß sie nicht mehr (wie bisher i.a.) zum Verdrängen, bloßen Leiden und/oder "Nicht-im-vollen-Ausmaß-sich-vorstellen-können", sondern zu sinnvollen Verhaltensweisen führen; ebenso könnte z.B. in der Umwelterziehung das konsequente Durchhalten notwendiger Verhaltensweisen erleichtert werden. Die probeweise Anwendung des Modells erscheint, zusammenfassend ausgedrückt, immer dann sinnvoll, wenn ein "ich würde ja gerne, aber schaffe es irgendwie nicht" zur Entschuldigung für fehlendes oder nicht konsequent durchgeführtes Verhalten vorgebracht wird.

7. Vergleich mit imaginativen Techniken anderer Schulen

Um die Einordnung zu erleichtern, sollen in diesem Kapitel die bereits beschriebenen Interventionsmodelle des NLP mit denen anderer Schulen, die ebenfalls kognitive Vorstellungsprozesse einbeziehen, verglichen werden. Da keine andere dem Autor bekannte Schule ausdrücklich von Submodalitätsveränderungen Gebrauch macht, kann der Vergleich oftmals lediglich aus einer einfachen Darstellung des anderen Modells und dem Hinweis auf weitgehend fehlende Gemeinsamkeiten bestehen. Die Unterschiede sind in den meisten Fällen so offensichtlich, daß sie nicht alle einzeln genannt werden müssen. Wann immer aber implizite Submodalitätsveränderungen erkennbar sind, wird darauf, ebenso wie auf sonstige Gemeinsamkeiten, hingewiesen. In einigen Fällen wird darüber hinaus versucht, für ungünstige oder negativ bewertete Befunde innerhalb anderer Modelle eine Erklärung aus NLP-Sicht zu geben.

Zunächst werden kurz die *Mnemotechniken* als diejenigen Lernverfahren, die am ausgiebigsten von Vorstellungen Gebrauch machen, skizziert (7.1). Dann wird ausführlicher auf verschiedene *imaginative Verfahren* in der Psychotherapie, insbesondere auf solche innerhalb der Verhaltenstherapie, eingegangen (7.2). (Hierzu mußte auf sich primär psychotherapeutisch verstehende Verfahren zurückgegriffen werden, da imaginative Verfahren in den sich eher pädagogisch verstehenden Beratungsmethoden[1] entweder gar nicht oder nicht gründlich genug dargestellt werden.) Zum Schluß werden übergeordnete *Gemeinsamkeiten* aller Verfahren aufgezeigt sowie einige *zukünftige Möglichkeiten* zur integrativen praktischen und theoretischen Nutzung von Submodalitäten in Schulen außerhalb des NLP vorgeschlagen (7.3).

Natürlich können die für dieses Kapitel ausgewählten Schulen und Methoden hier nicht so ausführlich dargestellt werden, daß am Ende ein wertendes Urteil über sie im Vergleich zum NLP möglich wäre; denn dazu müßte der pädagogische bzw. therapeutische Gesamtkontext, aus dem heraus und in dem die jeweiligen Modelle und Techniken benutzt werden, Berücksichtigung finden, was den Rahmen der vorliegenden Arbeit sprengen

---

[1] Die pädagogischen Beratungsschulen sind ja ihrerseits oftmals lediglich um einige Bereiche verkürzte *Ableger* der psychotherapeutischen Schulen; ein Beispiel ist die Gestaltpädagogik (vgl. Fatzer, 1988).

würde. Es kann hier lediglich darum gehen, Unterschiede, Gemeinsamkeiten, Alternativen sowie integrative Möglichkeiten aufzuzeigen.

7.1 Mnemotechnische Lernverfahren

In der **Lern-** und **Gedächtnispsychologie** werden zwei grundsätzlich verschiedene Lernaktivitäten unterschieden (Metzig & Schuster, 1982, S. 35 ff.; W. Wippich, 1984, S. 116 ff.):

a) das *Lernen in sinnvollen Zusammenhängen*, bei dem die Details des jeweiligen Lernstoffs auf das für das jeweilige Lernziel Wesentliche reduziert werden - z.B. um einen Überblick über das Lerngebiet zu bekommen, einen Vergleich mit anderen Gebieten zu ermöglichen oder bestimmte praktische Verwendungsmöglichkeiten zu ermitteln;

b) das detailgetreue Einprägen (*Auswendiglernen*) von relativ unverbundenen, an und für sich bedeutungsarmen Fakten, w.z.B. einzelnen Fachbegriffen, Vokabeln, korrekter Schreibweise von Wörtern.

Vor allem (aber nicht ausschließlich) für die zweite Art des Lernens ist eine Fülle *mnemotechnischer Lernhilfen* entwickelt worden, die teilweise bereits in den antiken Rednerschulen bekannt waren (Yates, 1966). Ihnen allen ist gemeinsam, daß sie von - meist visuellen - Vorstellungen Gebrauch machen. Daß Vorstellungen nicht nur an allen Denk- und Lernprozessen beteiligt sind, sondern auch zur Verbesserung der Gedächtnisleistung beitragen können, ist in der Forschung zwar (noch) nicht unumstritten, inzwischen aber durch zahlreiche Untersuchungen belegt (vgl. 2.1.2). Insbesondere hat sich gezeigt, daß visuelle Vorstellungen besser behalten werden als sprachliche Informationen (W. Wippich, 1984, S. 142). Das Gleiche gilt für konkrete Wörter, die sich leicht mit einer visuellen Vorstellung verbinden lassen, im Gegensatz zu abstrakten Wörtern, bei denen dies nur schwer möglich ist (Metzig & Schuster, 1982, S. 52). Ziel aller mnemotechnischen Verfahren ist es, für die Erinnerung Abrufhilfen bereitzustellen, indem sie entweder

- als *Enkodierungstechniken* bedeutungsarme Einzelinformationen bedeutsamer machen und/oder
- als *Organisationstechniken* Einzelinformationen, die in keinem offensichtlichen Zusammenhang stehen, miteinander verknüpfen oder an bereits verfügbare Wissens- und Organisationsschemata anbinden (Bellezza, 1981; W. Wippich, 1984, S. 113).

Abgesehen von der Einbeziehung von Vorstellungsprozessen weist keines der ausschließlich inhaltlich orientierten mnemotechnischen Verfahren besondere Ähnlichkeiten mit NLP-Modellen auf; sie sollen, da sie die *einzigen* dem Autor bekannt gewordenen gedächtnisunterstützenden Verfahren auf Vorstellungsbasis sind, trotzdem kurz skizziert werden - zunächst die *Enkodierungstechniken* (7.1.1) und dann die *Organisationstechniken* (7.1.2).

7.1.1 Enkodierungstechniken

Enkodierungstechniken sind vor allem für abstrakte Begriffe, Namen, Zahlen, Daten usw. von Bedeutung, um sie bedeutungshaltiger und damit leichter abrufbar und für Organisationstechniken (s. 7.1.2) verfügbar zu machen. Je deutlicher und elaborierter die dazu verwendeten konkreten Begriffe bildhaft vorgestellt werden, je lebhafter und emotionsgeladener sie miteinander interagieren, umso höher wird ihre Effizienz zur Verbesserung der Gedächtnisleistung eingeschätzt. Selbst vor merkwürdigen oder bizarren Bildern soll man nicht zurückschrecken (Lorayne & Lucas, 1974; Persensky & Senter, 1970), wenn deren gedächtnisfördernde Wirkung auch nicht überschätzt werden darf (Bevan & Feuer, 1977; Hauck, Walsh & Kroll, 1976; Senter & Hoffman, 1976).

Abstrakte Begriffe sollen stets mit konkreten Begriffen, die entweder ähnlich klingen oder dem gleichen semantischen Umfeld angehören, assoziiert werden (W. Wippich, 1984, S. 110). Zwei Beispiele können dies verdeutlichen:

Der Begriff *Achtung* kann mit *acht Pfund* assoziiert werden; man kann sich ein Heinzelmännchen vorstellen, das unter der Last eines sorgfältig verschnürten Achtpfundpaketes ächzt.
Der gleiche Begriff läßt sich mit *strammer Haltung* assoziieren; man kann sich vorstellen, wie beim Eintritt eines Unteroffiziers "Achtung" gebrüllt wird, die gesamte Stubenbelegschaft polternd aufspringt und strammsteht.

Mit dem Begriff *Kurzschluß* kann man *Schluchzkuss* assoziieren und sich ein Liebespaar vorstellen, das tränenreich Abschied voneinander nimmt.
Mit dem gleichen Begriff kann man einen *Funken* assoziieren und sich vorstellen, wie dieser knisternd überspringt, wenn durch das Starthilfekabel die falschen Pole der eigenen und der fremden Batterie miteinander verbunden werden.

Für das bessere Behalten von *Zahlen* wird entsprechend vorgegangen, wobei nach Klampfl-Lehmann (1987, S. 157 ff.) z.B. für jede einzelne Ziffer ein eigenes Bild gesucht wird und die Bilder dann durch eine fragmentarische Geschichte verknüpft werden (vgl. 7.1.2). Die Vorstellung zum besseren Behalten des Datums *25. März 1918* könnte z.B. aus folgender *Geschichte* bestehen:
Die *Zwillinge* finden ein *Fünfmarkstück.* Das wollen sie sparen, um sich ein *Dreirad* zu kaufen. Das *Einhorn* spielt *Kegel*, die dabei einem anderen *Einhorn* vor die Füße fallen, so daß dieses erschrocken in die *Achterbahn* springt.

Eine kurze Bewertung folgt am Ende des nächsten Abschnitts.

7.1.2 Organisationstechniken

Organisationstechniken können helfen, unzusammenhängende Einzelinformationen

- als *intrinsische* Techniken direkt miteinander zu verknüpfen oder
- als *extrinsische* Techniken an bereits verfügbare Organisationsschemata anzubinden (Bellezza, 1981; W. Wippich, 1984, S. 111 ff.).

Drei der zahlreichen Organisationstechniken sollen kurz charakterisiert werden:

Bei der intrinsischen **Geschichtentechnik** sollen unzusammenhängende Einzelbegriffe in eine zusammenhängende Geschichte eingebunden werden; für die Begriffsreihe *Baum, Bank, Roller, Mädchen, Haus* z.B. in folgender Weise:
Unter einem blühenden Apfel*baum* steht eine frischgestrichene weiße *Bank,* an der ein *Roller* mit schönen großen Gummirädern lehnt. Ein blondes kleines *Mädchen* hat ihn stehengelassen, weil es von der Mutter ins *Haus* gerufen wurde.

Bei Anwendung dieses Verfahrens konnten Boltwood und Blick (1970), Borges, Arnold und McClure (1976), Murray (1974) u.a. eine deutliche Verbesserung der Gedächtnisleistung feststellen. Metzig und Schuster (1982, S. 58) weisen allerdings darauf hin, daß das Konstruieren sinnvoller Zusammenhänge bei einer längeren Liste unverbundener Wörter einen erheblichen Zeitaufwand erfordert.

Bei der extrinsischen **Locitechnik** wird eine Folge von Orten an einem gut bekannten Weg oder in einem gut bekannten Haus gewählt. Mit diesen

Loci werden dann die zu lernenden Begriffe, am besten wiederum in eine Geschichte eingebettet, durch interagierende Vorstellungsbilder verknüpft, so daß sie beim imaginären Abschreiten der Loci nacheinander erinnert werden können. Die Effizienz dieses Verfahrens wird durch zahlreiche Studien, u.a. von Bellezza & Reddy (1978), Bower (1973) sowie von Lea (1975) belegt.

Die ebenfalls extrinsische **Schlüsselwortmethode** wurde von Atkinson (1975) entwickelt, um das Lernen fremdsprachlicher Vokabeln zu erleichtern. Als *akustische Brücke* soll zunächst ein der gesprochenen Vokabel möglichst ähnlich klingendes Wort der eigenen Sprache, das *Schlüsselwort*, gefunden werden. Danach soll als *visuelle Brücke* das Vorstellungsbild des Schlüsselwortes mit dem Vorstellungsbild der Übersetzung interagierend assoziiert werden. Beispiel:
Das englische Wort *duck* klingt ähnlich wie das deutsche Wort *Dock*. Eine mögliche, beide Begriffe verbindende Vorstellung könnte das Bild eines riesigen *Docks* sein, in dem eine *Ente* schwimmt.

Atkinson und Raugh (1975), Pressley und Levin (1978) u.a. bestätigen die Effizienz der Methode. Allerdings ist auch hier die Konstruktion geeigneter Schlüsselwörter so zeitaufwendig, daß sie sich für den Schüler nur lohnt, wenn diese vom Lehrer oder vom Lehrbuch vorgegeben werden (W. Wippich, 1984).

Insgesamt erscheint der Phantasie- und Zeitaufwand bei den meisten Mnemotechniken so zeitaufwendig, daß sie sich für das rasche Lernen größerer Stoffmengen, wie es in Schule und Hochschule gefordert wird, kaum eignen. W. Wippich (1984) bemerkt abschließend zum Thema Mnemonik:

> Wir vermuten, daß von den meisten ... Verfahren in der beschriebenen Form selten Gebrauch gemacht wird.... Wir vermuten aber auch, daß Bestandteile ... [der] Verfahren mehr oder minder routinemäßig in expliziten Behaltenssituationen verwendet werden. Die Auseinandersetzung mit der Mnemotechnik sollte dazu anregen, von solchen "spontanen" Kodierungs- und Organisationsprozeduren systematischer Gebrauch zu machen, wenn eine "automatische" Informationsverarbeitung ... nicht möglich erscheint. Mnemotechnische Verfahren sollten u.E. nicht kochbuchartig oder "blind" verwendet werden.... Sie sollten eigenen Präferenzen, dem Wissensstand, dem Ziel der Einprägungsaktivitäten und natürlich dem zu lernenden Material flexibel angepaßt werden. (S. 117)[2]

[2] Weiterhin weist W. Wippich (1984, S. 118) darauf hin, daß Mnemotechniken, falls sie zu sehr vom Inhalt des Lernstoffs ablenken, sicherlich auch Verstehensprozesse behindern können.

Die individuell und zielabhängig ausgerichtete Strategiearbeit des NLP, in deren Verlauf sich im Einzelfall durchaus auch den Mnemotechniken ähnliche Lernstrategien als nützlich erweisen könnten, scheint den von W. Wippich formulierten Ansprüchen eher gerecht zu werden als die bisher entwickelten starren Mnemotechniken.

7.2 Imaginative Verfahren in der Psychotherapie

Die Verwendung von und die Auseinandersetzung mit **Vorstellungsbildern** ist "in der gesamten überlieferten Medizingeschichte Teil therapeutischer Intervention gewesen" (Horowitz, 1978/1986, S. 51). In allen dem Autor bekannten Kulturen wurden und werden *Träumen, Tagträumen, Visionen* und sonstigen Vorstellungen, teilweise eingeleitet und begleitet von (oftmals rituellem) Tanz, Musik, Gesang und/oder verschiedenen Atem- und Entspannungstechniken, u.U. auch verbunden mit der Einnahme halluzinatorischer Drogen, große Bedeutung beigemessen (Weerth, 1986): beispielsweise bei der Behandlung der Bittsteller "in den Äskulap-Tempeln der griechichen Antike" (Horowitz, 1978/1986, S. 51), in der *Traumarbeit der Senoi* von Malaysia (Johnson, 1975), bei der *indianischen Visionssuche*, im noch heute praktizierten *Schamanismus* (Eliade, 1954) und nicht zuletzt in unterschiedlicher Ausprägung und mit unterschiedlichem Stellenwert in wohl allen *Psychotherapien* (Singer & Pope, 1978/1986).
Je nachdem wurden und werden bis heute Vorstellungen
- erlebt und ausgelebt,
- gedeutet und interpretiert,
- inhaltlich verändert
- und/oder nach Möglichkeit unter willentliche Kontrolle gebracht.

Explizite formale Veränderungen auf submodaler Ebene sind dem Autor außerhalb des NLP jedoch nicht bekannt.

Sigmund Freud hat zwar in seinen Anfängen bildhaften Assoziationen und der Erzeugung visueller Vorstellungen einen gewissen Wert beigemessen, später aber verbalen assoziativen Methoden, selbst bei der Analyse von Träumen, den Vorzug gegeben (Singer, 1974/1978, S. 56 ff.)

Carl Gustav Jung dagegen hat zur Auswertung von Träumen eine Methode der *aktiven Imagination* entwickelt: Der Klient versucht seinen Traum erneut bildhaft zu erleben und beschreibt anschließend seine Gesamtreaktion auf den Traum. Hierdurch soll ein tieferes Verständnis als durch die Freudsche Methode des freien Assoziierens ermöglicht werden. Darüber hinaus soll der Klient sich den aus seinen Stimmungen und Gefühlen frei entstehenden Bildern öffnen und diese mit Unterstützung des Therapeuten durcharbeiten, um sich seine Probleme bewußt zu machen und Hinweise für eine Lösung zu erhalten (Ammann, 1978, S. 1 ff.; Singer, 1974/1978, S. 48 f.).

Wohl bedingt durch die fehlende Anerkennung imaginativer Verfahren bei Freud und die zunehmende Verbreitung des Behaviorismus (vgl. 2.1), sind in der neueren Psychotherapie Imaginationsverfahren in nennenswertem Maße erst seit den 60er Jahren entwickelt worden. In den folgenden Abschnitten soll eine zwar subjektive, aber, auf die grundsätzlichen Anwendungsformen bezogen, repräsentative Auswahl heutiger imaginativer Verfahren dargestellt und mit den Submodalitäts-Verfahren des NLP verglichen werden. Dabei muß sich die Darstellung im wesentlichen auf die Skizzierung der jeweiligen imaginativen *Methode* beschränken, ohne daß auf den Gesamtkontext (Grundannahmen, Ziele, Menschenbild, zusätzlich eingesetzte Verfahren etc.), ausführlicher eingegangen werden kann. Im Einzelnen werden aufgeführt: die Methode des *Gelenkten Wachtraums* (7.2.1), da sie als erste der neueren Verfahren der Imagination einen zentralen Stellenwert zuschreibt; das *katathyme Bilderleben* (7.2.2), da es in Deutschland die bekannteste Imaginationstherapie ist; die *Psycho-Imaginationstherapie* (7.2.3), da sie implizit submodale Elemente enthält bzw. erwähnt; und, relativ ausführlich, imaginative Verfahren der *Verhaltenstherapie* (7.2.4), da diese den im vorigen Kapitel beschriebenen Submodalitätstechniken des NLP in ihrem methodischen Vorgehen, bei allen Unterschieden, noch am nächsten kommen.

7.2.1 Gelenkter Wachtraum (R. Desoille u.a.)

Den Hauptanstoß zur Entwicklung weitergehender imaginativer Methoden hat Robert Desoille (1961) mit seinen Arbeiten über die Technik des ***gelenkten Wachtraums*** gegeben, die u.a. von Dufour (1978), Fabre (1986), Frétigny und Virel (1968) aufgenommen und weiterentwickelt wurden.

Der Klient wird in einen entspannten Zustand versetzt und dann aufgefordert, sich ein bestimmtes Bild vorzustellen, vor seinem geistigen

Auge eine Umgebung dazu zu erschaffen, sich in dieser zu bewegen und sich mit den dann auftauchenden Figuren in einen Handlungsablauf einzulassen. Er soll auf die dabei auftretenden Gefühle achten, sie dramatisieren und alles aussprechen, ohne es zunächst zu verstehen zu versuchen. Anschließend wird über den Tagtraum gesprochen, um nach und nach den Sinn zu ergründen.

Der Therapeut ermutigt den Klienten, *alle* Bilder und Szenen sich voll entfalten zu lassen. Er bereitet ihn darauf vor, daß ihm während seiner Traumreise unvermutet erschreckende Bilder und furchterregende Monstren begegnen können. Er ermutigt ihn, diesen beherzt entgegenzutreten und sichert ihm für den Fall, daß er Unterstützung braucht, seine Hilfe zu.

Desoille hat im Lauf seiner langjährigen Praxis die Bilder, die er dem Klienten als Einstieg anbietet, soweit systematisiert, daß sie die seiner Meinung nach sechs wichtigsten Problembereiche menschlicher Erfahrung ansprechen (Singer, 1974/1978, S. 89 f.):

a) Zur Auseinandersetzung mit den Eigenschaften der eigenen Persönlichkeit schlägt er männlichen Klienten vor, sich ein *Schwert* vorzustellen, während er weiblichen Klienten das Bild eines *Gefäßes* anbietet.
b) Um sich mit unterdrückten Eigenschaften auseinanderzusetzen, soll der Klient sich vorstellen, daß er in die *Tiefen des Ozeans* hinabtaucht, oder einen beweglichen Untergrund betrachten.
c) Um die Beziehung zum gegengeschlechtlichen Elternteil geht es bei der Aufforderung, in einen *Keller* hinabzusteigen und dort, als männlicher Klient, einer *Hexe*, als weiblicher Klient einem *Magier* zu begegnen.
d) Die Beziehung zum gleichgeschlechtlichen Elternteil wird angesprochen, wenn beim Abstieg in den *Keller* der männliche Klient einen *Magier*, der weibliche eine *Hexe* vorfindet.
e) Zur Auseinandersetzung mit gesellschaftlichen Zwängen kommt es, wenn der Klient im *Keller* auf einen *Drachen* oder ein *Monster* trifft.
f) Zur Aufhellung eines Ödipuskonflikts wird das Bild eines *Schlosses* mit einer *schlafenden Schönheit* mitten im Wald vorgeschlagen.

Da Desoille, besonders zu Anfang, noch stark unter dem Einfluß der Freudschen Psychoanalyse und der Jungschen Tiefenpsychologie stand, verwundert es nicht, daß er seine Technik zunächst als diagnostisches Hilfsmittel verstand. Als solches war sie der freien Assoziation in den eher gesprächsorientierten analytischen Therapien überlegen, da "die Imagination verhaltensmäßig unverhüllten Ausdruck der fundamentalen Problematik ohne aktiven Widerstand des Patienten zuläßt" (Singer, 1974/1978, S. 91).

Fabre (1986, S. 277) gibt an, die Technik des gelenkten Wachtraums biete sich für die Mehrzahl der neurotischen Zustandsbilder und darüber hinaus zur Behandlung zahlreicher psychosomatischer Symptome sowie sexueller Störungen an. Abzuraten sei dagegen i.a. von einer Behandlung der Psychosen, insbesondere eindeutig schizophrener Zustandsbilder und chronischer Verwirrtheitszustände.

Der Autor vermochte, wenn man davon absieht, daß auch hier mit Vorstellungen gearbeitet wird und persönliche Veränderung das Ziel der Bemühungen ist, keine besonderen Parallelen zur Methodik des NLP zu finden (vgl. aber 7.3).

7.2.2 Katathymes Bilderleben (H. Leuner)

Unabhängig von Desoille hat Hanscarl Leuner (1978/1986) seine Technik des ***katathymen Bilderlebens*** (KB) als eine psychoanalytisch orientierte Psychotherapie entwickelt. Sie ist, bei aller Verwandtschaft, wesentlich stärker systematisiert als die von Desoille.

Nachdem der Klient in einen Zustand vertiefter physischer Entspannung versetzt ist, wird er aufgefordert, sich ein bestimmtes Bild vorzustellen. Es entwickelt sich in seinem Bewußtsein eine *quasireale Welt*, in der er sich frei bewegen kann. Um das zunächst nur vage vorgegebene Vorstellungsmotiv herum entfalten sich weitere optische Imaginationen, in denen sich der emotionale Zustand des Klienten und jede Änderung desselben, etwa durch einen therapeutischen Eingriff, spiegelt (Leuner, 1978/1986, S. 150 ff.). Bemerkenswerterweise verändern sich im Verlauf einer Therapie "auch jene Strukturen der Imagination, die nicht unmittelbar durch einen therapeutischen Eingriff oder lebensbedingte Erlebnisse angesprochen werden" (S. 154).

Leuner arbeitet mit einer Reihe von Standardmotiven, die jedoch nur richtungweisende Bedeutung haben und von Fall zu Fall individuell abzuwandeln sind. Einige dieser Motive sind ausschließlich für erfahrene Therapeuten vorgesehen, da das dabei zutage geförderte Material u.U. eine starke angstbesetzte Dynamik auslösen kann. Leuners (1978/1986, S. 157 ff.) Standardmotive sind:

1. Grundstufe (für den therapeutischen Ausbildungskandidaten allgemeine Grundlage der Therapie)

a) Die *Wiese*, ein überwiegend angenehmes Eingangsmotiv, in das jedoch neurotisch gestörte Klienten bereits ihre Probleme hineinprojizieren.

b) Der *Bach*, der durch die Wiese fließt und den der Klient wahlweise aufwärts bis zur Quelle (Rückkehr zu den eigenen Ursprüngen) oder abwärts bis zum Meer (Leitlinie für die eigene Entwicklung) verfolgen kann.

c) Der *Berg*, den der Klient von der Wiese aus sieht und den er genau beschreiben und zu besteigen versuchen soll, um von seinem Gipfel aus einen weiten Rundblick zu genießen. Hier geht es u.a. um das subjektive Empfinden der eigenen Lebensfähigkeit und der Bewältigung der Lebensaufgaben.

d) Das *Haus*, als Symbol der eigenen Persönlichkeit. Die Imagination etwa einer kleinen Hütte, einer leeren Scheune oder eines feudalen Wohnhauses, dann die Besichtigung des Inneren führen unmittelbar auf die Problematik des Klienten.

e) Der *Waldrand* gestattet von einer geschützten Stelle aus den Einblick in das Dunkel des Waldes (Symbol des Unbewußten). Dem Klienten wird angekündigt, daß allerlei tierische, menschliche oder auch legendäre Gestalten erscheinen und aus dem Wald heraustreten werden.

2. Mittelstufe (für den fortgeschrittenen Therapeuten)

a) Begegnung mit *Beziehungspersonen*. Der Klient soll sich eine Beziehungsperson vorstellen und deren Verhalten beobachten, wenn er sich ihr zu nähern, sie anzusprechen, zu berühren versucht.

b) Motiv zur Prüfung der Einstellung zur *Sexualität*. Ein männlicher Klient soll sich beispielsweise einen Rosenbusch am Rande der Wiese vorstellen ("Sah ein Knab' ein Röslein stehn"), eine Rose abpflücken und zu Hause auf den Tisch stellen. Eine Frau soll sich etwa vorstellen, daß sie auf einer einsamen Straße nach einer Mitfahrgelegenheit Ausschau hält; ein männlicher Autofahrer nähert sich und bietet ihr an, einzusteigen.

c) Motiv zur Klärung der Einstellung zur *Aggressivität*. Der Klient kann sich einen Löwen vorstellen, dessen Verhalten seine aggressiven Tendenzen spiegelt.

d) Motiv zur Darstellung des *Ich-Ideals*. Der Klient soll, ohne nachzudenken, einen gleichgeschlechtlichen Vornamen aussprechen und sich anschließend den dazugehörigen Menschen vorstellen.

3. Oberstufe (für den voll ausgebildeten Therapeuten)
Motiv der *Höhle* oder des *Sumpflochs*. Der Klient soll in sicherem Abstand abwarten, was aus der Höhle oder dem Sumpfloch herauskommt: Riesen, Geister, Tiergestalten, bei einem weiblichen Klienten vielleicht ein nackter Mann usw. Als *Öffnung der Erde* greift dieses Motiv tiefer als das Waldmotiv. Eventuell wagt der Klient auch, die Höhle zu betreten.

4. Hilfsmotive

a) Das Motiv des *Vulkans* fördert eruptive, ungerichtete Aggressionsimpulse des Klienten ans Licht.
b) Motiv des *Folianten*. Ein Klient, bei dem die bisherigen Motive wenig an den Tag gebracht haben, kann gebeten werden, in der Tiefe, z.B. in einem Keller, nach einem dort vergrabenen Bilderbuch zu suchen. Wenn er es gefunden hat, soll er die Bilder darin betrachten und beschreiben.

Vor allem bei ich-schwachen Klienten sind die letzten Motive "mit größter Vorsicht zu benutzen, da die Grundtechnik des KB davon ausgeht, daß nur jenes Material herangezogen werden soll, daß die Psyche des Patienten spontan und ohne Widerstände freigibt" (Leuner, 1978/1986, S. 163).

Von entscheidender Bedeutung für die Therapie wurde Leuners (1978/1986) Beobachtung, daß bestimmte "dramatische Handlungen oder Reaktionen während der Imagination ... zu unmittelbaren Eingriffen in die unbewußte Dynamik und damit zu schnellen Verhaltensänderungen disponieren [können], ohne daß diese Abläufe verbal angesprochen oder gar interpretiert zu werden brauchen" (S. 169).

Leuner (1978/1986) bezeichnet diese Technik als *Symboldrama* oder *Operation am Symbol* und gibt dafür genaue Regieanweisungen (S. 172 ff.):

1. Grundstufe

a) *Prinzip des Versöhnens*. Durch freundliche Gesten, Berührungen, wohlwollendes Annehmen und dergleichen wird versucht, fremde oder leicht feindselige Symbolgestalten zu versöhnen.
b) *Prinzip des Nährens und Anreicherns*. Feindselige Symbolgestalten können durch reichliches Füttern beruhigt und freundlich gestimmt werden. Auch bei anderen symbolischen Darstellungen kann durch Hinzufügen von *dazugehörigem* Symbolmaterial eine Wandlung in positivem Sinne ausgelöst werden.

2. Mittelstufe

a) *Prinzip des Schrittmachers.* Positive, freundliche Gestalten können dem Klienten als Führer dienen, die ihn einer Lösung seiner Probleme näherbringen.

b) *Prinzip der Konfrontation.* Der Klient wird ermutigt, eine feindselige Gestalt genau zu beobachten, ihrem Blick standzuhalten und mit dem eigenen Blick zu *bannen.* Dadurch wird die freigesetzte Angst abreagiert, die Gestalt verändert ihr Äußeres und wandelt sich u.U. in positivem Sinne.

3. Oberstufe

a) *Erschöpfen und Mindern.* Die häufig auftretende Regung, eine feindselige Gestalt direkt anzugreifen, die sich ja meist gegen Teile der eigenen Person richtet, wird entschärft, indem der Klient angeleitet wird, die Gestalt durch die Landschaft zu *jagen,* bis sie erschöpft und entkräftet zu Boden sinkt und verendet.

b) *Prinzip der magischen Flüssigkeiten.* Da alle Imaginationen von hohem symbolischen Bedeutungsgehalt für den Klienten sind und tief in seine psychodynamische Struktur eingreifen, soll auch der imaginierte Trunk aus einer Quelle, das Bad in einem See, das Einreiben erkrankter Stellen mit einer magischen Flüssigkeit (Kuhmilch, Speichel, sogar Urin) erstaunliche, u.U. hochbrisante Wirkungen hervorrufen. Daher mahnt Leuner auch hier zu äußerster Vorsicht.

Die von Leuner (1978/1986) angegebenen Indikationen sind so breit gefächert, daß hier nur die wesentlichen *Kontraindikationen* (S. 186) genannt werden sollen: Psychosen, hirnorganische Syndrome, schwere Depressionen und hysterische Neurosen.

Leuner (1978/1986) weist darauf hin, daß die Behandlungszeiten beim katathymen Bilderleben im Vergleich zu anderen Verfahren oft überraschend kurz sind (15-30 Sitzungen) und daß die Quote der Rückfälle relativ gering ist. Da die Therapie nicht einzelne Symptome behandelt, sondern "*Einfluß auf einen breiten psychodynamischen Hintergrund*" (S. 175) nimmt, können oft vielfältige, gleichzeitig bestehende Symptome in kurzer Zeit wesentlich gebessert werden.

Der Autor vermochte auch hier keine stärkeren Parallelen zur Methodik des NLP zu finden als beim gelenkten Wachtraum (vgl. aber 7.3).

7.2.3 Psycho-Imaginationstherapie (J.E. Shorr)

Joseph E. Shorr arbeitet in seiner ebenfalls psychoanalytisch orientierten ***Psycho-Imaginationstherapie*** nicht mit einer standardisierten Reihe von Konfrontationsbildern, sondern mit sehr unterschiedlichen, ganz auf den einzelnen Klienten zugeschnittenen und die jeweilige Entwicklung der Therapie berücksichtigenden Bildern (Singer, 1974/1978, S. 147). Seine imaginativen Aufgaben gehen meist nicht von symbolischen, sondern von konkreten Imaginationen aus, und er legt besonderen Wert auf den Dialog, die lebendige Interaktion zwischen Klient und Therapeut (Shorr, 1978/1986, S. 133).

Die hier am meisten interessierende der von Shorr (1978/1986) angewandten Techniken besteht darin, daß der Klient sich entspannt und sich dann in bestimmte, vom Therapeuten vorgeschlagene imaginative Situationen begibt. Neben spontanem und allgemeinem imaginativen Erleben nennt er vor allem folgende imaginative Situationen (S. 124 ff.):

a) Die *Selbstbildimagination.* Der Klient soll sich *doppelt imaginieren*, um ein *klareres* Bild von seinem wahren Selbst zu gewinnen (z.B. auf dem eigenen Schoß sitzen; sich selbst durch ein Schlüsselloch beobachten; in einem Boot sitzen, während das andere Ich mitten im Ozean im Wasser treibt).

b) Das *duale imaginative Erleben.* Der Klient soll zwei verschiedene Bäume, Tiere, Personen etc. imaginieren und miteinander interagieren lassen, um sich der inneren Konflikte bewußt zu werden, die durch den Gegensatz zweier starker, unvereinbarer Kräfte in ihm entstehen. Dann kann der Klient "versuchen, seine Reaktionen auf reale Situationen zu verändern; er kann letztlich Konflikte negieren und seine Persönlichkeit neu aufbauen" (S. 125).

c) *Körperimaginationen.* Sie können zur Aufdeckung einer falschen Identität oder eines internalen neurotischen Konflikts führen, der sich irgendwo im Körper des Klienten manifestiert hat. (Beispiel: "Treten Sie in Ihren Körper ein. Beschreiben Sie die Reise.")

d) *Sexuelles imaginatives Erleben* zur Aufdeckung sexueller Konflikte.

e) *Imaginative Aufgaben*, bei denen der Klient eine bestimmte konkrete Arbeit durchführen und meistern soll. Er erhält dadurch "die Möglichkeit, sich selbst zu sehen und dann zu versuchen, sein Selbstkonzept zu verändern" (S. 133).

f) *Kathartische Imagination.* Der Klient soll eine übermächtig erlebte Bezugsperson imaginieren und ihr offen gegenübertreten, um sich dadurch von einer falschen Identität zu befreien.

Durch "aktive Einführung in die imaginativen Situationen ... als Weg, der Handlungsmöglichkeiten eröffnen kann", will Shorr (1978/1986) dem Klienten dazu verhelfen, "Phantasie und Realität sicherer und offener zu erkennen, sie zu unterscheiden, damit zu experimentieren und sie zu integrieren, all das im Kontext einer kooperativen therapeutischen Beziehung und Begegnung" (S. 119). Ausführlich berichtet er auch über die Anwendung in der Gruppentherapie (S. 140 ff.).

Wenn Shorr (1978/1986) auch keine explizite Unterscheidung in assoziierte und dissoziierte Imaginationen vornimmt, nutzt er doch bei der Selbstbildimagination ebenso wie bei den imaginativen Aufgaben (s.o.) spezielle Formen dissoziierter und bei der Körperimagination assoziierter Wahrnehmung. Auch sonst ist er sich zahlreicher submodaler Merkmale bewußt, interpretiert sie aber in analytischer Tradition ausschließlich als Anzeichen zu beseitigender Widerstände beim Klienten, ohne an eine mögliche positive und u.U. nutzbare Bedeutung zu denken. Im wesentlichen nennt er hier:

> *Unklare, getrübte oder vage Imagination:* .... Der Patient kann so Gefühlen wie Ärger oder Freude Widerstand leisten....
>
> *Distanz zum Therapeuten:* Der Patient sagt z.B., er imaginiere den Therapeuten während seiner imaginativen Reaktion in großer Entfernung. Eine Patientin hat mir immer dann, wenn in ihrem imaginativen Erleben sexuelle Inhalte auftraten, gesagt: "Sie sind meilenweit von mir entfernt." In anderen imaginativen Produktionen jedoch schien zwischen uns nur ein sehr kurzer Abstand zu sein....
>
> *Reduzierte Bilder:* Dies sind imaginative Produktionen, in denen der Patient plötzlich winzige, fast mikroskopisch kleine Bilder sieht. Steht das im Gegensatz zu dem normalen Bildfluß, kann es bedeuten, daß es sich um Aspekte seiner Person handelt, die er nicht sehen will....
>
> *Unfähigkeit, das Selbst zu imaginieren....*
>
> *Fehlende Affekte....* (S. 139)

Die beiden letzten von Shorr beobachteten und als Widerstand interpretierten Phänomene können mit dem NLP-Verständnis von Assoziation und Dissoziation gut folgendermaßen gedeutet werden: Fordert er einen Klienten auf, sowohl intensiv zu fühlen als auch sich selbst (dissoziiert), möglicherweise sogar doppelt zu sehen, wird dieser entweder dazu neigen, assoziiert zu bleiben und zu fühlen oder sich zu dissoziieren und dabei weniger zu fühlen. Beiden Aufforderungen Shorrs gleichzeitig zu folgen ist nach NLP-Verständnis wegen der bei einer Dissoziation i.d.R. emotional abgeschwächten Wirkung nur schwer möglich. (Wenn es gelingen sollte, einen solchen *Widerstand* aufzulösen, also den Klienten zu einem dissoziierten und gleichzeitig voll emotionalen Erleben zu bringen, könnte dies bedeuten, ihn einer wichtigen natürlichen Möglichkeit des emotionalen Abstandnehmens zu berauben.)

Neben den beschriebenen visuellen nennt Shorr (1978/1986) auch einige (externe) auditive Submodalitäten, die hier abschließend lediglich genannt seien:

> Erhobene oder gedämpfte Stimme, plötzliche Stille, Zögern, Änderungen in der Lautstärke, all dies muß individuell untersucht werden, um auf die Widerstände oder den Trotz zu stoßen. (S. 138)

Weitere besondere Parallelen zum NLP vermochte der Autor nicht zu entdecken (vgl. aber 7.3).

7.2.4 Verhaltenstherapie (J. Wolpe, J.R. Cautela u.a.)

Eine engere Verwandtschaft als zu den bisher vorgestellten analytisch orientierten Methoden besteht zu den verschiedenen Verhaltenstherapien mit ihrem zielorientierten Vorgehen. Die in ihnen verwendeten Vorstellungen haben größtenteils ganz konkret etwas mit der jeweiligen Problematik bzw. dem daraus abgeleiteten Veränderungsziel zu tun, statt wie in den bisher dargestellten Methoden frei assoziiert oder standardisiert und weitgehend zielunabhängig vorgegeben zu werden.

In den **kognitiven Verhaltenstherapien** (Beck, 1979; A. Ellis, 1971; Lazarus, 1978; Mahoney, 1974/1979; Meichenbaum, 1979) werden kognitive Prozesse (vor allem der interne Dialog) als "Mittler zwischen den Verhaltensformen aufgefaßt" (Cautela & McCullough, 1978/1986, S. 291). Unerwünschtes Verhalten wird auf *irrationale*, die Wirklichkeit verzerrende Kognitionen, vor allem *falsche* Überzeugungen (Glaubenssätze) zurückgeführt.

Um eine Verhaltensänderung zu erreichen, wird im wesentlichen Wert darauf gelegt,

- sich seiner Kognitionen und Überzeugungen bewußt zu werden,
- ihre Irrationalität und schädigenden Auswirkungen zu erkennen,
- sie nach und nach durch angemessenere Kognitionen zu ersetzen,

- dadurch unterstützt, neue Verhaltensweisen einzuüben, wobei die Wahrnehmung ihrer erfolgreichen Durchführung die neuen Kognitionen und Überzeugungen bestätigen und weiter festigen soll, was wiederum die Durchführung des neuen Verhaltens verbessern helfen kann usw.

Der methodische Schwerpunkt liegt dabei eindeutig auf einer inhaltlichen Analyse und Beeinflussung des internen Dialogs:

> Eine [kognitive] Strukturveränderung mündet in ein neues inneres Sprechen, in neuartige Verhaltensweisen und in die weitere Festigung der Strukturen. Es entsteht so etwas wie ein 'Wirkungskreis'.... Der innere Dialog trägt dazu bei, das Bewußtsein zu intensivieren oder das Bewußtsein zu erhöhen, was den Klienten für neue Beobachtungen empfänglich macht. (Meichenbaum, 1979, S. 211 f.)

Gezielt konstruierte, möglichst wirklichkeitsnahe Vorstellungen werden in einigen der kognitiven Verhaltenstherapien zu schrittweisen, positiven Verhaltensantizipationen, die wie im NLP (vgl. 5.2.3) die Durchführung des späteren, tatsächlichen Verhaltens begünstigen sollen, eingesetzt (Mahoney, 1974/1979, S. 267 ff.). Darüber hinaus werden Vorstellungen i.d.R. nur dann beachtet, wenn sie vom Klienten als störend angegeben werden; in einem solchen Fall wird versucht, sie - vor allem über eine rationale Auseinandersetzung - zu entschärfen, zu verändern und/oder durch angenehmere Vorstellungen zu ersetzen (Lazarus, 1978).

Zwar stehen die *kognitiven* Verhaltenstherapien vom zugrundeliegenden Menschenbild und dem therapeutischen Selbstverständnis her dem NLP sicherlich näher als die *lerntheoretischen*[3]; was aber die speziell mit den Submodalitätsverfahren vergleichbare reine Methodik anbelangt, weisen die lerntheoretischen die größeren Gemeinsamkeiten mit dem NLP auf; ihre gebräuchlisten Verfahren auf Vorstellungsbasis sollen daher in diesem Abschnitt näher beschrieben und theoretisch wie praktisch mit den NLP-Modellen verglichen werden. Zunächst wird exemplarisch die häufig zu ihrer Erklärung verwendete lerntheoretische Grundlage - das *verdeckte Konditionieren* - erläutert (7.2.4.1); auf die Darstellung anderer lerntheoretischer Erklärungsmodelle, insbesondere der *respondenten* (Wolpe, 1958) und der *Zweifaktoren-Theorie* (Rescorla & Solomon, 1967) soll hier verzichtet werden. Danach werden die *systematische Desensibilisie-*

---

[3] So wird in den kognitiven Therapien wesentlich mehr als in der lerntheoretischen Verhaltenstherapie der Beziehung zwischen Therapeut und Klient, die eher kooperativ als manipulativ sein soll, eine Bedeutung beigemessen: "Therapie ist keine konsumatorische Reaktion - es gibt zwei Organismen im Zimmer und wir müssen *beide* Seiten ihrer Interaktion viel genauer anschauen" (Mahoney, 1974/1979, S. 319).

rung (7.2.4.2), die *Reizüberflutungs-* (7.2.4.3) und *weitere spezielle Techniken* (7.2.4.4) dargestellt. Am Schluß steht ein kurzer - sich noch einmal auf lerntheoretische und kognitive Verhaltenstherapie beziehender - Abschnitt *"Verhaltenstherapie versus NLP"* (7.2.4.5).

7.2.4.1 Verdecktes Konditionieren

Als lerntheoretische Grundlage für die Verfahren auf Vorstellungsbasis wird am häufigsten das ***verdeckte Konditionieren***, das weitgehend dem von Cautela (1977) "entwickelten Begriffssystem einer operanten Richtung" (Cautela & McCullough, 1978/1986, S. 292) folgt, herangezogen. Es soll hier daher kurz charakterisiert und mit dem entsprechenden NLP-Verständnis verglichen werden.

> Der Begriff "verdecktes Konditionieren" bezieht sich auf Methoden, die auf der Vorstellungskraft beruhen und die die Reaktionshäufigkeit durch Beeinflussung von Konsequenzen verändern. Die Techniken werden speziell konstruiert und systematisch präsentiert, um bestimmtes Zielverhalten zu steigern oder zu verringern. (S. 292)

Dabei wird von folgenden drei Annahmen ausgegangen:

> (1) die Hypothese der Homogenität: alle Verhaltenskategorien unterliegen denselben Gesetzen, d.h., empirische Verallgemeinerungen, die aus offenem Verhalten gewonnen werden, können auf Gedanken, Bilder oder physiologische Prozesse wie Herzschlag oder Blutdruck übertragen werden;
> (2) die Hypothese der Interaktion: alle Verhaltenskategorien sind in Interaktion mit sich und der Umgebung, d.h. Gedanken können z.B. Gefühle, Blutdruck oder offenes Verhalten beeinflussen und umgekehrt;
> (3) alle Verhaltenskategorien reagieren gleichermaßen auf die Gesetze des Lernens, z.B. Herzschlag, galvanische Hautreaktionen oder imaginatives Erleben können verstärkt oder bestraft werden, genau wie offenes Verhalten verstärkt oder bestraft werden kann. (S. 293)

Entsprechend diesen Annahmen wird von einer weitestgehenden Eins-zu-eins-Entsprechung zwischen vorgestelltem und real ausgeführtem Verhalten ausgegangen - weshalb sich die Techniken für verdecktes und offenes Verhalten größtenteils auch sehr ähneln (s.u.).

> Eine Reduzierung der Häufigkeit von unangepaßten Vorstellungen über Alkohol wird also die Wahrscheinlichkeit, daß jemand Alkohol trinkt, verringern, genau wie das Ansteigen der Imaginationen über positive sexuelle Erlebnisse die Wahrscheinlichkeit, daß reale sexuelle Erlebnisse positiv verlaufen werden, vergrößert. (S. 295)

Die Annahme dieser Eins-zu-eins-Entsprechung führt u.a. dazu, daß generell eine größtmögliche *Lebendigkeit* (im Sinne eines mit allen Sinnen assoziierten internen Erlebens, das mit dem externen Erleben weitmöglichst identisch sein soll) und *Kontrollierbarkeit* der Vorstellungen gefordert wird. Dabei geben Cautela und McCullough an, daß ein "hohes Maß an Lebendigkeit, kombiniert mit schwacher Kontrollfähigkeit" (S. 303) am wenigsten mit Verhaltensänderung korreliert. Lebendigkeit und Kontrollierbarkeit werden daher, falls nicht vorhanden, noch vor den eigentlich therapeutischen Interventionen bestmöglich eingeübt. Die Korrelation zwischen Lebendigkeit der Vorstellungen und positiver Verhaltensänderung konnte allerdings bis heute nicht eindeutig nachgewiesen werden (Davis, McLemore & London, 1970; Wade, Malloy & Proctor, 1977; W. Wippich, 1984).

Bei allen offensichtlichen Gemeinsamkeiten (vor allem bezüglich der 2. Annahme) werden doch mehrere wesentliche Unterschiede zum Strategiemodell des NLP deutlich:

a) Im NLP wird weniger von einer genauen Entsprechung und damit weitestgehenden Austauschbarkeit von externer und interner Wahrnehmung ausgegangen als vielmehr von ihrer wechselseitigen Ergänzung zu einem kognitiven, das Verhalten steuernden Gesamtprozeß, wobei mal die eine, mal die andere Form überwiegt (vgl. Kap. 2 und 3). Dies impliziert einerseits, daß für Vorstellungen nicht ausschließlich die gleichen Gesetzmäßigkeiten wie für externe Wahrnehmung und externes Verhalten gelten müssen, und andererseits, daß in den Veränderungsmodellen des NLP eher die internen und externen Wechselwirkungen, also der kognitive Gesamtprozeß, als entweder internes (verdecktes) *oder* externes (offenes) Verhalten - wie in der Verhaltenstherapie - beachtet wird.
b) Hieraus ergibt sich auch, daß im NLP nicht in jedem Fall versucht wird, in der Vorstellung möglichst genaue Abbildungen externen Geschehens zu erzeugen, sondern daß von dem ausgegangen wird, was der Klient selbst (bewußt und unbewußt) *tatsächlich* an Vorstellungen hat. Ausschließlich assoziierte Lebendigkeit der Vorstellungen wird daher auch nicht als Voraussetzung für die wirksame Anwendung submodaler Veränderungsmodelle angesehen; vielmehr wird die natürlicherweise auftretende Fülle der unterschiedlichen Vorstellungsqualitäten, so wie sie individuell von Bedeutung erscheinen, identifiziert, analysiert und zur Veränderung genutzt, u.U. also gerade auch *nicht* lebendige Vorstellungen.

c) Weiterhin ergibt sich, daß im NLP interne Auslöser für ungewünschtes Verhalten nicht zwangsläufig als genaue interne Wiederholungen bzw. Abbildungen gleichzeitig bestehender externer Auslöser angesehen werden; vielmehr wird davon ausgegangen, daß externe Reize im wesentlichen erst durch ihre interne submodale Verzerrung zu zwingenden internen Auslösern werden, und interne Auslöser auch eigenständig mehr oder weniger unabhängig von externen Auslösern entstehen und wirksam werden können.
d) Letztlich ist zu bemerken, daß im NLP nicht wie in der lerntheoretisch orientierten Verhaltenstherapie primär von einem Lernen durch die verschiedenen Verstärkungsformen, sondern durch ein vielschichtiges Modellernen, geleistet innerhalb des (in dieser Arbeit beschriebenen) kognitiven Gesamtprozesses, ausgegangen wird.

Auf weitere Gemeinsamkeiten und Unterschiede wird während und im Anschluß an die hier folgende Darstellung der bekanntesten verdeckten verhaltenstherapeutischen Verfahren eingegangen.

7.2.4.2 Systematische Desensibilisierung

Eine "drastische Abwendung von den Prinzipien des konventionellen Behaviorismus, der festlegt, daß mentalistische Konzepte in der wissenschaftlichen Behandlung der Psychologie keine Rolle spielen (*Watson 1919, S. VIII*)" (Cautela & McCullough, 1978/1986, S. 291), hat die auf Joseph Wolpe (1958; 1972) zurückgehende Methode der ***systematischen Desensibilisierung*** eingeleitet, in der die Verwendung von Vorstellungsbildern zum ersten Mal in der Geschichte der Verhaltenstherapie die zentrale Rolle einnimmt. Diese am häufigsten praktizierte, wirksamste und wissenschaftlich bestens bestätigte Methode der Verhaltenstherapie (Singer, 1974/1978, S. 151, 157) eignet sich besonders zur Behandlung von Phobien und anderen (vor allem auch sozialen) Ängsten. Der Klient muß zunächst zu einem Thema (z.B. Schlangenphobie) eine Reihe von Situationen, die er fürchtet, so genau wie möglich beschreiben und diese in eine Rangordnung bringen, von der am wenigsten angstmachenden (z.B. dem Bild einer kleinen Schlange in einer Illustrierten) bis zu der am schlimmsten empfundenen Situation (z.B. einer großen Schlange, die sich während einer Urlaubsreise tatsächlich über den Weg schlängelt). Nachdem er sich anschließend vollständig entspannt hat, soll er sich die am wenigsten angstmachende Situation so intensiv wie möglich vorstellen und, wenn das gelungen ist, zur nächsten übergehen. Durch den Entspannungszustand wird in vielen Fällen ein Gegenkonditionierungseffekt gegenüber der mit dem Bild verbundenen Angst ausgelöst. Wird bei irgendeiner Szene die Angst zu groß, soll der Klient dies dem Therapeuten signalisieren. Dieser führt dann mit ihm weitere Entspannungsübungen durch, ehe das Bild erneut heraufgerufen wird. Indem der Klient sich auf diese Weise bis zu der am meisten angsterregenden Situation vorarbeitet, ohne der Angst zu erliegen, lernt er entsprechende reale Situationen besser zu bewältigen.[4]

Singer (1974/1978) hat das Verfahren erweitert, indem er nach den Entspannungsübungen zunächst "für den Patienten sehr starke positive Bilder entwickelt, die für weitere Steigerung der Entspannung genutzt werden konnten, und schließlich habe ich systematisch die zunehmend angstmachenden Items der Hierarchie mit den von dem Patienten entwickelten positiven Bildern gekoppelt" (S. 161).

Wie in allen anderen verdeckten verhaltenstherapeutischen Verfahren (s.u.), muß auch für die systematische Desensibilisierung der gesamte Prozeß, auf mehrere Sitzungen verteilt, mehrfach wiederholt und geübt werden; hinzu kommen i.d.R. Hausaufgaben, die aus Entspannungs- und wiederholenden Vorstellungsübungen bestehen. Darin liegt ein wesentlicher Unterschied zur Behauptung des NLP, Phobien innerhalb einer Sitzung oder in sogar noch kürzerer Zeit, ohne weiterführendes Üben also, *heilen* zu können (vgl. 6.2.4); weiterhin wird in diesem wie in den anderen, weiter unten beschriebenen Techniken - im Gegensatz zu den Modellen des NLP - grundsätzlich darauf verzichtet, die Ursachen und/oder sekundären Gewinne (positiven Absichten) der jeweiligen Symptomatik zu berücksichtigen (vgl. Kap. 5 und 6). Die grundlegenden Ideen und Vorgehensweisen zeigen jedoch weitgehende Parallelen zu den Phobie-Modellen des NLP:

a) in beiden Modellen werden Ressourcen für die angstbesetzten Kontexte (Entspannung, positive Bilder, Hilfestellungen für das *jüngere Selbst*, Kino-Metapher etc.) gesucht und eingesetzt,
b) in beiden Modellen findet eine vorsichtige Annäherung an die für die Phobie bzw. die Ängste tatsächlich relevanten Vorstellungen statt - im NLP vor allem durch die mehrfache Dissoziation und andere submodale Abschwächungsmaßnahmen, in der Verhaltenstherapie durch die

[4] Wolpe (1958) selbst führt die Wirkung der systematischen Desensibilisierung auf ein respondentes Lernmodell zurück.

hierarchische Abstufung. Diese wird in einigen Fällen sogar - obwohl im Gegensatz zum NLP inhaltlich entwickelt und ausgerichtet - ganz von selbst aus einer im wesentlichen submodalen Hierarchie bestehen (z.B. Bilder von immer *größer* werdenden Schlangen).

7.2.4.3 Reizüberflutung (Implosionstherapie und Flooding)

Neben der systematischen Desensibilisierung sind vor allem die verschiedenen Formen der ***Implosionstherapie*** und Techniken der ***Reizüberflutung*** bzw. des ***Flooding*** (Malleson, 1959; Rachman, 1968; Stampfl & Levis, 1967; Wolpe, 1958), die kathartische Elemente miteinbeziehen, zur Phobie- und Angstbehandlung bekannt geworden. Eine eindeutig positive wissenschaftliche Bestätigung konnte für sie allerdings bis heute nicht erbracht werden; es sind sogar Fälle bekannt, in denen die Anwendung zu einer drastischen Verschlechterung der ursprünglichen Symptomatik führte (Bandura, 1969).

Die Verfahren beruhen auf folgender Annahme:

> Wenn jemand in der Vorstellung einer Reihe extrem angstmachender Folgen einer gefürchteten Situation ausgesetzt wird, ohne diese Konsequenzen real zu erleben, wird die ursprüngliche Angst aus Mangel an Verstärkung gelöscht werden. (Singer, 1974/1978, S. 197 f.).

Als Beispiel gibt Singer die Behandlung einer *Schmutz*-Phobie an:

> Gegen diese Phobie wird ein massiver Angriff in der Vorstellung gestartet. Man könnte den Betreffenden zu der Vorstellung veranlassen, daß beim Angreifen des Abfalleimers ein riesiger Schwarm von Insekten herausstiebt. Als nächstes könnte er sich vorstellen, daß jemand das ganze Klo mit Urin und Kot verschmutzt hat, daß Fäkalien von Tieren herumliegen und die Hände voll davon werden. (S. 198)[5]

Die Implosionstherapie ähnelt von der Methodik her dem im NLP durchgeführten *Compulsion Blowout* zur Auflösung von Zwängen (vgl. 6.2.3, aber auch 6.1.2). Ausnahmsweise verweisen hier NLP-Autoren (C. Andreas & S. Andreas, 1987/1988) einmal selbst, zumindest ansatzweise, auf bestehende Parallelen und Unterschiede bezüglich des sowohl im NLP als auch in der Verhaltenstherapie genutzten *Schwelleneffekts*:

---

[5] Insgesamt arbeitet die Verhaltenstherapie mit zahlreichen Kriegs- bzw. Kampfmetaphern (hier "massiver Angriff"), während im NLP vor allem auf Versöhnungen und Kooperation Wert gelegt wird (vgl. vor allem 5.2.2).

> Dieser Schwelleneffekt ist schon unter dem Namen "Implosions-Therapy" (Flooding, Überflutungstherapie) genutzt worden. Therapeuten, die dieses Verfahren anwenden, wissen jedoch nichts von Submodalitäten. Sie versuchen, Phobien zu überwinden, indem sie den Inhalt benutzen, anstatt die treibende Submodalität zu verstärken. Sie schaffen Szenarios, in denen Ratten den Arm des Klienten hinauf und in seinen Mund klettern, etc. Wenn Sie Inhalt anstelle von Submodalitäten verwenden, ist der Prozeß viel plumper. Sie können nicht so schnell vorgehen, Sie können auch nicht zu den submodalitätsmäßigen Extremen gehen.... Deshalb ist es wahrscheinlicher, daß die Klienten in einem intensiveren Zustand steckenbleiben, und nicht *über* die Schwelle gehen. Auch die Theorie von Therapeuten, die mit der Implosions-Methode arbeiten, ist eine andere. Sie glauben, daß sie eine Reaktion auslöschen, indem sie den Stimulus ohne die Konsequenzen der realen Welt bereitstellen. Wenn dies wahr wäre, würden sich Phobien automatisch auslöschen! (S. 162 f.)

In der Tat wird beim verdeckten Konditionieren ja von einer Eins-zu-eins-Entsprechung zwischen vorgestelltem und real ausgeführtem Verhalten ausgegangen (s.o.) - im Widerspruch zu der die Wirksamkeit des Floodings begründenden Annahme, daß eine ursprüngliche Angst aus Mangel an Verstärkung dann gelöscht werden kann, wenn jemand *lediglich* in der Vorstellung einer Reihe extrem angstmachender Konsequenzen der gefürchteten Situation ausgesetzt wird (s.o.). Da Phobiker nach einer unmittelbar einleuchtenden Annahme des NLP letzteres ohnehin öfters spontan tun (beispielsweise vor dem gefürchteten Zahnarztbesuch), dürfte es, wie C. und S. Andreas oben schreiben, gar keine Phobien mehr geben; nach der Annahme, daß internes und externes Verhalten den gleichen Verstärkungsgesetzen gehorchen, müßte sich außerdem die Symptomatik beim Flooding ebenfalls verstärken (was es ja anscheinend in einigen Fällen auch tut).

NLP kann zwar im Rahmen seines Submodalitätenkonzepts und mit seiner Annahme eines kognitiven externen und internen Gesamtprozesses die obige Widersprüchlichkeit zwischen beiden verhaltenstherapeutischen Annahmen theoretisch auflösen, kann auch eine Erklärung für die mal positive, mal neutrale und mal negative Wirkung der Überflutungsverfahren geben, die dann von der Art der während der Anwendung tatsächlich spontan veränderten Submodalitäten abhinge; eine bessere Wirksamkeit des NLP-Verfahrens ist damit allerdings noch keineswegs gewährleistet.[6]

---

[6] Immerhin hat der Autor in seiner praktischen Arbeit eine Klientin mit multiplen Ängsten, die während eines zehnwöchigen Klinikaufenthaltes erfolglos fast ausschließlich mit Flooding-Methoden behandelt worden war, allein mit Hilfe des Compulsion Blowout und des Swish-Modells in wenigen Sitzungen so weit gebracht, daß sie fast beschwerdefrei wurde.

7.2.4.4 Weitere Techniken

Joseph R. Cautela und Leigh McCullough (1978/1986, S. 291 ff.) beschreiben sechs weitere, von Cautela allein oder von ihm mitentwickelte Techniken, die auf der Basis des verdeckten Konditionierens zu prinzipiell jeder Art gewünschter Verhaltensänderung beitragen sollen:

a) *Verdeckte Sensibilisierung*
Das Modell gilt als "tolerablere Alternative" (Singer, 1974/1978, S. 169) zu den bis dahin üblichen offenen aversiven Verfahren, bei denen tatsächliche chemische, elektrische und andere ethisch und moralisch höchst fragwürdige Schocks als aversive Reize eingesetzt wurden, um gegen bestimmte Verhaltensweisen (vor allem Zwänge jeder Art) eine Vermeidungsreaktion aufzubauen. In der verdeckten Variante soll der Klient sich eine Situation vorstellen, in der die unerwünschte Reaktion auftritt, und dann eine gräßliche Folgereaktion mit allen ekelhaften Begleiterscheinungen imaginieren - bei einem Alkoholiker etwa: "Sie spüren eine widerliche Flüssigkeit... in der Kehle... und.... können Essensstückchen und Schleim im Bier schwimmen sehen...." (Cautela & McCullough, 1978/1986, S. 296); wenn der Klient das Verhalten daraufhin in der Vorstellung einstellt, wird ihm vom Therapeuten Erleichterung und Entspannung suggeriert. Eine entfernte Ähnlichkeit mit dem NLP-Modell *gezielter Zukunftsbeeinflussung* (vgl. 6.2.7.2) kann darin gesehen werden, daß auch in diesem Modell u.U. mögliche negative, allerdings ausschließlich realistische, Konsequenzen zur Motivation eines gewünschten Verhaltens verwendet werden; weitere Ähnlichkeiten bestehen nicht.

b) *Verdeckte Verstärkung*
Um ein erwünschtes Verhalten zu fördern, wird ein verstärkender Reiz gesetzt: der Klient soll sich vorstellen, daß er in der erwünschten Weise reagiert, und im Anschluß daran eine angenehme Situation imaginieren, in der er sich wunderbar wohlfühlt. Wiederum besteht eine gewisse Ähnlichkeit zum NLP-Modell *gezielter Zukunftsbeeinflussung*; auch bei diesem wird u.U. eine positive Vorstellung verwendet, allerdings bestehend aus einer positiven Konsequenz, die tatsächlich mit dem erwünschten Verhalten einhergeht, und nicht nur aus *irgendeinem* angenehmen Gefühl wie bei der verdeckten Verstärkung.

c) *Verdeckte Negativverstärkung*
Wenn der Klient Schwierigkeiten hat, sich etwas Angenehmes vorzustellen und eher zu aversiven Vorstellungen neigt, kann er aufgefordert werden, sich eine extrem unangenehme Situation in aller Deutlichkeit vor-

zustellen, dann diese Vorstellung abrupt zu löschen und statt dessen die erwünschte Reaktion zu imaginieren. Diese soll sich durch das einsetzende Gefühl der Erleichterung i.a. von selbst weiter positiv verstärken. Dabei müssen die unangenehme und die angenehme Situation nicht in einem sinnvollen Zusammenhang stehen. Dem Autor sind keine Parallelen zu NLP-Modellen bekannt.

d) *Verdeckte Löschung*
Um die Häufigkeit eines unerwünschten Verhaltens zu mindern, wird der normalerweise damit verknüpfte verstärkende Reiz gelöscht - ein Drogenabhängiger wird etwa aufgefordert, sich in allen Einzelheiten vorzustellen, wie er sich die ersehnte Spritze setzt, und dann zu imaginieren, daß die erwartete Wirkung ausbleibt. Dem Autor sind keine Parallelen zu NLP-Modellen bekannt.

e) *Verdecktes Modell-Lernen*
Um erwünschtes Verhalten zu verstärken und erwünschte Fähigkeiten zu entwickeln, kann der Klient ein Modell, das ihm selber ähnlich ist, das diese Fähigkeiten besitzt und sich positiv verhält, imaginieren und in unterschiedlichen Situationen beobachten (vgl. auch Kazdin, 1978/1986, S. 323 ff.) Ein derartiges verdecktes Modell-Lernen wird auch im NLP vielfach eingesetzt (vgl. u.a. 5.2.4).[7]

f) *Verdeckter Verstärkerentzug*
Um ein unerwünschtes Verhalten zu mindern, kann der Klient aufgefordert werden, zu imaginieren, wie auf die unerwünschte Reaktion der Verlust eines Verstärkers (Geld, Auto, eigenes Sehvermögen, ein geliebter Mensch etc.) folgt. Wiederum bestehen allenfalls entfernte Ähnlichkeiten mit dem NLP-Modell *gezielter Zukunftsbeeinflussung* (s.o.).

Als weitere verhaltenstherapeutische Verfahren auf Basis des verdeckten Konditionierens gelten solche zur "*Modifizierung organischer Fehlfunktionen*" (Cautela & McCullough, 1978/1986, S. 315 ff.), auf die hier nicht weiter eingegangen werden soll, sowie imaginative Verfahren zur Anwendung vor allem im Leistungssport (Corbin, 1972; Richardson, 1969, Suinn, 1976), die unter dem Namen *Mentales Training* bekannt geworden sind.

[7] Ein spezielles u.a. hierfür entwickeltes Verfahren, der sogenannte *New Behavior Generator* (Dilts, 1985), wurde, um den Rahmen dieser Arbeit nicht zu sprengen, bisher nicht dargestellt. Im wesentlichen besteht es darin, in sich selbst assoziiert die Modell-Person zu beobachten, dann von sich selbst dissoziierte Vorstellungen mit den Fähigkeiten der Modellperson zu konstruieren, sich in diese Vorstellungsbilder hinein zu assoziieren und schließlich, nach mehreren Wiederholungen und Verfeinerungen der bisherigen Schritte, die konkreten Verhaltensweisen extern auszuprobieren.

> Danach ist nach einem schlechten Golfschlag z.B. das Schlimmste, was man machen kann, die Imagination dieses schlechten Schlags, wenn man zu einem neuen ansetzt. Man sollte vielmehr alle Gedanken an den verschlagenen Ball stoppen und nur den korrekten Schlag imaginieren. (Cautela & McCullough, 1978/1986, S. 312)

Der Swish im NLP (vgl. 6.2.2) beruht auf dem gleichen Grundgedanken: Eine konkrete Vorstellung dessen, was eine Person nicht (mehr) wünscht, wird ersetzt durch eine Vorstellung dessen, was sie wünscht, um das Wunschverhalten wahrscheinlicher zu machen; dabei sollen die Submodalitäten vor allem den Übergang zwischen den beiden Vorstellungen vereinfachen und die Attraktivität des Zielbildes bzw. die Wahrscheinlichkeit, mit der die Person es realisieren kann, verbessern helfen.

7.2.4.5 Verhaltenstherapie versus NLP

Was die Wirksamkeit der verdeckten im Vergleich zu den offenen verhaltenstherapeutischen Techniken anbelangt, schreibt Kazdin (1978/1986):

> In den Bereichen Desensibilisierung, Modellernen und Reizüberflutung läßt die Forschung relativ eindeutig darauf schließen, daß die offene Darbietung von Reizen und die offene Ausführung eines Verhaltens seitens des Klienten zu größerer therapeutischer Veränderung führt als die auf Imagination basierenden Behandlungsmethoden *(Bandura 1969; [I.M.] Marks 1975)*. (S. 345)

Im NLP findet ein solcher Vergleich nicht statt, da stets der extern-interne Gesamtprozeß untersucht und behandelt wird, ohne speziell interne und externe Veränderungsmodelle zu unterscheiden.

Ebenso wie im NLP die Notwendigkeit der individuellen Anpassung der einzelnen Modelle an den jeweiligen Klienten postuliert wird, weisen auch Cautela und McCullough (1978/1986) mehrfach darauf hin, daß es natürlich mit der einfachen Vorstellung bestimmter Szenen nicht getan ist. Der Therapeut soll aufgrund seiner Erfahrung die geeignetste Methode auswählen. Die Szenen sollen dann, nach einer gründlichen Verhaltensanalyse, mit dem Klienten so konstruiert werden, daß dieser unmittelbar beteiligt ist. Trotz gewisser Freiheiten sind die Verfahren der Verhaltenstherapie wesentlich standardisierter als die im NLP: das geht von standardisierten Tests zur Verhaltensanalyse über vorgefertigte Tonbandaufnahmen mit Entspannungsanweisungen bis zu inhaltlich weitgehend vorbereiteten Standardbildern für bestimmte Indikationen.

In der Literatur zur lerntheoretischen Verhaltenstherapie wird immer wieder bemängelt, daß nicht wirklich überprüft werden könne, ob der Klient die ihm gestellten Aufgaben auch tatsächlich durchführt, z.B. nicht nur "einfach verbal denkt 'kleiner bellender Hund' und dabei kein ziemlich vollständiges Bild des bellenden Hundes vor Augen und vielleicht zugleich das Bellen im Ohr hat" (Singer, 1974/1978, S. 159). Es wird daher empfohlen, sich durch Nachfragen immer wieder zu vergewissern, ob der Klient den Anweisungen auch Folge leistete; anders als im NLP (vgl. Kap. 3, 4 und 5) begnügt man sich dann - zumindest was die offizielle dem Autor bekannte Methodik anbelangt - mit der verbalen Bestätigung, die laut NLP und den meisten anderen neueren therapeutischen Verfahren, etwa der Kommunikationstherapie Watzlawicks (et al., 1969) ja nur die am wenigsten zuverlässige Auskunft gibt.

Die Hauptkritikpunkte der Vertreter des NLP, besonders an der lerntheoretischen, aber auch an der kognitiven Verhaltenstherapie gehen dahin, daß kognitive Prozesse nicht vollständig erfasst und ihre Bedeutung nicht ausreichend erkannt wird, daß zu wenig nonverbale Aspekte der Kommunikation berücksichtigt und daß individuell zu unflexibel mit zu sehr standardisierten Verfahren umgegangen wird (R. Dilts, 1989, persönl. Mitteilung; T. Stahl, 1987, persönl. Mitteilung; Yeager, 1985, S. 179 ff.). Damit sind auch die wesentlichen Unterschiede zwischen den Methoden der verschiedenen Verhaltenstherapien einerseits und denen des NLP andererseits noch einmal zusammengefaßt. Ob sich hieraus für Klienten des NLP gegenüber Klienten der Verhaltenstherapie tatsächlich Vorteile ergeben, ist bisher nicht untersucht worden und kann auch in dieser Arbeit nicht entschieden werden. Insgesamt wird, was den Einzelfall betrifft, sicherlich die Persönlichkeit und Flexibilität des Therapeuten bzw. Beraters im Zusammenspiel mit dem Klienten den Ausschlag geben.

Umgekehrt wird von vielen Verhaltenstherapeuten dem NLP vorgeworfen, zu unsystematisch und unwissenschaftlich vorzugehen (persönliche Gespräche mit Verhaltenstherapeuten; s. auch die Ausführungen im nächsten Kapitel). Hierin mag u.a. begründet liegen, daß in der Verhaltenstherapie bis heute nicht einmal über eine *mögliche* Relevanz des Submodalitätenkonzepts auch für die eigene Methodik nachgedacht worden ist.[8]

[8] Dem Autor ist keine verhaltenstherapeutische Arbeit bekannt, in der eine Auseinandersetzung mit dem Konzept der Submodalitäten stattfände (s. auch Kap. 8).

7.3 Übergeordnete Gemeinsamkeiten und zukünftige Möglichkeiten

So verschieden die bisher dargestellten psychotherapeutischen Verfahren im Vergleich miteinander, im Vergleich zum NLP und besonders im Vergleich zu den Mnemotechniken zunächst erscheinen mögen, weisen doch alle Verfahren - die therapeutischen wie die mnemotechnischen - wesentliche Gemeinsamkeiten auf:

- *Gemeinsame Grundannahme* aller Verfahren ist, daß Vorstellungen bzw. Vorstellungsveränderungen die Persönlichkeit des Menschen - sei es nun hinsichtlich seiner Gedächtnisleistungen, seiner Befindlichkeit oder seines Verhaltens - beeinflussen (können).
- *Gemeinsames Ziel* aller Verfahren ist es, mit Hilfe von kontrollierten Vorstellungen bestimmten persönlichen, mehr oder weniger klar definierten Wunschzielen - sei es nun Angstbewältigung, Problemlösung, allgemeine Persönlichkeitsentfaltung, Gedächtnis- und/oder Leistungsverbesserung - näher zu kommen.
- *Gemeinsames methodisches Vorgehen* besteht darin, bewußt erinnerte und/oder konstruierte Vorstellungen hervorzurufen und in der einen oder anderen Form zu verändern, mit anderen ebenso erzeugten Vorstellungen zu verbinden und/oder durch neue Vorstellungen zu ersetzen - sei es das Verknüpfen eines abstrakten und eines anschaulichen Begriffs in der Mnemonik, die Aufforderung, einem aus dem Wald hervorbrechenden Löwen beherzt entgegenzutreten beim katathymen Bilderleben oder das Wechseln von negativen zu positiven Vorstellungsbildern in der Verhaltenstherapie und im NLP.

So wird im NLP - gleichgültig, ob es sich nun um eine Gedächtnisverbesserung, eine Angstbewältigung oder eine Verhaltensänderung handelt - zur Erreichung aller Wunschziele stets in der gleichen Art und Weise vorgegangen: der kognitive externe und interne Gesamtprozeß wird *individuell* solange modifiziert, bis das Ziel erreicht werden kann. Submodalitäten sollen dabei, neben dem Inhalt der kognitiven Prozesse, maßgeblich die Wirkung einzelner Wahrnehmungen und Vorstellungen erklären und durch ihre formale Veränderung verbessern helfen.

Um die Wirkungsweise anderer, z.B. der hier dargestellten Interventionsmodelle vielleicht besser als bisher erklären[9], verstehen und vor allem besser vergleichen zu können, um außerdem die wesentlichen von den unwesentlichen Elementen der jeweiligen Modelle trennen zu können, wäre es denkbar, innerhalb der einzelnen Verfahren *Submodalitäten* zu erheben. Innerhalb einer Behandlung nach der Methode des katathymen Bilderlebens könnten z.B. die Submodalitäten der Vorstellung beim ersten Anblick der Waldszene, ein weiteres Mal beim Erscheinen des Löwen und ein letztes Mal nach dem Kampf oder der Versöhnung ermittelt und miteinander verglichen werden. Entsprechendes könnte im intra- und/oder interindividuellen Vergleich beliebiger anderer Szenen des katathymen Bilderlebens, ebenso wie innerhalb aller anderen hier dargestellten Interventionsmodelle durchgeführt werden, wobei jeweils erfolgreiche und nicht erfolgreiche Interventionen - gemäß den hierfür vorgesehenen Kriterien eines jeden Modells oder gemäß zu Vergleichszwecken einheitlich festgelegten Kriterien - kontrastiert werden müßten. Auf diese Weise könnte das Submodalitätenkonzept des NLP in Zukunft u.U. zu einem sehr effektiven Forschungshilfsmittel im Methodenvergleich werden sowie zur Methodenverbesserung und/oder Methodenintegration beitragen.

Darüber hinaus bietet sich das Submodalitätenkonzept, wenn es auf seine technische Seite reduziert wird, zur direkten praktischen Integration in andere Verfahren an. So könnten z.B. Mnemotechniken, Entspannungsverfahren und verhaltenstherapeutische Modelle unter Einbeziehung von Submodalitätsveränderungen verfeinert werden, während innerhalb analytisch ausgerichteter Verfahren die Diagnose- und Deutungsmöglichkeiten erweitert oder das Erreichen einer Katharsis begünstigt werden könnte.

[9] Ein diesbezügliches Defizit wird u.a. auch in der Verhaltenstherapie artikuliert. So schreibt Singer (1974/1978) z.B., daß keiner der bisherigen Erklärungsansätze für die Wirkung der systematischen Desensibilisierung "vollkommen zufriedenstellend" ist, da "die entscheidende unabhängige Variable - nämlich die Kontinuität der von dem Patienten selbst erzeugten Vorstellung - im wesentlichen" (S. 158) unkontrolliert bleibt.

8. Kritik an Grundannahmen und Methoden des NLP

Zunächst wird die allgemeine Kritik an Grundannahmen und Methoden des NLP referiert und diskutiert (8.1), dann auf einzelne empirische Studien und auf Fallberichte eingegangen (8.2), zum Abschluß wird die Meta-Kritik zur bisherigen Forschung referiert, diskutiert und vom Autor um einige Aspekte ergänzt (8.3).

8.1 Allgemeine Kritik

Die Kritik am NLP konzentriert sich im wesentlichen auf drei Punkte, die hier zunächst kurz genannt und in den folgenden Abschnitten ausführlicher betrachtet werden sollen:

1. Die NLP-Theorie ist lückenhaft und z.T. wissenschaftlich nicht haltbar; sie stützt sich auf frühere Theorien, die ihrerseits teilweise überholt bzw. korrekturbedürftig sind, und verwendet deren Elemente nicht durchweg in adäquater Weise (8.1.1).
2. Die NLP-Techniken sind zum großen Teil anderen Therapie-Methoden entnommen und in der angewendeten Form z.T. anfechtbar; die behauptete durchgreifende Wirkung ist nicht genügend belegt (8.1.2).
3. Das NLP-Modell weist Widersprüche auf und beinhaltet Gefahren (8.1.3).

8.1.1 Lückenhafte und fehlerhafte Theorie

Bevor auf die hauptsächlich kritisierten Defizite der "NLP-Theorie" eingegangen werden kann, müssen einige generelle Bemerkungen zu ihr und dem bisherigen Forschungsumgang mit ihr gemacht werden.

Entscheidend für alle weiteren Überlegungen ist, daß die Entwickler des NLP bis heute keine Theorie im eigentlichen Sinne vorgelegt haben; vielmehr wollen sie NLP, wie in Kapitel 1 dargelegt, als ein stets wandelbares, ausschließlich auf seinen praktischen Nutzen hin orientiertes Modell im Rahmen einer subjektiven Wissenschaft verstanden wissen. Lediglich die jüngsten, noch nicht veröffentlichten Arbeiten von Dilts zur *Unified Field Theory* des NLP (vgl. 4.5), an der sich die Darstellung des NLP in dieser Arbeit bereits weitgehend orientiert hat, weisen darauf hin, daß die Vorlage einer Theorie des NLP, die diesen Namen wirklich verdient, in naher Zukunft wahrscheinlich ist. Dabei bleibt abzuwarten, wieweit das bisherige, stets für alle nützlich erscheinenden Neuerungen offene Selbstverständnis des NLP innerhalb einer solchen Theorie erhalten bleiben kann.

Die bisherige Forschung zum NLP mußte also ohne eine klar umrissene, auf unmißverständlichen und eindeutigen Aussagen beruhende Theorie auskommen. Gewissermaßen waren und sind alle interessierten Forscher bis zur Einführung einer vollständigen Theorie des NLP genötigt, "vor einer Analyse überhaupt erst einmal den Analysegegenstand selbst schaffen zu müssen, d.h. eine Modellrekonstruktion vorzunehmen" (Bachmann, 1991, S. 222). Auch die vorliegende Arbeit stellt in weiten Teilen einen derartigen Versuch dar.

In den meisten Fällen beschränkte sich die Modell-Rekonstruktion der NLP-bezogenen Forschung bis heute (z.B. bei Bliemeister, 1987, 1988; Böke et al., 1987) auf eine Auswertung jeweils einiger weniger NLP-Veröffentlichungen, wodurch das NLP-Modell mit seiner Vielseitigkeit, vor allem aber auch seinen ständigen Erweiterungen sicherlich nur ungenügend erfaßt werden konnte. Zudem wurde - für den Autor völlig unverständlich - überwiegend auf die frühen, ausschließlich *praktisch* orientierten Workshoptranskripte (z.B. Bandler & Grinder, 1979/1986a, Grinder & Bandler, 1981/1984b; vgl. auch 1.1) zurückgegriffen; die umfassende, noch am ehesten theoretisch orientierte, frühe Arbeit von Dilts et al. (1980/1985) fand kaum Beachtung, oftmals nicht einmal Erwähnung; die Arbeiten zum Submodalitätenkonzept, obwohl bereits früh von D. Gordon (1978/1986) unter voller Berücksichtigung üblicher wissenschaftlicher Maßstäbe zum ersten Mal ausführlich vorgestellt, noch viel weniger.

Betrachtet man die durch das Fehlen einer NLP-Theorie begründeten Forschungsschwierigkeiten zusammen mit der in vielen Fällen offensichtlich ungenügenden Modell-Rekonstruktion, verwundern die Unzufriedenheit und der Ärger bezüglich des Untersuchungsgegenstandes, wie sie in zahlreichen wissenschaftlichen Studien zum Ausdruck kommen, kaum mehr. Drei Aussagen in zwei Studien, die in Deutschland besonders bekannt geworden sind, sollen dies verdeutlichen:

Böke et al. (1987), die neben ihrer theoretischen Auseinandersetzung mit drei (!) der frühen NLP-Bücher auch einen (!) praktischen NLP-Workshop besuchten und daraufhin einen längeren, das gesamte Gebiet des NLP grundsätzlich diskreditierenden Artikel veröffentlichten, schreiben:

> Nahezu allen Beteiligten an dieser Studie fielen Phänomene, wie das Aufkommen von Wut und Aggression, Ohnmacht beim Versuch, das Ganze in

> Worte zu fassen, sowie die Tendenz, das Gelesene schon bald wieder zu vergessen, auf. Auch bei dem Workshop regten sich bei uns Ängste, Aggressionen, aber auch Allmachtsphantasien und zuletzt das Bestreben, das Ganze als lächerlich zu verwerfen. (S. 390)[1]

Bliemeister (1988) schreibt im Rahmen seiner, für das NLP negativ ausgefallenen, Untersuchung über Augenbewegungsmuster (vgl. 3.2.2.2; s. 8.2):

> Abschließend sei darauf verwiesen, daß BANDLER und GRINDER es Forschern nicht leicht machen, ihre Behauptungen zu überprüfen, falls sie überhaupt Interesse daran haben. Einerseits sind ihre Annahmen außerordentlich komplex und mit einer großen Anzahl von "Ausnahmen" versehen. Andererseits bleiben die Autoren vage und schwammig, sie operationalisieren nicht nur nicht eines ihrer Postulate, sondern betreiben eine Immunisierungsstrategie, die eine mögliche Falsifikation ihrer Aussagen schon vorab entkräftet.... (S. 29 f.)

Ein Jahr vorher (1987) zitiert er L.J. Harris, Professor für Psychologie an der Michigan State University (USA), aufgrund einer persönlichen Mitteilung von 1985:

> My best advice to you, therefore, is to ignore Bandler and Grinder altogether, since I do not consider them or any other persons involved in neurolinguistic programming to be competent scientists. At best, they are misinformed. At worst, they are deliberate frauds. (S. 405)[2]

Die hier zitierten Forscher hätten, so meint der Autor, eigentlich gar keine NLP-bezogenen Untersuchungen mehr durchführen können bzw. dürfen, hätten zumindest zuvor ihre hier stark zum Ausdruck kommenden Emotionen reflektieren müssen; denn unter dem Einfluß von 'Wut' und 'Ohnmacht', unter bloßer Verwendung von als sehr 'vage und schwammig' bezeichneten Aussagen und in Anbetracht eines im Falle Bliemeisters bereits ca. zwei Jahre vor seiner Untersuchung gefällten negativen Vor-Urteils läßt sich wohl kaum eine - den eigenen wissenschaftlichen Ansprüchen gerecht werdende - *objektive* Forschung betreiben.

In einigen anderen Studien haben sich die Autoren bei der Modell-Rekonstruktion mehr Mühe gegeben und fassen zumindest das ursprünglich (bis etwa 1981) vorgelegte NLP-Material weitgehend zu einem schlüssigen Modell zusammen. Im deutschsprachigen Raum sind vor allem zwei Veröffentlichungen hervorzuheben:

---

[1] Unter anderem auf die von Böke et al. (1987) hier beschriebenen Allmachtsphantasien wird in Abschnitt 8.1.3 noch ausführlich eingegangen.

[2] Auch nach Ansicht des Autors sind Bandler und Grinder - wie es ihnen L.J. Harris vorwirft - im traditionellen Wissenschaftsverständnis keine kompetenten Wissenschaftler; sie geben aber auch nicht vor, den diesbezüglichen Anforderungen entsprochen zu haben bzw. überhaupt entsprechen zu wollen.

Revenstorf (1985), der eine sehr faire, auf die psychotherapeutischen Aspekte des NLP abzielende kritische Untersuchung vorgelegt hat,
und Bachmann (1991), der unter pädagogischen Gesichtspunkten, mit Schwerpunkt auf Einsatzmöglichkeiten des NLP in der beruflichen Bildung, gearbeitet hat.
Eine Berücksichtigung der Submodalitäten findet aber auch hier im ersten Fall gar nicht und im zweiten nur sehr fragmentarisch statt; logische Ebenen außerhalb der Verhaltensebene und Strategien (Fähigkeiten) werden in keinem Fall berücksichtigt.

Nun zur Kritik an der vermeintlichen NLP-Theorie im Einzelnen:

Sie bemängelt vor allem die von Bandler und Grinder in ihren ersten Veröffentlichungen zur Begründung ihres Ansatzes herangezogene Verwendung fremder theoretischer Modelle (vgl. 1.1); genauer gesagt, deren teilweise nicht mehr unangefochtene Gültigkeit sowie unzulässige, von Bandler und Grinder vorgenommene Verfälschungen bzw. Fehlinterpretationen dieser Theorien. Die wesentlichen diesbezüglichen Kritikpunkte sollen kurz angeführt werden:

Jojart und Revenstorf (1986, S. 52 ff.) kritisieren, daß Bandler und Grinder mit ihrer Berufung auf Vaihingers (1911) "Philosophie des Als Ob" dessen Begriff der "Fiktion" in unangemessener Weise überdehnen, indem sie ihre theoretischen Postulate über die internen kognitiven Prozesse des menschlichen Geistes lediglich als brauchbares und nützliches Modell der Realität ohne Wahrheitsanspruch bezeichnen und sich dadurch jeder wissenschaftlichen Überprüfung ihrer Theorien entziehen. Sie verweisen darauf, daß Korzybski (1933), auf den Bandler und Grinder sich gleichfalls beziehen, bei seiner Metapher von der Landkarte, die nicht das Gelände sei, ausdrücklich zwischen genauen und ungenauen, zwischen richtigen und falschen Landkarten unterscheidet (vgl. 1.3).

Danzer-Kahan (1985, S. 38 ff.) weist darauf hin, daß die von Chomsky (1965) konzipierte Transformationsgrammatik, auf der das Meta-Modell der Sprache (vgl. 5.3.3) im NLP basiert, Schwächen aufweist, die außer von Lakoff und Ross (1968) und McCawley (1968) auch von Chomsky (1975) selbst aufgedeckt wurden. Mit ihr können, als einer reinen Syntaxtheorie, Kontextabhängigkeit, Semantik und Kommunikationsprozesse nicht hinreichend beschrieben werden, so daß die Gefahr einer inkompetenten Anwendung inhaltsleerer Techniken besteht.

Revenstorf (1985) bemerkt, daß sich nur für wenige der im Rahmen des Meta-Modells vorgenommenen Unterscheidungen eine direkte Entsprechung in der Transformationsgrammatik Chomskys findet; daß weiterhin der im Rahmen des Strategie-Modells benutzte Denkansatz der kognitiven Theorie von G.A. Miller, Galanter und Pribram (1960; vgl. 3.1) bei Dilts et al. (1980/1985) nicht konsequent durchgehalten wird. Insgesamt, meint Revenstorf, habe das Zitieren "von wissenschaftlich akkreditierten Autoren" im NLP wohl "eher die Funktion eines Feigenblattes" (S. 254).

Soweit der Autor die Materie der hier apostrophierten Bereiche beurteilen kann, sind die aufgeführten Kritikpunkte sachlich durchaus berechtigt. Da von den Vertretern des NLP aber niemals behauptet wurde, sie hätten sich konsequent mit den von ihnen zitierten Theorien identifiziert, erscheint ihm diese Kritik für eine Beurteilung des NLP kaum relevant. Da die genannten Bereiche zudem für die in dieser Arbeit gegebene Darstellung des NLP-Modells nur von marginaler Bedeutung sind, soll auf eine ausführlichere Auseinandersetzung mit der sie betreffenden Kritik verzichtet werden.

Nicht nur die Art und Weise, wie sich die Vertreter des NLP fremder theoretischer Modelle bedienen, sondern auch der Umstand, daß sie kaum oder gar nicht begründete oder wissenschaftlich nicht bestätigte Behauptungen verwenden, ist Gegenstand der Kritik. So vermißt etwa Revenstorf (1985, S. 242 ff.) eine theoretische Begründung, wie es zu der behaupteten körperlichen Repräsentation kognitiver Vorgänge und umgekehrt zur Anregung solcher Vorgänge etwa durch entsprechende Augenbewegungen kommen soll (vgl. 3.2.2.2 und 5.3.1).

Alle diese Einwände sind im Rahmen des Selbstanspruchs des NLP wenig relevant, solange die aufgrund bestimmter Annahmen entwickelten Interventionsformen die gewünschten Ergebnisse erzielen.

Da noch keine theoretischen Stellungnahmen zum Submodalitätenkonzept des NLP vorliegen, soll auf eine weitere Diskussion der Kritik an der NLP-*Theorie* verzichtet werden.

8.1.2 "Gestohlene", unzulässig verfremdete, anfechtbare Techniken ohne nachgewiesene Wirkung

Auch hinsichtlich der von ihm angewandten Techniken wird dem NLP einerseits vorgeworfen, sie weitgehend von anderen Schulen entlehnt und andererseits in unzulässiger Weise verfremdet zu haben. Beispiele dieser Art von Kritik sollen hier, da sie die eigentlichen Submodalitätsinterventionen wiederum nicht betreffen, nur ausschnittsweise referiert und kurz diskutiert werden.

Jojart und Revenstorf (1986) konstatieren, daß die Fragetechniken im Rahmen des Meta-Modells an die kognitive Therapie von Beck (1979) und die rational-emotive Therapie von A. Ellis (1977) erinnern. Darüber hinaus zählt Revenstorf (1985, S. 259 ff.) weitere *"gestohlene" Techniken* auf:

- Die Technik des Leading (vgl. 5.1.2) ist aus der Beobachtung von Ericksons Trance-Induktionen (Erickson, E.L. Rossi & S.L. Rossi, 1978) entwickelt.
- Die Dissoziationstechniken - hier bezogen auf das ursprüngliche Phobie-Modell (vgl. 6.2.4.1) - entstammen teils der Ericksonschen Hypnosetechnik (Haley, 1978), teils der Gestalttherapie (Perls et al., 1981).
- Die Methode des Reframing (vgl. 5.2.2) ähnelt dem Problemlöse-Ansatz von D'Zurilla und Goldfried (1971), der Streß-Immunisierung Meichenbaums (1979) und der Zukunftsperspektive von Lazarus (1980).

Auch diese, sachlich durchaus zutreffenden Feststellungen scheinen dem Autor aus mehreren Gründen für eine negative Bewertung des NLP nicht relevant zu sein:

a) Bandler und Grinder haben niemals den Anspruch erhoben, eine eigene Psychotherapie zu begründen, sie haben im Gegenteil immer wieder darauf hingewiesen, Therapeuten anderer Schulen modelliert zu haben; Erickson und Perls, die Revenstorf in seiner Kritik nennt, werden im NLP immer wieder als maßgebliche Modelle genannt (vgl. 1.1). Etwas anderes wäre es, wenn sich herausstellen sollte, daß weite Teile des Submodalitätenkonzepts aus anderen Schulen übernommen worden wären, da dieses als eine Eigenentwicklung des NLP bezeichnet wird. Diesbezügliche Kritiken liegen dem Autor aber nicht vor.
b) Auch wird im NLP keine der entlehnten Techniken unverändert wie im Ursprungsmodell, sondern sehr frei im Rahmen der hier dargestellten Grundannahmen und Grundvorgehensweisen verwendet, durch die es sich - soweit der Autor feststellen konnte - erheblich von anderen Schulen unterscheidet. Diese Eigenleistungen des NLP werden dann allerdings oftmals als *unzulässige Verfremdungen* kritisiert.
c) Letztlich kann angemerkt werden, daß sich wohl in allen therapeutischen Schulen Techniken finden lassen, die denen anderer Schulen unter gewissen Gesichtspunkten ähneln.

Revenstorf (1985, S. 267) bemängelt ferner:

- Die Techniken zur Mobilisierung von Ressourcen (Ankern und Reframing) stehen im Widerspruch zu den Einsichten der Kognitiven Therapie, wonach psychische Störungen nicht in einer einzigen Sitzung definitiv beseitigt werden können, sondern einer langen übenden Umsetzung der gewonnenen Einsichten bedürfen.
- Es widerspricht aller therapeutischen Erfahrung, wenn im NLP behauptet wird, seine Techniken seien im Prinzip ohne Kenntnis des Probleminhalts, nur auf formaler Ebene, durchführbar.
- Bisher fehlt jeder Nachweis der Effektivität der therapeutischen Interventionstechniken.

Zum ersten der drei Einwände: Auch dem Autor erscheinen die im frühen NLP und von Bandler auch heute noch gemachten Aussagen über einmalige Beratungssitzungen, "Blitz"-Heilungen und effektive "Fünf-Minuten"-Behandlungen (vgl. 6.2.4.2) wenig realistisch. Hier muß wohl bedacht werden, zu welchem Zweck sie in die Welt gesetzt wurden und auf was sie sich genau beziehen. Zweierlei Absichten können vermutet werden: Einmal sind derartige Aussagen recht werbewirksam - und auf eine weite Verbreitung des NLP in Praktikerkreisen haben und hatten es seine Vertreter zweifellos abgesehen. Zum anderen wird durch sie die oftmals sehr lange, manchmal vielleicht auch unnötig lange, Behandlungsdauer anderer Schulen provokant in Frage gestellt. Betrachtet man aber den Kontext, in dem die angebliche 'Blitz'-Behandlung eingesetzt wird, so muß man feststellen, daß alle therapeutischen oder beratenden Maßnahmen einer durchschnittlichen NLP-Behandlung zusammengenommen auch nicht kürzer ausfallen als in anderen Kurzzeittherapien (vgl. 6.2.4). Es darf daher nicht Wunder nehmen, daß solche provokanten Behauptungen bei den Vertretern anderer Schulen auf Widerspruch stoßen.

Zum zweiten Einwand: Einerseits werden im Rahmen einer NLP-Beratung durchaus auch Inhalte besprochen - etwa bei der Zielbestimmung oder bei der inhaltlichen Arbeit mit Werten und Glaubenssätzen -, andererseits aber *können* tatsächlich zahlreiche einzelne technische Elemente (etwa das Ankern, oder die Anweisung, ein beliebiges, nicht offengelegtes inneres Bild heller zu machen) aufgrund nonverbaler Rückmeldungen seitens des Klienten rein formal eingesetzt werden. NLP verfügt zu diesem Zweck ja über ein sehr viel breiteres formales Vokabular (RS, Submodalitäten etc.) und ein entsprechend komplexeres nonverbales Rückmeldungssystem (Augenbewegungs-Muster, Physiologien etc.) als alle anderen dem Autor bekannten Schulen, bei denen (ohne ein solches Vokabular) ein formales Vorgehen tatsächlich kaum denkbar wäre.

Der dritte Einwand weist in der Tat auf einen unübersehbaren Schwachpunkt, der einer breiteren positiven Annahme des NLP von wissenschaftlicher Seite bis heute im Wege steht - gerade auch angesichts der hochgespannten eigenen Ansprüche. So schreibt Bandler (1985/1987), nach Langzeitbeobachtungen zur Überprüfung der Effektivität der NLP-Veränderungsmodelle - hier speziell des Swish - befragt, folgendes:

> Mich interessieren zwanzigminütige Nachuntersuchungen viel mehr. Langzeitbeobachtungen muß man nur dann machen, wenn man nicht schon im Behandlungszimmer feststellen kann, daß sich jemand verändert hat. Überlegen Sie sich mal: Wenn Sie bei jemandem eine Veränderung herbeigeführt haben und diese Veränderung fünf Jahre bestehen bleibt - was wird dadurch bewiesen? Es sagt nichts darüber aus, ob die Veränderung nützlich ist oder nicht, oder aber ob die Sache sich noch hätte weiterentwickeln können. Sehen Sie, wenn Sie einer Frau dazu verhelfen, keine Wurmphobie mehr zu haben oder nicht mehr zwanghaft Schokolade essen zu müssen, handelt es sich dabei nicht um eine sehr tiefgreifende Errungenschaft, selbst wenn das Erreichte ein Leben lang anhält. Es ist wichtig, zu verstehen, daß das Swishmuster einer Person eine Richtung vorgibt, die schöpferisch ist und Entwicklungsmöglichkeiten bietet. Wenn ich Langzeitstudien gemacht habe von Leuten, mit denen ich den Swish durchgeführt habe, berichteten sie gewöhnlich, daß die Veränderung, die ich induziert hatte, zur Grundlage für alle möglichen *weiteren* erfreulichen Veränderungen geworden war. Das Swishmuster schreibt den Leuten nicht vor, wie sie sich zu verhalten haben, sondern hält sie auf einem Weg, der sie zielgerichtet zu dem hinführt, wie sie tatsächlich werden möchten. Für mich geht es bei der Veränderungsarbeit größtenteils darum, diese Richtung vorzugeben. (S. 172 f.)

Wie kann eine dermaßen unspezifisch definierte Effektivität der NLP-Methoden wissenschaftlich bestätigt bzw. angemessen untersucht werden? Im Abschnitt *Meta-Kritik* (8.3) soll versucht werden, für die bisherigen Nachweisschwierigkeiten eine Erklärung zu geben. Die Forschung zum Submodalitätenkonzept wird sich sicherlich mit dieser Frage noch auseinandersetzen müssen, denn die bisher üblichen Forschungsmethoden scheinen hierzu nur wenig geeignet.

Kossak (1989, S. 142) greift die Revenstorfsche Kritik auf und ergänzt sie durch folgende Hinweise:

- Bei der Technik des Ankerns wird auf altbekannte Lerngesetze zurückgegriffen, und es werden teilweise lerntheoretisch widersprüchliche Interventionen vorgenommen.
- Prinzipien des Gegenkonditionierens, Kontingenz-Managements, Modell-Lernens und Verstärkens werden unsystematisch und ohne

Berücksichtigung der lerntheoretischen Hintergründe und Indikationen der Verfahren benutzt.

Hierzu soll nur vermerkt werden, daß sich NLP ja nicht auf lerntheoretische Prinzipien beruft (vgl. auch 7.2.4.1). Solange eine praktische Wirksamkeit der NLP-Verfahren besteht, stellen die hier von Kossak genannten Punkte kein wirkliches Defizit dar.

Hier soll noch auf eine kleine interessante Entdeckung des Autors verwiesen werden:

Kossak (1989) beginnt zwar in seinem Hypnose-Lehrbuch eine bissige NLP-Kritik (S. 140 f.) mit einem Spruch, in dem *Folklore, Aberglaube* und *Zaubertricks* die zentralen Begriffe sind, stellt jedoch an anderer Stelle (S. 282 ff.) neben zahlreichen imaginativen Methoden, deren Ursprung er jeweils korrekt angibt, auch einige fragmentarische Submodalitäts-Techniken vor, bei denen er den Nachweis ihrer Herkunft schuldig bleibt. Um zu veranschaulichen, daß seine Erklärungen über Bedeutung und Wirkung der Submodalitäten - er nennt sie nicht so und führt auch kein vergleichbares formales System ein - mit denen des NLP (in verkürzter Form) identisch sind, soll Kossak selbst zitiert werden:

> *Zooming...*
> Wie durch die Zoom-Linse eines modernen Kamera-Objektives kann der Betrachter Gegenstände, Situationen etc. ganz nahe heranholen oder nach Bedarf sehr weit entfernt sehen.... Bei stark belastenden emotionalen Problemen oder Szenen innerhalb der Therapie kann der Patient diese mit entsprechender Nähe oder Distanz beobachten, so z.B. bei der Konfrontation mit Angstinhalten oder ängstigenden (Kindheits-)Erlebnissen. (S. 283)
>
> *Lageveränderung...*
> Es wird eine Drehung oder Verschiebung des Gegenstandes oder des Beobachterblickwinkels vorgenommen. Hierdurch kann der Patient unterschiedliche Informationen über den Gegenstand oder die Situation gewinnen. D.h. der Patient verändert dadurch ebenfalls seine eigene kognitive Sichtweise. (S. 284)

In ähnlicher Weise nennt er noch *Form-, Farb-* und *Geschwindigkeitsveränderungen* sowie eine u.a. zum Modellernen nutzbare *dissoziierte* Spiegelbildwahrnehmung; alles Submodalitäten im visuellen RS.

Kossak (1989) scheint diese Methoden sehr zu schätzen, so schlägt er einerseits das Zooming zur integrativen Verfeinerung der Reizüberflutungstechniken vor (S. 283; vgl. 7.2.4.3 und 7.3) und beschreibt die erfolgreiche Anwendung aller oben genannten Möglichkeiten (teilweise in Kombination mit verhaltenstherapeutischen Verfahren) in mehreren der insgesamt 12 im Lehrbuch enthaltenen Fallbeispiele (S. 549 ff.).

Alle auch von Kossak gegen NLP erhobenen Vorwürfe des 'Diebstahls' fremder Methoden könnten somit an ihn zurückgegeben werden. Der Autor verzichtet darauf, freut sich stattdessen lieber über die indirekte Bestätigung einzelner Teile des Submodalitätenkonzepts durch einen verhaltenstherapeutisch orientierten Wissenschaftler und die offensichtlich bereits gelungene Integration erster submodaler Elemente in verhaltenstherapeutische Konzepte.

8.1.3 Innere Widersprüche und Gefahren

Böke et al. (1987, S. 391 ff.) sehen einen *Widerspruch* darin, daß im NLP einerseits freie Wahlmöglichkeiten als Kennzeichen psychischer Gesundheit (vgl. 1.4) betrachtet werden, während andererseits einige der angewandten Techniken, z.B. das Ankern, Konditionierungsprozesse darstellen, die eben diese Wahlfreiheit ausschließen. Ferner bemängeln sie, daß NLP "bei gesellschaftlich bedingten Konflikten, die in der Gegenwart des Klienten fortbestehen", es versäumen, diesen über seine gesellschaftliche Situation aufzuklären und ihm die Möglichkeit verstärkter Umweltkontrolle zu eröffnen, vielmehr "einzig die optimale Anpassung des einzelnen an die von ihm vorgefundenen gesellschaftlichen Gegebenheiten" (S. 395) im Auge zu haben.

Beides sind typische Einwände, mit denen sich wohl die meisten therapeutischen und zahlreiche pädagogische Schulen, insbesondere die verhaltenstherapeutisch orientierten, immer wieder auseinandersetzen müssen: Es geht um die *Gefahr* der *Manipulation* und der bloßen *gesellschaftlichen Anpassung*.

Die Verantwortung für beides liegt im NLP weitgehend in der Hand des jeweiligen Anwenders, der gemäß den Grundprinzipien des NLP darauf zu achten hat, daß der Klient seine Ziele - unter Berücksichtigung seiner Gesamtpersönlichkeit und der relevanten Umwelt - stets selbst bestimmt und daß ihm die zweifellos manipulativen Techniken weitmöglichst zur Eigenanwendung beigebracht werden (vgl. u.a. 1.4, 5.1.1 und 5.2). U.a. bleibt es somit dem Klienten selbst überlassen, ob er innerhalb einer NLP-Beratung eher Möglichkeiten (Ressourcen) zur Anpassung an gesellschaftliche Gegebenheiten oder aber solche zu ihrer Veränderung finden möchte. Dies erscheint dem Autor weniger manipulativ, als wenn einem Klienten auf der Basis einer bestimmten Gesellschaftskritik (des Anwenders bzw. seiner Schule) bestimmte Ziele vorgegeben oder sogar aufgedrängt werden.

Die hier vorgeschlagene Entschärfung der Kritikpunkte kann allerdings nur für die in dieser Arbeit dargestellten NLP-Interventionen in Beratungs- und Lernsituationen geltend gemacht werden. Für andere Kontexte, z.B. Verkaufssituationen, für die von einigen Seminarveranstaltern (Tabler, o.J.) in reißerischer Aufmachung NLP-Trainings angepriesenen werden, sollten sicherlich andere Bewertungsmaßstäbe angelegt werden. Grundsätzlich muß in jedem Fall zwischen der an sich wertfreien Methodik und ihrer mit unterschiedlichem Verantwortungsbewußtsein vollzogenen Anwendung unterschieden werden. Es fällt auf, daß die Begründer und die meisten heutigen Vertreter des NLP ihre Methoden in der Tat jedem beibringen, der sie, aufgrund welcher persönlichen Ziele auch immer, erlernen möchte.

Hierzu und zum Vorwurf der Manipulation allgemein führt Dilts in einem Interview mit Becker (1989) folgendes aus (vgl. auch 5.1.1):

> Wir glauben, daß NLP nicht nur für die Psychiatrie von Wert ist. Es ist wirklich eine komische Sache, denn die Vorwürfe sind entweder: NLP ist ineffektiv und funktioniert nicht - oder: Es ist gefährlich, weil es so gut funktioniert und weil es so manipulativ ist.... Ich denke, der eine Teil von NLP ist so eine Art Werkzeugkasten und der andere Teil ist ein Glaubenssystem. Ich bin der Meinung, daß dieses Glaubenssystem für Geschäftsleute genauso wertvoll ist wie für psychiatrische Patienten. Ein Thema ist immer Manipulation: Was schafft Manipulation? Für mich hat das etwas mit gezielter und ungezielter Manipulation zu tun. NLP lehrt, was die Leute beeinflußt. Man könnte also sagen, daß Adolf Hitler NLP benutzt hat und daß Jesus NLP gemacht hat - denn NLP ist nur eine Beschreibung dessen, was Menschen tun, es ist nur ein Modell. Ich möchte ein Beispiel bringen: Ein guter Geschäftsmann wird die Leute nicht übers Ohr hauen, denn dann kommen sie nicht zurück. Bei jeder Technik, bei jedem wirksamen Werkzeug, kann man nicht das Werkzeug selbst verurteilen, sondern höchstens die falsche Haltung, mit der es benutzt wird. Deshalb geht es im Grunde auch nicht darum, für wen die Techniken zugänglich sind. Ich glaube nicht, daß Geschäftsleute grundsätzlich schlechtere Wertmaßstäbe haben als andere Menschen. Die Frage ist eher: Was für ein Glaubenssystem führt dazu, daß sich jemand mehr um Geld als um Menschen kümmert? (S. 182)

Stahl und Petzold (1986) schreiben im Vorwort eines der ersten ins Deutsche übersetzten, primär therapeutisch orientierten NLP-Bücher weitaus kritischer:

> Eben weil Psychotherapie Manipulation ist (auch und gerade die Kunstformen analytisch-abstinenter und klientenzentriert-akzeptierender Kommunikation), und eben weil NLP die Perfektionierbarkeit therapeutischer Mani-

> pulation so eindrücklich demonstriert, muß die Frage der Legitimierung für die Verwendung derartiger Techniken und die Frage nach der Legitimation der Therapeuten, die sie applizieren, um so ernsthafter gestellt werden.... Die potenten Werkzeuge des NLP werfen schärfer noch als die Techniken der Verhaltenstherapie das Problem der Kontrolle der Therapeuten auf, das Problem der Ausbildung integrierter Therapeutenpersönlichkeiten, die Fragen nach den Zielen der Manipulation und nach den gesellschaftlichen Interessengruppen, die über diese Ziele befinden....
>
> Das neue Instrumentarium des NLP kann... für viele Patienten in kürzerer Zeit Hilfen bringen, als dies in klassischen Ansätzen der Therapie möglich war, wenn es von kompetenten Therapeuten eingesetzt wird.... Ansonsten wird NLP dem Agieren von Größenphantasien der Leute dienen, die ihre eigene Bedürftigkeit mit manipulativer Brillanz kaschieren wollen....
>
> In diesem Sinne soll hier dafür plädiert werden, die äußerst brisante Technologie des NLP in Aus- und Fortbildungslehrgängen nur an solche Personen weiterzugeben, die über eine genügend breite und umfassende therapeutische Grundausbildung mit entsprechender Eigentherapie verfügen.... (S. 9)

An diese Forderung hält sich, soweit dem Autor bekannt, international kein einziges der NLP-Ausbildungsinstitute; selbst Stahl scheint seine eigene Empfehlung vergessen bzw. zu keinem Zeitpunkt ernsthaft berücksichtigt zu haben. Dennoch gibt es erhebliche Unterschiede, was die Inhalte und die Organisation der Fort- und Ausbildungsveranstaltungen im NLP betrifft. Das Spektrum reicht von eintägigen "Crash-Kursen" für Verkäufer und Manager, über Einführungswochenenden für jedermann, weiter über NLP-Grundausbildungen zum sogenannten *NLP-Practitioner* (die je nachdem, wie in jüngster Zeit bei Bandler, innerhalb von zwölf Tagen am Stück absolviert werden können oder, wie bei Stahl, auf zahlreiche Wochenenden über ca. 1 1/2 Jahre verteilt und durch - von den Ausbildungsteilnehmern selbst zu organisierende - Supervisionstreffen unterstützt werden), bis hin zu Aufbau-, *(Master-)* und Trainerausbildungen, die ihrerseits wieder ähnlich unterschiedlich organisiert sind (vgl. hierzu die einschlägigen Anzeigen in der Zeitschrift *NLP-Journal*, Ausgabe 1-3). In den meisten Fällen stehen die Ausbildungen allen Interessenten offen;[3] in einigen Fällen vorgenommene berufsspezifische Beschränkungen sollen lediglich dem Zweck einer möglichst ausgewogenen Lerngruppe dienen. Die Inhalte und Seminarverläufe variieren, nach persönlichen Erfahrungen

---

[3] Im Programmheft des Ausbildungsinstitutes von C. und S. Andreas, die von den bekannteren amerikanischen Ausbildern neben R. Dilts den seriösesten Ruf haben, wird beispielsweise angegeben, daß an ihren Ausbildungen ca. 40 % der Teilnehmer einen therapeutisch-beraterischen Beruf ausüben, 30 % aus der Geschäftswelt und 20 % aus allen möglichen anderen Berufen (Lehrer, Richter etc.) kommen (NLP Comprehensive, 1990, S. 16).

des Autors, von Allmachtsversprechungen (z.B. in Verkaufstrainings) bis hin zum ausgewogenen Darstellen und Diskutieren der Möglichkeiten und Grenzen des NLP auch unter Verantwortungsgesichtspunkten (wie z.B. bei Stahl). Die von Böke et al. (1987) beschriebenen Emotionen bei der Teilnahme an einem (leider nicht näher bezeichneten) NLP-Workshop (vgl. 8.1.1) sind vor diesem Hintergrund nur allzu verständlich. Es bleibt jedoch festzuhalten, daß alle diesbezügliche Kritik stets nur gegen einzelne Vertreter des NLP und ihre Ausbildungspraktiken, nicht aber gegen die Methode des NLP als solche zu richten ist.

Der Autor selbst lehnt die unkritische, in der Tat leicht Allmachtsphantasien erzeugende Weitergabe und Übernahme von NLP-Techniken ohne den in dieser Arbeit dargestellten Hintergrund strikt ab, befürwortet aber ihre kritische Weitergabe im hier dargestellten Zusammenhang *ohne* wesentliche Einschränkungen des Personenkreises. Einmal scheinen ihm solche Einschränkungen, wie sie in anderen Schulen vorgenommen werden, oft eher berufsständische Interessen zu wahren als aus tatsächlichem Verantwortungsbewußtsein zu resultieren. Vor allem aber teilt er Bandlers (1985/1987) Ansicht, daß es sich - zumindest bei den hier dargestellten Submodalitätstechniken - um etwas handelt, das Menschen ohnehin in der einen oder anderen Form im Alltag ständig tun, die Techniken also diese Mikroverhaltensweisen lediglich bewußt machen, um sie zielgerichteter einsetzen zu können. Da im Gegensatz zu den meisten therapeutischen Schulen nichts *Gewalttätiges* (wie etwa Hyperventilationstechniken in der Primärtherapie, Janov, 1976) gegen den Widerstand des Klienten unternommen und nur mit seinen eigenen (also ohnehin vorhandenen) Vorstellungen gearbeitet wird, hat dies mit den emotional tiefgreifenden Interventionen mancher anderen therapeutischen Richtungen nur wenig gemein.

Eine andere, bisher noch nicht gestellte Frage betrifft die Grenzen der Selbstmanipulation. In der Tat könnte das Submodalitätenkonzept leicht dahin mißverstanden werden, daß durch bloße Veränderung der Submodalitäten jeder gewollte Gefühlszustand quasi per Knopfdruck innerhalb kürzester Zeit erreicht werden könne, daß ferner Glaubenssätze und Werte und damit auch weite Teile der Identität einer Person durch sie *beliebig* veränderbar seien. Wenn dies so wäre, gäbe es kaum noch so etwas wie menschliche Persönlichkeit, und der Autor wäre wahrscheinlich Gegner des Submodalitätenkonzepts. Es ist aber nicht so, denn die wesentlichste Voraussetzung für eine längerfristige Wirkung durch Submodalitätsveränderungen ist, daß die betreffende Person die Veränderung wirklich *kon-*

gruent will (vgl. 5.2.3). Dieses kongruente Wollen, wie immer es sich bei einer Person ausdrücken mag, ist gewissermaßen das *Oberkriterium*, das letztlich darüber entscheidet, ob eine submodale Veränderung zugelassen wird oder ob sie, wenn die bewußte Aufmerksamkeit der Person sie nicht mehr aufrechterhält, alsbald wieder rückgängig gemacht wird (vgl. 6.2.6). Bewußt durchgeführte Submodalitätsveränderungen sind somit nicht mehr, aber auch nicht weniger als *ein* Hilfsmittel zum Erreichen von bereits vorher tatsächlich vorhandenen Wunschzielen. Eine Gefahr, die durch ihre Anwendung entstehen könnte, sieht der Autor bisher nicht; wohl aber hat er in seiner praktischen Tätigkeit mit Klienten zahlreiche positive Erfahrungen mit ihnen gemacht.

8.2 Empirische Studien und Fallberichte

Die zahlreichen empirischen Studien zum NLP beschäftigen sich im wesentlichen mit den folgenden, relativ leicht zu präzisierenden Fragekomplexen:

a) Sind *Augenbewegungen* und sensorische Prädikate (vgl. 3.2.2) verläßliche Indikatoren für die jeweils aktivierten Repräsentationssysteme?
b) Gibt es ein eindeutig bestimmbares *Primäres Repräsentationssystem* (vgl. 2.2.1)?
c) Verbessern die Pacing-Techniken (vor allem das Angleichen der sensorischen Prädikate seitens des Beraters/Therapeuten an die des Klienten; vgl. 5.1.2) tatsächlich den *Rapport* mit dem Klienten?
d) Zeigen die Interventionsmodelle des NLP die angegebene *Wirksamkeit und Effektivität*? (Zu diesem Punkt liegen neben empirischen Studien auch einzelne Fallberichte vor.)

Die Ergebnisse der Studien, soweit es nicht um Submodalitätsmodelle im eigentlichen Sinne geht, werden in repräsentativer, aber nicht alle Arbeiten aufzählender Form im nächsten Abschnitt (8.2.1) knapp dargestellt; die dem Autor bekanntgewordenen Studien und Fallberichte zu *Submodalitätsmodellen* dagegen ausführlicher in Abschnitt 8.2.2.

8.2.1 Zu Grundannahmen, allgemeinen Techniken und Interventionsmodellen

Die im NLP postulierten Beziehungen zwischen **Augenbewegungen** und den jeweils aktivierten Repräsentationssystemen konnten durch keine der zahlreichen hierzu durchgeführten Studien (u.a. C. Andreas, 1983; Beale, 1981; Bliemeister, 1987; Cheney, L. Miller & R. Rees, 1982; Monguio-Vecino & Lippman, 1987; Radosta, 1982; Salas, de Groot & Spanos, 1989; Schiermann, 1987; Schuhbauer, 1988; Sinn, 1984; T.C. Thomason, Arbuckle & Cady, 1980) *eindeutig* nachgewiesen werden. In den Untersuchungen wurden, wie es im NLP vorgeschlagen wird (vgl. 3.2.2.2), den Vpn in erster Linie sinnesspezifische Fragen und Aufforderungen[4] gegeben und die durch sie ausgelösten Augenbewegungen beobachtet. Insbesondere fällt auf, daß nicht einmal C. Andreas, eine der Hauptvertreterinnen des NLP, im Rahmen ihrer Dissertation einen positiven Nachweis erbringen konnte.

Untersuchungen von Dorn (1983a), Dorn, Atwater, Jereb und Russel (1983), Elich, Thompson und L. Miller (1985), Graunke und Roberts (1985), Gumm, Walker und Day (1982), Jupp (1989a), Wertheim, Habib und Cumming (1986) stellten neben anderen übereinstimmend fest, daß der Versuch, aus Augenbewegungen, aus verwendeten Prädikaten und aus Selbstaussagen der Probanden auf ein **Primäres Repräsentationssystem** zu schließen, zu widersprüchlichen Ergebnissen führte; d.h. daß Augenbewegungen, Prädikate und/oder Selbstauskünfte nicht eindeutig auf ein bestimmtes RS deuteten.

Interessanterweise konnten aber in einigen anderen Studien zum PRS Zusammenhänge zwischen Augenbewegungen und der gleichzeitigen Verwendung sensorischer Prädikate festgestellt werden: Birholtz (1981), J.L. Ellis (1981), Frye (1980), Mattar (1981).

Andere konnten einen solchen Zusammenhang allerdings nicht feststellen: Coe und Scharcoff (1985), Cole-Hitchcock (1980), Faulkender (1985), Hernandez (1981), Johannsen (1983), Lange (1981), O'Leary (1985), Owens (1978), Shaw (1978), Talone (1983), Torres (1984).

---

[4] In vielen Fällen zielen diese Fragen und Aufforderungen allerdings nur scheinbar auf genau *ein* Repräsentationssystem - so z.B. folgende Aufforderung Bliemeisters (1988), die er als geschlossen kinästhetisch versteht: "Stell Dir vor, wie es sich anfühlt, als Du Deinen letzten Sonnenbrand hattest und beschreibe das Gefühl"(S. 26). Mit einer solchen Aufforderung würde im NLP-Verständnis zunächst das visuelle ("Stell Dir vor...") und dann erst das kinästhetische RS aktiviert werden, so daß schon aus diesem Grund uneindeutige Ergebnisse nicht weiter verwunderlich sind.

Von positiven Auswirkungen auf den **Rapport** durch Angleichung der sensorischen Prädikate des Beraters/Therapeuten an die des Klienten konnten u.a. berichten: Asbell (1984), Brockman (1981), Dowd und Pety (1982), Durand, Weitzel und Hansen (1989), Falzett (1981), Frieden (1981), Hammer (1983), Hillin (1984), Palubeckas (1981), Pantin (1983), Schmedlen (1981), Schmedlen, McCormick und Woldt (1987), Shobin (1980), Slavit (1984), D.D. Thomason (1984), Yapko (1981a;b).
Nicht bestätigt wurde eine solche Wirkung dagegen u.a. von Appel (1983), Bärsch (1983), Billups (1984), Carbonell (1986), Cody (1983), Dorn (1983b), Dowd und Hingst (1983), Ellickson (1981; 1983), Graunke und Roberts (1985), Green (1981), Kraft (1983), Newton (1981), Paxton (1981), Raciti (1985), Radl (1986), Rebstock (1980), Salas, de Groot und Spanos (1989), Umansky (1985).

Über signifikante **therapeutisch-beraterische Erfolge**, sei es durch Pacing-Techniken, Anker-Techniken, Reframing, das Phobie-Modell, durch Trance-Induktionen oder Rechtschreibstrategien in Einzel- oder Gruppensettings berichteten Allen (1982), Bacon (1984), Childers und Saltmarsh (1986), Dilts (1987b), Ehrmantraut (1984), Faist (1987), Field (1990), Liberman (1984), Sandhu (1984).
Keine signifikanten Verbesserungen gegenüber anderen Methoden, sei es durch Anwendung des Meta-Modells, des Phobie-Modells, von speziellen Trance-Induktionen, Nutzung von Prozeßsprachformen oder Anker-Techniken konnten dagegen feststellen: Atwater (1984), Dixon, Parr, Yarbrough und Rathael (1986), Jojart (1985), Jupp (1989b), Krugman, Kirsch, Wickless, Milling, Golicz und Toth (1985), Matthews, Kirsch und Mosher (1985), Melvin und H. Miller (1988), Paulus (1985), Van der Zyl (1984), Völter (1984).

Im Rahmen dieser Arbeit soll auf die ausführliche Darstellung und Diskussion einzelner in diesem Abschnitt genannten Studien - mit Ausnahme der von Krugman et al. (1985; s. 8.2.2.4) - verzichtet werden; einige übergeordnete Bemerkungen erfolgen jedoch in Abschnitt 8.3.

8.2.2 Zu Interventionsmodellen unter Verwendung von Submodalitäten

Empirische Untersuchungen und Fallberichte zu Interventionsmodellen unter Verwendung von Submodalitäten liegen bis heute nur sehr wenige vor, deshalb sollen hier exemplarisch auch solche dargestellt werden, die sich mit dem ursprünglichen Phobie-Modell des NLP, der sogenannten V/K-Dissoziation (vgl. 6.2.4.1) befassen, auch wenn hier als einzige berücksichtigte Submodalität lediglich die Dissoziationsmöglichkeiten genutzt werden. Die weitgehend *positiven Fallberichte* (8.2.2.1, 8.2.2.2, 8.2.2.3) werden ausschließlich referiert, da sich nach Ansicht des Autors eine Stellungnahme erübrigt; eine Studie zur *V/K-Dissoziation* (8.2.2.4) wird ebenfalls referiert und kurz kommentiert; die einzige vorliegende empirische Studie zu einem echten *Submodalitäten-Verfahren* (8.2.2.5) wird ausführlicher dargestellt, kommentiert und kritisiert.

8.2.2.1 Fallberichte von R. Beaver

Beaver (1989) ist Schulpsychologe und berichtet über seine Arbeit mit 7-14jährigen Kindern.

Ein 10jähriger Junge, der als rüpelhaft, egozentrisch und gewalttätig beschrieben worden war, sollte sich zunächst eine visuelle Vorstellung von einer Wut und Ärger auslösenden Situation machen und sich anschließend ein konstruktiveres Reaktionserlebnis, unter Einbeziehung auditiver und kinästhetischer Komponenten, visuell vorstellen. Durch ein *Swish-Muster* (vgl. 6.2.2) wurde eine Verbindung zwischen beiden Erlebnissen hergestellt. Drei, fünf und acht Wochen später konnte von erfreulichen Veränderungen im Verhalten des Jungen berichtet werden.

Mit einem anderen 10jährigen Jungen, der unter einer Angst vor Aufzügen, Toiletten und überhaupt allen kleinen, engen Räumen litt, wurde eine *V/K-Dissoziation* (vgl. 6.2.4.1) durchgeführt. Zu Beginn zeigte er sich äußerst besorgt und ängstlich, daß er sich eine Fahrt im Aufzug vorstellen sollte. Am Schluß der Sitzung aber schlug er selbst vor, am nächsten Tag seine Tante zu besuchen und dabei den Versuch zu machen, mit dem Aufzug hochzufahren. Sein nonverbales Verhalten zeigte Kongruenz zu dieser verbalen Äußerung.

Mit einem 14jährigen Jungen, der an einem Mittwochnachmittag von zwei älteren Jungen zusammengeschlagen und mißhandelt worden war, der sich daraufhin sträubte, zur Schule zu gehen, und sagte, daß er den Überfall im Geist immer wieder erlebe, wurde in einer ersten Sitzung gleichfalls eine *V/K-Dissoziation* durchgeführt. In der zweiten Sitzung, eine Woche später, berichtete er, er habe sich am Mittwochnachmittag wieder in die Schule getraut und die Dinge erschienen ihm jetzt anders, wenn er den Überfall im Geist vor sich sehe. Es wurde dann noch ein *Swish-Muster* angewandt, um mit einigen anderen damit zusammenhängenden Problemen fertigzuwerden, und zum Schluß wurde ein *Verhandlungs-Reframing* (s. hierzu Bandler & Grinder, 1982/1986b) durchgeführt, um sein Widerstreben, sich gegen Altersgenossen zur Wehr zu setzen, anzusprechen. Während einer späteren Sitzung berichtete er, daß er jetzt regelmäßig zur Schule gehe und selbst bei Krankheit keinen Mittwochnachmittag mehr versäumt habe.

Einem 7jährigen Jungen mit Lese- und Rechtschreibschwierigkeiten wurde in einer ersten Sitzung eine *Rechtschreibstrategie* beigebracht. Beim nächsten Besuch berichtete er, wie er die Strategie zur Vorbereitung auf eine Klassenarbeit benutzt und daß er 19 von 20 Wörtern richtig geschrieben hatte.

Beaver räumt ein, daß in zwei anderen Fällen die Veränderungen nicht gerade überzeugend gewesen seien, führt dies aber darauf zurück, daß die angewandten Techniken nicht die angemessensten gewesen seien, und unterstreicht die Wichtigkeit einer klaren *Problemdefinition* (vgl. 5.2.2) und *wohlgeformter Zielbestimmung* (vgl. 5.2.3), wobei das *Meta-Modell der Sprache* (vgl. 5.3.3) eine wesentliche Hilfe sein könne.

8.2.2.2 Fallberichte von P.W. Koziey und G.L. McLeod

Koziey und McLeod (1987) berichten über die Behandlung zweier Vergewaltigungsopfer. In beiden Fällen war eine Behandlung in zwei Schritten und drei Explorationsperioden vorgesehen.

In einer vorbereitenden Sitzung wurden die Klientinnen nach einem explorativen Gespräch gebeten, Fragebogen auszufüllen.
In der ersten Behandlungssitzung, eine Woche später, wurde eine *Trance-Induktion* vorgenommen, um ein Gefühl der Entspannung, der Sicherheit und des Vertrauens zu *ankern*.
In der zweiten Sitzung, nach einer weiteren Woche, wurden die Klientinnen zunächst gebeten, wiederum Fragebogen auszufüllen. Dann wurden in einer zweiten *Trance-Induktion* die zuvor gesetzten positiven *Anker* reaktiviert und schließlich eine *V/K-Dissoziation* durchgeführt.
In der abschließenden Sitzung, drei Wochen später, wurden die Klientinnen abermals gebeten, Fragebogen auszufüllen und eine subjektive

Bewertung des Verfahrens und seiner Auswirkung auf die Milderung bzw. Auflösung der Angstgefühle zu geben.

Die erste Klientin, eine 19jährige Studentin, war vor ungefähr 20 Monaten durch einen Mann vergewaltigt worden, den sie bei einer Party kennengelernt hatte. Seit etwa einem Jahr war die dadurch induzierte Angst vor fremden Männern für sie zum Problem geworden. Sie reagierte zunehmend gereizt und ungeduldig auf ihre männlichen Freunde und fühlte sich angewidert durch sexuelle Beziehungen, die sie nicht selbst initiiert hatte. Sie wünschte sich, die Erinnerung an die Vergewaltigung zu überwinden und sich ihrer gegenwärtigen Beziehung mit ganzem Herzen hingeben zu können.
Die Behandlung wurde nach obigem Muster durchgeführt. Bei der abschließenden Sitzung gab sie an, ihr Ziel weitgehend erreicht zu haben. Eine Auswertung der Fragebogen ergab eine positive Veränderung bei 18 von 28 abhängigen Variablen und bestätigte damit die subjektive Bewertung durch die Klientin.

Die zweite Klientin, eine 18jährige Studentin, war als 10jähriges Kind auf dem Heimweg von der Schule sexuell attackiert und vor ungefähr 1 1/2 Jahren abermals vergewaltigt worden. Seit etwa einem halben Jahr bemerkte sie ein Gefühl des Mißtrauens und der Angst gegenüber Männern und eine nervöse Überreaktion, wenn sich ihr jemand von hinten näherte. Sie war zur Beratung gekommen wegen ihrer dauernden Angst, daß ihr Freund sie vergewaltigen könne, obgleich dieser ihr nie einen Anlaß zu dieser Sorge gegeben hatte.
Die vorbereitende Sitzung ergab, daß die beiden Attacken zwei verschiedene Muster (Strategien) von Angst erzeugt hatten. Es wurde daher beschlossen, daß zunächst nur der erste Überfall in der oben beschriebenen Form behandelt werden und dann eine weitere Sitzung gleicher Art folgen sollte, um die zweite Vergewaltigung aufzuarbeiten. Nach der ersten Sitzung zur Behandlung der weiter zurückliegenden Attacke nahm die Klientin an einem Ski-Kurs teil. Bei der abschließenden Sitzung äußerte sie dann überraschenderweise den Wunsch, die Behandlung zu beenden.

Es wurde festgestellt, daß sie die zweite Attacke schon selbst behandelt hatte und nun keine weitere Behandlung mehr brauchte. Sie gab an, daß die V/K-Dissoziation sie gelehrt habe, wie sie ganz allgemein ihre Ängste überwinden könne und daß sie das nicht nur beim Skilaufen, sondern eben auch bereits bei der zweiten Vergewaltigung angewandt habe. Sie erschrecke nicht mehr, wenn sich ihr jemand von hinten nähere, oder in anderen ungewohnten Situationen; ihre Familie und ihre Freunde hätten geäußert, sie mache jetzt einen viel glücklicheren und entspannteren Eindruck. Die Auswertung der Fragebogen ergab, ganz im gleichen Sinne, eine positive Veränderung bei 22 der 28 abhängigen Variablen.

Koziey und McLeod (1987) werten die Ergebnisse als Bestätigung, daß die V/K-Dissoziation des NLP in Verbindung mit einer tiefen Entspannung eine wirksame Kurzzeitmaßnahme darstelle, die geeignet sei, den Opfern auch einer länger zurückliegenden Vergewaltigung dabei zu helfen, die Blockierung ihrer natürlichen Funktionen zu überwinden. Weitere Untersuchungen mit mehr Probanden werden empfohlen.

8.2.2.3 Fallberichte von H.E. Stanton

Stanton (1988) berichtet von drei Fällen verschiedenartiger Phobien - Agoraphobie, Sozialphobie, Phobie vor Spinnen -, die er mit dem schnellen Verfahren zur Behandlung von Phobien (hier *Theater-Technik* genannt; vgl. 6.2.4.2) behandelt hat.

Eine 47jährige Hausfrau war nach einem zwei Jahre zurückliegenden traumatischen Erlebnis - sie war in einem großen Kaufhaus in ein Menschengewühl eingeklemmt gewesen - praktisch ans Haus gefesselt: die Angst zwang sie spätestens an der Haustür, wieder umzukehren. Drei Versuche, den Therapeuten aufzusuchen, waren daher fehlgeschlagen, so daß dieser schließlich zu ihr ins Haus kommen mußte. Nach vergeblichen Versuchen mit einer sonst recht erfolgreichen Visualisierungstechnik (leider fehlen hierzu genauere Angaben) wandte er die Theatertechnik an. Bereits nach einer Sitzung war die Klientin imstande, den Therapeuten nach draußen zu seinem Wagen zu begleiten. Später am gleichen Tage konnte sie im naheliegenden Geschäft einkaufen gehen, und im Laufe der nächsten Woche war ihre Phobie fast vollständig verschwunden.

Ein 36jähriger Geschäftsführer, zu dessen Aufgaben es gehörte, neue Verfahren vor Kollegen zu demonstrieren, litt an einer lähmenden Angst, wenn dies nicht nur vor einer kleinen Gruppe, sondern vor einer größeren Zahl von Zuhörern geschehen sollte. In einem vorbereitenden Gespräch konnten drei traumatische Erlebnisse identifiziert werden, die zu dieser Phobie beigetragen hatten: eine vernichtende Kritik seiner Leseleistungen durch einen Lehrer während der Schulzeit, eine demütigende Reaktion der übrigen Kursteilnehmer auf seinen Diskussionsbeitrag während der Universitätszeit und sein angstinduziertes völliges Versagen bei einer großen

Verkaufskonferenz. Stanton wandte in einer einzigen 50minütigen Sitzung auf jede der drei traumatischen Begebenheiten die Theatertechnik an. Der Klient konnte daraufhin bereits bei der nächsten Kleingruppentagung und im Lauf der nächsten vier Wochen vor immer größerem Publikum seine Vorführungen erfolgreich durchführen. Nach zehn Monaten berichtete er, daß er sich jetzt richtig darauf freue, öffentlich zu sprechen, und daß er erstaunt sei, wie schnell und leicht diese *Verwandlung* möglich geworden sei.

Eine 24jährige Frau, die nach einem traumatischen Erlebnis mit einer Jägerspinne an einer schweren Spinnenphobie litt, kam nach einer Behandlung mit der Theatertechnik zwar nicht so weit, Spinnen zu mögen, war aber imstande, im gleichen Raum mit einer Spinne zu sein, ohne sich allzu sehr zu entsetzen.

Stanton gibt an, daß die verblüffend schnelle, wenn auch verschieden stark durchgreifende Theatertechnik in etwa 20 % der Fälle erfolglos bleibe. Er empfiehlt genauer kontrollierte Untersuchungen, um die Variablen zu identifizieren, die einem Erfolg in diesen Fällen im Wege stehen.

8.2.2.4 Studie von M. Krugman et al.

Krugman et al. (1985) berichten - anders als die drei vorigen Arbeiten, die nur Fallbeispiele bringen - über eine kontrollierte Studie, in der eine einstündige Behandlung einer *Redeangst* durch eine *V/K-Dissoziation* mit einer gleich langen Behandlung durch *Selbstkontroll-Desensibilisierung* nach Goldfried (1971) und einer nicht behandelten Kontrollgruppe verglichen wird.

28 männliche und 27 weibliche Studenten eines Einführungskurses in Psychologie stellten sich als Probanden zur Verfügung; zwei ältere Studenten der klinischen Psychologie und einer der Psychotherapie fungierten als Therapeuten; jeder von ihnen war zuvor vier Monate lang in beiden Behandlungsformen ausgebildet worden.

Vor der Behandlung hatte jeder Proband vier Minuten über ein vorgegebenes Thema zu sprechen, nachdem er zuvor die vermutete Stärke seiner dabei auftretenden Angstgefühle auf einem Fragebogen angegeben hatte. Die tatsächlichen Angstgefühle während der Redezeit wurden von drei ausgebildeten Beobachtern registriert, und der Proband gab unmittel-

bar nach der Rede die Stärke seiner tatsächlich erlebten Angstgefühle zu Protokoll.
Anschließend wurden die Probanden nach dem Zufallsprinzip auf die drei Gruppen und auf die Therapeuten verteilt.
Mit der ersten Gruppe wurde eine *V/K-Dissoziation* durchgeführt.
Bei der zweiten Gruppe wurde mit den Probanden zunächst eine 20minütige Entspannungsübung durchgeführt. Dann sollte jeder Proband sich vorstellen, wie er seine Rede hielt, und sobald sich eine Spannung oder ein Angstgefühl einstellte, sollte er dem Therapeuten dies signalisieren. Daraufhin wurde er aufgefordert, das Angstgefühl *wegzuentspannen,* dabei aber die Vorstellung, wie er seine Rede hielt, aufrechtzuerhalten. Diese Behandlung sollte ebenso lange dauern wie die NLP-Behandlung der ersten Gruppe.
Die Probanden der Kontrollgruppe hatten sich vor und nach der eigentlichen Behandlung den gleichen Prozeduren zu unterziehen wie die übrigen. Während der Behandlung hatten sie in einem anderen Raum zu warten.

Die Selbstauskünfte der Probanden und die Feststellungen der Beobachter zeigten übereinstimmend, daß die Verminderung der Angstgefühle durch eine V/K-Dissoziation nicht stärker war als bei einer Selbstkontroll-Desensibilisierung von gleicher Dauer und bei der unbehandelten Kontrollgruppe. Alle drei Gruppen aber (auch die dritte!) zeigten eine deutliche Abnahme der Angstgefühle.

Krugman et al. warnen vor der Gefahr voreiliger Schlüsse aus diesem Ergebnis, begründen damit aber ihre Zweifel an der Effektivität einer bloß einstündigen Behandlung mit NLP-Techniken und fordern genauere Untersuchungen, die sich über längere Behandlungszeiträume erstrecken sollten.

Auch der Autor hält eine nur einstündige, standardisierte Behandlung der beschriebenen Art für wenig erfolgversprechend; das im Grunde wesentlichste NLP-Kriterium, das der individuellen Anpassung des Verfahrens an den jeweiligen Klienten, wurde nicht berücksichtigt.

8.2.2.5 Studie von P.R. MacMorran

Von besonderem Interesse für die vorliegende Arbeit ist eine Studie von MacMorran (1987), weil sie sich als einzige der dem Autor bekanntgewordenen empirischen Untersuchungen ausdrücklich mit einem Verfahren auf *Submodalitäten-Ebene* befaßt.

13 männliche und 27 weibliche Angehörige einer großen protestantischen Kirche im Alter zwischen 26 und 55 Jahren stellten sich für eine Untersuchung zur Verfügung, ob die negativen Auswirkungen einer unangenehmen Erinnerung durch eine Kurzbehandlung unter Verwendung einer Submodalitäten-Technik nachhaltig stärker gemildert werden können als durch eine leichte Trance (Entspannung) von gleicher Dauer. Die Probanden wurden nach dem Zufallsprinzip zwei Beratern zugeteilt, die sowohl die NLP-Techniken als auch Trance-Induktionen beherrschten. Jeder Berater führte mit der einen Hälfte seiner Probanden das Submodalitäten-Verfahren, mit der anderen das Tranceinduktions-Verfahren durch (S. 32 f.).

Vor jeder Behandlung wurden bei jedem Probanden in einem kurzen Gespräch die aktuellen Symptome und Beschwerden, die mit der Erinnerung assoziiert waren, ermittelt (S. 44).

Beim Submodalitäten-Verfahren hatte der Berater zunächst zu ermitteln, ob die Erinnerung vorwiegend visuell oder auditiv, assoziiert oder dissoziiert war, und sie durch zusätzliche Fragen nach submodalen Einzelheiten voll ins Bewußtsein zu heben. Dann sollte er den Probanden auffordern, bestimmte Submodalitäten der Erinnerung so lange zu verändern, bis das unangenehme, mit der Erinnerung assoziierte Gefühl sich deutlich abschwächte. (Leider macht MacMorran in ihrer gesamten Dissertation keinerlei Angaben darüber, um welche Submodalitäten es sich dabei handelte, nicht einmal, ob sie standardisiert vorgegeben oder individuell ermittelt wurden.) Dabei sollte er feststellen, welche Veränderung die stärkste Wirkung hervorrief, und den Probanden diese dreimal wiederholen lassen. (Wiederum wird leider nicht näher angegeben, in welcher Form dies geschah, ob schnell, langsam oder beliebig schnell, und ob die im NLP als notwendig angegebenen Unterbrechungen zwischen den Wiederholungen (vgl. Kap. 6) beachtet wurden oder nicht.) Zum Schluß sollte er den Probanden bitten, sich die ursprüngliche beunruhigende Vorstellung erneut zu vergegenwärtigen, um festzustellen, ob das Verfahren eine anhaltende Wirkung gezeigt hatte (S. 45, 79). (Insgesamt weist das hier durchgeführte Verfahren die meisten Ähnlichkeiten mit dem ersten der in dieser Arbeit dargestellten Basis-Modelle (vgl. 6.1.1) auf.)

Die Trance-Induktion zielte nicht auf einzelne Komponenten der Erinnerung, sondern sollte nur zu einer allgemeinen Entspannung führen (S. 45, 77).

Die Probanden und die Berater hatten auf Fragebogen über den Erfolg der Behandlung zu berichten. Die Ergebnisse sind zusammengefaßt:

a) Die Befragung der Probanden nach der Stärke ihrer Beschwerden vor, unmittelbar nach der Behandlung und zwei Wochen später ergab keine signifikanten Unterschiede zwischen beiden Gruppen (S. 56, 80).
b) Unmittelbar nach der Behandlung hatten die Berater die von ihnen beobachtete Besserung zu beurteilen. Dabei ergaben sich signifikante Unterschiede zugunsten des Submodalitäten-Verfahrens (S. 55, 81).
c) Unmittelbar nach der Behandlung hatten die Probanden sechs Fragen zu beantworten, die den Erfolg und den Grad der Zufriedenheit mit der Behandlung betrafen. Bei zwei Fragen ergaben sich signifikante Unterschiede zugunsten des Submodalitäten-Verfahrens (die Probanden erlebten stärkere Veränderung durch und größere Zufriedenheit mit der Behandlung), bei den übrigen vier Fragen ergaben sich keine signifikanten Unterschiede. Bei einer erneuten Befragung zwei Wochen später ergaben sich überhaupt keine Unterschiede mehr zwischen beiden Gruppen (S. 55, 80 f.).
d) Die Beurteilung der Berater durch die Probanden hinsichtlich Sachkunde, Attraktivität, Vertrauenswürdigkeit usw. unmittelbar nach der Behandlung zeigte keine signifikanten Unterschiede zwischen beiden Gruppen (S. 56, 81).

MacMorran beurteilt die Ergebnisse folgendermaßen:

> It can be concluded that the study showed some short-term efficacy for the submodality procedure. The results do not, however, support the NLP claims of rapid, one-session, permanent reduction of the affect associated with a disturbing memory. (S. 57)

Sie hatte die Untersuchung ausdrücklich auf ein so eng begrenztes, leicht überschaubares und leicht operationalisierbares Gebiet wie die Submodalitäten beschränkt (der Autor teilt ihre Meinung der leichten Operationalisierbarkeit nicht; s. 8.3), weil sie die widersprüchlichen Ergebnisse der bisherigen Forschung zum NLP dem Umstand zugeschrieben hatte, daß die dabei untersuchten Fragen zu komplex und vielschichtig und insofern nicht eindeutig genug definiert gewesen seien (S. 30 f.). Zu ihrer Überraschung aber mußte sie feststellen, daß auch ihre Untersuchung zu widersprüchlichen Ergebnissen geführt hatte: unterschiedliche Beurteilung der Wirksamkeit der Behandlung durch Probanden (a) und Berater (b); positive Beantwortung zweier Fragen gegenüber negativer Beantwortung der übrigen vier Fragen (c), obgleich es bei allen Fragen um die gleiche Problematik - Behandlungserfolg und Zufriedenheit mit der Behandlung - ging (S. 56).

Für die weitere Forschung schlägt sie daher vor, das Submodalitätenverfahren zu intensivieren, um womöglich zu eindeutigeren Ergebnissen zu kommen und um eine dauerhaftere Wirkung zu erzielen, etwa

- die am stärksten wirkende Veränderung fünfmal statt nur dreimal wiederholen zu lassen;
- das gesamte Verfahren zweimal wöchentlich über mehrere Wochen hin zu wiederholen (damit kommt sie bereits verhaltenstherapeutischen Zeitpostulaten recht nahe; vgl. 7.2.4);
- auch den Inhalt, nicht nur die formalen Merkmale der unangenehmen Erinnerung zu berücksichtigen;
- die Selbstaussagen der Probanden über die Wirkungen der Behandlung zu nutzen, um die angewandten Techniken adäquater zu gestalten;
- auch solche Probanden in die Untersuchungen einzubeziehen, die besonders stark an ihrer unangenehmen Erinnerung leiden (S. 62).

Ohne auf weitere Einzelheiten und formale Schwächen der Arbeit von MacMorran näher einzugehen, sollen doch abschließend drei wesentliche Punkte genannt werden, aufgrund deren die ambivalenten Ergebnisse verständlich werden:

- Soweit aus der Arbeit zu ersehen ist, wurde nicht berücksichtigt, ob die Probanden ihre unangenehmen Gefühle und sonstigen Symptome überhaupt *kongruent loswerden wollten*, was - gemäß den NLP-Postulaten - im Rahmen einer wohlgeformten Zielbestimmung (vgl. 5.2.3) zunächst hätte geklärt werden müssen.
- Das hier höchstwahrscheinlich (s.o) durchgeführte Basis-Modell zur Abschwächung ungewünschter Gefühle versteht sich nicht primär als Langzeit-, sondern als eine Kurzzeitmaßnahme für das *Hier-und-Jetzt*, die eher zufällig als regelmäßig auch dauerhafte Änderung bewirken *kann* (vgl. 6.1.1). (Für dauerhafte Veränderungen werden im NLP andere Modelle - etwa der Swish - postuliert.)
- Die Probanden wurden nicht dazu angeregt, die mit ihnen durchgeführten Prozesse zu verstehen und bei Bedarf selbst anzuwenden.

8.3 Meta-Kritik

Vor allem vier Arbeiten leisten eine Meta-Kritik der bis zum jeweiligen Erscheinungszeitpunkt vorliegenden NLP-Forschung. Argumentationen und/oder Ergebnisse, die sich in diesen Arbeiten finden, werden hier ausschnitthaft referiert, teilweise kommentiert und um einige weitere Aspekte ergänzt. Dabei soll nicht so sehr auf einzelne Untersuchungen oder einzelne Untersuchungsgegenstände eingegangen, sondern es sollen eher übergeordnete Merkmale und Perspektiven betrachtet werden.

1. MacMorran (1987; vgl. 8.2.2.5)
geht der Frage nach, warum die bisherigen Untersuchungen zu so widersprüchlichen Ergebnissen geführt haben. Den entscheidenden Grund sieht sie darin, daß zu abstrakte, zu allgemeine oder zu komplexe Konstrukte (z.B. Augenbewegungen, PRS, Angleichung sensorischer Prädikate) auf ihre wechselseitigen Beziehungen untersucht wurden, die sich aber gerade wegen ihrer Allgemeinheit und Komplexität der direkten Beobachtung entziehen, so daß versucht werden mußte, diese Konstrukte mit Hilfe komplizierter Prozeduren zu operationalisieren (S. 11) und/oder in unzulässiger Weise zu vereinfachen (S. 13).

Sie verdeutlicht dies an einem Beispiel, das Bandler und Grinder (1979/1986a) anführen, um die Zusammenhänge zwischen Augenbewegungen und kognitiven Prozessen, wie sie sie postulieren, zu illustrieren. Bandler und Grinder berichten von einem Probanden, dem sie eine einfache Frage stellten, mit der Bitte, alle Überlegungen, die ihm bis zur endgültigen Antwort durch den Kopf gingen, laut auszusprechen; dabei beobachteten sie seine Augenbewegungen:

> "Wann hast du John das erste Mal getroffen?" Und er ging nach innen und sagte: "Wann habe ich John das erste Mal getroffen? Hm, laß mich sehen" [A^i_d], und seine Augen gingen nach oben, und er konstruierte sich ein Bild von John [V^k]. Dann blickte er nach links und flippte visuell durch alle die Orte, an die er sich erinnern konnte [V^{er}], bis er einen fand, der ihm ein Gefühl von Vertrautheit gab [K]. Dann benannte er den Ort auditiv [A^{er}], sah sich selbst, wie er mir diesen Namen mitteilen würde, und malte sich aus, wie er dabei aussehen würde [V^k]. Er hatte das Gefühl, daß es sicher sein würde, weiter zu machen und es zu tun [K]. Also sagte er zu sich selbst: "Mach weiter und tue es" [A^i_d]. (S. 47)

Das sind acht verschiedene Augenbewegungen und acht verschiedene kognitive Prozesse auf eine einzige Frage. In den bisherigen Untersuchungen aber ist stets nur eine Augenbewegung, einmal die erste, ein andermal die letzte, "endgültige", oft auch nur die am längsten anhaltende und daher am leichtesten identifizierbare, registriert worden. Kein Wunder also, daß bei solcher Vereinfachung äußerst komplexer Verhältnisse keine konsistenten Ergebnisse erzielt wurden (MacMorran, 1987, S. 14. f.).[5]

2. Sharpley (1984)
bespricht 15 empirische Studien (vgl. 8.2.1) über NLP und kommt zu dem Schluß, daß es gegenwärtig keine durchgängige Bestätigung für den rapportverbessernden Nutzen der Angleichung sensorischer Prädikate (vgl. 8.2.1) gebe, weder in planmäßig durchgeführten Beratungssituationen noch in der klinischen Realität. Um zu diesem Ergebnis zu gelangen, referiert er im wesentlichen lediglich die 15 Untersuchungen und addiert deren negative Ergebnisse.

3. Demgegenüber weisen Einspruch und Forman (1985),
unter Einbeziehung von 24 weiteren Studien (vgl. 8.2.1), darauf hin, daß die meisten Arbeiten - darunter auch einige, die zugunsten des NLP ausfielen - unter methodischen Fehlern und/oder Fehlern im Ansatz leiden (S. 589) und daß es daher aufgrund dieser Untersuchungen weder eine Möglichkeit gebe, eine Aussage über die Triftigkeit der NLP-Auffassungen zu machen noch festzustellen, ob Therapien und Beratungen auf NLP-Basis das Erreichen von Wunschzielen effektiv fördern (S. 594).

Sie unterscheiden sechs Kategorien von Fehlern und diskutieren eine Reihe repräsentativer Arbeiten, die diese Kategorien widerspiegeln. Die Kategorien seien hier, da sich die zur Unterstützung beigebrachten Beispiele nicht auf Arbeiten zu Submodalitäten beziehen, lediglich genannt:

- mangelndes Verständnis für die Methoden des Erkennens individueller kognitiver Muster und ungenügende Berücksichtigung des Kontextes;
- mangelnde Vertrautheit mit NLP als therapeutischer Methode;
- fehlendes Verständnis für die Rolle des Meta-Modells verbaler Kommunikation;
- fehlende Berücksichtigung von Reiz-Reaktions-Assoziationen;
- unzureichende Ausbildung der Versuchsleiter;
- logische Fehler.

[5] Bachmann (1991, S. 206 ff.) weist, was die Untersuchungen zu den Augenbewegungs-Mustern betrifft, außerdem darauf hin, daß in den jeweils konstruierten Laborsituationen oft, um eine möglichst genaue Videoaufzeichnung zu ermöglichen, die Bewegungsfreiheit der Vpn eingeschränkt wurde; z.B. wurde bei Schiermann (1987) die Kopfposition der Probanden einheitlich fixiert. Da die Augenbewegungen aber oftmals in individuell notwendiger Weise mit einer entsprechenden Kopfbewegung einhergehen (vgl. 3.2.2.2), führt dies möglicherweise zu verfälschten Ergebnissen.

Um zu aussagekräftigeren Ergebnissen zu kommen, geben Einspruch und Forman (1985) am Ende ihrer Arbeit einige Empfehlungen für die weitere Forschung. Wesentlichste Grundannahme für diese ist:

> Procedures generated from the NLP model must be used within the presuppositions of the model, and research on reified concepts is trivial in nature and is a distraction from the serious issues relating to testing the NLP model. (S. 594)

Hieraus und aufgrund der festgestellten Mängel in den bisherigen Arbeiten ergeben sich u.a. folgende allgemeine Empfehlungen:

- Alle an einer Untersuchung relevant beteiligten Personen sollten vor der Untersuchung von kompetenten Anwendern des NLP eine Zeitlang ausgebildet werden. Diese Ausbildung sollte vor allem ein vollständiges sensorisches Training zum Erkennen kognitiver Muster und eine Darstellung der wesentlichsten Grundannahmen, Vorgehensweisen sowie des Selbstverständnisses des NLP umfassen.
- Untersuchungen sollten auf individueller Ebene durchgeführt werden und dabei die persönlichen Charakteristika jedes Einzelnen berücksichtigen.
- Wenn es um tatsächliche Behandlungsmethoden geht, sollten die Behandlungen von kompetenten NLP-Anwendern durchgeführt werden. Bei Vergleichen mit Behandlungsmethoden anderer Schulen sollten die Behandlungen nach diesen Methoden entsprechend von kompetenten Vertretern dieser Schulen durchgeführt werden.

Solange derartige Empfehlungen nicht unterschiedslos auf jede Art von Forschung im NLP-Bereich verallgemeinert werden, sondern im Einzelfall jeweils neu auf ihre Relevanz hinsichtlich des Forschungszieles überprüft werden, schließt der Autor dieser Arbeit sich ihnen an.

Weiterhin verweisen Einspruch und Forman (1985) auf folgenden wichtigen Umstand: Im NLP wird, wie bereits mehrfach erwähnt, das anzuwendende Verfahren nicht so sehr aufgrund der vorliegenden Problematik (z.B. einer bestimmten Phobie) bestimmt, als vielmehr aufgrund des zugrundeliegenden kognitiven Prozesses, der Persönlichkeit des Klienten, seiner Wunschziele, seiner Beziehung zum Berater sowie durch den immer wieder differenten aktuellen Interaktionsprozeß (vgl. Kap. 5 und 6). Somit dürfte - nach Meinung des Autors -, wenn es um eine tatsächliche Bewertung des NLP geht, niemals *ein* bestimmtes seiner Interventionsmodelle mit einem Behandlungsverfahren einer anderen Schule verglichen werden, vielmehr müßte dem NLP-Behandler freier Spielraum in der Wahl seiner Mittel gelassen werden. Andernfalls kann man lediglich die Erfolgsquote *dieser* Interventionsmodelle (innerhalb des NLP oder im Vergleich mit denen anderer Schulen) miteinander vergleichen und zwar auch nur bezogen auf bestimmte Anwendungsgebiete innerhalb eines bestimmten Zeitrahmens, während wesentliche Merkmale des NLP unberücksichtigt blieben. Natürlich kann ein solches punktuelles Vorgehen in vielen Fällen auch durchaus sinnvoll sein, nur sollte man sich stets darüber im klaren sein, welche Bedeutung die erhaltenen Ergebnisse dann tatsächlich haben und welche Verallgemeinerungen und Schlußfolgerungen aus ihnen dann legitim sind und welche nicht.

Letztlich merken Einspruch und Forman (1985) an:

> Neuro-Linguistic Programming is a complex model requiring extensive training before a practitioner may legitimately undertake a study of this nature. One cannot simply attend one or two workshops or read a book and assume that he or she can effectively perform NLP therapy any more than this could be assumed for any other model of therapy. (S. 594)

Auch hierin stimmt der Autor ihnen bei. In der Tat suggerieren einige NLP-Veröffentlichungen (insbesondere die von Bandler) und die Ankündigungen zu zahlreichen von Vertretern des NLP geleiteten Workshops, daß die Methoden des NLP sehr leicht zu erlernen seien. Mag dem sein, wie es will - eine kompetente, d.h. nicht bloß einzelne Elemente beachtende und vielleicht im Einzelfall erfolgreiche, Anwendung wird nach Aussagen aller dem Autor bekannten NLP-Anwender erst durch langjährige Übung möglich. (So erfordert z.B. allein die im NLP postulierte *gleichzeitige* Beachtung der zahlreichen nonverbalen *und* verbalen Signale eines Klienten (vgl. 3.2.2) ein intensives Training.) Die suggerierte leichte Erlernbarkeit ist ebenso wie die mißverständlichen Aussagen über die Kürze notwendiger Interventionen irreführend, macht aber einige, letztlich auf diesem Mißverständnis beruhende Fehler bisheriger Forschung verständlich.

Sharpley (1987)
hält dem Einwand von Einspruch und Forman, daß die Versuchsleiter i.d.R. keine adäquate NLP-Ausbildung gehabt hätten, entgegen, daß dies bei vergleichbaren Studien bezüglich der Verfahren anderer Schulen ebenso selten der Fall sei, so daß die Ergebnisse also durchaus vergleichbar seien. Die Entgegnung ist sachlich sicherlich zutreffend; die Schlußfolgerung aber erscheint wenig stichhaltig, weil andere Verfahren, speziell die der Verhaltenstherapie, wesentlich standardisierter sind und ihr Anwender nicht wie im NLP zahlreiche Wahrnehmungskanäle gleichzeitig beachten muß, so daß diese Verfahren auch nicht vorgeschulten Ver-

suchsleitern leichter und schneller beizubringen sind als die NLP-Verfahren. Somit bleibt Einspruch und Formans Empfehlung nach einer besseren Schulung aller maßgeblich an einer Studie beteiligten Personen nach wie vor gültig.

Darüber hinaus widerspricht Sharpley (1987) der Einschätzung der bisherigen Forschungen durch Einspruch und Forman grundsätzlich, da ihre Einwände auf falschen Vorstellungen hinsichtlich der Faktoren beruhten, die den methodischen Wert einer Forschung einschränken. So schreibt er z.B.:

> Einspruch and Forman (1985) criticized Gumm, Walker, and Day (1982) for claiming that NLP applies only to right-handed persons. Gumm et al. quoted this claim from a workshop run by Bandler and Grinder, and whether it is a widely accepted principle of NLP or not, it demands examination in controlled studies. It is not a criticism of the value of such studies that other proponents of NLP have not made this suggestion in favor of right-handed persons.... (S. 104)

Hier treffen offensichtlich zwei grundsätzlich verschiedene Wissenschaftsverständnisse aufeinander: Einspruch und Forman, die den Gesamtkontext des NLP einschließlich der individuellen Bedürfnisse und Ziele seiner Klienten in der Forschung berücksichtigt wissen wollen; und dagegen Sharpley, der sogar den Inhalt eines isoliert betrachteten, mehr oder weniger zufällig von einem Vertreter des NLP gesprochenen Satzes für erforschenswert und sogar Rückschlüsse aus einzelnen solchen punktuellen Forschungen auf das Gesamtgebiet des NLP für legitim hält. So rechnet Sharpley am Ende seiner Arbeit genau aus, daß (nur) 13,6 % der insgesamt 44 berücksichtigten Arbeiten das NLP bestätigen konnten und meint weiter:

> The basic tenets of NLP have failed to be reliably verified in almost 86% of the controlled studies, and it is difficult to accept that none of these 38 studies (i.e., those with nonsupportive, partial, or mixed results) were performed by persons with a satisfactory understanding of NLP (or at least enough of an understanding to perform the various procedures that were evaluated). (S. 105)

Der Autor braucht wohl nicht besonders zu betonen, daß er in dieser Kontroverse uneingeschränkt auf der Seite von Einspruch und Forman steht.

Was die Forschung zum Submodalitätenkonzept des NLP anbelangt, so wird sie sich mit allen in diesem Abschnitt genannten Empfehlungen auseinanderzusetzen haben. Die Operationalisierung einzelner Fragekomplexe dürfte allerdings, im Gegensatz zu MacMorrans (1987) Meinung (vgl. 8.2.2.5), kaum leichter sein als die der bisher schwerpunktmäßig untersuchten Fragen zum NLP-Modell - zumindest dann nicht, wenn man den Gesamtkontext, in dem das Submodalitätenkonzept hier dargestellt wurde, zu berücksichtigen versucht. Dies aber hält mit Einspruch und Forman auch der Autor für unerläßlich, wenn man zu stichhaltigen Aussagen über den Wert des NLP-Modells kommen will. Beachtet man außerdem Bandlers (1985/1987) Aussage über den Swish, daß dieser eher eine bestimmte Richtung als ein konkretes Verhaltensziel vorgeben soll (vgl. 8.1.2), so dürfte eine angemessene Operationalisierung sicherlich noch schwieriger werden.

Alles in allem hat die Forschung zum NLP, wenn sie eine positive Bestätigung erbringen möchte, sicherlich noch einen langen schwierigen Weg vor sich, bei dem auch die grundsätzliche Diskussion über eine *vernünftige* Wissenschaftlichkeit nicht ausgeklammert werden darf. Vor allem für das Submodalitäten-Konzept erscheint dem Autor dieser Weg sinnvoll und wünschenswert, da es im Gegensatz zu den anderen Interventionsmodellen des NLP etwas grundsätzlich Neues verspricht, dessen positive Nutzungsmöglichkeiten vielleicht noch bei weitem nicht vollständig entdeckt worden sind.

Resümee und Ausblick

In diesem Band wurde zunächst das noch sehr junge Submodalitätenkonzept in ein Gesamtmodell des Neurolinguistischen Programmierens eingeordnet und ausführlich dargestellt (Kap. 1 bis 6). Insbesondere wurde herausgearbeitet, daß im NLP bestimmte Voraussetzungen für die Wirksamkeit submodaler Interventionen für unabdingbar gehalten werden. Dazu gehören vor allem

- ein kongruenter Veränderungswunsch seitens des Klienten,
- ein guter Kontakt (Rapport) zwischen Klient und Berater,
- eine große, vor allem an der Wahrnehmung physiologischer Parameter des Klienten orientierte, Anwendungsflexibilität des Beraters, die nur durch gründliche Schulung und konsequente Übung erreicht werden kann.

Hieraus ergibt sich für jede zukünftige Forschung, die Aussagen über die Wirksamkeit einzelner Interventionsmodelle des NLP mit Hilfe von Submodalitäten machen möchte, die Notwendigkeit, diese Wirkungs-Voraussetzungen zu beachten. Andernfalls könnten zwar *allgemeine Aussagen* über die Wirkung submodaler Veränderungen gemacht werden, nicht aber über ihre Wirksamkeit im Rahmen des NLP; es sei denn, es würde sich herausstellen, daß die Wirkung submodaler Interventionen ganz unabhängig von den genannten Voraussetzungen eintritt.

Weiterhin konnte beim Vergleich mit ähnlichen Ansätzen der jüngsten kognitiven Psychologie (Abschnitt 2.1) gezeigt werden, daß die Elaboration des Submodalitätenkonzepts, vor allem, was die in ihm postulierten veränderungswirksamen Synästhesien zwischen den Submodalitäten verschiedener Repräsentationssysteme anbelangt, über alle anderen Ansätze hinausgeht, daß sie aber durchaus als konsequente Weiterentwicklung bisheriger Forschungsergebnisse angesehen werden kann. So erscheint es dem Autor wahrscheinlich, daß sich die verwandten Ansätze der kognitiven Psychologie in naher Zukunft ebenfalls mit Synästhesien zwischen Submodalitäten verschiedener Repräsentationssysteme beschäftigen werden - was sehr zu begrüßen wäre, da so die notwendige Grundlagenforschung zum Thema vorangetrieben würde, die im Rahmen einer Forschung zum NLP allein kaum geleistet werden könnte.

Beim Vergleich mit imaginativen Verfahren anderer Schulen (Kap. 7) konnten sowohl Gemeinsamkeiten als auch Unterschiede zum NLP-Ansatz deutlich gemacht werden. Zu einigen der von den jeweiligen

Schulen selbst für die Wirksamkeit ihrer Interventionen herangezogenen Erklärungen wurden alternative, *möglicherweise* besser treffende, Erklärungen auf Basis des Submodalitätenkonzepts vorgeschlagen. Außerdem wurden Integrationsmöglichkeiten submodaler Elemente sowohl für die Diagnose als auch für die Interventionen anderer Schulen aufgezeigt. Für die Zukunft wäre zu wünschen, daß sich diese Schulen - trotz des vielfach vorherrschenden gegenseitigen Abgrenzens und Ignorierens - tatsächlich mit dem Submodalitätenkonzept auseinandersetzen würden, um so seine Möglichkeiten und Grenzen auch außerhalb des NLP zu erproben.

Schließlich wurde die bisherige Kritik an Grundannahmen und Methoden des NLP (Kap. 8) zusammenfassend dargestellt und bewertet. Anhand zahlreicher Beispiele konnte gezeigt werden, daß die negativ intonierte Kritik vielfach entweder unzutreffend ist, da Teilaussagen des NLP ohne ihren unbedingt relevanten Zusammenhang bewertet und/oder als Ausgangsbasis für Untersuchungen verwendet wurden, oder aber sachlich zwar berechtigt, bewertungsmäßig aber irrelevant ist. Ursache hierfür ist in vielen Fällen vermutlich der Stil, in dem die meisten NLP-Veröffentlichungen verfaßt sind: Hinweise auf relevante Zusammenhänge und Voraussetzungen fehlen häufig ganz, stehen ohne entsprechende Verweise an anderer Stelle und/oder sind nur für NLP-Insider verständlich. So sind Mißverständnisse geradezu vorprogrammiert.

Besonderes Gewicht wurde in diesem Zusammenhang der von Einspruch und Forman (1985) geleisteten Meta-Kritik an den bis dahin bekanntgewordenen empirischen Untersuchungen über einzelne Aspekte des NLP beigemessen. Sie bestätigt und ergänzt die Bewertung des Autors; deshalb schloß er sich am Ende den sich aus der Kritik von Einspruch und Forman (1985) ergebenden *Postulaten und Empfehlungen für die zukünftige Forschung* an. Weitmöglichst berücksichtigte er sie auch im empirischen Teil der Arbeit.[1]

In diesem werden Aufbau, Durchführung und Auswertung einer empirischen Pilotstudie zu drei Basis-Modellen des Submodalitätenkonzepts dargestellt und begründet. Die überwiegend positiven Ergebnisse lassen zwar wegen des notwendigerweise begrenzten Forschungsrahmens noch keine Verallgemeinerungen zu, zeigen aber, daß bei Beachtung der Empfehlungen von Einspruch und Forman (1985) positive Ergebnisse

[1] Der empirische Teil erscheint als Band 2 der Arbeit voraussichtlich im Frühjahr 1993 im Junfermann Verlag.

erzielbar sind, und können darüber hinaus zu weiteren Untersuchungen - vor allem auch im Vergleich mit Verfahren anderer Schulen und/oder bezogen auf komplexere submodale Interventionsmodelle anregen.

Welche Bedeutung die grundsätzliche Idee des NLP - mit Hilfe submodaler Veränderungen emotionale und physiologische Zustände und Prozesse zu beeinflussen - in Zukunft haben wird, ist heute noch nicht abzusehen. Um längerfristig bedeutsam zu sein, müßte ein Wirksamkeitsvorsprung oder zumindest eine gleichwertige Wirksamkeit wie bei ähnlichen Interventionen anderer Schulen nachgewiesen werden. Der Autor kann sich sowohl vorstellen, daß das gesamte Konzept bald wieder vergessen wird, als auch, daß es eines Tages gewissermaßen zur Allgemeinbildung gehört, daß also Kinder[2] bereits sehr früh Möglichkeiten der Selbstbeeinflussung mit Hilfe von Submodalitäten lernen und die Mehrheit der Erwachsenen sie wie selbstverständlich im Alltag verwendet.

[2] An Kindern durchgeführte (Langzeit-)Untersuchungen könnten im übrigen besonders interessant und aufschlußreich für die weitere Forschung zum Submodalitätenkonzept sein, da Kinder ja ohnehin vielseitig in und an Vorstellungswelten operieren.

Abkürzungsverzeichnis

A	=	Auditives Repräsentationssystem
d	=	digital
e	=	extern
er	=	erinnert
i	=	intern
i.a.	=	im allgemeinen
i.d.R.	=	in der Regel
K	=	Kinästhetisches Repräsentationssystem
k	=	konstruiert
KB	=	Katathymes Bilderleben
NLP	=	Neurolinguistisches Programmieren
O	=	Olfaktorisch/gustatorisches Repräsentationssystem
PRS	=	Primäres Repräsentationssystem
RS	=	Repräsentationssystem
V	=	Visuelles Repräsentationssystem
vs.	=	versus

Abbildungsverzeichnis

Abb. 1: Der aus der Außenwelt kommende externe Input [1] durchläuft in der Innenwelt einen Modellbildungsprozeß, dessen interner Output [2] interne Repräsentationen (Modelle der Wirklichkeit) erzeugt. Von diesen geht ein interner Input [3] in einer Feedbackschleife erneut in den Modellbildungsprozeß ein, während ein externer Output [4] in die Außenwelt zurückführt. .... S. 24

Abb. 2: Bestimmte Augenbewegungsmuster korrelieren mit dem aktuell dominanten internen RS einer Person und geben zudem teilweise darüber Auskunft, ob es sich um erinnerte oder konstruierte Aktivitäten handelt. Die vorliegende Darstellung gibt sechs der insgesamt sieben Muster wieder, wie sie für die Mehrheit der Rechtshänder gelten sollen...... S. 78

Abb. 3: Die *logischen Ebenen der Veränderung* (nach Dilts): Fünf die Persönlichkeit eines Menschen maßgeblich charakterisierende und bestimmende Bereiche, die sich *wechselseitig beeinflussen*. Die zugeordneten Fragen charakterisieren und adressieren die jeweilige Ebene. .... S. 105

Abb. 4: Bei der kognitiven Zeitverarbeitung eines Menschen werden zwei grundsätzliche Formen *(Zeitlinien)* unterschieden: Bei der einen Form (*In-Time* genannt) ist die Wahrnehmungsposition, mit der die Person ihre eigene Zeit erlebt, *assoziiert* jeweils an einer Position auf der Zeitlinie, die Person hat also keinen Abstand zu ihrem zeitlichen Erleben. Bei der anderen Form (*Through-Time* genannt) ist die Wahrnehmungsposition *dissoziiert,* die Person hat also Abstand und Überblick über ihr zeitliches Erleben. .... S. 112

Abb. 5: Die NLP-System-Matrix (nach Dilts, 1990a) stellt die formalen Verknüpfungen der drei wesentlichen Persönlichkeitsbereiche - a) logische Ebenen der Veränderung, b) Zeit, c) mentale Wahrnehmungspositionen - graphisch dar. .... S. 122

Literaturverzeichnis

Aebli, H. (1981). *Denken: das Ordnen des Tuns. Band 2: Denkprozesse.* Stuttgart: Clett-Cotta.

Allen, K.L. (1982). An investigation of the effectiveness of neurolinguistic programming procedures in treating snake phobias (Doctoral dissertation, 1982). *Dissertation Abstracts International, B 43* (3), 861.

Ammann, A.N. (1978). *Aktive Imagination.* Olten: Walter.

Anderson, J.R. (1980). *Cognitive psychology and its implications.* San Francisco: Freeman.

Anderson, J.R. & Bower, G.H. (1973). *Human associative memory.* Washington, D.C.: Winston.

Andreas, C. (1983). *The relationship of eye movements while information processing to sensory mode.* Unpublished doctoral dissertation, University of Colorado.

Andreas, C. & Andreas, S. (1988). *Gewußt wie. Arbeit mit Submodalitäten und weitere NLP-Interventionen nach Maß.* Paderborn: Junfermann. (Original erschienen 1987: Change your mind - and keep the change)

Andreas, C. & Andreas, S. (1989). *Heart of the mind. Engaging your inner power to change with Neuro-Linguistic Programming.* Moab: Real People Press.

Appel, P.R. (1983). Matching of representational systems and interpersonal attraction (Doctoral dissertation, 1983). *Dissertation Abstracts International, B 43* (9), 3021.

Asbell, B.C. (1984). Effects of reflection, probe, and predicate-matching on perceived counselor characteristics (Doctoral dissertation, 1983). *Dissertation Abstracts International, B 44* (11), 3515.

Atkinson, R.C. (1975). Mnemotechnics in second-language learning. *American Psychologist, 30,* 821-828.

Atkinson, R.C. & Raugh, M.R. (1975). An application of the mnemonic keyword method to the acquisition of a russian vocabulary. *Journal of experimental Psychology: Human Learning and Memory, 1,* 126-133.

Atwater, J.M. (1984). Differential effects of intervention from the neuro-linguistic programming meta-model and general systems in early psychotherapy (Doctoral dissertation, 1983). *Dissertation Abstracts International, B 44* (9), 2887-2888.

Axt, P. & Fuchs, H. (1985). *Die Wandlungskraft des positiven Denkens: Autosuggestion als Lebenshilfe.* Freiburg: Herder.

Bachmann, W. (1991). *Das neue Lernen. Eine systematische Einführung in das Konzept des Neurolinguistischen Programmierens (NLP).* Paderborn: Junfermann.

Bacon, S.C. (1984). Neuro-linguistic programming and psychosomatic illness: A study of the effects of reframing on headache pain (Doctoral dissertation, 1984). *Dissertation Abstracts International, B 44* (7), 2233.

Bagley, D.S. & Reese, E.J. (1987). *Beyond selling: How to maximize your personal influence.* Cupertino: Meta Publications.

Bandler, R. (1985). *Magic in action.* Cupertino: Meta Publications.

Bandler, R. (1987). *Veränderung des subjektiven Erlebens. Fortgeschrittene Methoden des NLP.* Paderborn: Junfermann. (Original erschienen 1985: Using your brain - for a change)

Bandler, R. & Grinder, J. (1975). *Patterns of the hypnotic techniques of Milton H. Erickson, M.D., Vol. 1.* Cupertino: Meta Publications.

Bandler, R. & Grinder, J. (1985). *Metasprache und Psychotherapie. Die Struktur der Magie 1* (3. Aufl.). Paderborn: Junfermann. (Original erschienen 1975: The structure of magic, Vol. 1)

Bandler, R. & Grinder, J. (1986a). *Neue Wege der Kurzzeit-Therapie. Neurolinguistische Programme* (5. Aufl.). Paderborn: Junfermann. (Original erschienen 1979: Frogs into princes)

Bandler, R. & Grinder, J. (1986b). *Reframing. Ein ökologischer Ansatz in der Psychotherapie (NLP)* (2. Aufl.). Paderborn: Junfermann. (Original erschienen 1982: Reframing: Neuro-Linguistic Programming and the transformation of meaning)

Bandler, R., Grinder, J. & Satir, V. (1983). *Mit Familien reden. Gesprächsmuster und therapeutische Veränderung* (2. Aufl.). München: J. Pfeiffer. (Original erschienen 1976: Changing with families. A Book about further education for being human)

Bandler, R. & MacDonald, W. (1990). *Der feine Unterschied. NLP-Übungsbuch zu den Submodalitäten.* Paderborn: Junfermann. (Original erschienen 1988: An insider's guide to sub-modalities)

Bandura, A. (1969). *Principles of behavior modification.* New York: Prentice Hall.

Bärsch, M. (1983). *Empirische Untersuchungen zu Konzepten des Neurolinguistischen Programmierens (Teil 1).* Unveröff. Dipl.Arbeit, Eberhard-Karls-Universität, Tübingen.

Bateson, G. (1981). *Ökologie des Geistes. Anthropologische, psychologische, biologische und epistemologische Perspektiven.* Frankfurt: Suhrkamp. (Original erschienen 1972: Steps to an ecology of mind. Collected essays in anthropology, psychiatry, evolution and epistemology)

Bateson, G. (1985). Einführung. In R. Bandler & J. Grinder, *Metasprache und Psychotherapie. Die Struktur der Magie 1* (3. Aufl., S. 13-15). Paderborn: Junfermann. (Original erschienen 1975: The structure of magic, Vol. 1)

Baumeler, M.U. (o.J.). *Strukturen des NLP. Script der Ausbildung zum Practitioner of the Art of Neuro-Linguistic-Programming* (2. Aufl.). Freienstein/Schweiz: Forum für Metakommunikation.

Beale, R.P. (1981). The testing of a model for the representation of consciousness (Doctoral dissertation, 1980). *Dissertation Abstracts International, B 41* (9), 3565-3566.

Beaver, R. (1989). Neuro-linguistic programme as practised by an educational psychologist. *Educational Psychology in Practice, 5* (2), 87-90.

Beck, A.T. (1979). *Wahrnehmung der Wirklichkeit und Neurose. Kognitive Psychotherapie emotionaler Störungen*. München: J. Pfeiffer.

Becker, V. (1989). *Die Primadonnen der Psychotherapie. Interviews mit berühmten Therapeuten*. Paderborn: Junfermann.

Bellezza, F.S. (1981). Mnemonic devices: Classification, characteristics and criteria. *Review of educational Research, 51*, 247-275.

Bellezza, F.S. & Reddy, B.G. (1978). Mnemonic devices and natural memory. *Bulletin of the Psychonomic Society, 11*, 277-280.

Berger, G.H. & Gaunitz, S.C.B. (1977). Self-rated imagery and vividness of task pictures in relation to visual memory. *British Journal of Psychology, 68*, 283-288.

Betts, G.H. (1909). The distribution and functions of mental imagery. *Columbia University Contributions to educational Series, 26*, 1-99.

Bevan, W. & Feuer, J.N. (1977). The role of context in episodic memory. *Bulletin of the Psychonomic Society, 10*, 76-78.

Billups, A. (1984). Representational system congruence (predicate matching) as a dimension of interpersonal impact (Doctoral dissertation, 1983). *Dissertation Abstracts International, B 44* (11), 3517-3518.

Binet, A. (1886). *La psychologie du raisonnement*. Paris: Alcan.

Birholtz, L.S. (1981). Neurolinguistic programming: Testing some basic assumptions (Doctoral dissertation, 1981). *Dissertation Abstracts International, B 42* (5), 2042.

Birkenbihl, V.F., Blickhan, C. & Ulsamer, B. (1987). *NLP - Einstieg in die Neuro-Linguistische Programmierung*. Speyer: GABAL.

Bischof, K. (1987). *Individuelle Unterschiede beim visuellen Vorstellen*. Bern: Peter Lang.

Bliemeister, J. (1987). Empirische Überprüfung von Grundannahmen des Neurolinguistischen Programmierens (NLP). Kritische Bewertung der Darstellung des NLP durch Bandler und Grinder. *Integrative Therapie, 4*, 397-406.

Bliemeister, J. (1988). Empirische Überprüfung zentraler theoretischer Konstrukte des Neurolinguistischen Programmierens (NLP). *Zeitschrift für klinische Psychologie, 1*, 21-30.

Böke, J., Fuhrmann, H., Kustor, F., Landry, C., Lemche, E., Tomczak, R., Wetzstein, M., Wimmer, B. (1987). Die Magie der Struktur. Zur Kritik des Neurolinguistischen Programmierens (NLP) von Richard Bandler und John Grinder. *Integrative Therapie, 4*, 366-396.

Boltwood, C.E. & Blick, K.A. (1970). The delineation and application of tree mnemonic techniques. *Psychonomic Science, 20*, 339-341.

Borges, M.A., Arnold, R.C. & McClure, V.L. (1976). Effect of mnemonic encoding techniques on immediate and delayed serial learning. *Psychological Reports, 38,* 915-921.

Bower, G.H. (1973). How to ... uh ... remember! *Psychology Today, 7/5,* 63-70.

Bretto, C.C. (1988). *A framework for excellence. A resource manual for NLP.* Capitola: Autor.

Brockman, W.P. (1981). Empathy revisited: The effect of representational system matching on certain counseling process and outcome variables (Doctoral dissertation, 1980). *Dissertation Abstracts International, A 41* (8), 3421.

Broerse, J. & Crassini, B. (1984). Investigations of perception and imagery using CAE's: the role of experimental design and psychophysical method. *Perception and Psychophysics, 35,* 155-164.

Broichhagen, H. (1988). Hypnose und die submodale Organisation der Erfahrung. Zur Pragmatik des radikalen Konstruktivismus. *Experimentelle und klinische Hypnose, 4* (2), 117-138.

Bruner, J.S., Olver, R.R. & Greenfield, P.M. (1966). *Studies in cognitive growth.* New York: John Wiley.

Bühler, K. (1907/8). Tatsachen und Probleme zu einer Psychologie der Denkvorgänge: 1. Über Gedanken. *Archiv für die gesamte Psychologie, 9,* 297-305. 2. Über Gedankenzusammenhänge. *ibid., 12,* 1-23. 3. Über Gedankenerinnerungen. *ibid., 12,* 24-92.

Cameron-Bandler, L. (1985). *Wieder zusammenfinden. NLP - neue Wege der Paartherapie* (2. Aufl.). Paderborn: Junfermann. (Original erschienen 1978: They lived happily ever after)

Cameron-Bandler, L., Gordon, D. & Lebeau, M. (1985a). *The Emprint Method. A guide to reproducing competence.* San Rafael: FuturePace, Inc.

Cameron-Bandler, L., Gordon, D. & Lebeau, M. (1985b). *Know how. Guided programs for inventing your own best future.* San Rafael: FuturePace, Inc.

Cameron-Bandler, L. & Lebeau, M. (1990). *Die Intelligenz der Gefühle. Grundlagen der "Imperative Self Analysis" 1.* Paderborn: Junfermann. (Original erschienen 1988: The emotional hostage - Rescuing your emotional life)

Carbonell, D.A. (1986). Representational systems: An empirical approach to NLP (Doctoral dissertation, 1985). *Dissertation Abstracts International, B 46* (8), 2798.

Cassirer, E. (1923). *Philosophie der symbolischen Formen.* Berlin: Cassirer.

Cautela, J.R. (1977). Covert conditioning, assumptions and procedures. *Journal of Mental Imagery, 1,* 53-64.

Cautela, J.R. & McCullough, L. (1986). Verdecktes Konditionieren: Eine lerntheoretische Perspektive der Vorstellungskraft. In J.L. Singer & K.S. Pope (Hrsg.), *Imaginative Verfahren in der Psychotherapie* (S. 291-321). Paderborn: Junfermann. (Original erschienen 1978: The power of human imagination)

Chara, P.J. & Verplanck, W.S. (1986). The imagery questionaire: An investigation on its validity. *Perceptual and Motor Skills, 63*, 915-920.

Cheney, S., Miller, L. & Rees, R. (1982). Imagery and eye movements. *Journal of Mental Imagery, 6*, 113-124.

Childers, J.H. & Saltmarsh, R.E. (1986). Neurolinguistic programming in the context of group counseling. *Journal for Specialists in Group Work, 11*, 221-227.

Chomsky, N. (1965). *Aspects of the theory of syntax*. Cambridge, Mass.: M.I.T. Press.

Chomsky, N. (1975). *Reflections on language*. New York: Pantheon Books.

Cleveland, B. (1984). *Master teaching techniques*. Stone Mountain: Connecting Link Press.

Cody, S.G. (1983). The stability and impact of the primary representational systems in neurolinguistic programming: A critical examination (Doctoral dissertation, 1983). *Dissertation Abstracts International, B 44* (4), 1232.

Coe, W.C. & Scharcoff, J.A. (1985). An empirical evaluation of the neurolinguistic programming. *The International Journal of Clinical and Experimental Hypnosis, 33*, 310-318.

Cole-Hitchcock, S. (1980). A determination of the extent to which a predominant representational system can be identified through written and verbal communication and eye scanning patterns (Doctoral dissertation, 1980). *Dissertation Abstracts International, B 41* (5), 1907-1908.

Corbin, E.B. (1972). In W.P. Morgan (Eds.), *Egogenic aids and muscular performance*. New York: Academic Press.

Cronbach, L.J. & Gleser, G.C. (1965). *Psychological tests and personnel decisions* (2nd ed.). Urbana: University of Illinois Press.

Czierwitzki, M. (1987). *Positives Denken gezielt einsetzen und sein Leben verändern: Das Positiv-System*. Landsberg: mvg.

Danzer-Kahan, U. (1985). Psycholinguistik oder Pseudolinguistik als theoretische Grundlage des Neuro-Linguistic Programming. *Hypnose und Kognition, 2* (2), 36-43.

Davis, D., McLemore, C.W. & London, P. (1970). The role of visual imagery in desensitization. *Behavior Research and Therapy, 8*, 11-13.

DeLozier, J. & Grinder, J. (1987). *Turtles all the way down: Prerequisites to personal genius*. Bonny Doon: Grinder, DeLozier and Associates.

Denis, M. (1982). Images and semantic representations. In J.-F. Le Ny & W. Kintsch (Eds.), *Language and comprehension*. Amsterdam: North-Holland.

Denis, M. (1987). Individual imagery differences and prose processing. In M.A. McDaniel & M. Pressley (Eds.), *Imagery and related mnemonic theories. Individual differences and applications*. New York: Springer.

Desoille, R. (1961). *Théorie et pratique du Rêve-Eveillé-Dirigé*. Genf: Mont-Blanc.

Deutsche Gesellschaft für Psychologie (Hrsg.). (1987). *Richtlinien zur Manuskriptgestaltung*. Göttingen: Verlag für Psychologie - Dr. C.J. Hogrefe.

Dilts, R. (1983a). *Applications of Neuro-Linguistic Programming*. Cupertino: Meta Publications.

Dilts, R. (1983b). *Roots of Neuro-Linguistic Programming*. Cupertino: Meta Publications.

Dilts, R. (1985). *The new-behavior-generator-strategy*. Unveröff. Manuskript, o.O.

Dilts, R. (1987a). *"Hervorlocken" einer Strategie (Strategy elicitation)*. Unveröff. Manuskript, o.O.

Dilts, R. (1987b). *Effective spelling with NLP*. Ben Lomond: Dynamic Learning Publications.

Dilts, R. (1988). *Belief systems outline*. Unveröff. Manuskript, o.O.

Dilts, R. (1990a). *Changing belief systems with NLP*. Cupertino: Meta Publications.

Dilts, R. (1990b). *Albert Einstein. Neuro-Linguistic Analysis of a genius*. Ben Lomond: Dynamic Learning Publications.

Dilts, R. (1990c). *Walt Disney. The dreamer, the realist and the critic*. Ben Lomond: Dynamic Learning Publications.

Dilts, R. & Epstein, T. (1991). *Systemic NLP - A unified field theory*. Ben Lomond: Dynamic Learning Publications.

Dilts, R., Grinder, J., Bandler, R., Cameron-Bandler, L. & DeLozier, J. (1985). *Strukturen subjektiver Erfahrung. Ihre Erforschung und Veränderung durch NLP*. Paderborn: Junfermann. (Original erschienen 1980: Neuro-Linguistic Programming, Vol. 1: The study of the structure of subjective experience)

Dilts, R., Hallbom, T. & Smith, S. (1991). *Identität, Glaubenssysteme und Gesundheit: Höhere Ebenen der NLP-Veränderungsarbeit*. Paderborn: Junfermann. (Original erschienen 1990: Beliefs - Pathways to health & well-being)

Dilts, R. & Hollander, J. (1990). *NLP & life extension - Modeling Longevity*. Ben Lomond: Dynamic Learning Publications.

Dixon, P.N., Parr, G.D., Yarbrough, D. & Rathael, M. (1986). Neurolinguistic programming as a persuasive communication technique. *Journal of Social Psychology, 126*, 545-550.

Dorn, F.J. (1983a). Assessing primary representational system (PRS) preference for neurolinguistic programming (NLP) using three methods. *Counselor Education and Supervision, 23*, 149-156.

Dorn, F.J. (1983b). The effects of counselor-client predicate use in counselor attractiveness. *American Mental Health Counselors Association Journal, 5*, 22-30.

Dorn, F.J., Atwater, J.M., Jereb, R. & Russel, R. (1983). Determining the reliability of the neurolinguistic programming eye movement procedure. *American Mental Health Counselors Association Journal, 5*, 105-110.

Dowd, E.T. & Hingst, A. (1983). Matching therapists' predicates: An in vivo test of effectiveness. *Perceptual and Motor Skills, 57,* 207-210.

Dowd, E.T. & Pety, J. (1982). Effect of counselor predicate matching on perceived social influence and client satisfaction. *Journal of Counseling Psychology, 29,* 206-209.

Drosdowski, G., Grebe, P., Köster, R. & Müller, W. (Hrsg.). (1973). *Duden* (Bd. 1 Rechtschreibung, 17. neu bearbeitete und erweiterte Aufl.). Mannheim: Bibliographisches Institut.

Dufour, R. (1978). *Ecouter le rêve.* Paris: Robert Laffont.

Durand, D., Weitzel, J. & Hansen, A. (1989). Computer analysis of sensory predicate use in written and oral communication. *Psychological Reports, 65,* 675-684.

D'Zurilla, T.J. & Goldfried, M.R. (1971). Problem solving and behavior modification. *Journal of Abnormal Psychology, 78,* 107-126.

Ehrmantraut, J.E. (1984). A comparison of the therapeutic relationship of counseling students trained in neurolinguistic programming vs. students trained in the Carkuff model (Doctoral dissertation, 1983). *Dissertation Abstracts International, B 44* (10), 3191.

Eichmann, K. & Mayer, I. (1985). *Kursbuch Psychotherapie.* Frankfurt: Hermann Weixler.

Einspruch, L.E. & Forman, B.D. (1985). Observations concerning research literature on neuro-linguistic programming. *Journal of Counseling Psychology, 32,* 589-596.

Eliade, M. (1954). *Schamanismus und archaische Ekstasetechnik.* Zürich: Rascher.

Elich, M., Thompson, R.W. & Miller, L. (1985). Mental imagery as revealed by eye movements and spoken predicates: A test of neurolinguistic programming. *Journal of Counseling Psychology, 32,* 622-625.

Ellickson, J.L. (1981). The effect of interviewer's responding differentially to subject's representational systems as indicated by eye movement (Doctoral dissertation, 1981). *Dissertation Abstracts International, B 41* (7), 2754.

Ellickson, J.L. (1983). Representational systems and eye movements in an interview. *Journal of Counseling Psychology, 30,* 339-345.

Ellis, A. (1971). *Growth trough reason.* Palo Alto: Science and Behavior Books.

Ellis, A. (1977). *Die rational-emotive Therapie. Das innere Selbstgespräch bei seelischen Problemen und seine Veränderung.* München: J. Pfeiffer.

Ellis, J.L. (1981). Representational systems: An investigation of sensory predicates use in a self-disclosure interview (Doctoral dissertation, 1980). *Dissertation Abstracts International, B 41* (11), 4244.

Erickson, M.H., Rossi, E.L. & Rossi, S.L. (1978). *Hypnose. Induktion - Psychotherapeutische Anwendung - Beispiele.* München: J. Pfeiffer.

Erickson, M.H. & Rossi, E.L. (1981). *Hypnotherapie: Aufbau, Beispiele, Forschungen.* München: J. Pfeiffer.

Fabre, N. (1986). Der gelenkte Tagtraum nach Desoille. In J.L. Singer & K.S. Pope (Hrsg.), *Imaginative Verfahren in der Psychotherapie* (S. 263-288). Paderborn: Junfermann.

Faist, J.W. (1987). *Beeinflussung phobischen Verhaltens durch ein dissoziatives Interventionsmuster nach Bandler und Grinder (NLP).* Unveröff. Dipl.Arbeit, Universität Bielefeld.

Falzett, W.C. (1981). Matched vs. unmatched primary representational systems and their relationship to perceived trustworthiness in a counseling analogue. *Journal of Counseling Psychology, 28,* 305-308.

Fatzer, G. (1988). *Ganzheitliches Lernen: Humanistische Pädagogik und Organisationsentwicklung. Ein Handbuch für Lehrer, Pädagogen, Erwachsenenbildner und Organisationsberater* (2. Aufl.). Paderborn: Junfermann.

Faulkender, N.A. (1985). Primary representational system and task performance: Empirical assessment in prison and normal population (Doctoral dissertation, 1985). *Dissertation Abstracts International, B 45* (12), 3937.

Fechner, G. (1860). *Elemente de Psychophysik.* Leipzig: Breitkopf und Härtel.

Fernald, M.R. (1912). The diagnosis of mental imagery. *The Psychological Monographs, 14.*

Field, E.S. (1990). Neurolinguistic programming as an adjunct to other psychotherapeutic/hypnotherapeutic interventions. *American Journal of Clinical Hypnosis, 32,* 174-182.

Fisch, R., Weakland, J.H. & Segal, L. (1987). *Strategien der Veränderung. Systemische Kurzzeittherapie.* Stuttgart: Klett-Cotta.

Fraser, A. (1891). Visualisation as a chief source of the psychology of Hobbes, Locke, Berkeley and Hume. *American Journal of Psycholgy, 4,* 230-247.

Frétigny, R. & Virel, A. (1968). *L'imagerie mentale.* Genf: Mont Blanc.

Frieden, F.P. (1981). Speaking the client's language: The effects of neuro-linguistic programming (predicate matching) on verbal and nonverbal behaviors in psychotherapy (Doctoral dissertation, 1981). *Dissertation Abstracts International, B 42* (3), 1171.

Fröhlich, W.D. (1989). *dtv-Wörterbuch zur Psychologie* (16. Aufl.). München: dtv.

Frye, M.L. (1980). An analysis of the relationship between leisure interests and representational systems among college freshman students with implications for leisure counseling (Doctoral dissertation, 1980). *Dissertation Abstracts International, A 41* (6), 2764.

Galton, R. (1880). Statistics of mental imagery. *Mind, 5,* 301-318.

Gerler, D. & Nelson, T.O. (1982). Colors in imagery and memory performance. *Perceptual and Motor Skills, 55,* 1111-1114.

Glaserfeld, E. von (1987). *Wissen, Sprache und Wirklichkeit.* Braunschweig: Vieweg.

Goldfried, M.R. (1971). Desenzitization as training in selfcontrol. *Journal of Consultant and Clinical Psychology, 37,* 228-234.

Goleman, D. (1979). People who read people. *Psychology Today, July 1979,* 66-78.

Gordon, D. (1986). *Therapeutische Metaphern.* Paderborn: Junfermann. (Original erschienen 1978: Therapeutic metaphors)

Gordon, R.A. (1949). An investigation into some of the factors that favour the formation of stereotyped images. *British Journal of Psycholgy, 39,* 156-167.

Gordon, R.A. (1950). An experiment correlating the nature of imagery with performance on a test of reversal of perspective. *British Journal of Psychology, 41,* 63-67.

Graunke, B. & Roberts, T.K. (1985). Neurolinguistic programming: The impact of imagery tasks on sensory predicate usage. *Journal of Counseling Psychology, 32,* 525-530.

Grawe, K. (1987). *Schema-Theorie und heuristische Psychotherapie (Forschungsbericht).* Bern: Psychologisches Institut.

Green, M.A. (1981). Trust as effected by representational system predicates (Doctoral dissertation, 1979). *Dissertation Abstracts International, B 41* (8), 3159-3160.

Griffiths, C.H. (1927). Individual differences in imagery. *Psychological Monographs, 37,* Whole No. 172.

Grinder, J. (1985). Auf dem Wege zum Neurolinguistischen Programmieren, ... ein Anfang.... In R. Dilts, J. Grinder, R. Bandler, L. Cameron-Bandler & J. DeLozier, *Strukturen subjektiver Erfahrung. Ihre Erforschung und Veränderung durch NLP* (S. 12-19). Paderborn: Junfermann. (Original erschienen 1980: Neuro-Linguistic Programming, Vol. 1: The study of the structure of subjective experience)

Grinder, J. & Bandler, R. (1984a). *Kommunikation und Veränderung. Die Struktur der Magie 2* (2. Aufl.). Paderborn: Junfermann. (Original erschienen 1976: The structure of magic, Vol. 2)

Grinder, J. & Bandler, R. (1984b). *Therapie in Trance. Hypnose: Kommunikation mit dem Unbewußten.* Stuttgart: Klett-Cotta. (Original erschienen 1981: TRANCE-Formations. Neuro-Linguistic Programming and the structure of hypnosis)

Grinder, J., DeLozier, J. & Bandler, R. (1977). *Patterns of the hypnotic techniques of Milton H. Erickson, M.D., Vol. 2.* Cupertino: Meta Publications.

Grinder, J. & McMaster, M. (1980). *Precision: a new approach to communication.* Beverly Hills: Precision Modells.

Grinder, M. (1989). *Righting the educational conveyor belt.* Portland: Metamorphous Press.

Gumm, W., Walker, M. & Day, H. (1982). Neurolinguistic programming: Method or myth? *Journal of Counseling Psychology, 29,* 327-330:

Gur, R.C. & Hilgard, E.R. (1975). Visual imagery and the discrimination of differences between altered pictures simultaneously and successively presented. *British Journal of Psychology, 66,* 341-345.

Haley, J. (1978). *Die Psychotherapie Milton H. Ericksons*. München: J. Pfeiffer.

Hammer, A.L. (1983). Matching perceptual predicates: Effect on perceived empathy in a counseling analogue. *Journal of Counseling Psychology, 30,* 172-179.

Hänggi, D. (1989a). *Visuelle Vorstellungsfähigkeit*. Freiburg, Schweiz: Universitätsverlag; Bern: Huber.

Hänggi, D. (1989b). Differentialspychologische Aspekte von Komponenten des visuellen Vorstellens. *Sprache & Kognition, 8, (4),* 183-192.

Hauck, P.D., Walsh, C.C. & Kroll, N.A. (1976). Visual imagery mnemonics: common vs bizarre mental images. *Bulletin of the Psychonomic Society, 7,* 160-162.

Hernandez, V.O. (1981). A study of eye movement patterns in the neurolinguistic programming model (Doctoral dissertation, 1981). *Dissertation Abstracts International, B 42* (4), 1587.

Herzog, W. (1984). *Modell und Theorie in der Psychologie*. Göttingen: Verlag für Psychologie - Dr. C.J. Hogrefe.

Hill, N. & Stone, W.C. (1967). *Erfolg durch positives Denken. Ein Schlüsselbuch richtiger Einstellung und Motivation*. Genf: Keller.

Hillin, H.H. (1984). Effects of a rapport method and chemical dependency workshop of adults employed in Kansas service agencies (Doctoral dissertation, 1983). *Dissertation Abstracts International, A 44* (12), 3574.

Holt, R.R. (1964). Imagery: The return of the ostracized. *American Psychologist, 19,* 254-264.

Horowitz, M.J. (1986). Die Kontrolle der visuellen Vorstellungskraft und therapeutische Intervention. In J.L. Singer & K.S. Pope (Hrsg.), *Imaginative Verfahren in der Psychotherapie* (S. 51-65). Paderborn: Junfermann. (Original erschienen 1978: The power of human imagination)

Ibach, K. (1983). *Linguistische Analyse als NLP*. Unveröff. Dipl.Arbeit, Eberhard-Karls-Universität, Tübingen.

Jacobsen, S. (1983). *Meta-Cation, Vol. 1. Prescriptions for some ailing educational processes*. Cupertino: Meta Publications.

Jacobsen, S. (1987). *Meta-Cation, Vol. 2. New improved formulas for thinking about thinking*. Cupertino: Meta Publications.

Jacobsen, S. (1988). *Meta-Cation, Vol. 3. Powerful applications for strong relief*. Cupertino: Meta Publications.

James, T. & Woodsmall, W. (1991). *Time line: NLP-Konzepte zur Grundstruktur der Persönlichkeit*. Paderborn: Junfermann. (Original erschienen 1988: Time line therapy and the basis of personality)

Janov, A. (1976). *Der Urschrei*. Frankfurt: Fischer.

Johannsen, C.A. (1983). Predicates, mental imagery in discrete sense modes, and levels of stress: The neurolinguistic programming typologies (Doctoral dissertation, 1982). *Dissertation Abstracts International, B 43* (8), 2709.

Johnson, J. (1975). *Senoi dreamwork in a western culture.* San Francisco: California School for Professional Psychology.

Jojart, J. (1985). *Das Sprachmodell des Neurolinguistischen Programmierens: Empirische Untersuchungen zur Anwendbarkeit in der Psychotherapie. Wie wirken die Interventionstechniken aus der Struktur der Magie?* Unveröff. Dipl.Arbeit, Eberhard-Karls-Universität, Tübingen.

Jojart, J. & Revenstorf, D. (1986). Zur theoretischen Grundlage des sprachlichen Metamodells von Bandler und Grinder. *Hypnose und Kognition, 3* (2), 52-54.

Jung, C.G. (1978). *Psychologische Typen, Gesammelte Werke VI.* Olten: Walter.

Jupp, J.J. (1989a). A further empirical evaluation of neurolinguistic primary representational system (PRS). *Counseling Psychology Quarterly, 2,* 441-450.

Jupp, J.J. (1989b). Neurolinguistic programming: A experimental test of the effectiveness of "leading" in hypnotic inductions. *British Journal of Experimental and Clinical Hypnosis, 6,* 91-97.

Kazdin, A.E. (1986). Verdecktes Modellernen: Die therapeutische Anwendung von Imaginationsübungen. In J.L. Singer & K.S. Pope (Hrsg.), *Imaginative Verfahren in der Psychotherapie* (S. 323-349). Paderborn: Junfermann. (Original erschienen 1978: The power of human imagination)

Kieras, D. (1978). Beyond pictures and words: Alternative information-processing models for imagery effects in verbal memory. *Psychological Bulletin, 85* (3), 532-554.

Klampfl-Lehmann, I. (1987). *Der Schlüssel zum besseren Gedächtnis* (3. Aufl.). München: Delphin.

Koffka, K. (1935). *Principles of Gestalt Psychology.* London: Routledge and Kegan Paul.

Korzybski, A. (1933). *Science and sanity.* Lakeville: The International Non-Aristotelian Library Publishing Company.

Kossak, H.-C. (1989). *Hypnose. Ein Lehrbuch.* München: Psychologie Verlags Union.

Kosslyn, S.M. (1975). Scanning visual images: Some structural implications. *Perception and Psychophysics, 14,* 321-331.

Kosslyn, S.M. (1980). *Image and mind.* Cambridge: Harvard University Press.

Kosslyn, S.M. (1981). The medium and the message in mental imagery: A theory. *Psychological Review, 88,* 46-66.

Kosslyn, S.M. (1987). Seeing and imagining in the cerebral hemispheres: A computational approach. *Psychological Review, 94,* (2), 148-175.

Kosslyn, S.M., Brunn, J., Cave, K.R. & Wallach, R.W. (1984). Individual differences in mental imagery ability: A computational analysis. *Cognition, 18,* 195-243.

Koziey, P.W. & McLeod, G.L. (1987): Visual-kinesthetic dissociation in treatment of victims of rape. *Professional Psychology: Research and Practice, 18,* 276-282.

Kraepelin, E. (1895). Der psychologische Versuch in der Psychiatrie. *Psychologische Arbeiten, 1,* 73-74.

Kraft, W.A. (1983). The effects of primary representational systems congruence on relaxation in an neurolinguistic programming model (Doctoral dissertation, 1982). *Dissertation Abstracts International, B 43* (7), 2372.

Krugman, M., Kirsch, I., Wickless, C., Milling, L., Golicz, H. & Toth, A. (1985). Neuro-linguistic programming treatment for anxiety: Magic or myth? *Journal of Consulting and Clinical Psychology, 53,* 526-530.

Kruse, P. (1988). Stabilität, Instabilität, Multistabilität: Selbstorganisation und Selbstreferentialität in kognitiven Systemen. *Delfin, 6 (3),* 35-57.

Kuelpe, O. (1922). *Vorlesungen über Psychologie.* Herausgegeben von K. Bühler. Leipzig: Hirzel.

Küppers, B.-O. (1987). *Ordnung aus dem Chaos: Prinzipien der Selbstorganisation und Evolution des Lebens.* München: Piper.

Lakoff, G. & Ross, J.R. (1968). *Is deep structure necessary?* Bloomington: Linguistics Club, Indiana University.

Lang, H. (Hrsg.). (1990). *Wirkfaktoren der Psychotherapie.* Berlin: Springer.

Lange, D.E. (1981). A validity study of the construct "most highly valued representational system" in human auditory and visual perceptions (Doctoral dissertation, 1980). *Dissertation Abstracts International, B 41* (11), 4266.

Lankton, S.R. (1980). *Practical Magic: A translation of basic Neuro-Linguistic Programming into clinical psychotherapy.* Cupertino: Meta Publications.

Lay, W. (1898). Mental imagery. *Psychological Review Monographs, Supplement, 2,* 1-59.

Lazarus, A.A. (1978). *Verhaltenstherapie im Übergang: Breitbandmethoden für die Praxis.* München: E. Rheinhardt.

Lazarus, A.A. (1980). *Innenbilder. Imagination in der Therapie und als Selbsthilfe.* München: J. Pfeiffer.

Lea, G. (1975). Chronometric analysis of the method of loci. *Journal of experimental Psychology: Human Perception and Performance, 104* (2), 95-104.

Lefrancois, G.R. (1976). *Psychologie des Lernens. Report von Kongor dem Androneaner.* Berlin: Springer. (Original erschienen 1972: Psychological theories and human learning: Kongors Report)

Leuner, H. (1986). Die Grundprinzipien des Katathymen Bilderlebens (KB) und seine therapeutische Effizienz. In J.L. Singer & K.S. Pope (Hrsg.), *Imaginative Verfahren in der Psychotherapie* (S. 149-194). Paderborn: Junfermann. (Original erschienen 1978: The power of human imagination)

Liberman, M.B. (1984). The treatment of simple phobias with neurolinguistic programming techniques (Doctoral dissertation, 1984). *Dissertation Abstracts International, B 45* (6), 1918.

Lloyd, L. (1989). *Classroom magic.* Portland: Metamorphous Press.

Lorayne, H. & Lucas, J. (1974). *The memory book.* New York: Stein and Day.

Lozanov, G. (1975). The nature and history of the Suggestopedic System of Teaching Foreign languages and its experimental prospects. *Suggestology and Suggestopedia Journal, 1* (1).

MacMorran, P.R. (1987). *Brief treatment for disturbing memory: A neuro-linguistic programming submodality procedure*. Unpublished doctoral dissertation, University of Tennesse. (also in Dissertation Abstracts International (1988), A 48 (7), 1710-1711)

Mahoney, M.J. (1979). *Kognitive Verhaltenstherapie. Neue Entwicklungen und Integrationsschritte* (2. Aufl.). München: J. Pfeiffer. (Original erschienen 1974: Cognition and behavior modification)

Malleson, N. (1959). Panic and phobia: a possible method of treatment. *Lancet, 1*, S. 225-227.

Marks, D.F. (1973). Visual imagery differences in the recall of pictures. *British Journal of Psycholgy, 64*, 17-24.

Marks, D.F. (1983). Mental imagery and consciousness: a theoretical review. In A.A. Sheikh (Ed.), *Imagery: current theory, research and application*. New York: Wiley.

Marks, I.M. (1975). Behavioral treatments of phobic and obsessive-compulsive disorders: a critical appraisal. In M. Hersen, R.M. Eisler & P.M. Miller (Eds.), *Progress in behavior modification, Vol. 1*. New York. Academic Press.

Mattar, A.T. (1981). Primary representational system as a basic for improved comprehension and communication (Doctoral dissertation, 1980). *Dissertation Abstracts International, B 41* (8), 3162.

Matthews, W.J., Kirsch, I. & Mosher, D. (1985). Double hypnotic induction: An initial empirical test. *Journal of Abnormal Psychology, 94*, 92-95.

Maturana, H.R. & Varela, F.J. (1987). *Der Baum der Erkenntnis: Wie wir die Welt durch unsere Wahrnehmung erschaffen - Die biologischen Wurzeln des menschlichen Erkennens*. Bern: Scherz.

McCawley, J.D. (1968). The role of semantics in a grammar. In E.W. Bach & R.T. Harms (Eds.), *Universals in linguistic theory*. New York: Holt, Rinehart and Winston.

McKelvie, S.J. & Demers, E. (1979). Individual differences in reported visual imagery and memory performance. *Britisch Journal of Psychology, 70*, 51-57.

Meichenbaum, D. (1979). *Kognitive Verhaltensmodifikation*. München: Urban und Schwarzenberg.

Melvin, K. & Miller, H. (1988). Anchoring: Panacea or placebo. *Phobia Practice and Research Journal, 1*, 153-158.

Metzger, W. (1975). *Gesetze des Sehens* (3., völlig neu bearbeitete Auflage). Frankfurt: Waldemar Kramer.

Metzig, W. & Schuster, M. (1982). *Lernen zu lernen*. Berlin: Springer.

Miller, G.A. (1956). The magical number seven, plus or minus two: Some limits on our capacity for processing information. *Psychological Review, 63,* 81-97.

Miller, G.A., Galanter, E. & Pribram, K. (1960). *Plans and the structure of behavior.* New York: Holt, Rinehart & Winston.

Monguio-Vecino, I. & Lippman, L.G. (1987). Image formation as related to visual fixation point. *Journal of Mental Imagery, 11,* 87-96.

Morris, P.E. & Hampson, P.J. (1983). *Imagery and consciousness.* London: Academic Press.

Murray, F.S. (1974). Effects of narrative stories on recall. *Bulletin of the Psychonomic Society, 4,* 577-579.

Nagel, C. van, Siudzinski, R., Reese, E.J., & Reese, M. (1989). *Megateaching - Neurolinguistisches Programmieren in Unterricht und Erziehung.* Freiburg: Verlag für Angewandte Kinesiologie. (Original erschienen 1985: Megateaching and learning - Neurolinguistic Programming applied to education)

Neisser, U. (1967). *Cognitive psychology.* New York: Appleton-Century-Crofts.

Neisser, U. (1976). *Cognition and reality.* San Francisco: Freeman.

Newton, E.L. (1981). The effect of verbal pacing on selfdisclosure and trust to interviewer (Doctoral dissertation, 1981). *Dissertation Abstracts International, B 42* (4), 1615.

NLP Comprehensive (Ed.). (1990). *NLP resource guide: Your comprehensive guide to NLP books, audiotapes, videotapes and trainings.* Boulder: Ed.

O'Connor, J. (1987). *Not pulling strings. A book about instrumental teaching and music education.* London: Lambert Books.

O'Connor, J. & Seymour, J. (1990). *Introducing Neuro-Linguistic Programming: The new psychology of personal excellence.* o.O.: Crucible.

O'Leary, R.A. (1985). Perceptual accuracy of affect identification and the relationship to representational system and personality type (Doctoral dissertation, 1984). *Dissertation Abstracts International, A 45* (7), 2043-2044.

Osgood, C.E., Suci, G.J. & Tannenbaum, P.H. (1957). *The measurement of meaning.* Urbana, Illinois: University of Illinois Press.

Ostrander, S., Ostrander, N. & Schroeder, L. (1979). *Leichter lernen ohne Streß. Superlearning. Die revolutionäre Losanow-Methode zur Steigerung von Wissen und Gedächtnis durch müheloses Lernen.* Bern: Scherz.

Owens, L.F. (1978). An investigation of eye movements and representational systems (Doctoral dissertation, 1977). *Dissertation Abstracts International, B 38* (10), 4992.

Paivio, A. (1966). Latency of verbal associations and imagery to noun stimuli as a function of abstractness and generality. *Canadian Journal of Psychology, 20,* 378-387.

Paivio, A. (1971). *Imagery and verbal processes.* New York: Holt, Rinehart and Winston.

Paivio, A. (1977). Images, propositions and knowledge. In J.M. Nicholas (Ed.), *Images, perception and knowledge.* Dordrecht: Reidel.

Palubeckas, A.J. (1981). Rapport in the therapeutic relationship and its relationship to pacing (Doctoral dissertation, 1981). *Dissertation Abstracts International, B 42* (6), 2544.

Pantin, H.M. (1983). The relationship between subjects' predominant sensory predicate use, they preferred representational system and selfreported attitudes towards similar vs. different therapist-patient dyads (Doctoral dissertation, 1982). *Dissertation Abstracts International, B 43* (7), 2350.

Paulus, J. (1985). *Das Sprachmodell des Neurolinguistischen Programmierens: Empirische Untersuchungen zur Anwendbarkeit in der Psychotherapie. Gibt es hypnotische Sprache?* Unveröff. Dipl.Arbeit, Eberhard-Karls-Universität, Tübingen.

Paxton, L.D. (1981). Representational systems and client perception of the counseling relationship (Doctoral dissertation, 1980). *Dissertation Abstracts International, A 41* (9), 3888.

Perky, C.W. (1910). An experimental study of imagination. *American Journal of Psychology, 7,* 422-452.

Perls, F.S., Hefferline, R.F. & Goodman, P. (1981). *Gestalttherapie* (2. Aufl.). Suttgart: Klett Cotta.

Persensky, J.J. & Senter, R.J. (1970). An investigation of "bizarre" imagery as a mnemonic device. *Psychological Record, 20,* 145-150.

Piaget, J. (1937). *La construction du réel chez l'enfant.* Neuchâtel: Delachaux et Niestlé.

Pressley, M. & Levin, J.R. (1978). Developmental constraints associated with children's use of the keyword method of foreign language vocabulary learning. *Journal of experimental Child Psychology, 26,* 359-372.

Pylyshyn, Z.W. (1973). What the mind's eye tells the mind's brain: A critique of mental imagery. *Psychological Bulletin, 80,* 1-24.

Pylyshyn, Z.W. (1981). The imagery debate: Analog media versus tacit knowledge. *Psychological Review, 88,* 16-45.

Rachman, S. (1968). *Phobias: their nature and control.* Springfield: Charles C. Thomas.

Raciti, M.A. (1985). Imagery encouragement, primary representational system, and relaxation levels during electromyographical biofeedback relaxation training (Doctoral dissertation, 1984). *Dissertation Abstracts International, B 45* (12), 3957.

Radl, M.C. (1986). Predicate identification and predicate matching (Doctoral dissertation, 1985). *Dissertation Abstracts International, B 46* (10), 3625.

Radosta, R. (1982). An investigation of eye accessing cues (Doctoral dissertation, 1982). *Dissertation Abstracts International, B 43* (3), 883.

Rebstock, M.E. (1980). The effects of training in matching techniques on the development of rapport between client and counselor during initial counseling interviews (Doctoral dissertation, 1980). *Dissertation Abstracts International, A 41* (3), 940.

Reisberg, D., Culver, L.C., Heuer, F. & Fischmann, D. (1986). Visual memory: When imagery makes a difference. *Journal of Mental Imagery, 10,* 51-74.

Rescorla, R.A. & Solomon, R.L. (1967). Two-prozess learning theory: Relationships between Pavlovian conditioning and instrumental learning. *Psychological Review, 74,* S. 151-182.

Reuben, C. (1987). Vorwort des Übersetzers zur deutschen Ausgabe. In R. Bandler, *Veränderung des subjektiven Erlebens. Fortgeschrittene Methoden des NLP* (S. 7-10). Paderborn: Junfermann.

Revenstorf, D. (1985). Kritik der "Struktur der Magie". In B. Peter (Hrsg.), *Hypnose und Hypnotherapie nach Milton H. Erickson: Grundlagen und Anwendungsfelder* (S. 238-270). München: J. Pfeiffer.

Richardson, A. (1969). *Mental imagery.* New York: Springer.

Robbie, E. (1988). New developments. *Rapport, 6,* 6.

Salas, J., de Groot, H. & Spanos, N.P. (1989). Neurolinguistic programming and hypnotic responding: An empirical evaluation. *Journal of Mental Imagery, 13,* 79-90.

Sandhu, D.S. (1984). The effects of mirroring vs. non-mirroring of client's nonverbal behaviors on empathy, trustworthiness and positive interaction in cross cultural counseling dyads (Doctoral dissertation, 1984). *Dissertation Abstracts International, A 45* (4), 1042.

Satir, V. (1985). Vorwort. In R. Bandler & J. Grinder, *Metasprache und Psychotherapie. Die Struktur der Magie 1* (3. Aufl., S. 11-12). Paderborn: Junfermann. (Original erschienen 1975: The structure of magic, Vol. 1)

Schiermann, J.U. (1987). *Die Repräsentation anschaulicher Information. Eine experimentelle Studie zur kognitiven Psychologie über die Identifizierung modalitätsspezifischer Repräsentationssysteme.* Frankfurt/Main: Lang.

Schmedlen, G.W. (1981). The impact of sensory modality matching on the establishment of rapport in psychotherapy (Doctoral dissertation, 1981). *Dissertation Abstracts International, B 42* (5), 2080-2081.

Schmedlen, G.W., McCormick, D.W. & Woldt, A.L. (1987). *Neuro-linguistic programming, matching sensory predicates, and rapport.* Paper presented at the Western Psychological Association Annual Meeting, Long Beach, CA. (Available through ERIC Document Reproduction Service No. ED 281 138)

Schmidt, S. (Hrsg.). (1987). *Der Diskurs des Radikalen Konstruktivismus.* Frankfurt: Suhrkamp.

Schönpflug, W. & Schönpflug, U. (1989). *Psychologie. Allgemeine Psychologie und ihre Verzweigungen in die Entwicklungs-, Persönlichkeits- und Sozialpsychologie* (2., durchgesehene Aufl.) München: Psychologie Verlags Union.

Schuhbauer, J. (1988). *Augenbewegungen als Indikatoren für Informationsverarbeitungsprozesse.* Unveröff. Magisterarbeit, Ludwig-Maximilian-Universität, München.

Segal, S.J. & Fusella, V. (1970). Influence of imaged pictures and sounds on detection of visual and auditory signals. *Journal of Experimental Psycholgy, 83,* 438-464.

Senter, R.J. & Hoffman, R.R. (1976). Bizarrness as a non essential variable in mnemonic imagery: a confirmation. *Bulletin of the Psychonomic Society, 7*, 163-164.

Sharpley, C.F. (1984). Predicate matching in neurolinguistic programming: A review of research on the preferred representational system. *Journal of Counseling Psychology, 31*, 238-248.

Sharpley, C.F. (1987). Research findings on neurolinguistic programming: Nonsupportive data or an untestable theory? *Journal of Counseling Psychology, 34*, 103-107.

Shaw, D.L. (1978). Recall as effected by the interaction of presentation representational system and primary representational system (Doctoral dissertation, 1977). *Dissertation Abstracts International, A 38* (10), 5931.

Sheehan, P.W. (Ed.). (1972). *The function and nature of imagery*. New York: Academic Press.

Shepard, R.N. & Feng, G. (1972). A chronometric study of mental paper folding. *Cognitive Psychology, 3*, 228-243.

Shobin, M.A. (1980). An investigation of the effect of verbal pacing on initial therapeutic rapport (Doctoral dissertation, 1980). *Dissertation Abstracts International, A 41* (5), 1960.

Shorr, J.E. (1986). Kategorien des imaginären Erlebens in der Therapie und ihre klinische Anwendung. In J.L. Singer & K.S. Pope (Hrsg.), *Imaginative Verfahren in der Psychotherapie* (S. 117-148). Paderborn: Junfermann. (Original erschienen 1978: The power of human imagination)

Singer, J.L. (1978). *Phantasie und Tagtraum. Imaginative Methoden in der Psychotherapie*. München: J. Pfeiffer. (Original erschienen 1974: Imagery and daydreaming methods in pychotherapy and behaviour modification)

Singer, J.L. & Pope, K.S. (Hrsg.). (1986). *Imaginative Verfahren in der Psychotherapie*. Paderborn: Junfermann. (Original erschienen 1978: The power of human imagination)

Sinn, P. (1984). *Empirische Untersuchungen zu Konzepten des Neurolinguistischen Programmierens, Teil 3: Das Augenbewegungsmodell*. Unveröff. Dipl.Arbeit, Eberhard-Karls-Universität, Tübingen.

Slavit, M.R. (1984). The effects of accesing and utilizing preferred sensory modality: An experiment with relaxation training (Doctoral dissertation, 1983). *Dissertation Abstracts International, B 44* (9), 2907.

Stahl, T. (1981). Das Konzept 'Widerstand' in der Psychotherapie Milton Ericksons, in der Kommunikationstherapie und im Neurolinguistischen Programmieren. In H. Petzold (Hrsg.), *Widerstand - ein strittiges Konzept in der Psychotherapie*. Paderborn: Junfermann.

Stahl, T. (1988). *Triffst du 'nen Frosch unterwegs... NLP für die Praxis*. Paderborn: Junfermann.

Stahl, T. (o.J.). *"Identitäts-Sinn" und "Widerstands-Prophylaxe"*. Unveröff. Manuskript, o.O.

Stahl, T. & Petzold, H. (1986). Vorwort an den deutschen Leser. In R. Bandler & J. Grinder, *Neue Wege der Kurzzeit-Therapie. Neurolinguistische Programme* (5. Aufl.). Paderborn. Junfermann.

Stampfl, T.G. & Levis, D.J. (1967). Essentials of implosive therapy: a learning theory-based psychodynamic behavioral therapy. *Journal of Abnormal Psycholgy, 72,* S. 496-503.

Stanton, H.E. (1988). Treating phobias rapidly with Bandler's theatre technique. *Australian Journal of Clinical & Experimental Hypnosis, 16* (2), 153-160.

Steiner, G. (1980). *Visuelle Vorstellungen beim Lösen von elementaren Problemen. Über die Wirkung visueller Vorstellungen und ihr Verhältnis zum visuellen Wahrnehmen.* Stuttgart: Klett-Cotta.

Suinn, R.M. (1976). Body thinking for olympic champs. *Psychology Today, 10,* S. 38-43.

Süllwold, F. (1987). Vorstellung. In W. Arnold, J. Eysenck & R. Meili (Hrsg.), *Lexikon der Psychologie* (2. Aufl., 3. Bd., S. 2506-2507). Freiburg: Herderbücherei.

Tabler, H. (o.J.). *NLP - der "Turbolader" für Ihre persönliche Verkaufstechnik.* Pforzheim: Autor.

Talone, J.M. (1983). The use of sensory predicates to predict responses to sensory suggestions (Doctoral dissertation, 1983). *Dissertation Abstracts International, B 44* (2), 618-619.

Thomason, D.D. (1984). Neurolinguistic programming: An aid to increase counselor expertness (Doctoral dissertation, 1984). *Dissertation Abstracts International, B 44* (9), 2909.

Thomason, T.C., Arbuckle, T. & Cady, D. (1980). Test of the eye movement hypothesis of neurolinguistic programming. *Perceptual and Motor Skills, 51,* 230.

Thorndike, E.L. (1914). *Educational Psychology.* New York: Teachers College, Columbia University.

Torres, C. (1984). An investigation of language representational system by personality type (Doctoral dissertation, 1984). *Dissertation Abstracts International, A 45* (5), 1271.

Umansky, D. (1985). The use of metaphoric language in relaxation training (Doctoral dissertation, 1985). *Dissertation Abstracts International, B 45* (10), 3348.

Vaihinger, H. (1911). *Die Philosophie des Als-Ob. System der theoretischen, praktischen und religiösen Fiktionen der Menschheit auf Grund eines idealistischen Positivismus.* Berlin: Reuther & Reichard.

Van der Zyl, E.L. (1984). The effects of meta-model questionning and empathic responding on concreteness in client statements and client ratings of anxiety and counselor attractiveness, expertness and trustworthiness (Doctoral dissertation, 1983). *Dissertation Abstracts International, A 44* (12), 3600-3601.

Völter, J. (1984). *Empirische Untersuchng zum Konzept der Ressource im Neurolinguistischen Programmieren.* Unveröff. Dipl.Arbeit, Eberhard-Karls-Universität, Tübingen.

Wade, T.C., Malloy, T.E. & Proctor, S. (1977). Imaginal correlates of self-reported fear and avoidance behavior. *Behavior Research and Therapy, 15,* 17-22.

Watkins, M.J. & Schiano, D.J. (1982). Chromatic imaging: an effect mental coloring on recognition memory. *Canadian Journal of Psycholgy, 36,* 291-299.

Watson, J.B. (1919). *Psychology from the standpoint of a behaviorist.* Philadelphia: Lippincott.

Watzlawick, P. (Hrsg.). (1985). *Die erfundene Wirklichkeit. Beiträge zum Konstruktivismus* (2. Aufl.). München: Piper.

Watzlawick, P., Beavin, J.H., & Jackson, D.D. (1969). *Menschliche Kommunikation: Formen, Störungen, Paradoxien.* Bern: Huber.

Weerth, R. (1986). *Entwicklungspädagogik: Musikalische und andere kreative Aspekte der Begegnung zwischen Weißen und Angehörigen ursprünglicherer Kulturen, inbesondere Indianern.* Unveröff. Dipl.Arbeit, Westfälische Wilhelms-Universität Münster.

Wertheim, E., Habib, C. & Cumming, G. (1986). Test of the neurolinguistic programming hypothesis that eye-movements relate to processing imagery. *Perceptual and Motor Skills, 62,* 523-529.

Wertheimer, M. (1923). Untersuchungen zur Lehre von der Gestalt, 2. *Psychologische Forschung, 4,* 301-350.

White, K.D. (1978). *Salivation: the significance of imagery in its voluntary control.* Unpublished MA Thesis, University of Nottingham.

Whorf, B.L. (1963). *Sprache, Denken, Wirklichkeit.* Hamburg: Rowohlt.

Wippich, J. (1985). *Begegnung. Arbeitsgrundlagen des personenzentrierten Handelns und neurolinguistischen Programmierens zur komplexen Psychotherapie Milton H. Ericksons* (2. Aufl.). Weissenau: Autor

Wippich, W. (1984). *Lehrbuch der angewandten Gedächtnispsychologie. Bd.1.* Stuttgart: Kohlhammer.

Wolpe, J. (1958). *Psychotherapy by reciprocal inhibition.* Stanford: Stanford University Press.

Wolpe, J. (1972). *Praxis der Verhaltenstherapie.* Bern: Huber.

Woodsmall, W. (1989). Strategies - Part 3. Kinesthetic representational system. *Rapporter, 22,* 2-4.

Woodworth, R.S. (1938). *Experimental psychology.* New York: MacMillan.

Wundt, W. (1896). *Grundriss der Psychologie.* Leipzig: Engelmann.

Yapko, M.D. (1981a). Neuro-linguistic programming, hypnosis, and interpersonal influence (Doctoral dissertation, 1980). *Dissertation Abstracts International, B 41* (8), 3204.

Yapko, M.D. (1981b). The effect of matching primary representational system predicates on hypnotic relaxations. *American Journal of Clinical Hypnosis, 23,* 169-175.

Yates, F.A. (1966). *The art of memory.* London: Routledge and Kegan.

Yeager, J. (1985). *Thinking about thinking with NLP.* Cupertino: Meta Publications.

Zikmund, V. (1972). Physiological correlates of visual imagery. In P.W. Sheehan (Ed.), *The function and nature of imagery (pp.* 355-387) New York: Academic Press.

Zimbardo, P.G. (1983). *Psychologie* (4., neubearbeitete Aufl.). Berlin: Springer.

Glossar

Anker: Beliebiger Stimulus, der bei wiederholtem Auftreten stets die selbe Reaktion hervorruft; im NLP gezielt zur Beeinflussung kognitiver Prozesse und emotionaler Zustände eingesetzt; ähnlich wie bei der klassischen Konditionierung.

"As-If"-Frame: Fragetechnik, mit deren Hilfe man versucht, eine kognitive *Strategie*, über die ein Klient vermeintlich nicht verfügt, auszulösen; Beispiel: "Und wenn Sie es doch könnten, wie wäre das dann?"; wird im deutschen auch als 'Konjunktivmanöver' bezeichnet.

Assoziation: Generelle *Wahrnehmungsposition*, bei der alles aus der Perspektive der eigenen Person erlebt wird; die Person sieht sich selbst in der Vorstellung *nicht*; das Gegenteil ist *Dissoziation*.

Augenbewegungsmuster: Bestimmte Augenbewegungen zeigen das bei Denkprozessen jeweils bevorzugte Sinnessystem *(Repräsentationssystem)* an.

Dissoziation: Generelle *Wahrnehmungsposition*, bei der alles aus der Perspektive einer anderen Person erlebt wird; die Person sieht sich in der Vorstellung selbst *von außen*; das Gegenteil ist *Assoziation*.

Generalisierung: Kognitiver Verallgemeinerungsprozeß; einer von drei Prozeßmechanismen, die im NLP für jede menschliche *Modellbildung* angenommen werden; weitere sind *Tilgung* und *Verzerrung*.

Interner Zustand: Augenblicklicher kognitiv-emotional-physiologischer Gesamtzustand, der das aktuelle *Verhalten* einer Person bestimmt.

Kritische Submodalität: Diejenigen *Submodalitäten*, bei deren Veränderung sich über *Synästhesien* weitere *Submodalitäten* mitverändern.

Leading: Führungsprozeß in Beratungssituationen, der möglich wird, wenn durch *Pacing* zuvor ein guter *Rapport* hergestellt wurde.

Logische Ebenen der Veränderung: Hierarchisch gegliederte Ebenen des Denkens und Seins, die sich wechselseitig beeinflussen: Umwelt, Verhalten, Fähigkeiten, Glaubenssätze/Werte, Identität; sie basieren auf den 'logischen Ebenen des Lernens' von G. Bateson.

Meta-Modell der Sprache: Differenzierte Kategorisierung der Sprache; Fragetechniken, mit deren Hilfe sehr genaue, sinnesspezifische Informationen über kognitive Prozesse eingeholt werden können; *Generali-*

sierungen, Tilgungen und *Verzerrungen* sowie kognitive *Strategien* werden hinterfragt bzw. erfragt.

Meta-Programme: Etwa 20 Persönlichkeitsmerkmale; z.B. introvertiert vs. extravertiert, vergangenheitsorientiert vs. zukunftsorientiert.

Modellbildung: Hierbei wird die objektive Wirklichkeit mit Hilfe von *Generalisierungs-*, *Tilgungs-* und *Verzerrungs*-Mechanismen zu subjektiven kognitiven Repräsentationen (Modellen) der Wirklichkeit verarbeitet; diese Modelle haben eine sensorische Grundlage und organisieren das *Verhalten* des Menschen.

Modellierprozeß: Die bewußte, aktive 'Erzeugung' kognitiver Modelle mit dem Ziel, neues *Verhalten* zu ermöglichen.

Ökologie: Die systemische Gesamtheit eines in seine Umwelt eingebundenen Individuums; im Beratungsprozeß des NLP werden die Auswirkungen einzelner Interventionen stets im Hinblick auf die Ökologie der Person überprüft.

Pacing: Bewußtes Angleichen der Verhaltensweisen und Meinungen des Beraters an die seines Klienten; soll für einen guten *Rapport* sorgen und anschließendes *Leading* möglich machen.

Physiologie: Der von einem außenstehenden Beobachter wahrnehmbare nonverbale Anteil eines *internen Zustandes*; z.B. Bewegungen, Durchblutung, Geruch, Klang der Stimme, Augenbewegungen.

Primäres Repräsentationssystem (PRS): Das individuell dominanteste, also am stärksten ausgeprägte *Repräsentationssystem.*

Prozeßsprache: Kunstvoll vage Sprachmuster, die es dem Klienten ermöglichen sollen, die seitens des Beraters angebotenen 'Worthülsen' mit eigenem Inhalt zu füllen; z.B. "Sie können sich irgendwie wohl fühlen und auf *die* Art und Weise entspannen, wie es Ihnen heute am besten gefällt."

Quadrupel: Notation der vollständigen - teils bewußten, teils unbewußten - sinnlichen Erfahrung zu einem bestimmten Zeitpunkt, die durch eine *Synästhesie* der fünf nonverbalen *Repräsentationssysteme* gekennzeichnet ist. (Das olfaktorische und gustatorische Repräsentationssystem werden dabei zu *einem* Quadrupel-Element zusammengefaßt.)

Rapport: Die Qualität des emotionalen Kontaktes zwischen zwei oder mehr Menschen; ein guter Rapport gilt als Voraussetzung für jede veränderungswirksame Arbeit mit Klienten; *Pacing* seitens des Beraters soll einen solchen begünstigen.

Repräsentationssysteme (RS): Fünf *nonverbale Sinnesmodalitäten* (visuell, auditiv, kinästhetisch, olfaktorisch, gustatorisch), die der Mensch zur *externen* Wahrnehmung und zur *internen* Weiterverarbeitung der Wirklichkeit zu *Modellen* verwendet; zusätzlich zu den fünf *nonverbalen* wird als sechstes Repräsentationssystem ein *verbales* angenommen, das ebenfalls der *internen* Weiterverarbeitung dient.

Ressource: Hilfsmittel zur Erreichung von Wunschzielen; im NLP wird - wie auch in den anderen humanistischen Therapieverfahren - davon ausgegangen, daß ein Klient bereits über sämtliche zur Veränderung notwendigen Ressourcen verfügt; der Beratungsprozeß zielt auf das Bewußtmachen und/oder Nutzbarmachen dieser Ressourcen.

Strategie: Eine zielgerichtete Sequenz von internen verbalen und nonverbalen *Repräsentationen.*

Submodalitäten: Formal-qualitative Feinunterscheidungen innerhalb jeder Sinnesmodalität *(Repräsentationssystem)* - z.B. heller oder dunkler, größer oder kleiner, lauter oder leiser, weicher oder härter.

Synästhesie: Die durch externe oder interne Reizung *eines* Sinnessystems *(Repräsentationssystems)* gleichzeitig mitausgelöste Stimulierung eines oder mehrerer anderer Sinnessysteme.

Tilgung: Kognitiver Prozeß, mit dessen Hilfe Menschen aus der Fülle möglicher sensorischer Eindrücke, eine individuelle Auswahl treffen; einer von drei Prozeßmechanismen, die im NLP für jede menschliche *Modellbildung* angenommen werden; weitere sind *Generalisierung* und *Verzerrung.*

Überbrückung in die Zukunft (Future Pacing): Mentales Erproben von gewünschten *Verhaltens*weisen im Ziel-Kontext; durch diese antizipierte Übertragung auf den Alltag des Klienten soll der Beratungserfolg gefestigt werden.

Verhalten: Zum Verhalten rechnet NLP die sensorische Aufnahme einer externen oder internen Information ebenso wie deren interne kognitive Weiterverarbeitung und eine möglicherweise daraus resultierende externe oder interne Verhaltensweise; eine reale Skiabfahrt ebenso wie eine nur in der Vorstellung stattfindende.

Verzerrung: Kognitiver Prozeß, mit dessen Hilfe sensorische Eindrücke individuell verändert werden; einer von drei Prozeßmechanismen, die im NLP für jede menschliche *Modellbildung* angenommen werden; weitere sind *Generalisierung* und *Tilgung.*

Wahrnehmungsposition: Generelle Wahrnehmungspositionen: *Assoziation* und *Dissoziation*; mentale Wahrnehmungspositionen: die sogenannte *erste* (ganz assoziiert mit sich selbst), *zweite* (ganz assoziiert mit einer anderen Person, von sich selbst also dissoziiert) und *dritte* (neutral gegenüber dem aktuellen Geschehen) Wahrnehmungsposition.

Zeitlinie (Time Line): Individuell unterschiedliche kognitive Repräsentation von Vergangenheit, Gegenwart und Zukunft; unterschieden wird dabei grundsätzlich zwischen *'In-Time'* (assoziiert im eigenen zeitlichen Erleben) und *'Through-Time'* (dissoziiert vom eigenen zeitlichen Erleben).

Zugangshinweise: Sämtliche von einem Außenstehenden beobachtbare verbale und nonverbale Hinweise auf kognitive Prozesse *(Strategien)* einer Person; z.B. Augenbewegungen, Gebrauch sensorischer Sprachmuster.

Namensverzeichnis

Aebli, H. 31, 259
Allen, K.L. 236, 259
Ammann, A.N. 199, 259
Anderson, J.R. 33 f., 259
Andreas, C. 7, 12, 75, 82, 98 f., 103, 110-112, 134, 138, 154, 160-162, 167-169, 172-175, 184-191, 213 f., 232, 235, 259
Andreas, S. 7, 12, 75, 82, 98 f., 103, 110-112, 134, 138, 154, 160-162, 167-169, 172-175, 184-191, 213 f., 232, 259
Appel, P.R. 236, 259
Arbuckle, T. 235, 276
Arnold, R.C. 196, 262,
Asbell, B.C. 236, 259
Atkinson, R.C. 42, 197, 259
Atwater, J.M. 235 f., 259, 264
Axt, P. 182, 259

Bachmann, W. 135, 222, 224, 247, 259
Bacon, S.C. 236, 260
Bagley, D.S. 131, 260
Bandler, R. 1 f., 7-14, 18-22, 40, 44 f., 47, 49-53, 55, 58, 69, 74, 77-79, 86, 125 f., 129-132, 134-136, 142, 145, 147-151, 154 f., 157-160, 163-172, 177-183, 222-224, 226-228, 232 f., 238, 246, 249-251, 260 f., 264, 266 f., 269
Bandura, A. 43, 213, 217, 260
Bärsch, M. 236, 260
Bateson, G. 5, 9 f., 12, 17, 44, 91-97, 102, 106, 123, 260
Baumeler, M.U. 96 f., 260
Beale, R.P. 235, 261
Beaver, R. 237 f., 261
Beavin, J.H. 44, 141, 277
Beck, A.T. 149, 207, 226, 261
Becker, V. 8, 108, 127, 231, 261
Bellezza, F.S. 42, 194, 196, 197, 261
Berger, G.H. 42, 261
Betts, G.H. 38, 261
Bevan, W. 195, 261
Billups, A. 236, 261
Binet, A. 32, 37, 261
Birholtz, L.S. 235, 261
Birkenbihl, V.F. 8, 261
Bischof, K. 33, 38 f., 41, 261
Blick, K.A. 196, 261
Blickhan, C. 8, 261
Bliemeister, J. 222 f., 235, 261
Böke, J. et al. 222 f., 230, 233, 261
Boltwood, C.E. 196, 261
Borges, M.A. 196, 262
Bower, G.H. 33 f., 197, 259, 262
Bretto, C.C. 25, 60, 62, 67, 81, 87, 262
Brockman, W.P. 236, 262
Broerse, J. 39, 262
Broichhagen, H. 51, 83, 262
Bruner, J.S. 32, 262
Brunn, J. 34, 269
Bühler, K. 32, 262

Cady, D. 235, 276
Cameron-Bandler, L. 1, 7, 11-13, 20, 25, 50, 73, 135, 143, 176-178, 262, 264
Carbonell, D.A. 236, 262
Cassirer, E. 32, 262
Cautela, J.R. 43, 207, 209-211, 215-217, 262
Cave, K.R. 34, 269
Chara, P.J. 42, 263
Cheney, S. 235, 263
Childers, J.H. 236, 263
Chomsky, N. 9, 224 f., 263
Cleveland, B. 13, 263
Cody, S.G. 236, 263

Coe, W.C. 235, 263
Cole-Hitchcock, S. 235, 263
Corbin, E.B. 216, 263
Crassini, B. 39, 262
Cronbach, L.J. 27, 263
Culver, L.C. 42, 274
Cumming, G. 235, 277
Czierwitzki, M. 182, 263

Danzer-Kahan, U. 224, 263
Davis, D. 210, 263
Day, H. 235, 250, 267
DeLozier, J. 1, 7, 9, 12, 114, 263 f., 267
Demers, E. 42, 271
Denis, M. 34 f., 42, 263
Desoille, R. 199-201, 263, 266
Dilts, R. 1, 3, 7, 10-13, 15-18, 20, 25, 27 f., 35, 45 f., 54 f., 57-61, 63, 65, 71-73, 76 f., 79-81, 86-88, 91, 95-102, 104-109, 111, 115 f., 121-129, 131, 133, 136, 139, 141 f., 144-149, 153, 156 f., 162 f., 180, 182-184, 186 f., 216, 218, 221 f., 225, 231 f., 236, 264
Dixon, P.N. 236, 264
Dorn, F.J. 235 f., 264
Dowd, E.T. 236, 265
Drosdowski, G. 44, 265
Dufour, R. 199, 265
Durand, D. 236, 265
D'Zurilla, T.J. 226, 265

Ehrmantraut, J.E. 236, 265
Eichmann, K. 7, 265
Einspruch, L.E. 2-4, 247-251, 254, 265
Einstein, A. 124
Eliade, M. 198, 265
Elich, M. 235, 265
Ellickson, J.L. 236, 265
Ellis, A. 149, 207, 226, 265
Ellis, J.L. 235, 265
Epstein, T. 3, 123 f., 264
Erickson, M.H. 9, 129, 132, 136, 151, 226, 260, 265, 267 f., 274 f., 277

Fabre, N. 199, 201, 266
Faist, J.W. 236, 266
Falzett, W.C. 236, 266
Fatzer, G. 193, 266
Faulkender, N.A. 235, 266
Fechner, G. 32, 37 f., 266
Feng, G. 39, 275
Fernald, M.R. 38, 266
Feuer, J.N. 195, 261
Field, E.S. 236, 266
Fisch, R. 136, 266
Fischmann, D. 42, 274
Forman, B.D. 2-4, 247-251, 254, 265
Fraser, A. 71, 266
Frétigny, R. 199, 266
Freud, S. 198-200
Frieden, F.P. 236, 266
Fröhlich, W.D. 16, 266
Frye, M.L. 235, 266
Fuchs, H. 182, 259
Fuhrmann, H. 261
Fusella, V. 37, 274

Galanter, E. 17, 59, 225, 272
Galton, R. 32, 37 f., 266
Gaunitz, S.C.B. 42, 261
Gerler, D. 39, 266
Glaserfeld, E. von 17, 266
Gleser, G.C. 27, 263
Goldfried, M.R. 226, 241, 265 f.
Goleman, D. 10, 267
Golicz, H. 236, 270
Goodman, P. 141, 273
Gordon, D. 7, 11, 13, 40 f., 52, 222, 262, 267
Gordon, R.A. 38, 267
Graunke, B. 235 f., 267
Grawe, K. 8, 267
Grebe, P. 44, 265
Green, M.A. 236, 267

Greenfield, P.M. 32, 262
Griffiths, C.H. 38, 267
Grinder, J. 1, 7-12, 14, 16, 18 f., 20-22, 27, 29, 44 f., 47, 53-55, 58, 61, 77-79, 86, 114 f., 125, 129-132, 134-136, 142, 144 f., 148-151, 165, 177, 222-224, 226, 238, 246, 250, 260 f., 263 f., 266 f., 269
Grinder, M. 7, 13, 267
Groot, H. de 235 f., 274
Gumm, W. 235, 250, 267
Gur, R.C. 42, 267

Habib, C. 235, 277
Haley, J. 226, 268
Hallbom, T. 13, 264
Hammer, A.L. 236, 268
Hampson, P.J. 36, 42 f., 272
Hänggi, D. 34 f., 39-42, 268
Hansen, A. 236, 265
Harris, L.J. 223
Hauck, P.D. 195, 268
Hefferline, R.F. 141, 273
Hernandez, V.O. 235, 268
Herzog, W. 17, 268
Heuer, F. 42, 274
Hilgard, E.R. 42, 267
Hill, N. 182, 268
Hillin, H.H. 236, 268
Hingst, A. 236, 265
Hoffman, R.R. 195, 275
Hollander, J. 121, 264
Holt, R.R. 33, 268
Horowitz, M.J. 198, 268

Ibach, K. 149, 268

Jackson, D.D. 44, 141, 277
Jacobsen, S. 13, 160, 268
James, T. 7, 13, 22, 24, 98-101, 103, 111, 113, 115 f., 146, 149, 156, 180, 184, 187, 268
Janov, A. 233, 268
Jereb, R. 235, 264
Johannsen, C.A. 235, 268
Johnson, J. 198, 269
Jojart, J. 224, 226, 236, 269
Jung, C.G. 116, 118 f., 198, 200, 269
Jupp, J.J. 235 f., 269

Kazdin, A.E. 216 f., 269
Kieras, D. 34 f., 269
Kirsch, I. 236, 270, 271
Klampfl-Lehmann, I. 196, 269
Koffka, K. 32, 269
Korzybski, A. 17 f., 224, 269
Kossak, H.-C. 228-230, 269
Kosslyn, S.M. 33-35, 39, 269
Köster, R. 44, 265
Koziey, P.W. 238, 240, 269
Kraepelin, E. 71, 270
Kraft, W.A. 236, 270
Kroll, N.A. 195, 268
Krugman, M. 236, 241 f., 270
Kruse, P. 17, 270
Kuelpe, O. 32, 270
Küppers, B.-O. 17, 270
Kustor, F. 261

Lakoff, G. 224, 270
Landry, C. 261
Lang, H. 8, 270
Lange, D.E. 235, 270
Lankton, S.R. 46, 270
Lay, W. 71, 270
Lazarus, A.A. 207 f., 226, 270
Landry, C. 261
Lea, G. 197, 270
Lebeau, M. 13, 262
Lefrancois, G.R. 59, 270
Lemche, E. 261
Leuner, H. 201, 203 f., 270
Levin, J.R. 197, 273
Levis, D.J. 213, 276
Liberman, M.B. 236, 270
Lippman, L.G. 235, 272
Lloyd, L. 13, 270
London, P. 210, 263

Lorayne, H. 195, 270
Lozanov, G. 42, 271
Lucas, J. 195, 270

MacDonald, W. 12, 47, 50 f., 53, 147, 155, 158-161, 163 f., 166, 170, 172, 179-183, 260
MacMorran, P.R. 242-247, 250, 271
Mahoney, M.J. 102, 207 f., 271
Malleson, N. 213, 271
Malloy, T.E. 210, 277
Marks, D.F. 38, 42, 271
Marks, I.M. 217, 271
Mattar, A.T. 235, 271
Matthews, W.J. 236, 271
Maturana, H.R. 17, 271
Mayer, I. 7, 265
McCawley, J.D. 224, 271
McClure, V.L. 196, 262
McCormick, D.W. 236, 274
McCullough, L. 207, 209-211, 215-217, 262
McKelvie, S.J. 42, 271
McLemore, C.W. 210, 263
McLeod, G.L. 238, 240, 269
McMaster, M. 11, 267
Meichenbaum, D. 207 f., 226, 271
Melvin, K. 236, 271
Metzger, W. 39, 271
Metzig, W. 42, 194, 196, 271
Miller, G.A. 17, 59, 61, 225, 272
Miller, H. 236, 271
Miller, L. 235, 263, 265
Milling, L. 236, 270
Monguio-Vecino, I. 235, 272
Morris, P.E. 36, 42 f., 272
Mosher, D. 236, 271
Müller, W. 44, 265
Murray, F.S. 196, 272

Nagel, C. van 13, 272
Neisser, U. 33, 37, 272
Nelson, T.O. 39, 266
Newton, E.L. 236, 272

O'Connor, J. 13, 63, 68, 107, 114 f., 121, 272
O'Leary, R.A. 235, 272
Olver, R.R. 32, 262
Osgood, C.E. 42, 272
Ostrander, N. 42, 272
Ostrander, S. 42, 272
Owens, L.F. 235, 272

Paivio, A. 33, 38, 272
Palubeckas, A.J. 236, 273
Pantin, H.M. 236, 273
Parr, G.D. 236, 264
Paulus, J. 236, 273
Pawlow, I.P. 93
Paxton, L.D. 236, 273
Perky, C.W. 37, 273
Perls, F.S. 9, 141, 149, 226, 273
Persensky, J.J. 195, 273
Pety, J. 236, 265
Petzold, H. 231, 276
Piaget, J. 32, 273
Pope, K.S. 198, 275
Pressley, M. 197, 273
Pribram, K. 17, 59, 225, 272
Proctor, S. 210, 277
Pylyshyn, Z.W. 33 f., 102, 273

Rachman, S. 213, 273
Raciti, M.A. 236, 273
Radl, M.C. 236, 273
Radosta, R. 235, 273
Rathael, M. 236, 264
Raugh, M.R. 197, 259
Rebstock, M.E. 236, 273
Reddy, B.G. 197, 261
Rees, R. 235, 263
Reese, E.J. 13, 131, 260, 272
Reese, M. 13, 272
Reisberg, D. 42, 274
Rescorla, R.A. 208, 274
Reuben, C. 1, 12, 274
Revenstorf, D. 67, 149, 224-227, 269, 274
Richardson, A. 33, 216, 274

Robbie, E. 83, 274
Roberts, T.K. 235 f., 267
Ross, J.R. 224, 270
Rossi, E.L. 129, 132, 136, 226, 265
Rossi, S.L. 226, 265
Russel, R. 235, 264

Salas, J. 235 f., 274
Saltmarsh, R.E. 236, 263
Sandhu, D.S. 236, 274
Satir, V. 9 f., 260, 274
Scharcoff, J.A. 235, 263
Schiano, D.J. 40, 277
Schiermann, J.U. 235, 247, 274
Schmedlen, G.W. 236, 274
Schmidt, S. 17, 274
Schönpflug, U. 16, 35, 274
Schönpflug, W. 16, 35, 274
Schroeder, L. 42, 272
Schuhbauer, J. 235, 274
Schuster, M. 42, 194, 196, 271
Segal, L. 136, 266
Segal, S.J. 37, 274
Senter, R.J. 195, 273, 275
Seymour, J. 63, 68, 107, 114 f., 121, 272
Sharpley, C.F. 247, 249 f., 275
Shaw, D.L. 235, 275
Sheehan, P.W. 36, 43, 275
Shepard, R.N. 39, 275
Shobin, M.A. 236, 275
Shorr, J.E. 205-207, 275
Singer, J.L. 198-201, 205, 211-213, 215, 218, 220, 275
Sinn, P. 235, 275
Siudzinski, R. 13, 272
Slavit, M.R. 236, 275
Smith, S. 13, 264
Solomon, R.L. 208, 274
Spanos, N.P. 235 f., 274
Stahl, T. 3, 7, 13, 51, 68, 78, 80, 83, 86, 104 f., 107, 126 f., 129, 132, 134-137, 140, 142 f., 145, 147, 150, 153-155, 158, 160, 165, 172, 176, 218, 231-233, 275 f.
Stampfl, T.G. 213, 276
Stanton, H.E. 240 f., 276
Steiner, G. 38 f., 41, 276
Stone, W.C. 182, 268
Suci, G.J. 42, 272
Suinn, R.M. 216, 276
Süllwold, F. 36, 276

Tabler, H. 231, 276
Talone, J.M. 235, 276
Tannenbaum, P.H. 42, 272
Thomason, D.D. 236, 276
Thomason, T.C. 235, 276
Thompson, R.W. 235, 265
Thorndike, E.L. 38, 276
Tomczak, R. 261
Torres, C. 235, 276
Toth, A. 236, 270

Ulsamer, B. 8, 261
Umansky, D. 236, 276

Vaihinger, H. 17, 224, 276
Van der Zyl, E.L. 236, 276
Varela, F.J. 17, 271
Verplanck, W.S. 42, 263
Virel, A. 199, 266
Völter, J. 236, 277

Wade, T.C. 210, 277
Walker, M. 235, 250, 267
Wallach, R.W. 34, 269
Walsh, C.C. 195, 268
Watkins, M.J. 40, 277
Watson, J.B. 211, 277
Watzlawick, P. 17, 44, 141, 218, 277
Weakland, J.H. 136, 266
Weerth, R. 198, 277
Weitzel, J. 236, 265
Wertheim, E. 235, 277
Wertheimer, M. 32, 277
Wetzstein, M. 261
White, K.D. 43, 277
Whorf, B.L. 32, 277

Wickless, C. 236, 270
Wimmer, B. 261
Wippich, J. 16, 277
Wippich, W. 33 f., 194-198, 210, 277
Woldt, A.L. 236, 274
Wolpe, J. 43, 207 f., 211-213, 277
Woodsmall, W. 7, 13, 22, 24, 45, 98-101, 103, 111, 113, 115 f., 146, 149, 156, 180, 184, 187, 268, 277
Woodworth, R.S. 71, 277
Wundt, W. 32, 277

Yapko, M.D. 236, 277 f.
Yarbrough, D. 236, 264
Yates, F.A. 42, 194, 278
Yeager, J. 218, 278

Zikmund, V. 43, 278
Zimbardo, P.G. 21, 278

Sachwortverzeichnis

Anker(n): s. Veränderungsarbeit
Arbeitsvereinbarungen: s. Veränderungsarbeit
"As-If"-Frame **68 f.**, 74, 140, **279**
Assoziation: s. Wahrnehmungspositionen
Atemmuster: s. Strategien
Augenbewegungen: s. Strategien
Auslöser 59, 66, 167-170, 172, 211

Basismodelle: s. Interventionsmodelle
Behaviorismus 16, 199, 211
Bewußtsein 21, 35, **61**, 201, 208, 243
Beziehung zwischen Berater und Klient: s. Veränderungsarbeit

Compulsion Blowout **173 f.**, 213

Dauerhafte Veränderungen 106 f., 107, 165, 245
Desensibilisierung, systematische: s. Imaginative Verfahren
Dissoziation: s. Wahrnehmungspositionen

Emotion, emotional 1, 13, 18, 34, 41 ff., 50, 52 f., 81, 113, 118, 144, 147, 155-160, 162, 176, 180, 195, 201, 207, 223, 229, 233, 255, 279 f.
Enkodierungstechniken: s. Mnemotechniken
Entscheidungspunkt: s. Strategien
Entscheidungsvariable 27 f.
Entspannung 42, 136, 150, 198, 201, 205, 211 f., 215, 217, 220, 238, 240, 242 ff.
Erinnerung 1, 22 f., 27, 36, 42 ff., 46 f., 50-53, 57, 77, 80, 84 f., 110 f., 113, 157 f., 160, 166, 176, 194, 239, 243 ff. (s. auch unter Vorstellungen)
externe Orientierung: s. Meta-Programme

Fähigkeiten: s. Persönlichkeitsvariable
Fähigkeiten-Ebene: s. Logische Ebenen
Familientherapie 9, 11, 66
Flexibilität 20, 51, 128 f., 218, 253
Flooding: s. Imaginative Verfahren
Fragetechniken: s. Veränderungsarbeit
Future Pacing: s. Veränderungsarbeit

Gedächtnis 31 f., 34, 36, 38, 41 f., 187 f., 194 ff., 219
Gefahren: s. NLP
Gegenkonditionierung 212, 228
Gelenkter Wachtraum: s. Imaginative Verfahren
Generalisierung: s. Modellbildungsprozeß
Gesten: s. Strategien
Gestalttherapie 9, 66, 129, 136, 149, 226, 273
Glaubens-Ebene: s. Logische Ebenen
Glaubenssätze: s. Persönlichkeitsvariable
Veränderung von: s. Interventionsmodelle
Glaubenssysteme: s. Persönlichkeitsvariable
Grundannahmen: s. NLP

Halluzinationen: s. Vorstellungen
Hauptziele: s. NLP

Hypnose 9, 226, 229
Hypnotherapie 9

Identität: s. Persönlichkeitsvariable
Identitäts-Ebene: s. Logische Ebenen
Imagination 198-206, 209, 217
Imaginative Verfahren 193, **198-218**, 229
Gelenkter Wachtraum **199 ff.**
Katathymes Bilderleben 199, **201-204**, 219 f.
Psycho-Imaginationstherapie **205 ff.**
Verhaltenstherapie **207-220**
Desensibilisierung, systematische 178, 208, **211 ff.**, 217, 241 f.
Implosionstherapie **213 f.**
kognitive Verhaltenstherapie 207 f.
Konditionieren, verdecktes 208, **209 ff.**, 214 ff.
Löschung, verdeckte **216**
Modell-Lernen, verdecktes **216**, 228
Negativverstärkung, verdeckte **215 f.**
Reizüberflutung (Flooding) 156, 160, 174, 209, **213 f.**, 217, 229
Sensibilisierung, verdeckte **215**
Verstärkerentzug, verdeckter **216 f.**
Verstärkung, verdeckte **215**
Implosionstherapie: s. Imaginative Verfahren
In-Time: s. Zeit-Ebene
Inkongruenzen: s. Veränderungsarbeit
Interner Dialog 54, 77, 80, 85 f., 118, 208
Interne Prozesse: s. Meta-Programme
Interne Zustände 116, 143, **145 f.** 147, 155 ff., 159 f., 163, 165, 167, **279**, 280 (s. auch unter Meta-Programme und Physiologie)
Definition 116
Problem-/ungewünschter Zustand 145, 147, 156 f., 159-165
Ressourcezustand 145 ff., 161
Versöhnungszustand 145 ff.
Wunsch-/Zielzustand 138, 145 ff., 156 f., 159-164, 169
Interventionsmodelle mit Submodalitäten **153-192**
Basismodelle **156-165**
Abschwächung 155 f., **157 ff.**
Verstärkung 148, 155 f., **159 ff.**, 164, 173 f., 211
Umwandlung 155 f., **161-165**
Verkettungstechniken 147, 161, **163 ff.**, 168, 181
Glaubenssätze(n), Veränderung von **180-184**
Phobien und Traumata, Behandlung von 2, 160, 166, **175-180**, 190, 211-214, 226, 228, 236 f., 240 f., 248
V/K-Dissoziation **177 f.**
Theatertechnik **179 f.**, 240
Swish 165, **167-172**, 175, 180, 182 f., 188, 191, 217, 228, 237 f., 245, 251
Wertehierarchie, Veränderungen in der **184-187**
Zeitlinie, Veränderungen an der **187-192**
Zukunftsbeeinflussung **191 f.**, 215 f.
Zustandsverbesserung **166 f.**
Zwänge(n), Auflösung von 2, 161, 166, 168, **172-175**, 213, 215

Katathymes Bilderleben: s. Imaginative Verfahren
Katharsis 136, 206, 213, 220
Kodierungstheorien: s. Repräsentation und Repräsentationskontroverse
Kognitive Psychologie 5, 16, 31, **32-44**, 253
Kognitive Wende 33, 36, 38
Kommunikation 2, 9, 11, 19, 46, 76, 113, 116, 121, 123, 218, 224, 247
nonverbale: s. Veränderungsarbeit
Konditionierung 93, 143, 148, 165, 230, 279
verdeckte: s. Imaginative Verfahren
Konflikt 11, 142, 200, 205, 230
Kongruenz 59 f., 62 f., 132, 142, 173, 182, 185, 233 f., 237, 245, 253
Konstruktivismus, radikaler 17
Kontrastanalyse (-methode): s. Strategien
Körperhaltung und -bewegungen: s. Strategien
Kreativität 12, 57, 70, 88, 163
Kritik: s. NLP
Kybernetik 10 f.

"**L**andkarte" (Modell) **18 ff.**, 53, 57, 108, 137, 141 f., 224 (s. auch unter Repräsentation)
Leading: s. Veränderungsarbeit
Lernen 14, 29, 41 ff., **92-96**, 106, 108, 117, 126, 194, 197, 209, 211, 228, 231
Logische Ebenen **91-109**
des Lernens (Bateson) 5, 12, **91-96**
der Veränderung im NLP 12, **96-109**, 110 f., 114 f., 122 f., 131, 134, 139, 141 f., 149, 165, 224, **279**
Fähigkeiten **98**, 99, 104, 106 ff., 109 f., 123, 128, 139, 142, 149, 169, 181, 279
Glauben/Werte 25, **98-104**, 106, 108 f., 126, 128, 142, 149, 184, 279
Identität 98, **104 f.**, 106, 108, 115, 149, 279
Spiritualität **96 f.**, 106
Umwelt **97**, 99, 104, 106 ff., 123, 134, 139, 149, 279
Verhalten **97**, 99, 104, 106 ff., 109 f., 115, 123, 130 f., 139, 149, 181, 224, 279
Löschung, verdeckte: s. Imaginative Verfahren

Manipulation 132, 230 ff., 234
Medien des Denkens 31, **32-44** (s. auch unter Kognitive Psychologie)
Menschen- und Weltbild: s. NLP
Mentales Training 42, 216
Meta-Kritik: s. NLP
Meta-Modell 1, 27
Meta-Modell der Sprache: s. Veränderungsarbeit
Metapher 11, 19, 179, 212, 224
Meta-Programme 13, 22 f., 27, 44, 91, **115-121**, 123, 131, **280**
externe Orientierung 116, **119 ff.**
interne Prozesse **116 ff.**
interne Zustände 116, **118 f.**
Mnemotechniken 42, **193-198**, 219 f.
Enkodierungstechniken 194, **195 f.**
Organisationstechniken 194 f., **196 ff.**
Modalitäten: s. Repräsentationssysteme
Modeling 8, 20, 28, 99

Modellbildung 8, 20 f., 28 f., 31, 33, 44, 57, 279, **280**, 281
Modellbildungsprozeß 17, **18-25**, 26 f., 29, 44, 53, 57, 91, 110, 121
Generalisierung **20 f.**, 21 f., 25, 27, 53, 55, 121, 139, 148 f., **279**, 280 f.
Tilgung 20, **21**, 22 f., 25, 27, 53, 55, 121, 148 f., 279 f., **281**
Verzerrung 20, **21**, 22, 25, 27, 53, 55, 121, 148 f., 173, 211, 279 f., **281**
Modellierprozeß, modellieren 8, 20, 28 f., 73, 121 ff., 126, 140, 154, 226, **280**
Modell-Lernen, verdecktes: s. Imaginative Verfahren
Motivation 21, 57, 66, 88, 111, 137, 160, 169, 187, 191 f., 215

Negativverstärkung, verdeckte: s. Imaginative Verfahren
NLP
Ausbildung 7, 63, 70, 83, 171, **232 f.**, 249
Definition **27**
Grundannahmen 4 f., 17, **25 ff.**, 77, 126, 128 f., 134, 139, 150, 153, 173, 176, 199, 221, 226, 235, 254
Hauptziele **27 ff.**
Kritik 1, 4 f., 77, 218, **221-251**
Gefahren 100, 221, **230-234**
Meta-Kritik **246-251**
Widersprüche 84, 221, 227, **230**
Menschen- und Weltbild 5, **17-27**
Namensklärung 15 f.
NLP-System-Matrix 91, **121-124**
Selbstverständnis 14 f.
Verhaltensbegriff 7, 13 ff., **16**
NLP-System-Matrix: s. NLP
nonverbale Kommunikation: s. Veränderungsarbeit

Oberflächenrepräsentation: s. Repräsentation
Ökologie, ökologisch **107**, 121, 154, 183, 185 f., 189, **280**
Ökologie-Test: s. Veränderungsarbeit
Operationsphase: s. Strategien
Organisationstechniken: s. Mnemotechniken

Pacing: s. Veränderungsarbeit
Personal Editing 12
Persönlichkeitsmerkmale 13, 22, 69, 89, 94, 112 f., 115, 123, 280 (s. auch unter Meta-Programme)
Persönlichkeitsvariable 5, **91-124**, 127 (s. auch unter Logische Ebenen)
Fähigkeiten **98**, 108, 110, 169, 216
Glaubenssysteme **98-104**, 126, 231
Glaubenssätze 19, 22 f., 25 ff., 44, 68 f., 91, 94, **98 ff.**, 102 ff., 106, 108 ff., 114, 123, 126-131, 133 f., 139 ff., 143, 164, 166, 180-184, 186, 207, 227, 234, 279
Überzeugungen 2, 12, 19, 22 f., 57, 181, 183, 207 f.
Werte 13, 22 f., 25, 27, 44, 91, 94 f., **98-104**, 106, 110, 117 f., 120, 126-129, 131, 134, 141, 184 ff., 227, 279
Identität 91, **104**, 106, 110, 114 f., 134, 142, 205 f., 279
Spiritualität **96 f.**
Umwelt **97**
Verhalten **97**, 98, 130 f., 280, **281**

Phantasien 21, 35, 36, 50, 69, 102, 140, 178, 206, 223, 232 f. (s. auch unter Vorstellungen)
Phobien 21, 63 f., 89 f.
Behandlung: s. Interventionsmodelle
Physiologie 23, 35 f., 41 ff., 52, 83, 87, **145 f.**, 176, 209, 227, 253, 255, **280**
Problem-Physiologie 145
Ressource-Physiologie 145
Versöhnungs-Physiologie 145 f.
Ziel-Physiologie 145
positive Absicht 26, 128, **134 f.**, 141, 212
Prädikate **71-75**, 80, 84, 129, 234 ff., 246 f.
Problembestimmung: s. Veränderungsarbeit
Problem-Physiologie: s. Physiologie
Proposition: s. Repräsentationskontroverse
Prozeßsprache: s. Veränderungsarbeit
Psycho-Imaginationstherapie: s. Imaginative Verfahren
Psychologische Typen 116
Psychosomatik 11 f., 36, 157, 201

Quadrupel **45 f.**, 49, 54 f., 59, 146, **280**

Rapport: s. Veränderungsarbeit
Ratschen-Methode 173 f.
real, Realität 21, 28, 36 f., 54, 72, 98, **102 f.**, 110, 177, 206, 224, 247 (s. auch unter wirklich, Wirklichkeit)
Rechtschreib-Strategien 47, 60 f., 236, 238
Reframing 135, 226 f., 236, 238
Reizüberflutung: s. Imaginative Verfahren
Repräsentation, kognitive 5, 12, 18 ff., 23, 25, 28, **31-55**, 137 f., 143, 153, 181, 183, 188, 280, 282
amodale 31, 33 f.
duale 34
modale 31, 34 f., 44
Oberflächenrepräsentation 34
Tiefenrepräsentation 34
Repräsentationskontroverse **32-35**
abstrakte Kodierungstheorie 34
duale Kodierungstheorie 33, 38
Proposition 33 ff., 102
Repräsentationssysteme im NLP **44-55, 281**
analoge (nonverbale, sensorische = Modalitäten) 44, **45 f.**, 281
auditive 45 f.
gustatorische 45 f.
kinästhetische 45 f.
olfaktorische 45 f.
visuelle 45 f.
digitales (verbales) 44, **53 ff.**, 281
primäres **46**, 53, 234 f., **280**
Ressourcen **139 f., 281**
Ressourcensuche: s. Veränderungsarbeit
Ressource-Physiologie: s. Physiologie

Schwellen-Muster (-Überschreitung) 160, 174, 213 f.
sekundärer Gewinn 135, 212 (s. auch unter positive Absicht)
Selbst-Modellierung 140
Selbstorganisation 16 f.
Sensibilisierung, verdeckte: s. Imaginative Verfahren
Spiritualität: s. Persönlichkeitsvariable
Spiritualitäts-Ebene: s. Logische Ebenen
Sprechtempo: s. Strategien
Stimmlage: s. Strategien

Strategien **57-90, 281**
Bedingungen für sinnvolle **62 f.**
Definition **57**
Evokation **65-70**
formale Notierung **59 ff.**
Identifizierung relevanter Schritte **86-90**, 121
Kontrastmethode (-analyse) **88**, 90, 102, 121, 140, 156, 161, 165, 181, 183 f., 192
Vergleichsmethode (-analyse) **88 ff.**, 104, 121, 156 f., 161
Phasen
Entscheidungspunkt **59 f.**, 62, 64, 68, 86, 89
Operationsphase **59 f.**
Testphase **59 f.**, 68, 86, 89
TOTE-Konzept 59 f.
Substrategien **63 f.**
Zugangshinweise **70-86, 282**
nonverbale **76-80**
Atemmuster 76, **80 f.**, 130, 144
Augenbewegungen 76, **77-80**, 81, 83, 85, 144 f., 223, 225, 227, 234 f., 246 f. **279**, 282
Gesten 66, 76, **80 ff.**, 111, 144-147
Körperhaltung und -bewegungen 76, **81 f.**, 130, 144, 155, 186, 247
Stimmlage, Sprechtempo **81**
submodale 77, **81 ff.**
verbale **70-75**
Zusammenspiel **84 ff.**
Streß 65, 108, 160
Streßbewältigung 2
Streß-Immunisierung 226
Subkomponenten: s. Vorstellungen
Submodalitäten **47-53, 281**
auditive 48 f.
Definition **1 f., 47**
kinästhetische 49
kritische Submodalität **53**, 154 f., **279**
Treiber-Submodalität 173 ff.
visuelle 48
Wirkung externer 51 f.
Wirkung interner 52, **153-192**
Swish: s. Interventionsmodelle
Synästhesie 1, 44 f., **46**, 52 f., 59, 71, 73, 156, 173, 253, 279 f., **281**
Systemtheorie 17, 92
Systemtherapie 9

Testphase: s. Strategien
Theater-Technik: s. Interventionsmodelle
Through-Time: s. Zeit-Ebene
Tiefenrepräsentation: s. Repräsentation
Tilgung: s. Modellbildungsprozeß
Time Line: s. Zeit-Ebene
TOTE-Konzept: s. Strategien
Trance 78, 84, 150, 226, 236, 238, 243 f.
Transformationsgrammatik 9, 224 f.
Trauma, traumatisch 113
Behandlung von: s. Interventionsmodelle

Überbrückung in die Zukunft (Future Pacing): s. Veränderungsarbeit
Übertragung 28, 66, 87, 109, 121, 127, 281
Überzeugungen: s. Persönlichkeitsvariable
Umwelt-Ebene: s. Logische Ebenen
Umweltvariable 27 f., 137
unbewußt, Unbewußtes 26, 46, 51, 61, 76, 85, 95, 98, 103, 111, 127, 130, 132, 135 f., 173, 202 f., 210, 280
Unified Field Theory 12, 123 f., 221

Veränderungsarbeit, Grundlagen der 5, 108, **125-151**, 228
Anker(n) 143 f., **146 ff.**, 156, 176 ff., 227f, 230, 236, 238, **279**
Arbeitsvereinbarungen **132 ff.**
Beziehung zwischen Berater und Klient 70, **125-130**
Fragetechniken 67, 70, 86, 143, **148 f.**
Meta-Modell der Sprache 9, 22, **148 f.**, 224, 226, 238, 247, **279**
Inkongruenzen 59 f., 132, **141 f.**, 144
Interventionsmodelle **140 f.**
nonverbale Kommunikation **143 ff.**
Ökologie-Test **107**, 121, 141, **142**, 155, 189
Problembestimmung **132 f.**, 136
Prozeßsprache **149 ff.**, 178, 236, **280**
Rapportherstellung 125, 128, **130 ff.**, 140 f., 144, 154 f., 234, 236, 247, 253, 279, **280**
Leading 130, **131 f.**, 134, 144, 226, **279**, 280
Pacing **130 ff.**, 133 f., 144, 150, 234, 236, 279, **280**, 281
Ressourcensuche **139 ff.**, 178
Überbrückung in die Zukunft (Future Pacing) **143**, 147, 155, **281**
Versöhnung **135 f.**, 141, 145, 203, 213, 220
Zielbestimmung 121, 132 f., **136-139**, 141 f., 145, 155, 227, 238, 245
Vergleichsanalyse (-methode): s. Strategien
Verhalten: s. Persönlichkeitsvariable
Verhaltens-Ebene: s. Logische Ebenen
Verhaltensbegriff: s. NLP
Verhaltenstherapie 139, **207-220**, 229 f., 232, 245, 249
kognitive 67, 102, **207 f.**
Techniken: s. Imaginative Verfahren
Verkettungs-Techniken: s. Interventionsmodelle
Versöhnung: s. Veränderungsarbeit
Versöhnungs-Physiologie: s. Physiologie
Verstärkung, verdeckte: s. Imaginative Verfahren
Verstärkerentzug, verdeckter: s. Imaginative Verfahren
Verzerrung: s. Modellbildungsprozeß
Vorstellungen **35-44**
Definition **36**
erinnerte 36
halluzinatorische 36
Kontrollierbarkeit 38, 210
Lebendigkeit 38, 210
Phantasie- (konstruierte) 36
Subkomponenten 34, **39 ff.**, 43, 52
Wirkungen **41 ff.**

Wahlmöglichkeiten 27 ff., 47, 119, 141, 169, 230
Wahrnehmungspositionen **282**
generelle 12, **50 f.**, 82, 91, 96, 112, 141, 147, 155, 157, 159, 177, 279, **282**
Assoziation **50 f.**, 65, 82, 91, 112-115, 118, 123, 147, 155, 157, 159, 166-169, 177, 179 f., 195, 197 f., 200, 206, 210, 243, 247, **279**, 282
Dissoziation **50 f.**, 65, 82, 91, 112-115, 118, 155, 157, 159, 166-169, 176-

180, 206 f., 212, 226, 229, 237-242 f., **279**, 282
mentale **114 f.**, 121 ff., 126, 129, 131, 141, 282
Werte: s. Persönlichkeitsvariable
Wertehierarchie 99, 101, 103 f., 166, 184 f.
Veränderungen in der: s. Interventionsmodelle
Wertekonflikt 99, 101, 104, 142, 186
Widersprüche im NLP-Modell: s. NLP
Widerstand 129 ff., 133, 150, 176, 201, 203, 206 f., 233
wirklich, Wirklichkeit 9, **17-20**, 24 f., 28, 98 f, 141, 207, 280 f. (s. auch unter real, Realität)

Zeit-Ebene 12f., 91, **110 f.**, 123, 141 f.
Zeitlinie (Time Line) 13, 91, 110, **111-114**, 147, 166, **282**
In-Time **112 f.**, 118, 282
Through-Time **112 f.**, 118, 282
Veränderungen an der: s. Interventionsmodelle
Zielbestimmung: s. Veränderungsarbeit
Ziel-Physiologie: s. Physiologie
Zugangshinweise: s. Strategien
Zukunftsbeeinflussung: s. Interventionsmodelle
Zwänge 27, 119, 160, 170, 172, 200, 228
Auflösung von: s. Interventionsmodelle